北大讲座 精华集（人生）

《北大讲座》编委会 编

北京大学出版社
PEKING UNIVERSITY PRESS

图书在版编目(CIP)数据

北大讲座精华集.人生/《北大讲座》编委会编.—北京:北京大学出版社,2014.4
ISBN 978-7-301-23456-3

Ⅰ.①北… Ⅱ.①北… Ⅲ.①社会科学-中国-文集②自然科学-中国-文集③人生哲学-文集 Ⅳ.①Z427

中国版本图书馆CIP数据核字(2014)第055984号

书　　名:北大讲座精华集(人生)
著作责任者:《北大讲座》编委会　编
责 任 编 辑:胡利国
标 准 书 号:ISBN 978-7-301-23456-3/C·0999
出 版 发 行:北京大学出版社
地　　址:北京市海淀区成府路205号　100871
网　　址:http://www.pup.cn　新浪官方微博:@北京大学出版社
电 子 信 箱:1766262377@qq.com
电　　话:邮购部62752015　发行部62750672　出版部62754962
编辑部62763121
印 刷 者:三河市金元印装有限公司
经 销 者:新华书店
730mm×1020mm　16开本　19印张　343千字
2014年4月第1版　2020年7月第6次印刷
定　　价:57.00元

北大讲座

季羡林

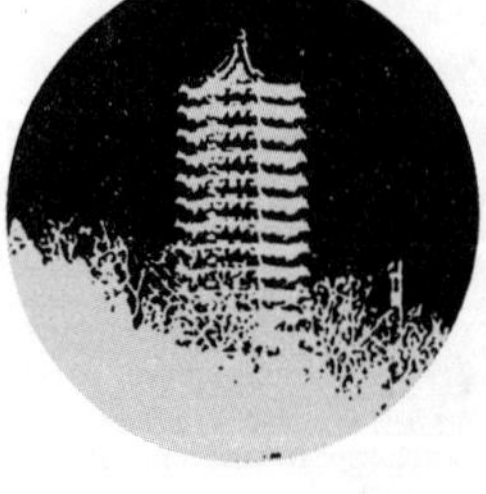

《北大讲座》(精华集)编委会

目 录

怎样从现在规划未来

杜子德

［演讲者小传］

杜子德，中国计算机学会秘书长、全国青少年信息学奥林匹克（NOI）竞赛委员会主席。2005 年，他不仅成为 IOI（国际信息学奥林匹克竞赛委员会）创建 16 年后当选的第一任主席，也是国际五项学科（数、理、化、计、生物）奥赛中第一位走上国际奥赛舞台的中国主席。由于近几年他在中国信息学奥赛方面组织及制度建设的实践经验，加之熟悉 IOI 的一套运作规则并了解其问题所在，中国队在 IOI 中建立了较高威望。

我不太敢到北大来做讲座,北大是思想家聚集的地方,大家都是思想家,我才疏学浅不敢来讲。但是有一些同学对未来感到忧虑,我这个讲座的目的就是把同学们现在的忧虑给解决掉。1983 年,可能在座的同学都没有出生,那时我在北大上一个暑期班,是理论计算与科学,所以我也算半个校友。

首先我们讨论几个问题:我最近看报,说超女在北大引起轰动,百年讲堂人山人海。可惜我出差,没看到最后的决赛,我也很想目睹超女的风采。但是后来有报纸责备说,你们作为全国最高水平的学府居然对超女那样崇拜,真是不可思议。当然这只是一家之言,不能这么认为。我想问问在座的同学,我们都是追求高尚和深邃的人,对大众的超女怎么看?

同学:我来自湖南,是 05 级心理系的学生。超女在湖南、在全国都很火,但是我没有很关注超女,因为没有什么兴趣,前两天在 BBS 上看到说超女来到百年讲堂,很多人都有不同的看法,也有很多人很有意见。我个人觉得,要看百年讲堂是什么性质的:如果是商业性质,这件事就没有太多关系;如果是有层次、有要求的地方,这件事情就值得质疑了。我觉得有些事情需要一定的时间来检验其是否真的有价值,很多北大学生喜欢超女无可厚非,虽然我不喜欢,但每个人喜好不同,他们这样做并没有错。

我也不明白为什么超女在北大这样受欢迎。假如是像陈逸飞(已去世)这样的画家来北大,大家会去追他吗?假如傅聪到北大,大家会这样去追他吗?我不知道。也许是现在年轻人觉得发泄渠道少了一些,我的小孩看了超女,说还不错。

下面我们来谈一谈李敖,李敖来北大做了一次演讲,但是不在大讲堂,我看了一些片段,讲得很好,很幽默,大学生的反响也不错。李敖五十六年后才回到大陆,一回来就受到追捧。当然,李敖能到大陆,能到北大来讲,说明我们国家现在还是挺开放的,这是国家的进步。

其实过去有一个人,叫胡风。胡风 20 世纪 80 年代初死了,他的太太叫梅志,写了一本书叫《胡风传》。胡风 1955 年以后一直蒙冤受屈,后来还是邓小平给他平反了。他到死都不承认他的错误。他是个非常伟大的人物。多少年来,我们大家都是在一个没有思想自由的环境中生活,现在好多了。

下面我们讨论正题。我们是在大学,可是,大学生许多是从外地来的,乡下来的,穿的衣服也比较朴素,和我一样。现在学费、路费、生活费加起来也比较贵,家里供得也很辛苦,毕业以后不一定能找到工作,不知道北大怎样,现在本科生找不到工作已经是一个普遍现象了。所以有的学生选择出国或者考研究生,可是考完研究生还是要面临找工作,研究生也有找不到工作的。所以,三天前,我们就在北京翠宫饭店讨论“高等教育制度改革路在何方”。韩水法,是学哲学的,在今年《读书》第 4 或第 5 期里的一篇文章中说:世上已无蔡元培。我想问问大家对现在的高等教育是什么态度。

同学:您好,我是 05 级经济学院的新生。对于现在的高等教育,很多人都会批判它,尤其是在中国,很多人都说它培养出来的学生没有个性,没有自己的思想。或者说在这种教育环境下没有很好地学到真正属于教育本质的东西。但是我认为在现阶段的中国,高等教育已经做到最好了。因为中国人多,如果我们真的能有像美国的机会,一个班只有几个人,自然可以进行自由的讨论。但是现在我们一个教室 400 多人,让每一个人去发言、说自己的想法是完全不现实的事情。由此推广到我们的社会,中国人多是个事实,我们应该怀有它将来会变好的希望,并为这个希望而努力。既然你无法改变环境,你就应该改变自己,先让自己在这种环境下学到最多的东西是最重要的。不要去抱怨,一个人的抱怨是没办法解决问题的。付出自己的努力,并且做到最好,这是我的看法。

有许多问题,有的我们能改变,有的我们改变不了。比如我们选的某节课,老师讲得不好,又不能换老师,怎么办呢?你说你想从北大跳到清华,可能吗?不太可能。我国高等教育的顽疾究竟在什么地方?刚刚同学说了,人多学校少,而民办学校国家(政府)又不是很支持。大家出来以后可以有一个很好的空间,找工作相对容易,但从民办学校出来,找工作就难些,因为国家不是很认可民办教育。星期六我看一个节目,有一个中国大学教授,叫方晓东,说在美国一个老师带五个或者六个学生,在中国带五六十个学生是平常的事。所以老师看不到学生,学生也看不到老师,在这种环境下,你能学到真正的东西吗?你能和老师交谈,让老师启发你吗?现在大学生是多了,但是我感觉现在念书的质量还不如过去我们那时候,就像一个屋子本来住四个,现在能住八个,每个人分到的资源少多了。

现在我想问问大家对北大有什么看法?

同学:其实我对北大的教学和对北大的教学目的是很质疑的。现在北大在对教授和讲师的评定方面,看的是他的教学成果,而不是对学生的教育效果。一个大学,尤其是像北大这样的大学,是以培养学生为中心的,对老师的评定不应该光看研究成果。像我们在上某一门课的时候,有的老师以一种很不负责的态度直接对我们说你们上这堂课是学不到什么东西的,你们可以看看书,有什么问题可以问我。而很多专业课、必修课的老师讲课态度就很认真,也很有激情。

其实我觉得问题的关键还是老师的责任心不够,我 1983 年在北大上课的时候老师讲得还不错。我只是感觉现在到了北大路标不清楚,找不到该去的地方。还有就是条幅太多了，不美观，而像哈佛、斯坦福就没有这样，那里的校园非常美。我们进入北大，就要知道北大到底有什么缺点，而我们要做的不是怎样责备它，而是怎样避免它。我们看问题的时候，周边、国家，乃至世界都有不平的事，而我们又左右不了，我们究竟能从多大程度上改变它呢？我觉得我们可以改变，一会儿我会告诉大家怎样改变。

同学：我是从农大过来听这个讲座的，如何改变上述几个方面的问题，我认为最主要的方面就是处理好各种关系。因为我们在毕业之后，面临的一个很重要的问题就是就业，在进入公司、企业后，最主要的就是处理好自己与他人的关系问题，在这之前就是处理好自己、自己现在的状况以及以后的打算。我觉得北大学生都是非常优秀的，在完善自己的时候，可以去参加社会实践，我觉得这种实践是很有必要的。

好，我们能改变吗？北大的学生和老师有一个特点，就是当你说到某件事的时候，他首先反击和批判，他会问：Why（为什么）？这是很有挑战性的。我觉得问为什么是对的，因为只有找到原因，找到根源之后，才能找到答案。

那么，在现在这个时代，我们究竟需要什么能力？首先是口头表达能力。中国人是能说会道、能言善辩的，但是现代的中国人能说会道的比较少，这一点很吃亏。而美国在这方面就比我们好，美国从幼儿园，到中学，到大学，一天到晚就练说话。发言根本就没有对和错，说出来就是对的。所以大街上随便找一个美国人，口若悬河。而我们现在200多人上课，哪有发言的机会，根本互动不起来。但是学习的过程、交流的过程不是单向灌输，而是双方互动，老师讲很多，把同学们发言的时间都给剥夺了。我是负责信息学奥林匹克竞赛的，今年在波兰，有两个中国选手拿到满分，还有另外两个中国选手也得了金牌，可是当他们说话的时候，我们还是有点担心，因为他们英语还不太流利，胆子也小。我现在根本不担心他们将来成绩会不会好，成绩一定会好，但是口头表达是个问题。不是我们的孩子不行，而是没有机会，提高口头表达能力就是要练，多练就行了。

书面表达，据我所知，百分之八十的中国人写作都不过关，包括诸位在内，我没有太高估大家的写作能力。我上回到南京××大学作演讲，有个老师告诉我：有个博士生写请假条写不好。我是我们单位的一个小负责人，现在我所困惑的，也是员工的写作问题，所以写作能力是一个问题。这个问题，中学有，大学也有。我刚刚问一个大学学新闻的同学大学有没有语文课，他说是选修课，其实大学也应该学语文。在高中语文就没学好，高二学完之后，高三就转入总复习了，表达能力不行。有人认为现在电脑这么发达，对表达能力的要求可以降低了，不然！表达能力非常重要。现在大家找工作，很多公司就是先跟你面谈，很花工夫的，有时谈两三次，看你的形象，看你的表达，看你有没有想法，不看你是哪儿毕业的，也不看分数，觉得差不多了，就给张纸，写篇文章，也不难，就写写我在北京的生活，随便写，就是看看文笔。同学们不要小看这个能力，不管以后技术多么进步，这种能力永远是需要的，一万年以后，我认为也是这样。所以在这方面加强，在这方面具备这个能力是一点都不吃亏的。能说会写是你竞争力的核心部分，当然光有这个还不够。进一步的能力，如果你想在现在这个社会做成一些事，必须要和别人沟通，倾听别人的想法，要把自己的想法告诉别人，说服别人采纳，这是沟通能力。协作能力，一个团队完成一个任务，这也很重要。现在的大学生，在团队合作方面比较差。大家想想，在现代社会，有什么是一个人就能干的？其他的能力，我把它们用一个统一的词表示，叫 description，描述，就是把一个事物用口头描述清楚，用文字描述清楚，还有其他的描述方法。比如作曲家用五线谱作曲，这也是一种描述能力，画家画画，建筑师设计，外科大夫做手术，音乐家演奏音乐，教师传授知识，用体势语言、口头语言把知识传授过去，数学家形式化地描绘一个模型，比如微积分，极限，科学家比如门捷列夫，把元素周期表搞清楚了，管理专家调配资源，这都是一种能力。我们将来不会从事所有的职业，可能会是某一方面，这是职业范围的能力，是吃饭的饭碗，当然也有人能学成两门，俄罗斯有个作曲家叫包罗定，是个著名的化学家，但他同时还是个作曲家。有人说现在大学生能力太单调，尤其是学工科的，人文知识太差。所以一个是基础，一个是在其上面的拓展，没有基础也不好拓展。我们应该问问自己，现在具备什么能力，将来毕业以后具备什么样的能力。

下面一个问题是：通才还是专才。

清华大学原来的校长梅贻琦，写过一篇《大学论》，专门有一块讲这个问题。但我们现在大学企图培养的是专才不是通才，尽管我们觉得现在社会需要的是通才。为什么？将来毕业后，90% 的人不会从事技术性的职业，而是从事像管理、市场营销、教书这样的职业。其实现在的科学家不到 10%，另外如果你真想成为专才，大学毕业，你还差得远。大学区区四年学不到多少东西，更何况还学了很多无用的东西。怎么办？把硕士、博士念下去才行。我觉得，无论你将来从事哪方面的工作，都应该有下面这些修养：一是中文写作，由于我们中学的底子不够，在中文的逻辑、修辞和语法方面都不过关。现在中国计算机学会有一本刊物叫《中国计算机学会通讯》，都是科学家们在写，但是发现这些科学家写出来的东西往往也是不符合标准的。我们专门聘了一个老专家，是原科技部高新司的司长，后来在中国驻联合国代表团科技部干了三年，他的中文英文都很好，总体把握能力也很强，他最后负责改写。所以现在，包括大科学家都是,写作是一个弱项。在艺术方面,我们要看中外著名的艺术,看看古希腊的建筑,古埃及和意大利的雕塑,大家在北京的好处就是北京总有艺术展示。不知道大家知不知道中国唐代的书法家怀素?还要看看齐白石画的虾和白菜等,看看吴昌硕的作品。还要欣赏一些音乐,听听我们的古曲,有《十面埋伏》《平沙落叶》,近代的《二泉映月》。国外古典的更多,意大利的维瓦尔第、威尔第,德国的巴赫,英国的亨德尔,奥地利的莫扎特,德国的海顿、贝多芬、瓦格纳,俄罗斯的柴可夫斯基等等。北大在这方面有很好的条件,大家在家门口就能欣赏到音乐,学习很累,听音乐既能陶冶情操,还能休息休息。文学与哲学书籍很多,看不过来,不用从头看到尾,看一部分就行了。但有些东西要知道,比如《孙子兵法》《中国哲学史》等等。还有外国的一些书籍:有古希腊的《荷马史诗》、柏拉图的、亚里士多德的,莎士比亚的作品就更多了,有十四行诗、戏剧等等。现代文明,《圣经》是最好的文学作品,不要单纯地认为《圣经》是迷信,和宗教有关,但它确实是个文学作品。还有一些政治方面的书籍,像《美国联邦宪法》,很短,只有七八页,看完后就会觉得当时设计美国制度的人太伟大了,美国的制度就是关于立法、行政和司法,随着时代的变迁,它也修正过多次,但基本结构没动。美国之所以强盛,与它的制度设计有关。我们要学习一门外语,英文我觉得就差不多了,因为英文比较流行,当然多学一门语言更好。数学和科学,在这里我要指出,学文科的比较吃亏,不知道学经济的怎样,我的女儿今年 14 岁,将来念大学我决不让她念文科,因为学不了数学。大学学文科,将来你让她看微积分、线性代数,肯定看不懂,自学又太困难了,这样有点吃亏,就因为这个,不太愿意让我的孩子念文科。我很喜欢语文,当时想考北大中文系,我父亲不同意,说中国政治气候多变,还是学一门技术吧。现在看来,我学的是工科,学了数学、集合论、自动化等,知识结构比较牢固,但是文科生在这方面会比较差一些,会困难一些。我刚刚讲的可不是天方夜谭,你们可能会说那么多书我们念不过来,还要考试,如果分不高,将来找工作也会有问题,我不骗你们,有两点可以证明:一个是我的经历,我即将 50 岁,广泛涉猎各种书籍,知识面比较宽,如果我光学计算机,不可能有现在的成绩;另外我告诉大家这是有理论根据的,如果大家有兴趣,可以上网查一查,http://www.college.columbia.edu/core/1937.php,这是哥伦比亚大学的核心课程,叫做 Core Curriculum。

为什么说现在的大学教育有问题呢?现在我们的大学里工科特别专,不开设文科课程。而哥伦比亚大学从 1937 年开始,不论分什么专业,头两年必须学这些课程,如果这些课修不到学分,就不能再往下念了,后两年再学专业。他们的学生和我们的学生不同,我们的学生要是学中文,考试就会问:白居易是哪年生，哪年死的，中国大部分考试考这个。而哥伦比亚大学不这样。比如说莎士比亚的悲剧《哈姆雷特》，你看完之后，老师不会让你复述，他会让你写一篇论文，让你谈谈哈姆雷特的悲剧性格在什么地方。他会问你看完之后的体会和感受，甚至让你辩论。比如我给大家讲第二次世界大战，1937 年日本侵略中国，我们开始了抗战，我会告诉你一些历史知识。而美国老师不是这样，他会让你自己看，他会问为什么日本会侵略中国，为什么中国节节败退，他总是问你为什么，然后学生总是要写东西，可能写到最后连事实本身都忘记了，知识总是可以在书里找到，练习的不单单是你的知识，更重要的是练习思维，两年学那么多课程，每门课念完后总有独特的见解，没有标准答案，两个人意见不一样，可以辩论，都可以给 100 分，因为那是你的观点，你的分析。如果你对每一件事情都有自己独到的见解，自己独到的解决方案，毕业后不论从事什么工作都不会没饭碗。因此，哥伦比亚核心课程几十年来，近百年来都不变。一个参加信息学奥林匹克的学生，现在在耶鲁，他给我写过一封信，他说耶鲁大学前两年的课程非常吸引人，即使清华大学也没有这些课程。不是小看清华大学，清华大学出来的学生知识也很单薄。为什么？我们这么多大学，这么多研究生，我们的博士研究生数量和美国差不多，可就是追不上美国。不是无缘无故的，在教育方面就能体现出来。没有良好的知识结构，将来在社会上找不到位置，这也是我们国家落后的根本原因之一。

我们上大学为了什么？父母含辛茹苦供我们上大学，如果大学毕业找不到工作，还要家里供你，说不过去。找工作是一定的。但是如果我们一毕业就找到一个能胜任的具体的项目来工作，我们的大学和职业学校就没什么区别了。我们的大学和职业学校的区别在什么地方？职业学校的目标是学习一项技能。大学的目标是追求人的潜能在一个更高层次上的自由发展，老师的作用是挖掘每个人的潜能；我们的目标是让学生知道如何用自己的头脑作出独立的思考和判断，注意用你的头脑。所以不论对错，是你的就好。让学生通过吸收人类文化的精华来丰富思维能力，我刚才所列的书目不是空穴来风，是有根据的，是人类几千年来积累的文化精华；我们要锻炼自己的口头与书面表达能力，培养为人处世的社交能力。我们学科学，学技术，是通过学习某一门学科的专业知识掌握的方法和技巧，所以不论你现在在学什么专业，将来更换你专业的可能性在 50% 以上。我现在虽然在中国计算机学会工作，但我不做技术工作，也不写论文，我没有学生，也没有课题，我凭什么吃饭？凭我的表达，我要演讲，有时候要写东西，我要沟通，组织，策划。学习计算机的好处就在于我学会了数学，了解计算机里面的装置怎样工作，我学会了如何从事科学研究，如何发现和解决问题，大学也有这个要求。现在的研究生简单，老师选个课题,然后研究生来做,像个工匠一样。其实选题很难,也非常重要,因为这是一个方向问题,科学是探索,但选题也很重要。

现在社会变化太快,我们要把基础打得深一点,宽一点,以不变应万变。不变就是指你宽泛的基础知识。有一个宽泛的基础,将来做事很快就能适应,少的两个月,多的半年就能胜任工作。

现在有一个说法,认为是信息爆炸社会,爆炸就是瞬间发生化学反应,然后在空间上变大。信息没有这个功能,只是传播速度变快而已。现在我们的问题是:如何辨析信息?如何处理信息?我们的最高境界是:如何制造和传播信息?我现在在这里就是在制造和传播信息,加入了我自己的东西,我每次讲课内容都不太一样。所以面对信息,我们要辨析、处理,最终要自己制造和传播。

现在,我们大学生找不到工作,觉得人太多了。人是多了,过剩,但是人才没有过剩。现在社会人才严重短缺,可是大学生找不到工作,如何打破这个怪圈?我们不能埋怨社会,现在大学生太多了,那么我们有没有比别人过长的地方,我们在北大已经占有了一个非常好的地形,北大无人不知无人不晓,这就是你的敲门砖,先让别人注意到你,你再表现。现在很多单位都缺人,但不爱要毕业生,主要就是因为职业精神不够,定位不准,缺乏技能,还很高傲。那么社会需要什么样的人才?大学里学的东西有多少是有用的,我的体会有一半是没用的。但也不能因为那一半没用就不学,就像我们吃饭最后一口才吃饱。但是我发现现在大学里的课程设计还是有一定问题的,有人说,政治课没有用。这不对,其实,不是政治课没用,政治课太有用了,只是老师没有好好教。哲学、历史、国际关系都是政治,我们今天的课其实也是政治课,不是么?老师不要以一种模式讲课,可以讲讲怎么分析,怎么思辨,提高思维能力,这是非常有意思的。所以,我们大学现在的课程设置没有哥伦比亚大学的核心课程。在这里我要奉劝女同学一句,不要过分地追求高分数,我们当年读大学时,班里的女同学学习比男同学还好,学习特别用功,学习好,是三好学生。像我们这些人,也就70分80分,90多分的时候很少,但是我们的思维很活,女同学太注重分数了。像我这样的,在我们班还算挺不错的,那些当年的三好学生现在不见得出人头地。所以,有的课应付应付就行,但有的课一定要学好,像微积分等。

大家以后都要找工作,除了知识结构以外,定位要定对。我们有一定的骄傲是对的,但是面试的时候要显得谦虚一点,要有风度,不要让别人觉得趾高气扬的,不论公司大还是小,总要先找个公司干着,所以定位要准。现在很多学生定位不准,大家的缺点在于没干过,没经验,简历太薄,所以只要老板不是特黑,先干几个月看看,这是定位。接下来是心态,北京的写字楼一平方米一天至少是四元的租金,桌子、电费、设备、提供午饭、上保险、给工资,还要培训,培训费一年一万元都不止,如果一个月还想赚六七千块钱,那公司就是往里贴钱,大家一个月才能创造多大的价值?所以想想说再见吧。我们还需要职业的精神、素养和技能,到了公司讲究的是服从,要从公司的利益出发,作为职员,我们要对老板负责。像我也时常在考人、面试应聘者,什么样的人社会不喜欢呢?就是做事不太好,很高傲,定位不准,还想赚大钱,这个就很危险。现在私下里流行一句话叫做:心态决定命运,细节决定成败。

下面我给大家讲一个例子,2001 年我们到芬兰比赛,比完赛后,我们就带着一群学生到圣诞老人所在的地方,那里有个小旅店,也不贵,大概一个晚上两个人的房间 200 个芬兰马克,屋里没有电视,没有牙膏,没有牙刷,没有拖鞋,只有一人一个纸杯,可以漱口,但是你会发现它的卫生间的淋浴盆特别干净。我们路过的时候就跟老板娘聊,这个五十多岁的老太太会说七种外语,她只是经营一个旅店而已。现在讲究知识结构,芬兰是全世界科技竞争力最强的国家。大家想想,一个开小旅店的女老板,就有这样的本事,她给我留下了很深的印象。还有一个例子。有个日本工程师,我留学回来以后在计算所,我们买机器,让日本人从德国买 IBM 的机器,我们来装,日本人和谁也不说话,我们也不会说日语,他一天到晚都在干活,吃饭就吃方便面,不吃别的。他干活非常细,是电力工程师,在装机器的时候要随身带一个垃圾桶,所有剪下来的线头都要放进去,线剪多长都非常认真,他活不干完就不吃饭,特别敬业,特别认真,我没见过这样的。像我们电话公司来装电话的人把家里弄得乱七八糟,你还得给他递香烟。现在香烟不递了,但干活也基本是那样。比如马路上有剪树枝的城管,剪完以后弄得满地都是也不管。我和日本人工作了几个月,学到了许多东西,日本强大绝不是偶然,他们干活非常认真,这是我学到的东西。你愿意把你现在的薪水降低 40% 吗?假如你现在的薪水是两千,调一个单位或者一个部门,你的工资变成 1200,你愿意吗?这对你是一个极大的考验,你要判断降 40% 的薪水,值还是不值。可是如果你觉得,降了 40% 工资的工作可能是你未来要去的地方,那就值得。有个人就这样,工资降了 40%,他所挣的钱还没有一个高中毕业生挣的多,为时两年,他是一个副教授一级的人,给他的办公环境并不好,但是他没有被简陋的环境和减工资吓倒,因为很多工作就只能挣这么多钱,还有一个选择就是 go away(滚吧),他选择留了下来。他现在干得非常好。有时候,人需要学会忍耐。

那么我们对谁负责?我们对老板负责,老板对组织整体的发展负责。当我们知道了对谁负责后要会负责。我在这里讲课,要对你们负责,你们觉得没意思,就可以走,不能把你们强留在这里。所以要知道对谁负责,这是个定位问题。

你的简历有多厚?简历要说你干过什么,有的简历说我具有良好的沟通能力,但这都是你自己说的,你自己说的不算,没人信,你要摆事实才行。比如你参加过中国计算机学会组织的教育科普活动,给贫困地区的老师讲过课,这才是简历,让人一看,就觉得你肯定有社会责任感。所以我们要把简历弄厚一点,唯一的办法就是从现在起抓住机会,多做事。下面我们来看看我们有什么兴趣特长。兴趣很重要,除了我们的学习以外应该有很多兴趣。

下一个问题是,谁来管我们?我们可能等待学校的一些规章制度来管我们,系来管我们,学院来管我们,老师来管我们,那我们为什么不能自己管自己呢?上大学最大的收获还真不是老师给你的。我们上大学时,一个宿舍7个人,一天到晚辩论。我有一个同学特别好,我说东他非说西,睡到床上都在辩论,很多东西都是这么辩出来的。同学教给我的东西,现在还记忆犹新。我那时一个宿舍六七个人,来自于不同的地方,文化不一样,背景不一样,口音不一样,在这种环境下磨炼四年,能学到很多,住校能让大家学到很多。

美国哥伦比亚大学教授 Harold E. Varmus 1962 年英语文学硕士学位,1966 年医学院毕业,1989 年和他人分享诺贝尔医学奖。大家可能会问,这可能吗?一个学英文的变成学医学的,这就是美国。他在学英文的时候,我相信他不见得是念念英语语法之类的东西,他肯定还念了其他的东西,所以他转了这么大的行,还能获得这么大的成就。中国没有一个这样的人。看看迪斯尼 CEO Michael Eisner,他没学营销学、策划学,大学专业是英文和戏剧。有名的戴尔,搞计算机的,学的是生物学。再看看 HP 公司前 CEO Carly Fiorina,学的是中世纪史与哲学,这让人觉得不可思议。在中国,学哲学的人只能当教授。他说中世纪史和哲学让我知道在一个国家、一个公司在转型的时候应该如何把握。他学哲学学到了一种方法,一种能力。其实大家现在学的和将来做的基本上不是一回事,就像我现在做的和我学的不是一回事一样。从内心来讲我们应该想想,我们将来想做什么,不要告诉父母,不要告诉同学,也不要告诉老师,问问自己,最希望的是什么事。我告诉大家我最希望的是什么事,我曾经在乡下种过地,教过几年书,我就不相信我会一辈子在家里种地,所以我很爱看书和学习,到了 1977 年,高考改革幸运地就考上了大学。我在荷兰留学的时候,把所有的积蓄都花在了旅游上,我在西欧走了 14 个国家,我想看看到底资本主义和社会主义有什么区别,我还想看看资本主义到底是什么时候能够灭亡,从芬兰到西班牙,我都去过,我的结论是我们真的要努力。我在法国巴黎坐了全世界最快的列车到里昂,273 公里/小时,当时我坐的是一等车厢,但是我想到我们国家还比较落后，我就想我能做些什么来改变国家，做些事情。当我到了中国计算机学会的时候，我觉得我的机会到了。我们为什么落后？我们非常聪明，非常勤奋，但是我们制度差，没有制约，没有监督，是制度问题。所以做事情我们从制度方面入手会好一些，举个例子：中国计算机学会上一届理事会，开会到会的人数不到一半，所做的决议无效，去年换届，我们定了一个制度，理事连续两次不到会就再见了。谁都想当理事，结果到会人数提高到94%。无论大家将来想当音乐家、设计师，还是建筑师，都要想一想，朝着那个目标努力，也许某一天你会获得机会。“我行吗，我当然行！因为我的命运是我主宰的。”所以同学们要从现在规划未来，我们知道未来的社会是什么样的，未来社会对人是什么要求，我们现在就要规划自己，我们的知识结构，能力培养，我们在这么好的大学念四年，找工作还不是小事一桩，所以我们要从现在规划未来。

谢谢大家！

［现场答问］

问：我现在在北大学计算机，正好您也是学计算机的，对于计算机这个具体专业，您能不能给我一些更详细的建议？

答：学计算机我觉得一定要把数学学好，因为数学是在训练你的逻辑思维能力，如果从专业角度，Photoshop，Office这些东西通通没用，算法、计算机原理、操作系统这三样东西学好了就行了。计算机原理要知道计算机的装置是怎么工作的，我觉得计算机的装置是很神奇的，二进制居然能表达这么复杂的问题；算法是把一个问题变成可求解的问题；操作系统是怎么指挥计算机工作。所以，这三门一定要学好。

问：我也是学计算机的，课业比较重，我也很想去涉猎多方面的知识，我想问您应该怎样安排时间？

答：我觉得有一些功课差不多就行了，另外无用的事少做。看电视是浪费人类时光的最大杀手，另外一些工具性的东西现在用不着学，像Office之类的。念书要念精，比如琼瑶的书念多了也无用，鲁迅，莎士比亚，这些人的书要念一遍是一遍。

问:我们上大学有一个重要的任务就是要学会做人,不知道杜老师对我们这个年龄段的大学生,在做人方面有什么建议?

答:其实在中国上许多道德课有时候是害人,我对此实在是不理解。比如救人,你不会游泳也要去救人,错了,我们没有救人的义务,但我们有报告的义务。但是有一些该做到的我们没做到,比如说不遵守交通规则,品德太差。所以,怎么做人,有五个字作为忠告:“别妨碍别人”。如果我们大家都做到了别妨碍别人,中国至少进步十年。闯红灯、吐痰、扔纸屑这都是在妨碍别人。另外我觉得,即使有人亏待我们,我们也不要亏待别人。你不亏待别人并不是你亏了,做任何事情都要拿出你的真诚来。心胸要开阔,不要计较小事,最终得利的还是你。

问:现在很多事情我们是改变不了的,我们要调整自己,去适应这个社会,我想问杜老师怎样在挫折中挺过来?

答:我也觉得我们的力量确实太有限了,我们不满的事情太多了,不那么自由,不那么民主,制度不那么健全。每个人都有很多权利,首先你要能控制这些权利,把握住自己,如果你将来有家庭的话,你要影响你的家庭,让它向更好的方向发展,不要让不愉快的情绪影响到别人。当机会来的时候,一定要抓住机会,如果没有机会,千万不要去贸然行动。

(2005 年 9 月 27 日)

(原载《北大讲座》第十一辑)

未来之路与成功人生

李廷海

[演讲者小传]

李廷海，男，生于1976年4月。1994年9月—1997年7月华侨大学企业管理本科求学，提前一年毕业获经济学学士学位；毕业后就职于跨国公司广懋国际，二年中从普通业务员做到北方区总经理；之后考入北京邮电大学攻读工商管理硕士研究生，于2002年就职于世界500强企业LG电子（中国）总部，任IT产品行业总监职务。2004年起担任环球标讯（GLOBON）董事长，并担任20多家国内外著名企业高级管理顾问，受邀担任中国移动、中国航天、三星、LG等国内外近百家著名企业中高级管理人员及员工特聘培训讲师。2005年2月创办爱未来（北京）有限公司和前程之友（Career Friend）职业规划教育中心，受邀在北京大学、中国人民大学、北京师范大学、上海交通大学、上海大学、西安交通大学、西北大学等全国一百多所高校开办“未来之路与成功人生”职业规划讲座。他的“选对未来之路”大学生职业规划讲座的相关思想、观念和方法通过各种方式传播到中国的近2000所大学校园，已经在各所高校的大学生中引起了强烈的反响。著有职业生涯指南畅销书《影响一生的职业规划指南：我的梦想我的路》。

我先来给大家说一下企业的招聘流程或者叫招聘门道。大家知道，世界上有一个很著名的大公司叫微软。如果同学们感兴趣的话，上完我的课之后去查查微软中国区的招聘主页，上面有一句话是这样写的：如果你认识微软公司内部的人，或者你曾经在微软公司实习过，或者做过短期的实习，你完全可以通过微软公司内部的人，或者你实习时带你的那个 Manager，帮你进行推荐，这样可以让你更多地获得面试的机会，并且提高最终通过面试的概率。这是微软公司中国招聘区主页上的一句话，大家回去可以尝试一下。企业如果通过这种方式没有招到合适的人，就想到了找猎头公司或者职业介绍所；最后会选择去参加招聘会，或者做网络招聘。大家知道，中国有三大招聘门户网站——中华英才网、无忧工作网、智联招聘。你们登录看的时候有没有发现，头版上面是很多的企业的招聘 logo。很多企业往往常年都在上面有招聘 logo，一年四季都有招聘 logo，365 天都有招聘 logo 挂在上面。它们的目的是花钱去做广告，提高公司知名度，并非是真正要通过这种方式来招人。他们真正招人的方式还是主要靠下面三种：内部招聘、内部推荐、猎头或者是职业介绍所推荐。通过对企业招聘门道的了解，我们要做一些什么准备？大学期间是我们的探索阶段，我们就要了解我们将来需要做什么？了解之后在暑假期间，我们就要想方设法地争取到所中意的职业方向或相关的公司去实习。

基于对企业招聘流程的深刻了解，四年前，我创建了爱未来公司。爱未来公司有一个未来之星扬帆计划，专门针对在校大学生。这个计划将会与全国三万多家企业合作，都是一些著名的企业。根据企业要求，每个学校选 50 个人，进入未来之星的扬帆计划，专门培养企业的准职业人。在暑假期间，就让他们到这些相应的企业去，经过层层的筛选和面试，经过一些培训，很多的同学大三下学期到大四临近毕业都不用找工作了，直接被企业内定了。这就是内部推荐的方式。所以，各位同学，你们一定要记住，在大学期间，一定要认真地，尤其是在职业的探索阶段，考虑好这件事，积极做好相应的准备。这样的话，你们到大四毕业的时候，就不用去排队找工作了。你等到大四毕业了再去找工作其实已经晚了。那个时候是千军万马过独木桥，非常困难。尤其是遇到这个金融危机的时候，那是相当的艰难。

我们在 23 岁左右大学毕业了，进入职业生涯的建立阶段，45 岁之后进入维持阶段。大家知道，在 45 岁左右这个年纪，是不能轻易去更换自己的职业的。我曾经在西安做演讲，当时有一个同学告诉我，在西安有一个纺织城，这里大致有 30 万的员工。这个纺织城发生了倒闭事件，有好几万人去围攻政府。我想各位同学，你们在毕业之后，20 多岁这个年纪，如果你们工作的企业倒闭，我想你们不会去围攻政府，对不对？为什么？因为你们是 20 多岁的年纪，处于一个职业的探索阶段和建立阶段，有很多的人生机会。但是在 45 岁以后就不一样。纺织城倒闭，好多人是 45 岁左右这个年纪，他们 20 多年时间都在这个岗位上干，一直干下来。突然之间没有了工作，没有了职业，他们也不知道他们将来要去哪里。这时他们转变任何职业都非常困难，在这个阶段是不能轻易去转换自己的职业的。

大致 65 岁以后就进入了职业生涯的衰退阶段，所以人的一生大致是沿着这个曲线来的。大家大体上了解一下，我们在什么阶段应该要做什么样的事情。

我们做职业规划还要了解什么呢？得了解自己的职业兴趣。我下面想先找两个同学来和我一起做一个互动，使大家对职业定位有更清楚的了解。我们热烈的掌声给他们。麻烦你们准备一张纸和一支笔，大家都准备 下，我们一起来做，做完之后大家可能对这个印象深一点。我给大家布置一个题目：请大家用你们的左手，以最快的速度写下一句话，李老师让你们写什么话就写什么话，不要去写答案，写这个问题就行了。这句话就是，我的人生梦想是什么？这个是需要 15 秒钟时间来写完的，现在开始。15 秒钟过去了……25 秒，30 秒，已经超过了，该结束了。

问：我想请这位女同学来和大家分享一下，就是你写这个的一点感受，随便说一两点。

答：我觉得写这个的时候，手不太听使唤。

问：这位男同学你来分享一下。

答：觉得写出来的字都是歪歪扭扭的。

非常感谢，再给他们热烈的掌声，好吗？谢谢。刚才他们两个分享了他们的感受，我想各位的感受大致也差不多。其实我们的一生，我们在做职业定位的时候，或者说，我们在选择职业的时候，或者我们在实现我们人生梦想的过程当中，在做选择的时候，一定要选择什么？最适合自己的。如果你选择了不适合自己的，就像用左手写字一样，非常的困难。你要去实现你的梦想，非常的艰难。所以说，我们不要干这样的事情，好不好，把它撕掉。你一定要选择自己感兴趣的东西。这是我跟大家讲的。那么，下面我要跟大家分享一下的就是，职业兴趣和职业定位。

了解自我。首先，要了解自己的职业兴趣。举一个例子，大家会比较理解。我是 1994 年考上大学的。高中文理分科，从高二开始。我比较想去读文科,而当时不仅我们学校,全国很多的重点中学都有这样的现象,就是文理分科,一般是班上成绩比较好的同学,排名前250位的直接到理科去。因为理科的就业率比较高,理科的招生比较多。读文科的话,除非是成绩特别好的直接去上了文科。大部分文科生成绩不是很好。当时就是这种情况。后来在高考的时候,我发现,我喜爱的这个专业方向,在理科都没有这个专业。所以没办法,最后就是随便去报了一个专业。结果呢,我拿到录取通知书的时候,被录取的专业叫机械制造与工艺设备。你们学校有这个专业吗?现在叫机电一体化,北大有吗?大致就是这样子。我在拿到录取通知书的时候,我高三的一名要好的老师跑来祝贺我。他说,李廷海我祝贺你。我说祝贺我什么?他说我祝贺你考上了机械制造与工艺设备。我听的时候心里面拔凉拔凉的。我说你为什么祝贺我考上这个专业,我别扭得要死。他说,你读的专业和我们国家主席江泽民读的是同一个专业。

当年9月份就进大学了。踏进大学校门之后,刚开始不觉得,刚从高三离开自己的父母,远隔好几千里去上大学。上大学的时候发现在大学校园里面非常开心。因为大一大多是公共课,尤其是大一上学期都是公共课。到了大一下学期的时候,开始上专业课了。当时有一门专业基础课,我估计很多理工科的同学都会学的,叫机械制图。有同学学过吗?学过的举手我看看,啊,我找到同伴了。我发现你们的头发比我多,说明你们还是比较喜欢这门课。大一下学期,一上机械制图,我就想上厕所,当初就是这样。你说我的头发能不掉吗?后来,你们知道吗,那时候上这门课画一个装配图 ,别人一个小时就能画好,我画八个小时都画不好。期末考试,我考了45分。我的老师告诉我说,廷海,你学习确实是很认真,如果你考了55分,老师直接给你加5分,就让你过了。而我就直接被挂科了,当时心里面非常累,非常痛苦,自尊心受到了极大的伤害。

后来我就想,其实我在大一下学期,刚上这门课两个礼拜的时候,我选了学校的一门选修课。当时我就认真地想,尽管读了我不感兴趣的专业,但我还是有人生梦想的。我就记得,高二的时候就有这样的人生梦想,就是想将来去当一名职业经理人,或者做企业家。这个是我当时的想法。那么,有这样的想法的话,去读经济管理这个专业,相对来讲比较容易些。我在大一下学期选了两门课,一门叫做财务管理,还有一门叫管理心理学。结果到期末考试的时候,这两门课全都考了优秀。我当时心里面非常开心,找到了我真正喜欢的东西。后来我就想去转专业。在1994年,转专业基本上是不太可能的事情,可能现在来讲相对容易些。后来我就去找我的任课老师。如果你不知道你要去哪里,可能没有人能够帮助你,而我知道我想要什么东西。这个时候我的贵人也来了，是谁呢？他就是我上财务管理课的一个老师。他是经济管理领域一名德高望重的教授。我当时就去找他。我说教授你看，按我的成绩，考的还算不错。我就喜欢这个专业，我就想转到这个企业管理或者经济管理类的专业上来上课，能不能帮帮我。他说我帮你试一试。结果呢，你想，有把握吗？他说企业管理类的专业的管教学的主任，就是他的学生，他当时就这样讲的。机会来了。我就想去见这个教授，后来他就给我引荐。我大概第二天晚上就去见了这个管教学的主任。大家想，我要去请求这个主任让我转专业的话，我总得准备点礼品吧。我是贵州来的，我不知道有没有来自贵州的同学。我老家是贵州遵义的。你们有吗？哎呀，还真有！大家想一想，我去的话该带什么礼物比较合适啊？茅台，有人就讲茅台。后来我就去了，背着一个大包，跨进去。大家不要学坏的，学点好的。我敲老师家的门，结果那老师一开门一看我背一个大包，就不让我进门了。这个老师很讲原则的，他说你给我带什么，我都不要。然后一下子就把我赶出来了。结果在推拉的过程中，遇到我那个帆布包的质量也不好，那个包的挎带断掉了，摔碎的不是茅台酒啊，包里面有二十多个记事本。我从高中以来对这个专业感兴趣的东西就全部甩出来了。那个老师一看，帮我捡起来，请我到他们家的客厅坐下。坐下之后，这个老师边看笔记边问，说是你做的吗？我说是。他就边看边点头，然后开始和我交流。交谈到二十多分钟，这个系主任讲了一句话，他说我觉得你的水平已经达到我们学校研究生的水平了。这是他说的话，不是我吹牛，实事求是。我当时就问了他一句话，我说主任，请问一下，你这么欣赏我，我是不是就可以转到这个专业来上课了？他说还不行。我一下子心里又拔凉拔凉的了，觉得没有机会。我说有没有别的什么办法？他说我不是系里面最高的领导，我会向他推荐你。我们这个系里最高的新领导刚从英国留学回来。到了第二天的上午我就接到通知去拜访他。我当时心里边特别开心。这时候我就想，要准备得更充分一些。你知道我不可能用我拜访前一个领导所用的方法。我用了一个什么方法呢？你们记住，这是一个窍门。因为他是从英国留学回来的，这个老师肯定是一个学者。学者总有他的一些著作。我发现这个老师新出了两本著作，我就从他的两本专著上下手。我把这两本专著买回来之后，就开始研读。那时，我们学校的外语学院是通宵的，因为考虑跟外国沟通有时差的问题。我一个通宵泡在外语系的自修室里面，就看那两本专著。结果从里面挑出来了五个毛病。我就将这五个毛病拿来下手，然后去跟他谈。这个很危险的，面对中国式的领导是很危险的。我想这里我要说明两点，大家就理解了。我也写了一本书叫《影响一生的职业规划指南：我的梦想我的路》。我在很多大学做过演讲，一百多场吧，对所有的学生讲过。我说你们只要在《我的梦想我的路》里面发现五个错误,我可以把这本书送给你们。结果我走了一百多所大学,没有一个学生发现里面有五个错误。这里我想说明两点。第一点是什么呢?我写书的时候非常认真,不可能出五个错误,你们根本就不可能在这里边挑出五个错误。第二点是什么呢?你们不可能像我这么认真地去挑里面的错误。即便里边有五个以上的错误,你们也不可能那么认真去发现它。第二天晚上我就去了,去跟那个系的最高领导谈,结果一谈到他的错误,他非常开心。他说再版的时候就考虑,把我这个意见写进去。当时我就问他,我说主任,请问一下我能转到这个专业了吗?他说 Sure。当然可以。No problem。我一听心里面非常的开心。结果你知道这个主任一说这句话的时候,他开心得不得了,他一时就忘记了学校的一个规定。忘记了什么规定?因为当时已经是大二的上学期了,快要期末考试了。在我们学校有个规定,就是大二上学期,尤其是大二转专业的时候,是要留级的。他也没给我讲我要到哪个班,我就平转过去了,我就跑到大二去上课。那时已经是期末了,还有两个礼拜就要考试,我就去参加考试。十门考试,七门优秀,两门良好,一门中,大致就是这样。考完了,成绩就出来了,也没有上过课。其实,有的时候并不一定要上课,对你感兴趣的东西,你肯定是有研究的,你可以自学的。很多空间可以打造。老师只不过领进门,但修行还得靠个人。后来我就开始了一个疯狂的计划,什么计划呢?提前修学分。我跨年级,跨了大三大四,到处修学分。我 1994 年上大学,1997 年大学毕业,而且中间还跨专业,转了一个专业。我在大学毕业的时候拿到了经济学的学士学位和企业管理的本科学历。大致就是这样。我只读了 3 年,提前一年毕业。我要说明的一点是什么呢?你们一定要找到自己感兴趣的东西。如果你找到感兴趣的东西,就像我们在中学的时候学过的那样。如果你把一个物体,把它放在一条没有摩擦的路上,只要给它一个加速度,它就会朝着前方一直运转下去。如果我们找到自己感兴趣的东西,真的就把握了我们人生追求的方向,你的人生就不会在挫折当中、困难当中,天天干着自己不感兴趣的东西,就会非常烦躁,非常厌烦,非常爱发牢骚、发脾气。所以职业兴趣是比较重要的,大家一定要想好,自己感兴趣的东西是什么?如果实在是找不到的话,可以去参加一些职业兴趣的测评。当然,我也要告诉各位同学,你们去参加职业兴趣测评的时候,要选择一些正规的机构。其实网上的一些测评很多都是不可靠的,因此你把你的人生交给一个不可靠的职业测评,也会害了你自己,所以要选一些正规的机构。为此,我创建了前程之友(Career Friend),里边有一个专门的职业测评系统,我也参与了开发。大家如果实在是找不到自己兴趣的方向的话,在网上也找不到其他方法,那么,你们可以给我发 E-mail,或者直接找到我们"前程之友"这个专门职业测评的机构寻求帮助。

还有一个是性向定位。我们在选择自己的职业方向、做职业定位的时候，性格是很重要的。我们每个人都有不同的性格，甚至你的同胞姐妹或者同胞兄弟都有不同的性格。跟自己的父母也是这样，性格都是不一样的。关于性格有很多的理论，其实最早是从瑞士的荣格开始，学心理学的同学知道，荣格最早提出了性格理论。后来有一个美国 MBTI 的测验。我就拿这个来举例，当然还有九种类型人格，还有更多的性格理论。我就讲一点，MBTI 中的一个性向。外向和内向大家都比较明白，我就不讲了。我们在座的很多同学还是能区分自己是外向型还是内向型。我就讲其中的一个，情感型和思维型。情感型用英文叫 feeling，思维型叫 thinking。我举个例子大家就明白了。五年前，我在一家世界五百强企业里，我是行业总监。有一天，我要去一个中央国家机关里面去投标。去投标那天，时间赶得比较紧，我们单位的一个女同事开车送我去。这个女同志长得很漂亮的，男同学不要乱想。由于赶时间很急，她就走到左拐弯的路上去，打算超车。结果车没超，前面就是红绿灯，并过来就是实线了，算违章。警察发现之后就让她下去接受处罚。我就在想，这样的事情肯定是要被处罚的。结果我这位女同事下去的时候非常胸有成竹，她跟我说，没事，我下去，一会儿就回来了。我当时还在纳闷，她怎么会下去后一会儿就回来呢？结果她下去之后，不到十秒钟就上来了，非常开心。我说没事吧，她说没事。我就很感兴趣，我问她是怎么解决的。因为像我开车的话，如果违章被警察抓到往往就是罚款，讲什么都没用。后来，我就问她，我说你是怎么搞定的呢？她说我告诉你，抛个媚眼就搞定了。你想，这个警察是典型的什么性格？情感型是不是？这个警察是典型的情感型。事情很凑巧，又过了一个月，我还要和这个女同事一起去。那天还是去投标，好像是中国银行的投标。结果那天也是路上赶时间。当然，那天不是到左拐弯的道上，那天是闯红灯。北京的交通比较堵，结果我们的车落尾。当车到马路中间，红灯就亮了，另一边的车就过来了，她就过不去，卡在中间。一会儿警察过来了，让她靠边。我一想上次有成功的解决经验，我就敢打包票，没问题。那天我们后座上坐着一个老外，我们外方的 Senior Manager，相当于中国区的副总裁，这还得了啊。我当时就跟他打包票说没问题，一会儿就好了。大家想一想，抛个媚眼怎么用英语来翻译，我想了半天。跟他翻译的时候，那个老外听得非常开心。结果我这个同事两分钟了还没上来。那个老外就说我欺骗了他，还一顿牢骚。大概过了三分钟，我这个女同事上来了，面红耳赤的。上来之后，我就问她，是不是被罚款了？她说被罚款了。我就感到奇怪，没抛媚眼吗？她说抛了。我说是不是抛的次数不够？她说我抛了五次。我说五次怎么还搞不定啊？她说你知道吗，我一去的时候，那该死的警察就在那里写罚单，我连着跟他抛了四个媚眼，他都没有看见。后来我想机会总要来的,他总要递罚单给我吧。最后机会来了,他递罚单的时候,我抓紧时间赶紧向他抛一个媚眼。结果你猜这个警察怎么来着,眼睛盯着我,他说小姐你想要干什么?赶紧到银行交罚款吧。你想这样的情况,这个警察是典型的什么类型?思维型。

这跟我们选择职业的方向有什么关系呢?太有关系了。你想一想,我不知有没有读法学的同学,如果有读法学的同学的话,你将来要去当律师,要去做法官。那么,这样的职业要什么类型的人?thinking,典型的思维型的人。假如说,你是一个原告的律师,你那天代你的原告去打官司。打官司的结果呢,发现被告是一个女孩子,长得又漂亮。然后在这个地方跟你说了半天,哭哭啼啼的。结果呢,你就忘记了你原告律师的身份,特别同情她。你是一个情感型的人,结果打官司打输了。怎么回事啊,我打官司本来要赢的,怎么输了?因为你是典型的情感型。所以有的职业是有性格选择的。那么,是不是说思维型就一定好?不是。有些职业需要典型的情感型。举个例子,帮助大家理解。你们可能都用中国移动的手机,对不对?可能都打过中国移动的客服电话10086,是不是?有没有发现打进去的时候,里面的女孩在接电话的时候是非常的温柔,是不是?尤其是我们听电话,听这个声音就想见这个人,是不是?你有没有发现,最近两年开始,你会发现里面有男孩子在接电话,他们跟女孩子一样的温柔。做客服工作,就得要典型的情感型。所以我再给大家举个例子,假设说你在奥运会开幕式 8 月 8 日那天,买了一台电视机回家。你去新买台电视回家是想看奥运会的直播。结果你买回家之后,左弄弄右弄弄,那个电视机就是出不来图像。你当时心里面非常的恼火。结果弄到晚上 12 点,那个开幕式都结束了,还是不能看。你一晚上没睡着觉,心里面一直在骂。今天怎么回事,怎么这么倒霉,买了台电视什么也没看着。你们一家人也没睡好觉。第二天早上起来打算去退货,你抱起这台电视机就往国美电器跑。走到二楼,发现没一个人理你。最后一个楼层经理走过来,问你在干什么。哦,这个电视出了问题。电视出了问题,你想干什么?他说。我想退货。你跟他讲,很不开心的样子。他马上问你,你预约过吗?你很生气,怎么预约?你打过 400-800-****这个电话吗?你一听很生气,说我不知道,反正我就是要来退货。你嚷了一通之后,围了一大堆人。一大堆人跑过来一看,什么问题啊?产品质量问题。结果那些本来要买电视第二天去看奥运会其他项目的,一看原来这里卖的电视有质量问题,都不买了。你看,给企业造成了多大的损失。这是一个典型的思维型的人,把他放在前线处理客服的问题,给企业带来了很大的伤害。想一想,如果当时这个电器公司,这个家用电器城,在处理的时候,安排一个情感型的人来,情况会怎么样?如果是一个情感型的人,等你爬上楼的时候,他从监控器一看,这个人是要来退货的。当时就会说,哦,没事,你把这个东西摆在这儿,产品出现了质量问题吗?你说对对对。没关系,我们这边新开了一个 Starbucks,我带你去,我们喝杯咖啡慢慢聊。把你叫过去,一坐下之后,就很温柔地问你,先生,请问你是要卡布基诺还是摩卡的咖啡?你跟他讲,来杯卡布基诺。哦,这个还可以续杯呢,你慢慢说。说到二十分钟的时候,没事,再来续一杯。完了之后,发现你说完了也没什么好说的了。结果发现也没多大事。不就是一场直播没看到嘛,今天晚上回去可以看转播。后来你一想,还对这个客服经理说了一句,你这个人真好。其实,我实话告诉你,昨天晚上是我家小孩子不注意没看说明书乱按的,把这个按钮给按坏了。所以说,处理这种工作,像客服的这种工作,就要典型的情感型。因此我们在选择自己职业方向的时候,大家心里边要有一个大致的判断。选择适合自己的,这样会比较好一点。其实,现在有很多企业非常重视性格测评。企业认为,能力是能够培训的,可以培养和提升的。然而,性格却是很难去改变的,江山易改,本性难移。如果你们及早地了解自己的性格,在你们将来选择职业的时候,就可以少走弯路。

下面大家看一下职场环境分析。我们在做职业定位的时候,还要考虑一下职场环境分析。比如说当前的职场环境,现在是金融危机,对你们的职业有什么影响。如果你读的是金融专业,对你的职业方向有什么影响?还有岗位职责分析,大致从网上筛选一下,看看有哪些职位。你要选择专业和岗位有关联性的。还有一个,行业与专业方向分析,如何结合我的自身优势。这个大家大致了解一下就行。还有就是选择一个合适的公司和一个合适的老板,这个也是比较重要的。

大家看这样一个公式“B - A = C”,这个公式在职业规划指南《我的梦想我的路》里面第一次引用。其实很简单,我给大家讲一下,大家就明白了。B - A = C,B 就等于 C 加 A。B 是什么呢,就是我们的职业方向。A 是什么呢,我们的现状。就是刚才我讲的了解我自己。了解自己的性格,了解自己的兴趣,大致就是自己的现状。那么在职业方向 B 点跟你的现状 A 点之间的一个差距,就是 C 点。C 就是我们要补的东西,就是我想跟大家讲的。所以我们简单说一下,定位 B 点到底是怎么来的。想要的,想做的,想成为的。大家头脑之中大致有这样一个想法。还有一个是什么呢?我的人生梦想。我想做什么,我能做什么。这个我想跟大家讲就明白了。其实我在刚上大学的时候,由于读了不感兴趣的专业,非常的痛苦。我想转专业可是学校又不许,我那个时候晚上十一二点钟,跑到学校的草坪上去,躺在上面看着天空的星星,去数星星。我说天空的星星,我的星星是哪一颗?我的梦想是哪一个啊?我当时真的这样子去想。然后慢慢地想一下自己的将来,对曾经想过的东西,慢慢做一个回归,做一个自我探索,逐渐地找到自己的人生梦想。然后做自己想做的东西,然后结合一下能做什么东西,那样定位自己的点,大致就是这样。找到方向之后,就好办了。找到自己的方向,定位好之后,你就可以去找有什么样的人能帮助你去实现梦想。我想关键是第一步,第二步就不难了。就像我跟大家讲的一样,我找到自己的方向之后,我要去实现这个方向,有哪些人可以帮助我。所以说我在我的人脉中,就去找这样的关系网。当然是欣赏你的人。其实职场当中有很多欣赏你的人,关键是第一步你要找到你的人生梦想。

我们找到自己的人生梦想,找到自己的职业定位 B 点之后,下一步 C 点是职业素养的积累。其实,影响一个人能否成功的有四大关键要素,大家可以记一下,第一是知识,第二是技能,第三个是经验或者叫行业经验,第四个是职业素养。我想,前面几个都不是很困难。对于北大的学生来讲,不是很困难。我甚至在其他 211 工程的重点大学也跟他们讲,你们只要能够进到重点大学,前面三个都不是困难。为什么呢?我们讲第一个知识。其实,我们从小学一年级开始就在学知识,一直学到了大学。我们学的知识还不够吗?我在这边跟大家简单说一下,比如说你们将来大学毕业之后,要去联想电脑工作。比如说你们去联想电脑做销售,专门去卖电脑。我想请问各位,如果要去掌握卖联想电脑的知识,你们需要多长时间?(有人答两个小时)这个同学很厉害,两个小时。他说的这个一点都没有错。因为我们在大学整天都接触电脑,自己都会。这个硬件软件都会,你跟人家演示一下,有些什么样的系统,你都会嘛。你们北大离中关村很近,我以前经常在村里面跑啊。我以前负责 IT 产品的。结果我发现中关村里边卖电脑的很多人,他们中多数人高中都没毕业,都是从农村来的孩子,高中没毕业就到那里卖电脑,介绍得非常专业。他的行业知识非常的丰富。这些人都没上过大学,但他们卖电脑都卖得很好。其实这个电脑知识,我们上大学时,很多东西我们都学过了。其实这些东西很容易的。所以知识对于我们大学生来讲不是最重要的。当然,对没上过大学的人,我还是要讲,知识是非常重要的。所以你们最终能否成功,尤其是北大的同学,不是在这上面。第二,技能。如果你要去卖电脑的话,你多久能掌握电脑销售技能?也很快。大致就是两三个月、三四个月。你至少要跟别人说话,跟别人介绍产品。这个都会。大致也就半年左右的时间。第三个是什么?经验。你在一个行业之中,只要待上两到三年,你就可以成为行业里面比较资深的人了。就像你去卖电脑,你天天接触的就是电脑知识,你在联想里面接触的就是联想的竞争对手。IT 领域有哪些公司?哦,原来是 IBM 的服务器,还有 DELL 的电脑,还有 HP 的东西。你天天接触这些东西,各家的市场份额是多少?你不知不觉地、潜移默化地就在增加这种行业的经验。这个也不是最难的。最后一个是职业素养，最终是职业素养决定了一个人的成功。我在这里举一个例子，大家就明白了。我在四年前去参加信息产业部的一个会议，当时这个会议是要讨论3G的产品。那天就来了很多的领导：信息产业部来了一个部长，三个副部长、还有其他部的部长，大致有十来个部长、副部长。他们坐在VIP席上。我在出席这个会议的时候，就在观察。发现里面有一个年轻人，27岁左右，像是刚从大学毕业不久。我看他的穿着很正式，穿着西装、打领带。他站在门口，那是一个五星级的酒店。服务员拎着开水过来了，这个小伙子就走上去跟服务员说：小姐，你把开水壶给我，你就站在这个地方，我叫你再过来。他拿着开水壶去前边VIP的坐席，给每个人倒了一杯开水。他倒了二十多杯，十多分钟的时间，没有一滴水洒在桌子上。这个事情就过去了，可能我们看完也就过去了。但是过了半个小时，他代表他的企业上去讲对3G的一些看法。他20分钟的演讲非常精彩。演讲结束之后，响起雷鸣般的掌声，三个副部长走过去，主动和他交换名片。过了两年，他直接被提到副总经理。我对这个人很感兴趣，专门研究了他。我去跟他接触过，原来他的父亲是一个省的地级市委书记。大家可能觉得是他父亲的原因他才上去的。其实不是。我发现，他的父亲和这些根本没有关系，和信息产业部根本就没有瓜葛，完全是靠他自己上去的。那么，是怎么回事？原来在他小时候，他的父亲就经常把他引荐给一些德高望重的教授、企业家、职业经理人，让他跟他们去接触，他在潜移默化当中就积累了这些职业素养。所以说，他在大学毕业之后，三四年的时间就升到一家上市公司的副总经理的职位。我想职业素养这个东西，对于有些人来讲，有些同学来讲，要一辈子才能够建立。对另一些人来讲，由于背景比较深，他们可能时间很短，两三年、三五年就会了。其实，有的时候我们就发现，来自农村的同学和城里边的孩子，特别是一些家庭背景比较好的，是有一定差距的。这个时候你要怎么去积累职业素养呢？这是大家比较关心的一个话题。因为职业素养最终是影响我们的最重要的因素。我把这个C元素叫做积累的东西，就把它大致分为三类知识五个能力。知识的东西我就不想讲太多，我就简单讲一下英语。我曾经有一个同学，他说他的英语水平需要提高。那么我就想，该是怎么提高的问题。因为英语和计算机都是比较重要的。英语这个东西，不是说你过了六级，考托福考GRE，考的多高，你英语水平有多高。英语是一个应用性比较强的学科。我在今年的5月份就面试了一个学生，重点大学毕业，英语过了六级。他的简历自称英语听说读写能力良好，我就想看看他怎么良好的。我说introduce yourself in English please。结果那个同学坐在那里半分钟一句话都说不出来。我看他嘴巴想动的样子，结果半天没讲一句话。后来他冒出了一句话，他说：Mr. Lee，my spoken English is poor。我说怎么回事？他说,李老师你知道,我们在大学里边学的英语都是哑巴英语。我就想,这个很难么,介绍自己。我说这样吧,introduce your family please,可以吗?我们在初中一年级学第一册英语的时候,里边就有一个介绍你的家庭的课文。我说你一定要用三分钟的时间来介绍你的家庭,你不要说两句就完了。他说行。他大致准备了一分钟的时间开始介绍,你猜他怎么介绍?他说,my father is a worker, my mother is a worker, my brother is a student, my sister is a student。非常简单的话,他就说了半天。我就感到很奇怪,他的简历里边家庭成员就三个人,他的父亲,他的母亲,还有一个就是他自己。我觉得不可思议了。我一看他的母亲是家庭主妇,housewife,他的妈妈怎么就是一个 worker 了?而且他也是农村来的,我就问他,你们家是农村来的,你父亲怎么是 worker?他说我的父亲以前是农民,后来进城当了农民工,所以说叫 worker 也可以。我说行,那你妈妈呢?Mr. Lee,他说,坦白告诉你吧,我母亲是农民,但那个农民的英语单词我不知道要怎么拼,我就只记得 worker,所以说我就把我妈妈也当成 worker 了。OK,我说那你们家几个人?他说我们家三个人。我说你们家就你一个孩子?他说对。我说那你的 sister,你的 brother 怎么来的?他说我的 brother 是我姑姑家的,我的 sister 是我伯父家的。我说那你怎么讲那么多?他说,李老师你不是让我用三分钟吗?我讲不出来,就这样凑出来的。所以说,我们在这种实践性的学科方面要特别注意。你到企业去面试的时候,这些都是应用性非常强的,不是说你要掌握很多的单词,不是这样的。你进入一个专业的公司,比如说进入一家 IT,IT 里边的单词也没有那么多,你了解你的领域就行了。简单地说,简单地演练,这是要会的。其实说到一个应用,你背很多单词,背几万个单词,你不会说,不会用,还是不行。这是我跟你们讲的。其他的知识分类,我就不用过多地讲了,因为时间关系。

下面我要讲五个能力。五个能力我首推沟通能力。为什么?你们将来出去找工作的时候,都得要有沟通能力。你在介绍你自己的时候,你能不能获得这个面试主考官的欣赏?还有一个你去企业里边实习,是否能转正也取决于你的沟通能力。包括你要跟你的 manager,你的上司,你的 boss 谈薪水待遇的时候,能否成功也取决于你的沟通能力。我跟大家举一个例子,大家就比较容易理解了。有一位大学教授,他是专门研究金丝猴的,专门研究金丝猴的成长规律。大家知道,金丝猴长得比较矮小,这位教授是专门研究遗传与变异的。他想通过遗传与变异的规律,让金丝猴长得更高。有一天,这个学校新上任了一个校长,这个新校长在大学校园里边碰到了这位教授。校长主动地和教授打招呼,因为他是德高望重的教授,想了解一下他的项目进展得怎么样,看看他的资金够不够用。校长问道,教授你好,请问一下你的那个金丝猴的项目进展得怎么样？这个教授就非常激动地说，校长，承蒙您的关爱，我的那个金丝猴长得非常好，长得和你差不多高了。结果这个校长一听，哭笑不得，灰溜溜地马上转身就走了。这个教授发现他说话说错了，回家之后就开始反思，然后就茶不思饭不想，一个星期没有好好吃饭。周末的时候，他上小学的孙子回家了，一看见这个情况，他说爷爷你千万别这样。他说，校长不会计较的，您找个机会和他解释一下就行了。这个教授想想觉得孙子的话也是有道理，接下来他就想找个机会和校长解释。大概过了三个礼拜，在校园里这个教授就真的碰到了校长。校长转身要走，这个教授就把他拦住了。他说，校长对不起对不起，上次真的是对不起，我说错话了。那个校长马上转过身来说，没事，没事。然后这个教授就问他，真的没事吗？校长说真的没事。这个教授最后说了一句话，我就知道没事，我孙子也这么说。这就是沟通，知道吧。就是说跟上司之间的沟通，两个人之间的沟通，有没有这样的问题。我们在职场当中，这样的问题是经常发生的。所以说，在大学期间，你认真地去沟通，认真地提高自己的沟通能力，是非常有必要的。

还有一个，就是社会适应能力。其实就今天的社会来讲，尤其金融危机给我们带来的影响是非常大的。大家在就业的时候，怎么去找一种心态的平衡，心态的调节。有位同学提到了这个问题，我想也跟大家简单来说一下。我给大家看一张图片，我想请这位男同学起来讲一下，你从这张图片能看到什么？

答：两个草莓和一只蚂蚱，然后蚂蚱好像要吃这两个草莓。

我去一百多所大学演讲，大致都是这样的结果。好，我们看看这张图片的含义是怎么样的。还有，有同学说蚂蚱原来是不吃草莓的，适应一段时间之后，它也是吃草莓的。同学们对这两种解释都同意。其实，我这个图是用来说明现在的一个社会热点问题。两个月以前，我参加了北京的一个HR俱乐部，在与很多人力资源总监做沟通的时候，其中有一个企业的HR总监说到一个问题。他说，现在的同学大学毕业之后找工作，他们到企业之后，试用期一般是两个月，试用期刚让他熟悉环境。到了快要转正的时候，他的boss，他的manager就给他安排重要的工作，就说你这个项目必须在这个星期五之前给我完成，不完成，你周末就不要休息也不要回家。结果呢，有一个男同学，到了周五下班时间，项目还没有完成，他不加班，也没有和领导说一声，就直接回家了。到了下星期的周一上班，经理就问他，小王你过来一下，你那个项目怎么没发给我呢？做完了吗？小王就讲，经理，那个项目我不会做，没做完。那个经理就非常生气，他说我不是告诉过你吗，你没做完就别回家，星期五加班都给我做完，做不完周六周日接着做。你怎么就回家了呢？根本没当回事嘛。这个小王就非常生气，然后就回办公室收拾东西。他说，这么凶，以前也没看他这么凶,我在这里还有什么意义呢?赶紧收拾,办辞职手续走人。不少同学就是这样,企业一加压力,他就受不了了。我们现在很多人,跳槽比较频繁。我们年轻的一代,很多人是独生子女,他们的状况相当于什么呢,就相当于这个草莓,一捏就碎。也有点像这个蚂蚱,一碰就跑,于是不断地跳槽。你们想,我们的压力真的很大吗?确实,现在的金融危机是带来一些压力。我再给大家看另一张图片,是在煤厂上班的挖煤工人。有没有看出什么?谁的压力有他大?他的压力是最大的。在这个井里边挖完煤上来就是一整天。如果煤矿一出现瓦斯爆炸的情况,基本上就活不成了。

此外,还有创新能力,决策能力,整合资源能力。这都是比较重要的,跟大家分享一下,因时间因素,就不一一讲了。

下边我想讲一下,职业素养里边有一个三角形。最右边的是 IQ,就是智商。我想大家能够考到北大,智商都不会有问题。你们只要大学毕业时能拿到毕业证,就 OK 了。我想重点讲的是 EQ,情商。刚才有同学提到,怎么去提高自己的情商。我想,情商有两点,一个是你的人际交往能力,一个是你的情绪控制能力。举个例子。有一个华人,他创造了全球猎头历史上最高的一笔酬金,也就是说这家猎头公司把他从一家公司挖到另一家公司的时候,这家猎头公司获得了两亿元的酬金。这个人是谁呢?这个人就是现在 Google 中国区的总裁叫李开复,以前是微软的全球高级副总裁。他被挖的时候,这家猎头公司获得了两亿元酬金。我想介绍一下他,他在大学毕业之后去了微软公司。李开复情商比较高,也比较注重自己的情商。他曾经说,他以前沟通能力也不行。但他知道情商对于一个人的成功很重要,他就不断地提高自己的沟通能力,提高自己的人际交往能力。他进微软的时候就给自己设定了目标,要在三个月内认识 60 个不同的中高管。然后他就开始实施他的计划,每天请不同的微软中高管来共进午餐。结果不到三个月,他真的做到了。后来机会来了,他就想申请到中国大陆去实施他的抱负。比尔·盖茨在开董事会讨论的时候,60 位中高管一看这个人要求去中国,一致同意把他派到中国。后来他就来中国了。比尔·盖茨当时感到很奇怪,他说一个中国台湾人怎么获得这么高的呼声?他到中国不到两三年,微软就要在亚洲建一个研究院。比尔·盖茨本来的意思是要建在印度,因为印度是以英语为母语的国家,我们中国是方块字,他认为中国的软件设计肯定不行,因为英语背景不行。结果呢,比尔·盖茨又拿出讨论方案,60 位中高管一致同意设在中国。后来微软的亚洲研究院设在了北京的中关村。大致情况如此,这个人的情商非常高。后来又发生了一件事情,就是前两年他要跳槽到 Google 去,比尔·盖茨很生气。他说我给了这个人很多机会他还要跳槽,非常奇怪。比尔·盖茨当时真的很恼火,就打算把李开复告到美国的联邦法院。而60位中高管又一致通过，别告他了，放他走吧。所以说李开复的情商很高，对他后来的成功很有帮助。你们将来要拿更高的薪水，要受到重用，就要去提高你们自己的情商，人际交往能力，还有情绪控制能力。最后我讲一下AQ，就是逆商。其实一个人的综合素养，就是看他在逆境当中，遇到挫折困难的时候，他是怎么样去解决自己遇到的困难和挫折的。我举一个大学的例子。因为今天在座的很多同学都是大学在校生。我在上到大二时，我有一个大三的同学，因为我跳级，跟这个大三的同学成了朋友，他当时立下了自己的人生方向，做国家领导人。北大肯定有很多同学也是想当国家领导人的（笑），大家不要笑，这个目标很伟大，而且很现实。他在大三的时候要去参加校学生会主席的竞选。参加竞选的时候，他以三票之差负于他的竞争对手。他来找我说，廷海，我非常牛气。我说怎么了？他说他的竞争对手采取了不正当的竞争方式。情况其实不是这样。那个校学生会主席实际上非常大度，当时邀请他去做校学生会的常务副主席。他当时愤怒地拒绝了这个机会，回到宿舍里边，专心地搞他的学习，也不管这些事情了。后来我大学毕业要走了，他来找我给他留言。我知道他当时的状况，就好像宋朝的陆游写的那首诗中"无意苦争春，一任群芳妒"。好像有点那种意思，有点消沉。因为我知道他想要当国家领导人的志向，我就送他一首诗。还是《卜算子·咏梅》，只不过换了一个诗人。这首诗是什么呢，"俏也不争春，只把春来报。待到山花烂漫时，她在丛中笑。"这是毛泽东主席写的一首。既然你的职业目标是想当国家领导人，那么你就不要为了区区小事，为了自己的失利去在意那么多事情，我大致就想说明这个意思 。我毕业之后就走了，在一个跨国公司做到北方地区总经理。后来，我就想去考研究生。我就到北京来，考硕士研究生的时候就住在清华园里边。硕士研究生考完之后过了两年还住在里边，我在清华大学大致住了三年的时间。这个同学后来上了博士，在他博士毕业三个月之前，给我打了一个电话。他说，廷海，我有一个困惑。我就想，我们班上职业目标最明确的人怎么会有困惑呢？我让他说来听听。他说我有三个选择。第一个选择想到美国去读博士，经济学的博士。我当时就跟他讲，我不太赞同，理由我说给你听。我说你想，到美国去读经济学的博士，一般情况下，美国是不太承认中国的经济学博士的。你到美国去读经济学博士大概要五年的时间。你要申请去读博士，你还要考一个好的托福，一个好的GRE。那么你还要准备一年的时间，那么这样就是六年，还有，你要申请到一个好的学校，你要申请奖学金，那么你还要准备一年。这样的话，两年加上五年就是七年，还想回到中国来吗？他说想回来。我说OK，你回到中国之后还要准备一年的时间来就业，这样就是八年。我说请问你现在多大年纪。当时我们27岁了。我说8加27是多少,35岁。我说当你35岁回来的时候,我的孩子都可以打酱油了。人的一生职业生涯,我告诉大家,就是这样。我问他还有什么选择,说说第二个选择。他说第二个选择,我到一家上市公司的二级公司去当副总经理。我说这个我也不赞同。我说你的家庭背景非常好,你不是缺钱的问题。如果你走一条从商的路,最终也有通过从商发展到从政的可能的,但是还是比较难,困难比较多。我说还有什么选择,第三个选择。他说考公务员。我说考哪里的公务员。他说考两个,一个是考上海的公务员,还有一个是考中央国家机关的。我说OK,好主意。我说你考中央国家机关的公务员,刚好。我在世界五百强企业里边担任的是全国的行业总监,我专门做大客户,专门往中央机关跑,那么我可以帮帮你。其实我帮不了他,我就鼓励他而已。他真的听了我的话,去考中央国家机关的公务员。结果他就考上了,非常开心。他离开上海的时候,给我打了一个电话。他说,廷海,我明天就要离校,到北京的中央国家机关去上班了,我到北京之后第一个礼拜就请你吃饭,因为你对我的帮助很多。结果这小子就到了北京上班,一直没跟我联系,消失得无影无踪。我想,是不是进了中央就把我们这些老百姓忘掉了。其实不是这样。三个月后的一个星期五,我接到了他的电话,一个声音非常低沉的电话。他说,廷海,我有一个困惑。一个在中央机关工作的人,怎么会有困惑呢?我说你这样,明天就是星期六了,我也不上课了,我明天直接到你们单位去找你。他说你别来,你千万别来。我一听有事,我要再不去,他肯定要跳楼了。他当时压力非常大。我说那这样,你来看我好了。第二天,星期六上午,我一想,真的是坐不住,我就想去看看他。没经过他的同意,我就跑到中南海那边他们单位附近去,到他门口给他打手机,我说我到了,你要不要接见我?他出来了。那天他们单位没有上班,他就带我往他住的地方跑。他带我往地下室去,他住在地下室里面。中央国家机关给他安排的住房就是地下室。我大致知道原因了。他说中国好几百万公务员啊,什么时候轮到我出头?当时心里非常悲哀,情绪非常低落。我就问他,去刺激他。我说你每月工资多少钱?他说不到1200块钱。几年前的时候,真是这样。原来是AQ不高,逆商问题。我说你这样吧,你以最快的时间到清华来看我。他第二个星期就到清华来看我。我就跟他讲了一个故事。这个故事内容是什么呢,其实我当时已经做了北方区的总经理了,在一个跨国公司,管理着五百多个人。我要考研究生,其实是自己心里的一个梦想。当时我有很好的条件,自己又有车,又有房子之类的。跑到清华里面去租一个房子,清华的一个退休的老教授,用碎砖头砌起来的一个小房子,绝对是违章建筑。我晚上睡觉的时候都担心哪个小孩子发坏,把那个墙推倒了,把我弄在一堆垃圾里边。那个墙一推就会倒,手一撑就是房顶,房顶总共两米高,上面是油毡布加上土再加上草盖上的。我当年考硕士研究生，第一志愿是清华大学的经济管理学院。那年1月份全国统考。刚好在考试之前发生一件事，北京12月份本来是很少打雷下雨的，结果有天晚上，既打雷又下雨。一个响雷一打，把我门口的那棵树的树枝给打断了，然后一下子就落到我的房顶上。那个房顶就被砸了一个大窟窿，幸好没砸到我，我头发比较少，往旁边一躲，闪开了。于是，瓢泼大雨就往那个房间里边灌。当时房里书比较多，我就开始挪那些书。五分钟后，地上都积了一摊水了，又过了五分钟停电了，灯灭了。到了凌晨三点钟的时候，暖气也没有了，冻得我要死。我当时就想到了杜甫的一首诗《茅屋为秋风所破歌》。那个状况我就安慰自己，也许天将降大任于我，必先苦我心志，劳我筋骨。我想，天降大任不要降给我，降给我哥哥姐姐好了。其实这里边非常的悲哀，那种状况，叫天天不灵，叫地地不应。到了第二天早上，突然什么事都做不了了。我感冒了，得了重感冒。过两个星期就要考。结果那年考的不是很理想，超过分数线大概20多分。但是那年清华经管学院就照顾年龄比较大的，就是工作八年以上的人。他们的分数比我要低20分。我估计是没戏了，就赶紧转学校，我就想转到北京邮电大学，所以我的硕士研究生是北京邮电大学的。我不也这样走过来了吗，我不也在世界五百强做到中高管的职位了吗？我就跟他讲，我说你现在的情况没有什么。我还告诉他，我现在是清华大学经济管理学院高级工商管理硕士的招生项目顾问呢，我与清华大学经济管理学院合作了四年。我虽然没有从那里毕业，但我还在带清华大学经济管理学院的项目。我现在赚他们的钱，我就觉得很爽。其实，人一生的梦想，虽然有的时候没有实现，但是只要奋斗了，你就有很多的收获。包括我们在与清华谈项目的时候，清华大学在招标的时候，也不是哪个单位都能进的。我掌握的一些东西，是我在准备考研究生的时候就开始了解的，因为我对这个项目如此的了解，又有可行可靠的执行方案，清华的负责人对我们公司的业务能力深信不疑。那天听我讲完之后，他说廷海，你也别请我吃饭了，我要走了。我感到很奇怪，他非常高兴，一下子就走了。我还以为他要干什么，结果他做了一个决定，到西单去把他前三个月赚的工资，拿来买了两套西装，又买了三条领带。买了回去之后，从星期一开始重振旗鼓，一个崭新的自己出现了。结果他们领导就非常喜欢他。后来，他们领导到哪去都带着他去，他也比较有才，而且又善于去表达自己。然后整个状况不一样了。两年以后，机会来了。让他到地方去干了。从县长、常委干起，下一步该做一个市的市长了。他可和我一样大，就是30多岁这个年纪，要当一个市的市长了。我想，如果没有什么闪失的话，他在40岁以前，还有的是机会。我想说的是什么呢，人的一生会遇到很多的逆境，会遇到很多的挫折和困扰，在这个过程中你是怎么过来的，你怎么去应对。还有你的人生方向,不要去改变它。在这一过程中,你需要去找一些导师,找一些朋友,然后去帮助你。我想这个是比较重要的。

大家还愿意听吗?(愿意)真愿意还是假愿意?待一会儿有没有事情?没有事情,是吧,我想再跟大家研讨二十分钟,好不好?讲到八点五十的时候,让同学提问。OK,跟你们讲什么呢,你们想听什么呢?什么都行,是吧?只要我讲话就可以,是吧?那我还是讲点有用的东西。那这样子好了,我下面有一个培训,其实我也经常去给企业做培训,其中用到的一些教程,给大家培训一下。大致就十多分钟的时间,这个培训,企业中高管要交两三万块钱呢。今天免费给你们好不好?那你们要来一点掌声。我告诉你们,我们中国的同学不懂得欣赏,这个是不好的。为什么中国没有诺贝尔奖呢?我们创新能力不行,我们一天到晚只知道学习,往脑袋里灌东西。我们没有真正思考,为什么学这些东西。我还告诉大家,在美国,他们的老师,讲得比较好的老师,在课堂上讲完课之后,结果你发现这老师走到操场已经好远了,已经走了两三分钟了,教室里边的掌声一直在响,一直拍到这个老师听不见为止。我们中国学生怎么样,讲得好的老师,管你是谁,讲完就完了,站起来比老师跑得还快,不懂得欣赏。尤其在北大这种环境,肯定有很多德高望重的教授,他们的课都是讲得好的。(掌声)再来一次掌声。

培训,大家看到图像的这个 B 点,跟大家分享一下。刚才跟大家讲的,一个是 Who am I ,了解我自己。还有一个就是怎样定位自己的 B 点,怎样积累自己的 C 点。从这当中要考虑自己职业修养比较重要的地方。那么,就是怎么去实现自己的职业梦想。这个实现,有很多种。我不可能在简短的一个多小时,把实现的方法都讲出来,讲完如果大家感兴趣的话,可以去关注一下爱未来的网站:www. lovefuture. com。上边有未来之星扬帆计划,可以了解一下,爱未来的网站上介绍得比较详细。不过,今天我想讲的是,我们去实现我们人生梦想的时候,有一个态度的问题。这对我们每一个同学都是非常重要的。不管我们是上了研究生,是老师,还是刚参加工作,还是刚上大一。其实我们说话,就代表我们现在的现状。如果你说话就会得罪人,很冲,别人都不愿意和你合作。你到一个企业里边去工作,你有没有发现,为什么有的人说话就特别招领导喜欢。原来你认为他会拍马屁,其实不是这么一回事。真的去实现,大家真的去体会这句话,微笑的脸。不要搞得好像别人欠了你三万块钱只还了你一分钱一样,非常地恼火。你高兴一点,你的领导也高兴,你的团队也高兴。真的是这样。所以,事业成功的基本信念是什么呢?必须成功。语言改变思想、心态,语言也影响身体。语言改变自我形象。人们用语言进行思考。我引用一句话:人类常常是认为生活在客观的世界里,事实上,是依靠语言这个媒体来生存。语言构筑了我们思考的方向,语言形成信念并影响行动。没有声音？唉，我先讲点别的，这是需要声音来配合的。

大家看一下，这是习惯性地使用一些表达否定情绪的语言。比如"真是的，这工作没法找了，算了吧。"这样的状态、心情是不行的。我知道肯定有来自东北的同学，前天见到几个东北的同学。他们在北京找工作，结果你知道他们获得什么经历吗？回到东北老家一看冬天比较冷，在炕上睡了三个月的时间。大概是冬眠结束之后，然后又跑到北京来找工作。这样来找工作，不行的。还是要有积极的情绪比较好。这样就是不行的，其实我们生活当中有很多这样的人，千万不要这样。所以大家要记住，我们的语言能使自己的人生变得不幸或者变得幸福。所以说，Yes, I can。成功者不说否定的话，所以我们没有这样的话，OK？然后，让心态变得积极，有积极的语言。大家跟我一起来，让心态变得积极。这里有一句话，大家真正理解一下。关于人生，不是现实本身，根据自己如何解释、赋予何种意义而不同。大家理解一下这句话，并且领会一下。你赋予它什么样的意义，不是你遇到一个挫折，你的人生就是悲哀的。不是这样的，大家认真理解。还有这样一句话，用爱点亮未来，用行动铸就成功。爱是什么呢？是我们内心的一种喜欢，是我们内心的一种挚爱。你真正在意一项事业，去挚爱一样东西的时候，那么这个东西就会点亮你的未来之路，然后用行动铸就成功。我用这句话和大家一起来分享。大家积极一点，我来领读，大家一起来读好不好？大家能站起来吗？用你们饱满的声音来读出这句话，把你们的喜欢和爱，还有对未来的梦想，通过这句话体现。我们来读，大家如果能做一个手势，一个 power 的手势就最好了，大家记住千万不要打到前面的同学。要打的话，打轻一点，打重了就会难过。"用爱点亮未来，用行动铸就成功"。"选择你所爱的，爱你所选择的。""在积极的追求和行动中把握机会，在积极的行动和奋斗中铸就成功。"谢谢大家，下边还有啊，大家先别坐。

下边这句话，事业成功的信念。大家做这个手势就行了，手关节垂直 90°。这个手势就是 power 的手势。将来你们要去做职业经理人，要去做 power 的时候，一定要 power。你没有 power，没有人会选你的，没有人看到你的。大家记住这句话了吗？我们在人生当中会遇到很多挫折和困难，这个时候，"哈"，然后这样子一下。比如说你们男同学追求女孩子追求失败的时候，"哈！"找工作失败的时候，"哈！"大家记住这样，这样就没有问题了。比如我现在被我老婆骂的时候，"哈！"什么事都没有了。我一被骂，心里边非常难过，头发都掉光了，后来懂得"哈"，头发又长出来了。记住哈，什么问题都不要怕。每个人都来做好不好，这对你们的人生非常重要。

下面是我来领读，大家跟我一起读。别看就这样一句话，对你们的人生非常重要。有重要的影响。"我能"，"I can do it"。"我能做到，一定能做到"。

“没有最简单的事,也没有不可能的事”。“知难而进,挑战成功。”好,谢谢,大家请坐。希望对你们比较有帮助。所以说,机会来了的时候,大家认真想一下,如果我们在应变一件事情的时候,如果处于消极的状态,很快就放弃了。结果我们什么都得不到。如果我们换句话来讲,用一种积极的心态,那么情况又会怎么样呢?一件事情你去努力了,可能当时只有10%的成功的可能性。最后你一直努力,最终就真的成功了。这是我想跟大家分享的。

有一首诗叫《天空的星星》,这是我在《我的梦想我的路》里边发表的。这样一首诗,我希望对大家有帮助。我读了自己不感兴趣的专业,我在实现我的梦想的过程当中,每天晚上十一二点,跑到一个操场花园里边去看着天上的星星,哪一颗是我要的星星。当时就是这样去想。首先判定自己的梦想。希望接下来的这五六分钟的时间能对你们的人生产生重大的影响。好不好,需要灯光配合一下。这首诗,是一个广播站大学生配的。

《天空的星星,我要的星星》

还记得那是在小时候
站在屋顶
仰望天空
远方是七颗星辰,七个梦想
我梦想过 扬帆远航
可是 世事变幻纷繁
不知是何时
我失去了远航的方向

很久很久了
都没有仰望星空
今晚仰望星空
远方的七个星辰依旧
可我的梦想也不知何去何从

天空的星星 我要的星星
我梦想过扬帆远航
天空的星星 我要的星星
从今开始 扬帆远航

我要实现 我的梦想

请大家站起来,仔细看这浩瀚的宇宙。我们只是这宇宙中很渺小的一个生命。请大家闭上双眼,按照我所说的,在头脑中绘制一幅生动的图片。大学生活这几年,我得到了什么,我失去了什么?大学生活就要结束了,我将到一个新的地方,我将去实现我的梦想。在我的生命中,我渴望的梦想是什么?我要取得的卓越的成功是什么样子?我实现了吗?我满意吗?如果还没有实现的话,还要做什么?请大家在原位置上向前移动一小步。时间转到了五年后,五年后的某一天,在过去的五年里,我的生活有了很大的变化。由于五年前的那个决定,我的生活填充了新的内容。我的生活有了新的变化,我和什么样的人在一起,处于什么样的场景中?在这种场景之下,我最想做的事情是什么?有什么样的感受呢?事情都进展得顺利吗?再往前移动一小步,我站在了我所期望的那个时空里。我实现了我的梦想,我的生命中出现了很多激动人心的事。温暖的家,优质的生活,成功的事业,我的父母为我而骄傲,我心中的她为我而喝彩。我拥有了这一切快乐美好的时光,这就是我想要的,心中充满了成就感、幸福感、满足感、感激感。让这种感觉增大两倍,再感受一下我的生命中最辉煌的时候。取得了辉煌的成就,生命中要感谢的人很多。感谢父母的养育之恩,感谢母校的栽培,感谢爱未来李老师给我生命中最重要的一课。天空的星星,我要的星星。我要实现我的梦想!我要实现我的梦想!我要实现我的梦想!

谢谢大家。这首《天空的星星,我要的星星》希望对大家有所帮助。那么为了能实现我们的梦想,我们能做到吗?“能!”好,声音非常的洪亮。我希望大家能做到,为了能实现我们的梦想。我希望大家能跟我一起来宣誓,大家最后一次站起来。这样一句话,为了实现我们的梦想,大家跟我一起来。我能做到,一定能做到。好的,谢谢,大家请坐。我希望大家能够对我们所说的话负责任。因为“我能做到”这句话,成就了成功者。神帮助那些说我能做到的人。说我能做到的人,也能够做到。我给自己留下的最珍贵的礼物,就是“我能做到”这句话。只有说我能做到的人,才能享受幸福和成功。《天空的星星,我要的星星》,大家今后会后可否到前面来,这个书上有,大家看一下。下面我给大家留一个 e-mail,litinghai@ lovefuture. com。大家今后如果在职场之中有什么困惑,可以找我。非常感谢大家,感谢北大讲座给我这个机会与大家一起分享了一个快乐美好的夜晚!

(2008 年 11 月 27 日)

(原载《北大讲座》第二十一辑)

像水一样的生命流过

俞敏洪

［演讲者小传］

30 年前，一个黑瘦的农村小伙历经三次高考踏进燕园，念英语被班长错当乡音，只考过班里的最后几名；18 年前，他从北大西语系辞职，躲着城管，在大街小巷张贴英语补习班的广告；15 年前，他的英语培训班开张，他每天讲课十几个小时，起初只有十几个学生。昔日班长回国帮他，昔日好友也来加盟。他野心渐大，梦想成立中国最棒的私立学校；从当初不成形的培训班，到中关村核心园区的一座玻璃大厦，现如今，这所教育公司已经在纽约证券交易所上市；他是民盟中央委员，是中国青年企业家协会副会长，也是名副其实的“留学教父”。

这个农村小伙叫俞敏洪，他的培训班叫做“新东方”。他的同事与学生，走到哪里都称自己为“新东方人”。

俞敏洪：

非常惭愧站在这里给大家做演讲。我从来没有当过冠军。首先是我的体育成绩不太好，尤其是在我年轻的时候，任何一项体育运动我都没有得过名次，从跑步到打乒乓球到打篮球。现在呢，我有一些体育运动方面的爱好，但只是爱好而已，从来不和别人比赛。比如说我喜欢骑马，而且骑得相当不错，可以和草原牧民在一块儿跑；我喜欢滑雪，不仅会滑单板，而且会滑双板，我的单板是在42岁开始学的，三年以后现在的我觉得自己滑得相当不错。也就是说，我有挑战的勇气，但是从来没有把事情做到第一名过。不单是在体育上我没有得过第一名，在学习上我也没有得过第一。我从小学到中学一般还能混到20名左右，算是班内的中等水平，但是从北大毕业的时候，我是全班倒数第五，是一个"悲惨"的结局。我也得过奖状，是在小学、初中和高中的时候，得的奖状都是千篇一律——劳动能手。比如说我在14岁时就获得了"插秧冠军"的荣誉称号，后来又获得了"优秀手扶拖拉机手"的称号。站在这里，我觉得对我来说冠军是个非常陌生的概念。但是我也可以讲，冠军不是一个名次，冠军不是你在某个运动场所获得的第一名。我们可以看到一些运动员在获得冠军以后生活就堕落了；我们看到有的运动员为了第一名服用兴奋剂，这个第一名就来得非常卑鄙；我们也看到有的运动员，在得到第一名以后，精神便再也振作不起来了。

所以，我宁可把冠军定义为一种精神状态，也就是说，只有具有一种冠军的精神状态，我们才能像冠军一样走路，才能像冠军一样挺起头昂起胸，觉得对得起自己的一辈子。我认为能否对得起自己的一辈子，绝对不是一个名次的问题，而是一个你到底有没有勇气继续走下去的问题：有没有勇气在别人讽刺你、打击你的时候走下去；有没有勇气在整个社会都看不起你的时候依然走下去。在你走下去的同时，你有没有一个目标，值得你去迎接挑战、值得你去闯荡、值得你去攀登？所以我认为冠军精神是一种永不言败的精神。我曾经写过一本散文集，这本散文集的名字就叫做《永不言败》。当你站在失败的累累尸骨面前，依然不愿意低头，当你摔倒了一万次，在一万零一次的时候，你还要再爬起来，那就是冠军。不存在你是第几名的问题。从历史的角度来说，任何一个冠军在未来都有可能被人超越，任何人跑出的速度在未来都有可能被另外一个人超越。但是，任何一个人的精神，另外一个人是不可能取代的。每个人的精神都是一种坚强，每个人的精神都是一种勇气，每个人的精神都是一种人格。当你拥有这种精神的时候，这个世界上就一定会有你的位置，这个世界上就一定会有你的地盘，或者说一定会有你前进的方向。我觉得这就是冠军。

常常有人问我关于成功的问题。因为我从来不认为我是成功的,所以我通常不太愿意讲成功。如果说成功的话,也仅仅是在某一点上取得了一点成绩而已。成功有两个概念,大家一定要分清。第一个概念,任何一个活着的人讲成功都是愚蠢的。原因很简单,任何一个活着的人,他的生命还要继续。对未来,没有任何人可以预料到:再坚强的人,他也无法预料在未来他的精神是不是会有崩溃的一天;再脆弱的人,他也无法预料在未来他是不是会有变得坚强的一天。所以我觉得活着的人讲成功,常常会变成一个笑话。有不少人曾被媒体赞扬和吹捧,最后却突然被发现是一个反面角色;有不少人曾受到历史的质疑,但是最后被证明是英雄。所以对我们来说,成功很简单,就是不断地向前走。

常常有人说,俞老师,你做新东方是成功的。我说,错了,新东方是每天都在做,我们每天都在做事情,而且努力把事情做好,但是不能叫成功。为什么呢?举一个简单的例子。对于一个普通老百姓来说,今天我能买一斤猪肉,和家人分享一顿简单的盛宴,那也许就是一种成功。但对像我这样的人来说呢,成功和失败都得由社会去评价了,这对我来说,压力是非常巨大的。理由很简单,人们不断夸奖你是成功者,而这成功的背后,可能是一个大失败。比如新东方成了一个教育集团,每年培训一百多万学生,还成了美国证券交易所最好的交易上市公司,表面上看都是成功的,哈佛大学还把新东方变成了 MBA 教学案例。但是在这一切的背后,我面对的压力和社会对我提出的要求,是非同一般的。原因很简单,现在大部分人都在用赞扬的口吻说新东方,但是如果有一天新东方突然做倒了呢,突然没有了呢?哈佛大学的案例肯定不会被拿掉,而会变成新东方是怎么做倒的,继续进行研究。也就是说,我站在这个位置上,任何一个失败,都可能被无限放大,任何一个成功也可能被无限放大,因此它就不再真实。面对这样不再真实的东西,作为当事人,你一定要冷静,充分地认识这一切。对我来说,我的冷静和认识还是比较不错的。比如说,今天我站在这里,还算是成功人士,我们题目就是"什么造就了冠军?50 位成功人士奥运论道"。但是,如果我真人模狗样地把自己当成功人士看待就完蛋了。一定要把自己看成一个普通人。理由非常简单,我考虑的是到新东方失败的那一天,或者说我被社会当作反面教材的那一天(这个一般不太可能发生,但是失败是有可能的),我能用什么样的心态来面对这样的现实,实际上这就体现了我有没有冠军的素质。

我觉得经历了这么多事情,我应该还是拥有这样的素质的。如果事情来到了会怎么样?我不知道,但是我现在有这样的心态做这样的准备。比如说新东方倒闭的那一天,我还会走进这个礼堂,来继续为大家讲述新东方的故事，只不过讲的题目换一下，换成我是如何把新东方做没了的。我想当我讲这个话题的时候，对大家的教益应该比今天大得多，因为只有从失败中、从错误中，人们才能得到真正的感悟，人们才能告诉别人真正的经验和教训是什么，成功带来的只是一种被包裹的虚幻。所以第一个概念，如果你觉得一件事做得很顺利就是成功，这是错误的。如果面对一大堆失败的尸骨、面对失败的结局，你还敢挺胸昂头向前走，那叫做成功。所以，大家要记住，成功是没有止境的。

有一次，我在耶鲁大学的校园里看到有一个学生的 T-shirt（T 恤衫）的背后，用大大的红色的字写了一句话：Success Is Never Final，就是说成功无止境。我们说曹雪芹是成功的，因为不管哪个时代都会承认他是中国历史上最伟大的文学家之一；我们说牛顿是成功的，因为不管哪个国家都会承认牛顿是人类历史上最伟大的科学家之一。这些人死了以后盖棺定论了，可以去论是否成功。这就是活着的人不能讲成功的原因。

那么，第二个概念就是成功到底以什么为标志？整个社会对成功的看法是浅薄的。体现在什么地方呢？当人们有钱的时候，没有人会问这个钱是怎么来的，只会觉得有钱人就是成功，所以富豪榜排下来的时候，当你在榜上，人们或多或少会认为你这个人很厉害。财富能不能变成衡量成功的标准呢？从某种意义上，可以说是标准之一。但它不是一个必然的标准。假如我们在座的所有师弟师妹们都以自己有钱为标准的话，你未来一定会有钱，但你可能会丢了你自己的灵魂和精神，我看到过很多有钱人丢了灵魂和精神。大家都知道世界上自杀比例最高的人群是有钱人群，也就是说财富只是成功的标准之一。

在社会上，名声也被当作成功的标准之一。这个人有名，就会变得成功，而且这个现象在年轻孩子中间更会肆无忌惮地蔓延开来。比如说超男超女现象，尽管我不反对，我觉得这是一种娱乐，但是把超男超女捧成成功人士，倒过来会出现把他们毁掉的现象，这种现象比比皆是。这样的成功如果变成一个社会标准的话，就会对年轻的孩子产生比较坏的影响。如果说把一个人的名声无限地放大，不管什么情况，只要攫取名声就算成功的话，那么中国就到处都是芙蓉姐姐。我也很想当芙蓉叔叔来着，只不过自己长得太瘦了。当然，追求名声，是人进步的动力，这是没有问题的。关键是你用什么样的方法去获得。这是第二个标准。

第三个标准呢？中国是一个官本位的社会，所以有很多人认为当官就是成功。为什么呢？当官了以后，美食美色全有了，所以可能会是成功。但是，当了官以后如果没有正确的价值观引导，没有对精神、灵魂的尊重，就会出问题。大家知道，很多当官的最后就走到了枪口下，或被判了终身监禁了。每年因为贪污腐败等原因受审的官员有上万。这些人在大学的时候，大都是学生精英。理由非常简单，学生精英更多的是进入官场。那为什么在大学，很多是学生领袖的人物，到了官场以后会出现这样的情况呢？就是因为对成功的概念理解得太狭隘，而且沉醉其中，不能自拔。其实社会需要成功。我们要不要当官？要。要不要有名声？要。要不要有钱？当然要。这么多的好东西凭什么不要？凭什么要给你不给我？我们当然要，但是在我们要的同时，哪怕是你使用手段的同时，依然要保持自己的价值体系和灵魂精神的纯洁性。如果你能做到这一点，你就可能走到国家领导人的位置上去；如果做不到这一点，可能做到区委书记、县委书记就被关进看守所或监狱了。

在我的心目中，成功分成两种状态。一种我把它叫做临时成功，就是短期成功，有钱有名，未来可能还会变得没钱没名。就像运动员如果第一次跑了冠军不再锻炼的话，就不可能第二次跑出冠军。大家看到许多奥运会的冠军在得了一次冠军以后，就觉得自己了不起，然后就在社会上到处做形象广告、做宣传，就忘了锻炼了，结果冠军从此与他无缘。那么，我们在日常生活中也是这样的，你要是坚持持久的理念、持久的价值观，你可能就能把事情做得更久一点。所以，另一种状态就是长久的成功。

什么叫持久的理念、持久的价值观呢？首先要确立一种精神状态。这种精神状态描述起来，还是比较简单的：当你一个人面对目标，而这个目标又对社会有好处的时候，这就已经有了正确的价值观。获得奥运会冠军，无论是对你本人还是对社会都有好处。一个企业利己利民，对自己对社会都有好处。这就是价值标准。如果你在利己的同时考虑到利民，那么这个价值体系就会对你产生重大作用。比如说，我做事情的时候会对自己有一个要求——一定要做对自己有好处对别人也有好处的事情。这就是我要做的事情。别人并不仅仅指我的家人，也指整个社会中的成员。这样的话，你就不会遇到对自己有好处的事情就拼命去干，你一定会有第二个考虑因素。当然这个东西你要放在心中才行，因为在一般情况下你会考虑利己利民，但是有巨大利益的时候你会忘记的，有很多人就是把这个忘了以后才出问题的。所有的政府官员平时都对自己有这样的要求，对自己有好处，对人民也有好处，但受到巨大诱惑的时候，一些人可能就控制不住了，就忘记了。所以最重要的价值体系是你时时要遵循，而不仅仅是停留在口头上。

其次，你做一件事情，用什么精神做，是浅尝辄止，还是坚忍不拔，这也非常重要。如果你抱着坚忍不拔的态度去做，你迟早会成功。我觉得这一点得益于我在农村的生活。我生命中的前18年完全是在农村度过的，我对自己的目标或者想要做成的事情是带有一点坚忍不拔的精神。这也得益于我不太聪明。我的脑袋的运转速度相对来说比较慢,当然不能算低智商,但也不能算高智商。很多人都认为我记忆水平很好,我能记住三四万个英文单词,目前为止应该还有两到三万个英语单词在我头脑中,当然很久没用了,但那是跟时间搏斗的结果。当你不够聪明的时候,你要做的就是如何用时间换取你的智慧和才能。有的时候,人与人之间是有差别的,当别人在一个星期内能把这本书背完的时候,你可能需要两到三个星期。这是记忆能力上的差别,也是智商的差别。但是恰恰我所看到的成功人士,往往不是聪明到极点的人,往往是需要自己努力才能成功的人,他们养成了一种努力的习惯。绝顶聪明的人不需要努力,比如他们在期末考试的时候,看几天书就能考第一名,因此他们发现很多东西他们都能够轻易得到。但是等到你毕业以后真要做大事的时候,绝对不是靠你的智商和绝顶的聪明,而是靠你对社会的理解、对人生的感悟和坚忍不拔的态度。只有这样才能做成事情,而这一切对绝顶聪明的人来说就很难。北大的学生在这方面是要引起警惕的,因为北大学生不少都是绝顶聪明的人。而大家也可以看到,北大尽管集中了全国最优秀的精英在这里学习,但是毕业以后,真正做出大事业的人并不比其他大学的比例高。原则上北大的同学应该每个人都能做成事情,因为他们都是极端聪明的人。然而,并非如此,原因就是极端聪明的人很容易有轻而易举得到一切的心态,而这样的心态导致在走向社会、有无数艰苦等他的时候,他就不敢闯了,他可能会凭自己的聪明,谋一份相对比较安稳的职位。因此,北大人大部分都变成了白领或者金领,但是像我这样艰苦创业成功的人却不太多。

有同学问,那你怎么就做成了呢?北大还有一位做上市公司的校友,比我有名得多,就是百度的李彦宏。他现在是新东方的董事。我跟他是好朋友。有一次我问他,你是不是学习的时候特聪明?他说他在北大的时候,甚至在高考的时候,也一直没有进过前五名。后来,我们分析了一下,发现北大的很多相对比较笨的人,后来做事情成功的可能性反而更大,因为这些笨人面对聪明人没有办法,只能拼命地学,学到最后他们的韧劲就出来了,吃苦就变成了自己的一种习惯。当你把有目标且愿意吃苦变成自己的习惯的时候,成功实际上就不远了。我从小到大其实就经历了这么一个过程。比如说,我从小学到高中从来没有进过前20名。我在小学的时候,老师让我背语文课文,很多同学第一天就背完了,我背不出来。我要求老师多给我两天时间,最后我背下来了,但比别人用的时间长。当然老师也不表扬我,老师没法表扬最后一个背出课文的人。但我也不会因为老师是否表扬我而决定背不背,反正你背不背都是自己的事。现在我就养成了一个不表扬我也能做事情的心态,这个非常重要。如果一个人根据别人的价值判断和赞扬与否做事情，那你离成功就越来越远，因为你是在按照世俗标准做事情。老师表扬你就高兴，不表扬就不高兴，在小孩时候是可以的，进了北大是不行的。进了北大，同学说什么，老师说什么，你做事情成功与否，不应该影响你。但另一方面，在为人处世上，他们提出的建议，应该是对你有帮助的。上小学的时候，正是因为这个状态，最后导致我的语文成绩比任何其他成绩都好，直接导致了我学文科的倾向。就是因为我背课文背得慢，产生的结果就是背得慢忘得也慢。到期末考试的时候，我的同学都要重新背课文，结果我发现我不用背，因为每篇课文我都能背出来。在记忆学上有一个原则，速度与遗忘成正比。一篇课文一天背出来了，一个星期后一定会忘记，但是如果你一个星期背出来，可能一年以后才会忘记。这直接导致了我高考考了三年才考上。当然，我当时没有设立北大这个目标，我只是要进大学，走出农村。但是即使这样的话也没戏，因为第一年我的英语才考了 30 多分，第二年英语考了 50 多分，第三年考了 90 多分，结果发现自己不知不觉超过了北京大学的录取分数线。我们是分数下来以后才填志愿，等分数出来以后，我发现超过了北京大学的分数线 17 分，所以我觉得应该填北大，它要不要我就不是我的事情了。实在不行的话，我就去地区师范上学。后来北大还是要我了，而且我不知不觉成了江苏省外语高考冠军。

进了北大以后，我努力学习了五年。在大三的时候，我得了肺结核。为什么会得肺结核病？我曾经和医生探讨过，医生说有两个原因。一个是学习过分刻苦，但是看不到成绩，没有希望。我觉得这个还是挺符合我的状态的。第二个原因，尽管学习很刻苦，但是没有一个女孩子喜欢上你。我发现这个更加符合我的情况。因为自从我进了北大，从我们班到整个北大没有一个女孩喜欢上我。尽管我喜欢上了所有的女孩子，但是一点希望都没有。因为在当时，北大农村的孩子还是比较少的，那时农村孩子显得更加朴素。我的朴素体现为不会讲普通话，不会讲英文，穿着打补丁的衣服。以至于我的体育老师上课的时候从来不叫我名字，就说那个大补丁，出来做个动作看一看。这样的话你就会产生一种强大的自卑心理。人一旦自卑就会出问题。

我有过好多年的自卑，从进北大到出北大 11 年，我一直在自卑。直到我离开北大以后，我才发现，北大是我自卑的原因。但是自卑有好处，在自卑中间你学会两个本领。第一个是察言观色的能力。自卑就要看人脸色，因为你不相信自己，总要揣摩别人在怎么想你，因此看到别人的脸色、动作，你就会琢磨他的心理状态是什么。后来我发现，这个用在新东方的管理中非常有效，因为你管人的时候就得揣摩员工想要什么，要揣摩怎么发展。这是在北大 11 年的自卑给我带来的好处。第二个好处，因为你自卑就不把自己当人看，到最后就算你做成事情了,还能保持不把自己当人看的心态,你就不太会出大事。人最怕的就是飞起来的感觉。你太把自己当人看了,动不动就会得罪人,动不动就会瞧不起周围的人,有的时候一不小心就做了一件出格的事情。所以,可以说到今天为止,尽管我对自己的能力,包括对自己的英文水平、中文写作水平还是有了一定程度的自信,但是我在每天做事情的时候依然保持战战兢兢、如履薄冰的心态,我觉得这是一个良好的心态。当然自卑也有不好的地方。自卑的人有些在成功之后会反过来报复别人,但我恰好不是这样的人,我是个没有报复心理的人,要是有的话我们班的人现在全给我剐了。所以我们班的同学演讲的时候说俞敏洪当时就是马加爵的状态,好就好在俞敏洪没有马加爵的心态。

我在北大得了肺结核住了一年医院再出来,更加觉得自己不像个人了。原则上到大学三四年级你已经变成大哥哥了,同班同学骗不了,但是骗骗一年级的小妹妹还是可以的,但是当时完全没有这样的可能性。别人都会说得了病的人还想谈恋爱吗?这种感觉是很难受的。尽管我的爱情生活也是在北大完成的,但是是我在大学毕业做了两年老师以后,找了我同系的一个师妹,比我低三年。这个故事已经流传很广了。那时我已经25岁了,没有任何一个女孩子在我身边,从生理上到心理上全面变态的感觉是非常明显的。当时我觉得与北大任何一个女孩子交往都可以。当然我还是有自己的审美眼光,不至于去跟踪每一个女孩子。最后我爱上了一个女孩子,我觉得这个女孩子长得不错,好像人也挺善良,后来我就跟踪了她三个月。因为她每天都到北大图书馆看书,我就每次坐在她三个桌子远的地方,但是就是不敢走上前去。我们这一代人和你们这一代是完全不一样的。我们当时要是看上一个人的话,经过半年的思想斗争,再经过无数次的鼓足勇气,最后走上去说,还有可能被对方一个耳光打回来。

我一直特别感谢北大图书馆,感谢北大图书馆的电当时不是很好。有一天晚上保险丝断了,我看见那个女孩子也在找书包准备走,可是没有火找不着。当时我在北大又抽烟又喝酒满口袋都是打火机,没想到打火机派上了用场。我就走过去说,是不是找不到书包?她说是。我说我可以帮你找书包,然后她就跟我一起找书包去了。找完书包我们就开始聊天,结果一聊才发现还是同一个系的,她是学德语的,我是学英语的。第二个星期,我就邀请她到北大后面的圆明园划了一次船。过了两个月以后,这个女孩子觉得我这个人还是挺老实的,结果就谈上恋爱了,大学毕业以后就跟我结婚了,到今天为止还是我的老婆。但是当时在北大当学生的时候,就不可能有这样的感觉,这是我后面的故事。

到北大毕业的时候，我刚刚说了，我是全班倒数第几名。毕业以后，我们那一代人不需要担心工作，因为都是国家分配，只要你能毕业，成绩再差，国家也一定会给你分配工作。当时我期待离开北大，因为在北大成绩从来没好过，同学从来没有重视过我，还得了肺结核（北大是个人都知道我得过肺结核），也找不到对象。完了，我不离开北大肯定是不行的，所以我就一心一意想要离开北大。我填的志愿，当时填的工作志愿，全都是北大以外的工作，但是没想到那些单位没有一个要我的，最后我被北大给留了下来。为什么留下来呢？当时成绩好的同学都跑到外面工作去了，新华社、《中国日报》那样的单位。北大刚好开始四六级考试的公共英语培训，从本来只有英语系的人要学英语扩展到全北大的每一个学生都要学英语。那你想一下北大这个英语老师的缺口有多大，最后凡是外面找不到工作的统统留下来在北大当老师了，结果我就被留下来了。不过这个也是老天安排，如果不被留下来呢，就没有了我后来做老师的职业生涯，也就没有了新东方的今天。

在我留北大的时候，心里就比较郁闷，因为我记得我的同学找的工作都比我好，感觉也都比我好，而且家庭背景也都比我好。但是我却从来没有气馁过。我这个人有一个特别大的好处，就是不管是自卑状态也好，成绩差的状态也好，被人瞧不起的状态也好，我从来不气馁，我一直在默默无闻地努力，而且我心中总有一股气，这股气也许来自我小时候的经历。我刚刚讲到我小时候的经历、高考的经历、还有来自农村的经历。我经历过各种各样的困境，比如小时候家里没饭吃点野菜也能吃饱。这样的各种经历，让我总觉得人的难关总能过去的。其实，我当时就是这样想的。你们这帮人能五年干出那么好的业绩，你们五年学到的东西我就学十年。我一直有一个本领，就是用我的时间来打拼我的智商。你们五年干完的我干十年，我比你们笨一半也能和你们干到同样的程度。那么你们十年干完的我干二十年，你们二十年干完的我干四十年。再实在不行，我就想办法保持心情愉快，身体健康，尽可能活到八十多岁，比你们长寿。同学们，你们要知道这也是一种冠军。这是长寿冠军。

当然，我从来没有预料到从北大出来会把新东方干得这么成功。我的同学本来都快把我忘了，后来发现我做了新东方，就又回到我的身边，在新东方工作，大部分都是原来领导我的人。我就挑当时领导我的人我来领导。在我们 80 级二十周年聚会的时候，我们国内国外五十多个同学都回来了。那些从来没有跟我讲过话的女同学，说你不是我们班的吧？因为我当时跨了两届嘛，我是 80 级，后来得肺结核住医院一年，回来时就进了 81 级了。后来我的那些同学都觉得我不是他们的同学。他们在毕业照和通讯录上都没有留我的名字和地址，当然现在全加进去了。我去参加二十周年的聚会，结果所有的女同学都热情地握着我的手，后悔她们当初没下手似的。

我讲这些东西是为了证明一个问题：就是当你有一种坚忍不拔的精神，当你为了一个目标敢于慢慢地去努力，用时间去争取自己未来的时候，往往最后你取得的成就比那些跑得最快的人还要多。可以用体育来比拟。如果你以百米冲刺的速度去跑，你跑到一千米的时候肯定就累垮了，尽管你用的时间很短。但是，人生往往不是百米冲刺。如果人生百米冲刺跑完了，你就可以睡大觉，你可以用这种速度去做事情。但是，人生有一句话叫做"生命不息，战斗不止"。恰恰是你活一天，你就得战斗一天，你就得努力一天。既然这样的话，我们着急干什么呢？佛教有一句话叫"急事慢做"，就是你越着急的事情可能越是大事，越是大事你越着急越做不好。因此，你要慢慢地做，把事情做完美了，这样才可能把事情留下来。既然人生不是百米冲刺，那就不能用百米冲刺的速度去跑，也不能用马拉松的速度去跑。我是跑过马拉松的，但是我没有跑完过，因为跑到最后跑不动了。我是很喜欢徒步的。身上背着十几公斤的包，每天徒步走十几公里，我能走十天。尽管脚上出泡了，但是我觉得没有问题，慢慢走嘛。实在累了，就歇一歇，看看周围的风景，目标不变就可以了。这样的话，说不定你走出来的距离会远得多。

我做新东方的过程，和自己平时做事的过程，基本上就是这样一种心态。你在新东方基本就没有看到过我着急的时候，从来没有看到过我发火的时候，但是所有新东方的人都会看到我在努力。这一点是没有任何人可以否认的。所以，我从来没有想过新东方要做大，从来没有想过新东方要做到全中国去，也从来没有想过新东方要到美国去上市。我只是觉得，我就是想做好这么一件事情。至于上市后价格是高还是低，这跟我一点关系都没有。所以，当有人问我今天新东方股价是多少的时候，我是从来都回答不出来的，因为我从来不看新东方的股票价格。新东方最高价格到九十的时候，我没卖我的股票；新东方最低跌到五十的时候，我也没买我的股票。因为我觉得这个价格跟我没关系，当然它的未来跟我有关系。我真的要把股票换成钱的时候，我是要用这些钱去干一些事情的。

总而言之，当你以一种平和的心态、有目标地来做一件事情的时候，其实你心也宽了，天也宽了，地也宽了，你成为某个领域的冠军的资格也就有了。冠军肯定不止运动员嘛，在各个领域都有冠军。每一个人都有自己的领域，像陈景润、聂卫平，他们都在自己的领域成了冠军。像很多企业家，不管是李彦宏还是马云，不管是牛根生还是江南春，他们在自己这个领域也都是冠军。很多文学家，不管是贾平凹还是陈忠实，当他们写出一部人们喜闻乐见或者是喜欢阅读的作品的时候，他们就是冠军。不管是钱锺书先生还是朱光潜先生，他们也都是冠军。我们这一代人比较有幸,我们还听过朱光潜先生讲课呢。我们进北大的时候还有老一代的文学家、哲学家,比如说我还去过宗白华家进行采访。朱光潜先生后来坐了轮椅之后,我们班的同学还轮流每天推他到北大校园里散步。像我们系的系主任李赋宁先生,以及后来的杨周翰和季羡林先生,我们都是听过他们的课的。当然并不是说你在大师底下听课你就是大师了,只不过是与大师有亲近的机会了,这样幸福感倍增。

回过头来说,当我们做事情的时候,如果有不急不慢的心态,可能更容易成功。其实我觉得,每一个人都可以成为他心中那个冠军。你不一定要在世界上有名,要在中国排第一第二,甚至都不一定要让你的同学知道。这是一种什么概念呢?自己的心灵因你做的事情得到满足,这样就足够了。但这也是有一定的前提的,就是对自己有利、对社会有利。心理满足可以通过吸毒或每天打游戏机实现,但是这危害了父母、危害了社会,所以你也是不道德的。要做有道德的事情,能让自己的心理满足的事情,能有目标去追寻的事情。我觉得这就叫做冠军心态。有了这样的心态,就可以把事情做得更加成功。

那么,最后一个话题,也是学生常常问我的一个问题,他们说:俞老师你说不追求名利,只追求快乐,这是你的宗旨,但是你现在有钱了啊。这里面我有一些感悟。当你真正专注于金钱的时候,钱是一定不会来到你身边的。新东方之所以能够成功,完全是靠我交到的朋友的帮忙,绝对不是我一个人努力的结果。我交朋友还是很严格的。我认识的人很多,手机里存有4000多个人。但是我真正把他引为我朋友的人,一定是在价值体系、精神状态、兴趣爱好方面跟我兴趣相投或者是能让我学习的人。虽然我本领不行,但是我交到的真正的朋友一定都是水平比我高的人,从这些朋友身上,我就可以学到很多。新东方真正开始腾飞,是在我做了一个新东方基础之后,把国外的一批朋友邀请回来的结果。而这一批朋友,全都是北大的人。在北大时我学习成绩不好,我一般不是以领导者的身份去与人交朋友,而是以请教者和学生的身份,即用一种谦卑的态度去融入别人。只要你不提太过分的要求,别人一般愿意接纳你进入他们的圈子,所以我就进入了一些人的圈子。

新东方的另三位创始人,王强是我当时班上的班长和团支书,徐小平是我当时西方音乐史的老师,还有包凡一,睡我上铺的兄弟,睡得比我高。为什么与他们交朋友呢?这三位,首先人品很好,这是前提;其次,三位在某一领域都比我强。比如说王强,有很多天才的地方,模仿能力强,讲中英文的水平极高,在北大广播站当了四年的站长。这些我都学不到。他的读书精神,我是一直都比较欣赏的。他到北大就把自己的生活费一分为二,一半用来买饭菜票,一半买书。就算他把饭菜票全都吃光了,他也不会动用买书的钱。如果实在没有饭菜票,他就借,借不到他就“偷”饭菜票。后来我就觉得这个值得我学习,我当时是拿的国家的助学金,每个月22元。于是我也把钱分为两半,11元用来吃饭,11元用来买书。当时的书啊,包括朱光潜先生的《西方美学史》,只要8毛4分钱就上下两册。所以一块钱就可以买两本书。我不大懂得买书,当时就跟着王强,他买什么书我就跟着买。他们家的藏书有近6万本,我要少得多,大概1万本也不到。但是他一直是我的读书老师,因为我没时间到书店去逛、去看哪本书好。因为他是在新东方搞教育研究的,所以有很多空余时间跑到图书馆或书店去。他喜欢的书的种类跟我是一样的,所以他每次发现好书只要做一件事情就好了,就是给我发短信推荐,我呢,就到当当网上订购。没时间逛书店,但是大量的精华好书我都能读到,这就是有朋友的好处。

朋友,一定要有一方面能成为你的老师。就像徐小平,当时在北大是我的老师。他上课时又唱又蹦又跳,完全没有逻辑性,但是每十句话就让你觉得有一句话我得记下来,然后又是一堆废话,然后又是一句话要记下来。你就是为了等这几句话而一直在听。好在他的表演能力很强,搞音乐的嘛,我就很喜欢这个老师。但是老师和学生之间是有距离的。另一个吸引我的地方是这个老师有个习惯,每到周五晚上就把一群年轻的教师叫到他家里侃大山,一侃就是一个通宵。你想一群年轻老师所侃的东西是学生们无论如何都想听到的东西。因为这些老师都是学文史哲的,所以他们讲的东西你肯定都想去听。后来我就专门到徐小平家去拜访,还买了礼物给他,这样他就不好意思拒绝我了。最后,老师侃大山的时候,他其实是有一点想让我走的意思,因为学生坐在那里,老师就不知道怎么侃了。后来我就说能不能让我在这里听你们侃大山,他也没好意思让我走,因为他刚收了我的礼物了。当然,后来我就坐在旁边听了,徐小平说仅此一次。人有的时候是要自己发现机会的。当时老师们在那里侃得唾沫横飞,没有矿泉水,没有人去煮水泡茶;到了11点大家肚子饿了,也没有人可以去给他们做夜宵。于是我就买了方便面给他们煮夜宵,他们就发现我很有用。第二个星期,我又去给他们煮水泡面,第三个星期我又去。结果他们就接受了有我这么一个学生在场、作为一个服务员的状态,以至于到后来没有我就不行了。到了第五个星期,我就故意没有去。为什么呢?我觉得一个人在该显示他的重要性的时候就要显示出来。结果徐小平打电话过来说:“你个兔崽子怎么还不过来,我们都快渴死了。”我想这一下我就成功了。从此以后是他们离不开我了。当朋友做到这种地步的时候,一定就能长期交往下去了。做朋友要有一种心态,就是为朋友服务的心态,这个很重要。

包凡一跟我一个宿舍,我从他身上学到了最重要的东西,完全是塑造我人格的东西。包凡一是一个极具自我批判精神的人。他的父亲是浙江大学的教授,所以他古文是非常好的。据他自己说,他5岁就能把《离骚》背下来,8岁就能通读《金瓶梅》。大家想嘛,一个8岁通读《金瓶梅》的人到了18岁一定就把人生看穿了,有40岁的人的自我批判精神。还有他极其邋遢。当时北大是一个月发四张澡票,结果他三个月洗一次澡。他从来不洗衣服,每次衣服脏了就丢到床下;都穿过了,就把衣服都扒拉出来,不是洗,而是看哪件比较而言更干净再穿上;实在没有办法了,他才把衣服丢进一个大盆中,然后用脚踩着洗。我当时就说:你怎么不用手洗啊,你看那领子还脏脏的。他说:"老俞啊,男人的手绝对不是用来洗衣服的,是用来拥抱女人的啊!"这是在我们宿舍整整流传了四年的一句话,可是我们宿舍到毕业了也没有一个人有过女朋友。他是一个能把自己生理上和心理上所有的缺陷全部暴露在你面前然后让你审视的这么一个人,这样是需要最大的勇气的。但是全都摆出来,自己反而是没有心理负担了。反正你们想说我的也没法说了,反正我就是这样一个人,我就这样摆在你面前了,我就是这样真实。但是问题是,我们这群人才刚刚成年,而他8岁就成年了,所以对我们来说心理上有不可承受之重,就是我们很想维护自己的面子,想让别人说自己的好处和优点。但他就是这样一种人,能把你的缺点和心里的阴暗全部揪出来,把你弄得绝对没有藏身之地,所以我们就极其痛苦。然而,一旦痛苦就有反击力,于是我们宿舍就形成了互相打击、互相讽刺甚至于互相侮辱的风气。到最后呢,大家觉得互相攻击没劲了,于是大家就自我侮辱,你说我是猪,我说我连猪都不如呢。结果我们宿舍四年就一直在互相批判中度过。大家都知道,新东方有一个特别有名的文化,就是批判文化。新东方开任何董事会议都是不赞扬的,一定是把对方的缺点错误揪出来狠狠批判。所以呢,这些家伙回来以后,一直到今天为止,我在他们眼中,从来都不是人物。但是我很敬重他们,因为是他们在新东方创造了这么多的业绩。但是,我们之间有缺点错误互相批判,是一点情面都不留的。这样做反而有好处,丑话都说在前面了,这样大家能更团结,因此背后就没有了各种风言风语。大家都知道,到了社会后各种言语甚至是侮辱都会有的,但我们都没什么感觉,我们唯一的感觉就是不够啊。

其实身边有一群朋友很好的,比如说王强的读书精神,徐小平的思想,包凡一的批判精神,这些都在我身上造成了深刻的影响,塑造了我的性格,这些都是非常重要的。马加爵为什么杀人呢,很简单,他的同学中一定没有形成这种批判精神。结果,他的同学说了一句很重的话,就突破了他的心理防线。就是因为他玩牌时做了一点小动作,他的同学说"你怎么那么卑鄙啊",再加上马加爵本身也有一种自卑心理,他就受不了了,结果结束了五条性命。非常可惜的一件事情。我想说的是,身边有好朋友的话,可以开阔你的心胸,拓展你的眼光，增加你的思想，对你来说是很重要的。交朋友千万不能交那些喝酒吃肉、不能给你的生命带来意义的朋友。

还有一点，常常有同学问起：当新东方上市之后，北大的领导还专门宴请了你一顿，你的那些钱怎么办？意思很明确，就是给我们北大算了。我当然是愿意给北大的，因为我在北大成长了很多，在北大我得了肺结核，在北大做过老师，在北大受过处分。当然我不是要求解除我的处分。北大给我处分其实很简单，就是1991年时我在外面教英语的时候打着“北京大学著名托福教育专家”的旗号，与北大英语系培训班冲突了，于是给了我一个一级行政处分。这件事直接导致我后来从北大离开了。其实，我当时还是有些怨气的，但是现在回过头来看看，还是很感谢北大的。北大用处分的方式培养了我。如果说没有那次处分，我绝对不会离开北大的；如果没有那件事，我现在就是在北大做一个教授，绝对不会有今天这么多感悟或者是成长，或者倒过来有能力给北大做更多的贡献。北大一直是我的心灵家园。你们都难以想象，每到下雨的春天或秋天，我一定会开车到北大，在未名湖边坐上一两个小时。那个年代我在未名湖畔孤独地转过了几千圈，却没有见过一个雨中佳人，所以我现在看到北大学生成双成对从我车旁经过，就有一阵欣慰感。

还有就是新东方的办公地点，最后选择了中关村的最核心的那栋楼，就是为了有时候能看北大一眼，看博雅塔一眼，这些在我心中都留下了不可磨灭的印象。我们这一辈人当时都是背着诗歌长大的，对生命充满了诗意的渴望。我们当时背的诗歌，现在依旧有人在背，如“当蜘蛛网无情地查封了我的炉台，当灰烬的余烟叹息着贫困的悲哀，我依然固执地铺平失望的灰烬，用美丽的雪花写下：相信未来”。

这些都在我们身上留下了不可磨灭的印记。我们也是写着诗长大的一代。我的同学中有著名的诗人西川，真名叫刘军；我们曾经跟卧轨自杀的海子一起写过诗，“面朝大海，春暖花开”，但是海子最后没有能承受住心理压力，我们都觉得很可惜，因为他如果坚忍不拔，像我这样死皮赖脸地活到今天，一定会很有成就的。这也是我不能成为诗人的原因，我就是再痛苦也在想象未来。我从来都没有想到过自杀，虽然差一点被杀。诗人就是要在绝望中看到更加深刻的绝望，我的口号就是要从绝望中寻找希望，这是新东方的校训，所以我注定无法成为深刻的诗人。但是我很欣赏在我身边的诗人。如果海子没有自杀，他活到现在可能不是著名的诗人，但是他一定会有一栋面朝大海春暖花开的房子。就算他自己买不起，我也会给他买一幢。当然诗歌与现状永远是冲突的，海子选择了用生命去诠释他的诗歌，我则选择了未来拥有一幢面朝大海春暖花开的房子来支持我拼搏的道路。坦白说这两条道路没有什么高下，都是用生命面对世界的勇气。

再回来讲最后一个话题,就是有人问我这些钱怎么办。首先,我不算很有钱。其次,我还在拼命多赚钱,这就是我现在拼命做新东方的原因。我原来只是把每年收上来的学费给员工分发下去作奖金,这个都是小钱,能买一套房子一辆车就可以了。后来新东方上市了。大家都知道股票的价格是成倍增长的,这就是为什么富豪榜上会出现我的原因。股票在美国股市是可以换成现金的,尽管有一些限制,时间比较长。把新东方做好以后,如果真的股票可以变成现金的话,我一定要给这些钱一个说法,这样我才能给我的生命一个很好的交代。这个方法当然很简单了,可以给自己买游艇,可以留给子女,交完国家的税后个人的钱怎么使用都是无可厚非的。但是重要的是意义,这是北大人的臭毛病,有了钱也不敢说钱,花钱也要寻找意义,花钱也不轻松。

当然,我也是有自己轻松的花钱方式的。第一,我要走遍全世界,坐着飞机的经济舱也行,徒步旅行也行,但绝对不是奢华的旅行。还有就是要买很多书,有一个合适的房子可以装这些书,让自己老年的时候看到这些书觉得很舒服。还有希望给自己的孩子留下足够的学费和一段时间的生活费。还有给我老婆和我留下老年够花的钱。这是我给自己的第一个交代。

我的第二个交代也正是现在正在做的,就是每年能支持一些贫困的大学生完成他们的学业,帮他们交学费。我订了一个十年计划,并且钱已经交给了团中央,因为我自己找不到一千个学生。刚好团中央有一个五四基金会,我就把钱捐给它了。我需要的就是它每年把名单交给我,这样我就可以打电话确认钱有没有给学生了。

第三件事情,是我自己永远永远的梦想。我做了十几年的新东方,口袋里也没有几个钱,本已经不抱任何希望了,但是新东方突然上市了,让我觉得我的梦想又死灰复燃了,就是办一所私立大学。这所私立大学跟北大一个性质,一个主题,就是人文色彩。我要求也不高,500 亩地,每年 1000 个学生,四年 4000 个学生。我的目标是慢慢做,我做的模式是世界上已被证实的最好的私立大学的模式,即基金会模式。我把所有剩下来的钱捐到中国私立大学基金会,然后用这个资本运作,钱就会越来越多,用这个钱去帮学生付学费。我招的学生基本上都是农村的孩子。这是我的最后一个梦想。这个梦想要花很多钱:在北京现在买块地再把学校建起来大概要八到十个亿,就需要我卖掉很多股票;基金会要养活 4000 个左右的学生大概要 20 亿人民币。按照新东方现在的股价,我把股票卖出去,刚好,恰到好处。当然我现在在拼命鼓动我身边的富豪朋友,其中有一个已经答应投 10 亿元人民币到这个基金会中。这样能让学生真正享受到良好的、免费的教育,因为学生没钱来上课,而我们要邀请高水平的教授和教育专家。知识分子虽然追求的是钱以外的东西，但你不给他足够的钱，怎么叫他去追求钱以外的东西？我希望我能请到世界级的好教授。因为完全是非营利性的，当然不能在新东方内运作，因为它是产业型集团，只能是用个人的全部的东西来做。我相信我应该能够做成功，这有很多先例。哈佛大学在前十几年，它的基金会有十几亿到二十几亿美元，但是现在是300多亿美元，耶鲁的大概是280亿美元。耶鲁大学非常敏感，新东方一上市，他们就持有了好几百万股股票，他们专门请了资本运作专家来帮助他们做这件事。哈佛大学今年发出的通知说年收入十万美元以下者免学费，以前都是五万，那就意味着哈佛大学基本上每个人都不用交学费了，只有极少数的富翁家的子弟才要交学费。这相当于哈佛大学在实行免费教育。如果将来我真的有这样的机会的话，那将能成就一个真正的私立大学。我觉得中国未来的历史，尤其是教育历史，如果没有私立大学这一环，会是非常遗憾的。虽然公立大学如北京大学和清华大学已经是世界顶级大学，但我觉得这对未来的教育还是不够的。而且我认为，像北大、清华这样的大学，如果仅仅是公立大学，还缺乏一些挑战。真正意义上的私立大学会像狼一样跟在后面，能把北大、清华的速度真正提起来。我这辈子不一定能完成这样的使命，但是只要有这样的理想，去为这一理想而奋斗，生命就会是有意义的。做事并不一定要看结果，所以说曾国藩的那句话是很有意思的，“只问耕耘，不问收获”。当然，如果因为各种原因办不成，那么照我跟北大校长说的话，我会连人带钱回到北大！这就是我对北大的向往！

［现场互动］

学生：很佩服俞老师锲而不舍的韧劲儿，您说您博览群书，那么我想请您推荐一本适合大学本科生读的书，您最想推荐的，谢谢。

俞敏洪：坦率地说最想推荐的是我最喜欢的一本小说叫《百年孤独》，是加西亚·马尔克斯写的，我觉得那本书写出了很多没法用语言表达出来的感情和人世沧桑，但是，我不知道适不适合你们大学生现在读，它的语言本身很好玩。如果说推荐一般的书的话，我认为卢梭的《西方哲学史》还是值得读一读的，尽管很难读，其实它的语言还是比较简单的，而且，读后，你毕竟对人类思想智慧的整个过程会有一个了解。现代的书呢，比如说读着比较轻松的，我现在也在读的，比较好的两本书，一本是叫《明朝那些事》，用比较轻松的笔调写出来,我想大学生都在读;还有吴晓波最近出的《激荡三十年》,中国三十年的改革历史是值得大学生读的。

学生: 谢谢。

主持人: 好,这位同学你不知道,俞老师说不光要读一本书,我记得俞老师曾经说过大学期间大学生应该做的,其中有一个是要读500本书,是吗?

俞敏洪: 是的,最少,我觉得,我们在大学期间应该读了至少500本书吧,读完了可以忘,但是读过的人和没读过的人,从气质和感觉上都是不一样的。

学生: 您好,谢谢俞老师,我就想问一个问题。我知道新东方主要是在GRE和托福等出国培训现在已经做到在国内是处于垄断地位了,在这一块儿再增长它的潜力就可能不是特别的大,我们也知道新东方也在多元化,也做了一些其他方面的培训,但是有些方面至少在当前来看不是处在像出国培训这样的垄断地位。我就想问的是你们下一步怎样让新东方赚更多的钱?

俞敏洪: 首先,新东方在出国培训这一块确实占主导地位,尤其是你刚才说的在北美考试方面,但是其实我们的收入,少儿英语已经超过了出国考试培训。我们全国少儿英语的学生今年已经接近40万,收入占到了全集团收入的1/3左右。所以说我们的转型已经从考试培训转移到语言培训,从少儿到成人的基础语言培训已经比较成功。下一步,我们现在正在研发的是一套汉语教学软件,我们希望在汉语教育领域新东方也能打出一张比较好的王牌来。原因是新东方上市以后,在国际上已经比较有名了,一个是它有了足够的资金可以来做研发,我希望能够把中国文化和中国语言传到世界各地去。那么在三到五年以后,全世界的汉语学习会出现一个井喷现象,现在我们打算用两到三年时间做教学软件和教学内容的研发,最后逐步到世界上去布点,再通过Internet和卫星网络的方式向全世界传播,这是第二个我们要做的。第三个呢,实际上我们已经做了很多“连头带尾”的教学领域的探索。“头”呢,我们现在在北京做了幼儿园,并且,因为它跟新东方不矛盾,新东方本来就是语言概念嘛,所以我们打双语幼儿园的概念应该是比较方便的。我们的第一家幼儿园开得很好,用半年时间就变成了北京市政府评的最好的幼儿园之一。我们在上游要做的是大学生的就业和社会上需要的职业培训,我最想做的一件事是针对大学生职业和就业的培训,我们大概今年就会开始开设免费的课程,从大学生的职业准备、心理准备、面试准备和对公司的了解,就是大学生在面试以前对公司的了解,我可以通过请一些公司的老总包括我自己来对大学生进行讲解,使学生找工作的时候能够有充分的心理准备,这是我们想要做的一件事情。现在可能是以公益的方式来做,但未来它可以变成一个真正意义上的培训。那么,学生就可以支付一定的钱来接受系统的培训,因为我们现在还不系统,系统的就是职业和就业培训。目前,很多大学都做不了,那新东方呢,因为本身就在市场上运作,所以还是应该比较容易做的。我们要做的大概就是这些东西,剩下的就是教育产品了,谢谢。

学生:俞老师,您好,我想问这样的一个问题,就是说,维持与朋友之间的这种关系的最本质的东西是什么?

俞敏洪:你是说什么和同学的关系?

学生:就是和朋友之间这种友情呀或者情感这种最本质的东西,那就是面对男性朋友和女性朋友这种关系,以怎样的心态和方式是最佳的。换句话说就是怎样维系最佳状态这种人脉。

俞敏洪: 前面两个问题已明白,最后一个问题我还是没听清楚。前面两个问题,朋友之间的最佳状态应该就是信任,当你跟朋友之间有一种相互信任的时候,那么,朋友之间什么事都好办。互相碰到事情时的坦荡、交流的畅通等这些都是信任的标志。

面对男朋友、女朋友呢,最重要的就是坦荡,这个坦荡,不管男的还是女的,你都可以自由地交往嘛,作为朋友。但是,如果是你爱上了某个女孩子,你可以用爱的心态跟她交往,这是真正的男女朋友之间的关系了。其实,我估计你问这个问题,你平时可能会有一些和朋友交往上的困境,那么这个困境主要来自于两个方面:一个是自己性格内向,不善于和别人交流,别人不太容易理解你,就会产生困境;第二就是交往的时候双方在某种行为上产生误解,这样最后导致双方的关系比较紧张。这样的话,如果是第二种关系,我想就是进一步的交流,比如说我和新东方的人之间也会有别扭,我和我的朋友之间也会有别扭,但从来没有发展成为灾难。原因就是:我一认为我和这个人有别扭,我就去和他交流。我把我心中对他的不满和他对我的不满都互相交流出来,那就明白了是要继续交往下去还是不要继续交往下去。如果不要继续交往下去,那么大家都明白为什么不继续交往下去,因此就不留下后遗症。交朋友更重要的一点是大概需要你坦荡的胸襟。当然,还有一个是服务精神,就像我刚才说的,你和朋友在一起,你不要想着朋友什么事情都对你好,而应该倒过来你对朋友有多好。这个世界这是这样,你对一个人好,他会把一部分好还给你,你对十个人好,每个人都把一部分好还给你,你的好就多得不得了。所以,这个世界上最重要的运作原则啊,做生意怎么做呀,还有怎么样不惹事啊,我觉得最重要的原则就是:永远对别人好。包括就是你认为这个人有问题,你也对他好,大不了你不和他变成朋友。如果说是真的有道德问题、人品问题的人,你对他好,但是敬而远之,如果他做了违法的事情,有法律来惩罚他。这样的话你生命中的烦恼和路上的障碍就会少一些。这就是我对朋友的理解。所以在生活中我帮了很多朋友的忙,一般来说,朋友有什么事情我都会两肋插刀。但是倒过来我有无数的朋友两肋插刀来帮我的忙,就是这样的一个关系。谢谢。

学生: 俞老师,您好,刚才您给我们做了一个非常精彩的演讲。(谢谢)那么第一点,我注意到了您在创办新东方这样一个非常专业而且有系统的培训学校的时候,是在一个当时没有这种学校的情况下创办的。这算是一种创新吧。第二点,就是您说到了您准备实现您的梦想,就是创办中国第一所相当于借鉴外国那种相对比较成熟的私立大学,这也是一种创新的做法。那么我想问的就是,您觉得我们中国大学生无论是学业学术也好,出社会就业也好,如果我们要创新的话,您觉得最重要的是什么呢?特别是社会上,也就是说新东方也会在我们大学生中汲取一些新的力量,也有招收大学生进去当老师的这种机会。您比较看重的是什么呢?谢谢。

俞敏洪: 好,谢谢,首先是创新不像是你说的,是凭空的。什么叫天才?有一句话叫做:"天才就是把一件事情做到极端的程度,以至于别人没法达到,这就是天才。"那么,还有一句是:"天才实际上是在某一个山头上再加一块石头而已。"这就是说,任何人都不可能自己凭空造起一座山来,任何科学家的研究成果只能是其他集锦的结果。所以,任何的创新都是在原有的基础上,你加一点内容就行了。比如说,你刚才说的第一个问题,实际上,当时我办这个培训班的时候,北京遍地都是这样的培训班,并不是没有这样的培训班。我只不过是加了一点东西,就是把幽默、励志等这样的内容引到了新东方的教学系统中间,而且产生了很好的效果。像你刚才说的第二个问题,私立大学。全世界私立大学的模板已经有成千上万个了,根本就不需要我去创新,如果能做的像全世界的哪怕中等的私立大学的水平一样好,我就谢天谢地了

所以,对于大学生来说,其实你问到的一个问题,就是工作心态问题。比如说,我认为现在大学生相对来说就是比较浮躁。一个,就是自己不喜欢的工作不去做,当然也情有可原。第二个呢,就是做工作的时间不长。比如说,常常有到我身边来应聘的大学生毕业了一年,居然有了四五家单位了。他的简历上写了四五家单位。当然,现在很多大学生也学得狡猾了,他有四五家单位他也只写一家单位。大家现在也发现了,老板有这样的一个心态,就是一看学生简历上单位太多,就不用。为什么呢?明显的浮躁心态嘛。当然还有其他原因,比如说没有找到自己合适的工作等等。但事实证明,我曾经用过有四五

份工作经验的这个学生,在新东方也就待了一年不到就走了。原因很简单,他的心理状态是某种不踏实的状态。

所以,我觉得,现在大学生呢,有两点最重要。

第一,要有踏实工作的心态。

我从来不鼓励大学生一毕业就创业,原因很简单:没有经验,没有对人的看法,没有跟人打交道的能力,还缺乏持之以恒的决心。这样的话,一般来说,做做做,可能就散了。好多时候是钱花完了,事情还没有做出来。但是,我鼓不鼓励创业呢?我特别鼓励创业,因为我自己是创业的,所以我知道,创业是人生一辈子,最能学到东西、最能感悟人生的甜酸苦辣,也最能够取得成功的一件事情。失败了,那又怎么着呢?失败了我还可以回去继续干,可以继续去工作。所以创业不给大家带来太多的负面影响。实际上,我鼓励大家有了三到五年的工作经验以后再创业。这样的话,你从年龄上来说也就相当成熟了;从做事情来说呢,你因为经历过了老板的领导,参加了各种项目,你也大概知道怎么样成熟一点。新东方原来不问年龄,只问能力,我们曾经派了很多很年轻的人去当校长,从22岁到25岁之间。结果呢,这一年龄段的人在外地新东方学校,几乎都出问题了。后来我们就不得不进行一些限制,不到28岁以上,不能到新东方学校当校长。结果这一条限制,仅仅这一条限制,就使新东方学校的成功率增加了很多倍。原因很简单,因为他到28岁以后,相对来说为人处世相对成熟,不太容易把船给弄翻,你知道吗?

那大学生创业也是一模一样的。就像你提到这个问题,我是鼓励创业的,但是先要有工作心态。我对学生的要求是:先就业,就是先找一份工作把自己养活;再找一份自己一辈子喜欢做的事情,去做。比如说,你愿意做会计,做会计师做一辈子;比如说,我在北大工作了两年,我就要下定决心这辈子不离开讲台,那我这个决心到现在为止还在。我从来没有离开过讲台,这就是我的职业。比如说新东方倒了,我可以回北大当老师,我的职业依然存在。那么,到最后当你就业以后,你职业往前延伸,会计办成了会计事务所,律师办成了律师事务所,教英语的办成了英语培训班,这就是做事业。有这三个步骤,你一般做事情成功的可能性就会大一点。

心态平和,积累经验,开始创新。这就是我对你的回答。谢谢。

问:俞老师,您好。我是前几天在《新员工手册》上看到您有这个新东方大学的梦想,今天又听您讲了很多。

俞敏洪:《新员工手册》,你是在新东方工作吗?

问:刚进去,刚开始学习。

俞敏洪: 就是咱们一个新东方老师,是吧。

问: 是的,刚培训的。一个好大学,假设我们有钱、老师、学生三个因素,钱我假设您能解决,那老师的话,像新东方老师都是我们这种短期培训的人,你怎么让这些老师成为大学里面的老师?

俞敏洪: 这是两个系统。你刚才可能没有听明白。新东方老师这套系统的大部分人,是不可能进入我的私立大学的系统里去的。如果你在新东方教授的同时,进行学术研究,最后在某个领域变成了顶级专家,你就能进去。

问: 然后,那第三个方面就是学生的方面。作为一个好的私立大学,你想培养出来的学生大概是什么样的一种学生?如果你想培养的,比如可能是在北京的商务区里面,做很好的白领的学生的话,这样北大也不缺。如果想培养的是能做好的科学家,去实验室里干活的,清华也有很多。

俞敏洪: 我想培养的是综合领导能力和实践能力,都是相对来说比较强大的学生,就是我想培养综合型人才。简单地说,我不想培养专才。或者说,专才也有可能,但是呢,我更注重的是学生的整体综合素质的发展。至于我说北大是我的榜样,一点都不假。如果我的学生最后能达到北大学生的质量,我就已经很心满意足了。北大学生是属于带有综合性才能的人,那么现在北大的,一个相对来说的缺陷就是,学生注重读跟现实世界无关的书的这样的程度稍微低了一些,比我们当初义无反顾地从柏拉图、亚里士多德读起,一直读下来,相对差了一些。现在的学生读这些书,通常都会没有耐心了。如果是这样,就会有一点欠缺。有一句话叫做底蕴的厚度决定了事业的高度。这个底蕴,绝对不是你学的专业知识。而是你的人文才学,你的文史知识等等,对世界的看法都是底蕴。所以,我想培养的是具有综合素质的人才。当然,这些人才到底应该是什么样的,我现在其实也没有想成熟。但是简单地说,像北大学生,北大的某种风格,至少是我在北大感觉到的某种状态,就是我想要的状态。

学生: 俞老师好,俞大师兄好!我是外国语学院的学生,但我是东语系。我想问您的问题是,是您选择了英语还是英语选择了您?是您成就了英语还是英语成就了您?还有,我的问题是:您是否觉得,东语是一个被遗忘的角落?谢谢。

俞敏洪: 这两个是互相的。就像你问我,我跟我的老婆是谁成就了谁,是一样的概念啊。因为英语是,除了我老婆之外,陪我最长久的这样的一个能力吧,应该算是。其实我到现在为止,从来没有喜欢过英语。它变成了我生活必不可分的一部分,就像我的家庭生活一样。当然,我还喜欢我的老婆啊,先说清楚。

我当初学英语，纯粹是因为我数学考不好。当时考外语，不用考数学，所以我就考了英语。所以我是偶然冲进了英语的大门。其实我进了北大以后，曾经想换到中文系去，我对中文更加感兴趣。但是后来发现，英文这个东西挺好，它还能让我赚钱，还能让我考试完了，让我选择到国外去学习，还能让那么多学生最后到国外去学习，所以后来我就觉得开始让我喜欢上它了，大概就这样。

那现在呢，让我觉得更加方便，为什么呢。比如说：新东方上市之所以在美国成功，是因为我不需要同声翻译就可以直接在全世界各地去讲演。跟美国人讲中国的故事，讲新东方的故事。这个故事的可信度就增加了。其次，就是，比如说世界上的各种新闻等等，我不需要通过翻译再来看。我只要打开电视机就可以直接来看到，那么增加了自己对世界了解的速度。所以，它实际上是我生命的一种工具，但它不是我的一种爱好。这是第一个问题。

关于第二个问题，只有你把自己遗忘了，别人才会遗忘你。其实不管你学东语也好、学日语也好、学韩语也好，它都是大有作为的。我知道有几个日语的翻译家把日本的文学作品翻译到中国来，都是很厉害的啊。当然还有别的，比如说中日交流一点都不比中美交流差。我不知道你学的什么语言。

学生：蒙古语。

俞敏洪：其实也很简单。我告诉你，曾经有一个学越南语的同学来问我要不要换掉越南语，我说不用换，为什么呢？无论如何，中国有跟越南的贸易以及外交，尽管很多越南人都会说汉语，但我们学越南语一定有用处。只不过你在坚持越南语的同时，可以再学一个也许能使你更加会找到工作的语言。后来，他学了英语，越南语也没有丢。现在在外交部工作，也挺好。这就完全看你自己了，这就是你刚才问我的那个问题我的回答。生命也是一样，只有你遗忘了自己的生命，别人才会忘记你。就是这样的感觉，谢谢。

（原载《北大讲座》第二十二辑）

人生的阳光

李连杰

［演讲者小传］

李连杰，小学二年级被北京武术队教练相中，十一岁时，获得第一个武术比赛冠军，之后，入选“中国武术表演访问团”，访问五大洲四十余国，并连续五年夺得全能武术金牌。1982年张鑫炎所执导的《少林寺》中，十七岁的李连杰武打功夫技惊四座，让他一炮走红，奠定其日后成为功夫巨星的里程碑。1988年移居美国，演艺事业开始有了新的发展。接连演出《龙在天涯》与徐克执导的《龙行天下》。1991年回到香港演出《武状元黄飞鸿》，为演艺生涯创下新的高峰，自此以后，李连杰与徐克等导演合作多部武侠电影，成功带动港台两地武侠电影的潮流。1997年以后，李连杰将事业重心移往好莱坞，正式向国际影坛进军，拍摄多部卖座影片，包括《致命武器4》、《致命罗密欧》以及《龙之吻》，而不同于过往他在华语电影中的武侠功夫形象，李连杰在好莱坞电影中展现了全新的动作片风格。2002年，李连杰与张艺谋导演合作的《英雄》在国内外都获得巨大成功，再次向影迷展示了他深厚的演技和高强的武功。李连杰气质风范稳重、刚毅、自信、内敛、深沉，蕴涵了中国悠久的武术底蕴，成为李小龙之后的又一个武术大家。作为国际影星，他成为中国武术和精神的象征。

同学们好，新闻界的朋友们好，红十字会的各位朋友和领导——我都不能称你们为领导，我们应该是心灵上的朋友——心灵的朋友们和所有红十字会的工作人员大家好。其实说演讲不敢当，一个小学还没毕业的人，站在这个最高学府的讲台上不够资格去演讲。我真的小学没毕业，1971 年在北京的一所小学上学，一年级就被人给抓去练武术了。一练就没机会学习了，因为那个时代人们标榜的是什么造反啊，革命啊，认为读书没用嘛。我只能够给大家简单地介绍一下我人生的经历，希望跟大家分享一下我人生中的感受。如果这些感受对同学们有帮助的话，你就听一听；如果没帮助的话，你就笑一笑。谢谢。

我在北京出生，两岁没有了父亲，有两个哥哥，两个姐姐。我简单介绍一下，我八岁的时候开始练武术。至于我为什么练武术，全世界的记者都问过我无数遍了，我自己真不知道为什么练武术。因为那个时候被小学老师介绍给体育学校，教练说你是练武术的材料，所以就练吧。在那个时代里面，是幸运之星选了我还是我选了幸运之星，搞不清楚，反正是去练武术了。第一个目标，去拿冠军。我自认为还蛮刻苦地去练的，所以三年后我拿了全中国的冠军，是少年，十一岁的时候。我十二岁的时候，比赛开始不分成年少年、十八岁以上以下。十二岁就拿了成年的冠军。那时我站在讲台上只有这么高。（打一手势）

那时候其实没有什么自己的个性或人生观的表现，完全是听从领导、大人、老师的安排。后来，我连续拿了五年的冠军。从十一岁开始的五年当中，我有幸代表中国去全世界访问，比如说去美国——在 1974 年见到尼克松，去非洲、欧洲的很多国家，像伊拉克、叙利亚那些打仗的地方都去过，还有亚洲的一些国家，五大洲都去过。从我所看到的和感受到的，我开始不完全相信大人讲的话。真的，因为大人给我讲的是某一方面，而我看到的和感受到的也是对的，但是大人没有给我讲的另一方面我也看到了和感受到了。你想想一个小孩子，十一岁，中国在那个时候只有北冰洋汽水和一种冰淇淋，但是在美国看到几十种冰淇淋的时候你会心动的，你会有一种新的想法的。

到十六岁，我开始越来越有主见了。因为我觉得大人说的既然不全对，那么我就自己选择自己的人生。因为我已经拿了五年的冠军了，再拿下去第六年、第七年总有被人轰下来的时候。所以那个时候我就选择了拍电影，这一个电影就改变了我的人生。从十七岁开始拍《少林寺》，还蛮成功的，结果就造成了我回到上海或是北京，许多人都跟我说我从小时候就看你的电影了。我们那个红十字会的会长，好像快有六十了吧，今天他一看见我，就说我的小孩小时候就是看你的电影长大的。

拍电影以后，我遇见了人生中最大的冲击，不光是肉体上的。拍完《少林寺》之后,我的腿断了,非常严重。当时我住在北京医科大学第三附属医院,经过七个小时的手术之后,医生跟我说,我们能保证你正常走路,但是不能保证你还能练武术、拍电影。我们可以给你开一个三级残废证,凭这个证你一生可以在工资以外拿到一些附加的因工受伤的保证金。对一个十九岁的人来说,差不多全亚洲的人都知道我的功夫很了不起,在我很辉煌的时候,突然面临人生最大的挫折——我都不能确保我还能不能跑、跳,那个冲击在我人生当中确实蛮大的。

在你们这个年龄的时候,我开始对人生产生了很多怀疑,有很多痛苦的感受。比如说我一夜之间成名了,就自以为是,虽然表面上还戴着谦虚的面纱,但实际上内心里是蛮得意的。我是一天一块钱的片酬拍的《少林寺》,但是拍完了之后就有人拿着六百万的支票来找我拍电影。六百万啊,在 1982 年,是多么大的诱惑,实在太美了。我是真的很想拿,但是不能拿。你属于单位,属于国家,你得回来,拿了的话要全部上交。那可不是现在这个年代,所以说大家现在很幸福。对一个年轻人来说,这么大的一笔钱不能拿,真的蛮残酷的。以后,我就听领导的话回来拍第二部电影,一天两块钱,第三部电影一天三块钱。这对一个年轻人来说,心理上的打击是蛮大的。这个时候,我的自我中心主义也在膨胀,完全是以自我为中心看待整个世界,对社会、对领导、对老师……觉得很多东西对我都不公平。在十九岁到二十四五岁的时候,我对社会非常不满,但是不敢表现出来,因为讲了以后要挨批评的。

经过了这么一段时间,到 1990 年之后,我对有些事情的看法完全改变了。因为我自己做了老板。以前我是打工的,总是向别人要钱啊,要这个要那个,但是我做了老板之后,发现别人怎么总管我要这个要那个的,重复我以前的经历。我开始慢慢地理解,换一种角度看待世界。我经过了每一个年轻人为了自己的理想奋斗的阶段,为了名啊,利啊,物质啊奋斗的过程。所以我非常理解,也非常同情每一个人在这个过程中遇到的问题。我开始思考,我所学的武术一直告诉我有阴和阳两方面的东西,但是我以前似乎一直都是站在阴的一面考虑人生——也就是自我中心。我记得有一个很大的事件发生了。那是在香港,我在拍《东方不败》的时候。我跟导演有问题,跟电影公司有问题等,许多问题纠缠在一起。那个时候,有人说你跟徐克导演那么好的拍档怎么会有问题呢?那当然了,如果你有一个立场,我有一个立场,那一定会有问题。你看看,老师和学生有点问题,太太和先生有点问题,男孩子和女孩子有点问题,因为各自的立场不同。你有你的观点,我有我的观点,所以我们就有了问题。我记得很清楚,当时有记者问我说,你应该很感谢徐克导演把你培养出来了。我就说我是应该感谢徐克,但是我第一个应该感谢的是我的父母,因为没有他们就生不了我。第二个应该感谢的是我的国家,因为国家选择了我去练武术。第三个应该感谢的是我的教练,他培养了我。第四个感谢的是《少林寺》的导演,他发现了我。第五个感谢的是很多的电影公司继续请我拍电影。第六个当然要感谢徐克导演。这是我站在阳的立场上回答记者的问题,但是我跟记者说我想从阴的一面再说一次,我没想来这个世界,是我妈和我爸一开心就让我来到这个世界上。真的,虽然不斯文,但真的不是我想来到这个世界的。国家希望有人才,又觉得我是个人才,才把我选上的。我的教练也是希望培养出一个全中国的冠军来才培养我的,也不是光培养我一个,我就是挺有天分的才把我培养出来。我也有自己的功劳对不对?电影导演选一个演员,他不选别人就选我,说明我有那个天分对不对?后来电影公司发现我能帮它们赚钱才选了我。所以说原来你站在阴和阳两个不同的角度去看同一个问题的时候,答案是不一样的。我也从这个角度里开始了解生活,了解生命。后来我去了香港地区,又去了美国、欧洲以至于现在,我已经完全改变了对事情的看法。不习惯只站在事情的某一个角度,而是喜欢在两边转来转去。我希望了解中国人想什么,也希望了解美国人想什么。因为只要大家有一个立足点的时候,你就会坚信自己的看法。但是这个想法并不是真理。对面的一个人,因为他有不同的文化背景,不同的信仰,他会跟你说出相反的论调,但他也不是真理。所以生命也不是一条路走到头的。我一直相信人类是圆的,就像无极。无极是一个圆,以后有了天地,叫阴阳,以后有了四象,叫东南西北,四象加上东南角、西南角等就有了八卦,八卦、六十四卦演变成整个人类。那么当我们太自我中心的时候——这完全是我个人的经验——就会有很多痛苦。不太自我中心的时候,就会很快乐。这是我经常在学的事情。

其实,1997 年的时候我就想退休,因为我发现物质不能满足我心灵上的需求。我 70 年代第一次出国的时候给母亲买了一个手表,第二次的时候买了个手表给姐姐,然后我努力去赚钱买一个自行车,后来自行车每一个兄弟姐妹都有了,就买一个电视,二十寸的彩电在那个年代是非常威风的事情,后来又买冰箱、洗衣机,后来又买了房子,这样无限地为家庭做,当然也为我自己争取。当你到了一定的程度,有房子,有汽车,有权力,有欲望之后,你会发现,物质不能完全解决我们内心的痛苦。周围的人也一样。我有很多很穷的朋友,也有很多非常富有的朋友,他们也非常痛苦。我觉得造成人类痛苦的原因不仅仅是物质。我开始觉得这不是我要走的路,我要去寻找生命的意义是什么。我觉得在某一个阶段物质是相当重要的,因为没有这个东西我们不能专心读书,不能专心地照顾家庭,不能专心地做事情。但是跨过那个阶段以后就是本质不变,量在变了。也就是说,有的人一个月一千块钱就很开心了,有的人希望是五万块钱,有的人希望是五十万块钱。这是一个量的区别。给他一千块钱和给他五万块钱没什么区别,钱不能让每个人都开心的。但是欲望是无止境的。我经常跟我的朋友说,如果我们大家都想发财的话,我们每一个人都是李嘉诚,但是他往前面一看还有一个比尔·盖茨比他还有钱,他就想怎么样才能变成比尔·盖茨就好了。所以,我觉得物质不能解决心灵的痛苦。我开始变成一个佛教徒,重新去看宇宙,看生命,看物质结构是什么,心灵结构是什么,从这当中找到很多快乐。2003 年有一天,我看到了一个新闻,非常的震撼,那年中国有 28 万人自杀了。我当时就想,28 万人,每一个人有十个兄弟姐妹、爷爷奶奶、父母同学,就是十倍的痛苦,就有几百万人在痛苦。我觉得我能做什么?当我真正了解生命的意义是什么的时候,如何用我力所能及的力量为这个社会做些什么就成了我研究的问题了。我就决定去拍一部电影或做一个演讲,去阐述我四十二年所走过的心路历程,希望这部电影能让人们学会自强不息——不是我提出来的,是霍元甲提出来的。这种精神如果提出来让大家重新探讨的话可能会有不同的结果。因为我年轻的时候也常常是以自我为中心去看社会、看生命,觉得我的老师怎么样,我的同学怎么样,谁对我好,谁对我不好,自我中心比较强烈。如果能提早站在不同的角度去看生命,我们才能真正了解什么是我想得到的,什么是我需要的。比如说我想要一个奔驰,但是我有了奔驰以后也挺麻烦的,因为保险、保养都挺麻烦的。任何一个东西都是量的区别,本质上没有区别。比如说做总统,我有朋友做总统,但是总统有总统的痛苦,明星也有明星的痛苦。很多人会说那我情愿做总统做明星,我愿意痛苦,我喜欢。我相信。我不是说这个方向不好,这个方向非常好,但你也要了解这好的背后的付出是什么。要多从几个角度看生命,要看到他们灿烂的背后是什么。你要看到有多少个明星自杀。我很尊重他们的选择的,但是我认为这真的不是一个很好的选择,我不提倡这个东西,因为在任何一个宗教里,不管是基督教、天主教、佛教、伊斯兰教,任何一个经过两千年时间考验的宗教都是反对自杀的。自杀只能把肉体的痛苦暂时解决掉,但并没有结束心灵的痛苦。

我拍《霍元甲》完全是出于一种责任。我们先了解心是什么。我们对物质都已经很了解了,每天的广告都是各种物质。但是心是什么?我有一个侄女在你们北大医学部读书,我想从医学的角度去了解一下。我想你把我解剖了之后,把心拿出来它是一个心,还有肺肝脾……身体的每一部分都有一个学术的名字,这每一个名字里面没有一个是李连杰,也就是找不到我的心在哪儿。究竟是这一块的功能控制我们的思维呢,还是那一块的功能呢?几千年来人们都在探讨究竟是哪一个部位在控制我们的思维。当我们知道我们的心在哪儿之后你才能把你的心自由出来。自由有很多,什么学习自由啊、宗教自由啊,但是我看到的很多自由当中,心并没有自由地释放出来。为什么呢?因为心已经变成物质、名和利的奴隶了。因为我总想着我需要什么,没有这个我就会痛苦,有了之后我还想要更好的东西。别人说我好我开心,别人说我不好我就难受,你是不是活在别人的语言里,你是不是活在记者传媒的笔底下?有人会喜欢我,有人会不喜欢我。他会写我,写我好我就开心,写我不好我就痛苦,这样就还是活在别人的阴影底下。那么怎么样才能把心释放出来呢?我觉得人类,不管是中国人还是美国人,全世界的人追求的目标都是幸福、快乐,这是大家共同的追求。另外一个东西是大家都认同的,就是人是生活在人群里面。人群里面就需要有关心,有爱和付出。连简单的动物都知道这种普通的保护自己的方式。作为一个动作演员,在过去的几年里,我不停地宣传暴力不是唯一解决问题的方法,其实针对的很重要的一部分是美国的观众。我一直希望能带动这种思想传播开来。《霍元甲》中很大一部分就是想告诉人们暴力可能是一种解决问题的方法,但一定不是唯一的方法。暴力能征服人的肉体,但不能征服人的心灵。只有爱,只有爱的力量才可以征服整个人类的心。

再一个问题就是,很多记者问我,今天上午还有很多记者在问,他们说李连杰你以前拍的电影比如说《黄飞鸿》很好,但是你到了美国之后拍的电影很不好。我承认很多热爱我的中国观众并不满意我在美国的作品。恰恰相反的是,在地球的另外一边,在欧洲和美国,他们喜欢的是我近期的作品。这是因为文化的不同,所以对一个问题可以有两个不同的答案。那么我要拍什么样的电影呢?到底这个电影是只给中国人看呢,还是给全世界的年轻人看呢?这是两个不同的方向。我认为,作为一个中国人,在北京这块土地上长大的中国人,在中国五千年文化养育下成长的中国人,要做的是告诉全世界的人,中国人不只是功夫好,中国人不是只会打架,中国人有非常宽大的胸怀去包容不同的文化,包容不同的政见,把这个爱的信息传递出去。我真心地希望传播这样一种思维方法,也希望在你们这一代的时候把这个思维方法带到全世界去。民族主义思想非常好,因为它使我们团结在黄皮肤之下,但是随着我们中国的经济越来越强大,周边的很多国家就觉得不舒服,突然身边有了个巨人。我们要按照符合我们的国情,符合我们的民族实际的情况把红十字会的精神扩大到全世界,做到哪里有痛苦,哪里就有我们中国人。我希望不仅仅是以前的哪里有人哪里就有中国餐馆,而是哪里有痛苦哪里就有中国人。这才是我们的祖先希望我们后代做到的,不仅仅是中华民族的伟大复兴,而是把我们文化的精华提炼出来扩大到全世界。这个东西光是我一个人做不到的,光是红十字会也做不到的。每一个个体,每一个人出一点点力就能显示我们中国人真正的修养。

所以,接下来我会继续跟红十字会合作,从五十万块钱开始——我要再讲回来,其实出名的是我,出钱的是我太太。一个默默无闻的女人——也不能说是默默无闻——站在一个男人的背后。她作为一个母亲,拿出钱来去关心青少年,关心社会,也希望通过我这个公众人物形象带动更多的人去关心青少年。我很感激她。

其实,用一个智慧的眼睛去看就像一个身体,五大洲就像你的心肝脾肺,每一个人就像你身体的细胞,这才是全球一体化,人类一体化。因为这个地方感染的时候你不去关心它,它早晚会把病传到你的全身去,所以不如早做,早早站出来关心人类。我看到很多年轻人对我们的民族非常热爱,我真的非常感动,但是我更希望大家站在整个人类的角度和高度去看待社会。我们的祖先看到他们的后代有这个想法的时候,才是他们会开怀大笑的时候。

我希望跟红十字会长久地合作是因为我去年曾经跟海啸擦身而过,不过没死。但死亡给我的震撼还是很大的。回来以后我就希望创立一个基金。我希望从中国开始吧。因为我在中国香港地区和美国都做过,但是各个国家和地区的法律不同,如果要按法律来做的话就要办很多的手续。我希望创立这样一个基金,每个人每月出一块钱,这样大家滴水成海,汇成爱的大海。这个大海要从中国到整个人类。当然这个钱要很有透明度,大部分会交给红十字会作为中国的阳光工程和自然灾害的款项。这是我的愿望。

时间应该差不多了。如果你们有什么问题我能够回答的,我一定会很诚恳地回答。

[现场答问]

主持人:您曾经说过爱家的男人是英雄,也曾经为了陪怀孕的妻子而推掉了演出《卧虎藏龙》的机会。那么是不是说在家庭和事业发生冲突的时候您总是会倾向于家庭?家庭对您的生命来说到底有怎样的意义呢?谢谢。

李:我倾向于爱,这个字。爱有很多种涵义,包括占有、控制。我觉得在我的生活中爱是付出。我付出,我的太太也付出。如果你不付出,那么为什么不公平地要让人家付出呢?用北京的话说就是,干吗我老付出你不付出呢?因为爱并不是拥有,爱是付出。你不断地考虑别人的感受,对方也不断地考虑你的感受,这样的爱情是比较牢固的。当然爱情一开始是要靠两性的吸引,后来延续下去几十年一直到你死亡的时候,我想更多的是靠彼此的付出。所以,我太太经常地付出,我也经常地付出。

主持人:谢谢李先生。我想您今天也为我们台下的男同学提供了一个好男人的标杆。

李:哎,这个要注意了。有很多女性说,哎呀,李连杰真是好男人,他把他拥有的一切财产都给了他老婆。也有很多男性说,这个混蛋让我们怎么办呢,我们一辈子把钱都给了女人岂不是麻烦了。所以我觉得最主要的是真诚,把爱付出去,不要去理会后边的事情。

主持人:网易曾做过一个调查,如果您和李敖、李宇春和周星驰三人同时来到北大,而观众只能参加一场,那么观众会选择谁。答案是到目前为止您的得票率是最高的。对于这样的调查结果您是什么看法?您心里是怎么想的?

李:第一,我要感谢同学们给我这样的荣誉。第二,我要说的是爱,爱的力量。真的,你不要笑,你知道爱的力量吗?我来这里没想过要得到任何东西,我只是想把我的人生经历跟大家分享。作为一个父亲,或是一个导播,一个奇奇怪怪的人,见过总统,见过几代国家领导人,见过很多皇后,见过很多有钱有势的人,见过黑社会,死里逃生的……经历过几十年坎坷的人生经验的人,站在这里跟大家说,在我四十岁以后,经历了这么多事情以后,我愿意把我的爱回馈给社会。我个人没有什么可求的,我希望把这种爱付出去。我相信如果同学们喜欢我的话,一定是因为这种爱的力量。我希望这个种子在北大通过红十字会燃烧,希望将来有一天,二十年、五十年之后,燃烧到整个人类。

主持人:您打算什么时候和成龙拍电影?

李:这个问题我打算了很多年了。十几年前的时候我打算拍,但香港地区的电影公司不知道怎么办。后来在美国的时候,成龙有一次吃饭的时候就说,哎,什么时候我们再拍部电影,我们就一起筹划。美国电影公司想拍,但在美国就比香港地区更复杂了。因为我们两个人背后都有一帮的律师、经纪人、经理人、财会人等,一系列的人在后头争夺各自的利益,所以又没做成。最近我刚从印度回来,又经历过地震——又是地震又是海啸,还蛮顺利的。在我去印度之前,成龙给我打电话说什么时候把这个电影拍完。从商业运作上说很困难。我们都想拍,但是在各自背后有一个圈子,所以很难做到。但是我相信一点,如果有一个慈善事业,如果有一个公益事业,需要我们两个人合作的话,我们两个人都不会计较。

主持人:您在美国的生活好吗?

李:对我个人来说,在美国的生活某一方面还挺适合我的。因为刚开始走在街上没有多少人认识我,这是我从十九岁以后很难享受到的一个清闲。但是我现在决定回来了,因为现在连这个清闲也没有了,还是有很多人认识我。一开始需要很大的勇气去面对一个新的文化。我在北京长大,后来到了香港工作。香港是一个蛮特殊的城市,受到英国的一百多年的殖民统治。那个年代对说普通话的人大家都那样看,现在对说普通话的人都这样看。我一直在提醒自己,在人生中最大的敌人是你自己,这是在我很小的时候就学会了的。我没法去跟周围的人和环境比,我就跟我自己比,我每天都超越我自己一点点就行。这个也是《霍元甲》电影的精神。最大的敌人是你自己,勇敢地去面对,勇敢地超越自己。我在香港地区已经做得蛮不错的时候,有自己的电影公司,有自己的工作人员,有一大批台前幕后的人,突然要去美国拍电影,去一个新的地方,对人生真的是一个很大的挑战。我记得有两天的时间我都坐在厕所的马桶上拿着剧本,一个单词一个单词地背电影台词。因为两天以后我要去对戏,像考试一样。而我的单词、听力、表达全都是在学习的初期阶段。还有就是中国人说的面子。我在亚洲大大小小也算个人物,但是在美国不是,人家都不知道你是谁,你得慢慢地走出来。这真的是很宝贵的人生经历。人生就像是一场戏,怎么知道这是一场戏,怎么去演好这场戏,执著并快乐着。这是我目前的感受。我真的很感谢这段经历。

主持人:您有没有想过对所有教导过您、关爱过您的老师说点什么话?

李:就像我刚才讲的经历,我感谢父母亲,虽然我的父亲在我两岁的时候就去世了,但是我仍然感谢我的父母兄弟姐妹在我的人生经历中所起的作用。在我小的时候有很多教导我的老师,在我成长的过程中伴我成长的同学也是我的老师。中国有句古话,三人行必有我师。就今天来讲,我学佛就有三四十个老师了。我真心地感谢所有的老师。很多老师的名字我都不记得了,全中国很多的武术前辈都教过我,但我不能一一叫出他们的名字来。我会用我的后半生来回报社会,用这个来回报老师们对我的期望。

主持人:您最喜欢自己的哪部电影?怎么评价?

李:这个记者也问过。美国人的思维方式就是喜欢说 What's your favour?就是什么是你最喜欢的。什么是你最喜欢的运动,什么是你最喜欢的食物,什么是你最喜欢的体育,什么是你最喜欢的音乐……我每次回答时,美国的记者都要晕了,因为他们不知道我的答案是什么。我说你们英文中的人生观是比较，像 favour，better 这样的。但我的人生观是 circle，是一个圆圈，不同的年龄我会喜欢不同的东西。在我八岁的时候我喜欢雪糕和酸奶，后来我喜欢漂亮女孩，后来我喜欢电影、音乐。因为每一天整个物质结构在改变，我们的年龄在改变，所以我们喜欢的东西在改变。所以我没有办法回答哪一个是我的 favour，因为我在变，我相信大家也在变。人类世界的物质是不会停止的，人的思维也是不会停止的。所以我的逻辑里面没有 favour。只要说我付出了，我努力了，我问心无愧了，不管是在过去，在现在，还是在将来。只要我每天努力超越自己。不管能不能超越，我向着那个方向努力就行了。所以说，我不认为奥运冠军是最伟大的。因为后面有很多参与的人，虽然没拿到冠军，但是有勇气走完，也是很伟大的。这是我的概念，也不是说北大最优秀的学生就是最伟大的，其实生命并不是一条路，有很多条路的。

主持人：在一部电影中您饰演的是女主角的保镖，剧中您很严肃。那么在生活中您是很活泼呢还是很严肃、不太爱说话呢？

李：这是女性观众，女同学问的？我其实有点自闭，这个自闭其实是因为我的生活环境造成的。因为太早就出名了，出名以后你就很小心地保护自己，你恐怕说错了，说错了会影响别人。我从十一岁代表北京市参加比赛，把整个城市压在你的肩膀上，有很大的责任。后来代表全中国，十亿人，就像我跟一个人说的，你要保护的是十亿人啊，不是一个人，这虽然是大人灌输给我的思维，但是你得背着这个包袱。后来，电影出名以后你的言行就更怕出错。因为我曾经是建国三十五年来的最优秀运动员、青年突击手、全国青年标兵，什么都做过。因为你有了这些虚名之后——也不是虚名——你就会有很多的压力，你是代表这些名誉去做事情的。我不希望跟人接触，喜欢自己独自看书，喜欢跟好朋友一起开大玩笑，但是一到别人面前，马上自我保护起来，把自己的形象保护起来。直到近几年，因为佛教的关系，我才有足够的勇气去面对社会。因为我再也不是为自己做事了，四十岁以后为太太为家庭做的事情都做完了嘛，现在要回馈社会了。那我就有足够的勇气在任何地方出丑，像在这儿出丑一样。你需要什么我回答你什么，我满足你，只要别人开心。因为我不希望有一个立场，有一个立场就会有痛苦。我常常在想五千年的历史里出现了多少个皇帝、科学家、学者、诗人、酒仙……在这一百年里，在某种因素的影响下，就在那一刻出现了一个演员，那个演员他觉得自己很了不起。你说多好笑。他很渺小的。

主持人：《霍元甲》会是您的最后一部电影吗？网上有消息说《霍元甲》会

是您最后一部纯武打的电影,是这样的吗?

李:这部电影表述了我很多的感受,包括我成长的每一阶段的心灵历程。包括最后的提问,武术是什么,为什么练武术,中国武术好还是泰国武术厉害还是西洋拳厉害等等这些我们生活中经常遇到的一些东西,我都在这部电影里回答了。对西方人来讲,从李小龙先生的电影开始,他们就把功夫这两个字放在代表武术的地位上,但是我们中国人知道功夫只是一个时间的概念,你学习用了很多功夫,你炒菜的功夫不错。它并不能完全包括我们的武术。那武术是什么?我就是通过这部电影去介绍武术使命。大家的文化一定比我好,但是大家是否知道武术的造字上写的是止戈,也就是停止战争。通过这部电影我为我的人生做了一个总结,之后我没有什么需要通过武术去说的了,那这部电影就是我最后一部武术电影,但并不代表是最后一部电影。因为通过武术去讲我人生的感受在这部电影里已经说完了。

主持人:您的太太曾经当选为十大最漂亮的影星之一。那么您认为在和您合作过的影星当中谁最漂亮(包括您的太太)?

李:那当然是我的太太,不然我怎么不跟别人结婚呢?漂亮有很多种,有外在的漂亮,有内心的漂亮,这又回到这个主题上了。一个男人最希望得到的不仅仅是外在的漂亮,你希望得到的是一个女人的理解、爱和她为你的付出。你在为她付出,她也在为你付出,这是我们人类最好的美德,这才是最可爱的地方。就像她今天不愿意出现,不愿意传递任何事情,但是她愿意写一张五十万的支票让我交给红十字会。我很感谢她。

主持人:李先生,您愿意把您的子女送到北大来读书作我们的师弟师妹吗?作为一个父亲,您愿意他们更多地了解中国文化,让他们像您一样作一个中国文化传承的使者吗?

李:我和太太商量过之后决定从美国回来,就是因为觉得孩子光在美国学习英文的话似乎并不圆满,我们应当再回到中国来,让他们接受中国文化的教育,起码站出来是一个中国人。

当然,我并不反对西方的教育方式。基本上是太太主内,我很尊重她,所以我们决定两种教育都接受,这样才有胸怀和智慧了解这个世界。到底去哪所学校,我要跟孩子妈妈商量,因为民主社会里要尊重别人的意见。但是我更希望起码有个女儿能做红十字会的义工。我去年已经三次历经死亡,海啸、地震,我去了一次西藏。在海拔四千米的地方进行禅修,五天以后没有了氧气,出现很严重的高山反应,面临死亡的挑战。恰恰好玩的是在去西藏之前我去了海南岛，我朋友邀请我去的，过了一段帝王般的生活。每天有几十道菜，很多的厨师，完了之后我去了西藏。没有水没有电，面也煮不熟，因为没有高压锅，自己又不大懂。男女睡在一起，睡成一个圈圈，接受心灵上和物质上的考验，这是很好的一个体验。因为经历过死亡，我不知道自己什么时候就会死亡。所以我和太太商量过之后，我真心地希望能有一个女儿做红十字会的义工。

主持人：台下有同学问到您最难忘的人生体验，不知道这个算不算是回答。

李：我还是要讲回来，在人生中有很多冲击，比如说在我十九岁的时候腿断了，这是那个时候最大的冲击。后来在80年代我每拍一部戏身体就会断一个地方，冲击也蛮大的，就越拍越害怕。钱就一块两块三块地涨，那腿、胳膊就一部戏断一次。我断过手腕，断过腰肌，颈椎错位，在心理上造成很大的压力，在那个年代里觉得冲击蛮大的，但是现在看来就不觉得什么难忘了，都已经过去了。现在看来，我在国内的文化里长大，后来孤单单一个人到了香港地区闯出一片天下，后来又到了美国，闯出了另一个天下，一个英文的天下，又到欧洲转了一圈，现在又回来了。每一个阶段都需要勇气，在各种不同的时候都是很大的冲击，我不能说哪个是最大的冲击。

主持人：这个问题我相信也是我们台下的同学最希望的，您能不能在现场为我们表演几招？

李：给你们讲一个很真心的话题。人一生下来就在走向死亡，谁也躲不了。即使能活到一百岁、一百五十岁，但最终都不免走向死亡。我年轻的时候武功真的很不错。但我现在已经四十多岁了，而且我刚才一直在重复讲我断了那么多次胳膊，断了那么多次腿。四十多岁，要是参加奥运的人早退休了，而我还在拍电影。但是电影科技非常的高，可以用科技弥补很多东西，所以还可以造就功夫很高的李连杰出现。不是我不肯表演，如果我的表演能让你真心地开心的话，我还是会做下去了。但是，我在记者招待会上一般从来不做表演的，我回答完问题之后再做吧。

主持人：您是学传统武术出身，但是现在传统武术面临失传的危险。那么，请问您认为传统武术在现代社会的价值在哪里？它的出路应该在哪里？还有就是您会收徒弟吗？

李：我在十七八岁的时候就想过这个问题。我曾经努力去了解人类的起源,武术的起源,武术在每一阶段的演变,从与大自然的斗争演变到古代军事,一直演变到今天这样一个过程。那个时候我已经有了一个结论:传统武术或者优秀的文化,如果它有利于今天人类的生活发展的话,它自然就会保存下来;如果说人类的进步已经不需要它们的时候,包括传统的武术和文化,它自然会逐渐被淘汰。这不是你和我想不想的问题,这是整个人类社会进步必然的需要。如果把文化和武功演变到能对今天人类的心灵和身体的健康都有所帮助的那一步上,那么它会很自然地保留下来。所以,我个人认为,淘汰一些传统的东西是必然的,没有什么遗憾。因为人类今天已经不需要花五年的时间去修炼铁砂掌。这是那个时代的需要,因为那个时代你上山修炼十年然后下山,就跟你现在大学毕业一样,你可以找到工作。很多人需要保镖,很多人需要护院,你可以靠武功去升官,做一个军事将领等等,最差一点也可以去做一个刺客。那个时候,练武功就像现在上大学一样。但今天你花十年时间去练铁砂掌,我不知道有什么用处。我情愿花十年的时间去念书,去上北大,起码有希望找一个好的工作。

主持人:有同学注意到在您的讲话中有"咱们北大"四个字。他想问的是您对北大有什么感受,这次来北大对北大的印象怎样。

李:"咱们北大"不知道怎么就从心里冒出来了。可能大家不知道一些历史,在80年代的时候,我断过腿,那时候很想离开体育单位,脱离领导的管束,自由地飞翔,但是很难。在80年代的时候从一个单位到另一个单位真的很难。我鼓足勇气给我当时的领导写了一封信,说我要离开,我要念书。领导就跟旁边的秘书说,好啊,孩子念书总是好事,北大、清华,随便想上哪个大学都可以。说实话,一年级没上完就能上北大、清华,太美了,我心里太高兴了。但是我没有选择,我觉得要靠自己的本事,要一步步地走下去,超越自我才是更重要的。

主持人:如果您现在选择到北大的历史系或是哲学系,您感兴趣的系来学习的话,我们北大人会非常欢迎的。

李:但是我更希望看到的是北大人走出去,去把北大光辉的历史、光辉的文化、光辉的传统和爱传播到全世界去。这样才更有意义,都进来,还要有人出去呀。

主持人:您刚才讲到您在南亚的海啸中曾经与死亡擦肩而过,那么当时您心里想到的是什么?

李:这个过程很简单的。我是12月25日夜里到的那里。当晚的月光很漂亮,用英文来形容就是地球上最后一块小小的天堂。第二天早上我抱着大女儿,我的阿姨抱着小女儿,我们在海滩上玩。当时我就觉得海水不对。我不知道是什么原因,还以为是涨潮呢,这可能是没文化的原因吧。我的孩子看见了还挺高兴。我发现海边怎么没有人了,刚才还有很多人的。我开始抱着孩子往回走。没走两步那个海水就到了膝盖了,到了腰了,到了脖子了。我曾经花过一段时间去学习如何面对死亡,在那一刻我并没有感到害怕,当时只有一个想法是要保护孩子。这可能是人的本性。这是我最爱的人。我已经四十多岁了,人生已经过了一半了。而孩子太小,怎么去保护孩子,帮她们走出困境是我当时唯一的念头。经过这些之后的那一个夜晚我才去想了很多。大家学心理学的一定比我知道更多。那晚我就想,名是什么,利是什么,你需要什么。我有这么多的名和利,我不好好地运用我就得交给下一代,我只是暂时地保管,到时候就得交给下一代了。下一代争气还好,不争气就丢掉了。同时,你会发现生命很短,不知道什么时候就会结束,所以好好地利用吧,好好地珍惜每一天。我在《霍元甲》里有一个对白,是我自己写的。这一句就是,我没有办法选择生命的开始,但是我有勇气走到最后一步。

主持人:如果让您用一句话鼓励、支持那些徘徊在心灵阴霾中的朋友,您会说什么?

李:这是我个人的观点。我不能保证北大出来的每一个人都能找到很好的工作,我也不能保证一个普通大学出来的人不能发出比北大学生更大的光芒。生命不是一条路走到底的,你要考虑得远一点,多换一个角度去看事情,再有所决定也未尝不可吧。谢谢。

(2005年10月13日)

(原载《北大讲座》第十一辑)

选择的智慧

李开复

［演讲者小传］

李开复，祖籍四川，1961年12月3日出生于台湾；1966—1972年在台湾就读小学；1972—1979年在美国田纳西州就读初中、高中；1979—1983年在美国纽约哥伦比亚大学计算机系学士；1983—1988年在美国卡内基梅隆大学计算机系博士；1988—1990年在美国卡内基隆大学计算机系助理教授；1990—1996年在美国苹果电脑公司（语音组经理、多媒体实验室主任、互动多媒体部全球副总裁）；1996—1998年美国SGI电脑公司（网络产品部全球副总裁、Cosmo子公司总裁）；1998—2004年，美国微软公司（微软中国研究院院长、自然互动部全球副总裁）；1988年美国商业周刊最重要发明奖（语音识别）；1989年世界Othello对弈冠军；1991年电气和电子工程师协会最佳论文奖；2000年电气和电子工程师协会院士；2005年7月，李开复离开微软，闪电加盟Google，负责中国研发中心的经营，并担任谷歌全球副总裁兼大中华区总裁。2009年从谷歌离职后创办创新工场，并任董事长兼首席执行官。

著名的管理学家彼得·德鲁克曾说:“如果未来的历史学家回顾今天,他们会记得今天最大的改革并不是技术或网络的革新,而是人类将拥有选择。”为什么他会这么说呢?如果我们回顾从工业社会到今天互联网社会中发生的一系列变革,我们会注意到过去在工业社会里很少有人能接触到信息,只有少数大权在握或有钱的人才能够拥有信息。但是现在通过互联网,人人都可以获得信息。

在工业社会里,人们是靠劳力赚钱的,而在互联网的社会里,越来越多的人靠脑力赚钱;工业社会里大部分工作是制造,即重复性地制造,而在互联网社会里,工作在更大程度上是一种创造;工业社会是不平等的,人们不能平等地接触信息,而在互联网社会,每个人都享有均等的机会;工业社会的管理大多是从上到下的控制,职员完全听命于老板,而在互联网社会,管理是放权式的,即每个员工都可以凭借自己的思想去大胆创新。所以,这个改变并不只是说明互联网把世界的PC串起来了,也不仅仅说明在个人电脑上能找到多好的信息,更重要的是说明每个人都能平等地接触大量信息,并通过这个信息创造新的价值,而社会和公司也会逐渐放权给每一个人,使每一个人都能够更积极地做自己想做的事情。过去在工业社会,消极被动的人总是等着机会的来临、命运的安排,遇上不如意的事情会说是命运造成的,但是在一个互联网社会里,这个借口不再成立,人们能够接触所有的信息,可以用自己的双手选择、掌握自己的命运,使更多人对自己感觉到了责任感。所以,在工业社会中,人们常常认为大家都是一样的,每个人都只不过作为一个小零件协助整体的运转;而在互联网社会中,每个人的脑力、机会、创造能力、接触信息的能力都有所差别,每个人都可能成为“最好的自己”。

这是一个令人振奋的时代。在这样一个大环境中,每个人都面临着选择。信息,是选择的基础;脑力,可以帮你作出选择。而中国的青年学生则出生在一个更特殊的时代。回顾中国近百年历史,我们可以发现当代中国青年学生百年以来第一次享受到先进的教育,不必担心生活、安全和温饱的问题而放心地接受教育,尤其是能够通过互联网获取世界先进信息,毕业后有诸多可以由自己主动选择的就业机会。这是一个特殊的机会,是一个自由选择的时代,我也希望同学们能够把握这个机会积极地选择。

今天的青年是非常幸运的,但是通过我写给大学生的四封信以及创建“开复学生网”,我看到很多学生在这个大环境中虽然拥有选择的权利,但仍然感到很迷茫。有的同学悲观地怀疑自己是不是真的拥有选择的权利。“开复学生网”里有学生用这样的句子:“世界不公平”“命运注定的”“遇到这样的状况只能接受”“我不认为我有选择”等,我的回答是:世界也许并不完全公平,但你总是有选择的。比如,如果父亲患有糖尿病,一个悲观的人可能会说:世界对我是不公平的,父亲有糖尿病,所以我也一定会患病,我会很早离开这个世界。而一个积极乐观的人可能会说:世界虽然不公平,但我可以选择好好度过一生,可以通过运动和调理饮食来控制病情的发作。所以说即使世界不公平,然而每个人还是拥有很多选择的。

也有人说没有时间选择,对此我的回答是:时间由自己控制,并非你没有时间,而是你选择了不用时间。事情是分轻重缓急的,有些事情虽然很急迫,但你必须搁置它,因为有更重要的事情要去做。因此每件事情都是有时间去做的,关键在于你是否选择在这件事情上花费时间。

还有一些学生说,他们面对的困境让他们无从选择,其实不然,即便是在最困难的时候,你依然有选择自己态度的权利。中国科大的校长朱清时年轻时曾到青海的某工厂当工人,当时他周围的人们都很消极,认为自己没有选择的余地了,虽然也有人很想读书,但认为这一辈子都肯定没有机会,于是他们整日喝酒、打牌;而朱校长却选择积极的态度,刻苦学习英语、物理。五六年后,有一个在青海创建实验室的机会,他就被顺利地选拔出来。试想如果他当时没有积极的选择,肯定不能为自己创造这样一个机会。人生是一串困难的选择,是一个不断选择的过程,有风雨,也有阳光。当我们走过人生的路程时,留下来的是选择的结果。如果选择的好,我们感到快乐、成功、对世界有正面的影响。

在学生网上有很多关于选择的问题,比如:"我被老师批评了,但我觉得无辜,那么我应该用自信的态度为自己辩解,还是用自省的态度坦然接受?开复老师,你帮我做选择。""我想改变现状,但又力不从心,我应该鼓起勇气冲破险阻,还是放宽胸怀承认现实?开复老师,你帮我做选择。""我遭受了失败的打击,应该用毅力坚持下去,还是用自省的态度放弃它?开复老师,你帮我做选择。""我想讲一些话,但可能招来非议,我应该积极表达想法,还是照统领性的原则多听少讲?开复老师,你帮我做选择。"对这些问题,我的回答是:"我能帮你做的不是帮你选择,因为你自身的问题只有自己最清楚,自己的未来只有自己最在乎。我能做的只是传授给你选择的智慧,帮你找到自己的声音。"

今天,我希望通过个人的一些经历,对大家以后做选择产生启发。我所总结的选择的智慧有八种。在我讲这八种智慧之前,我想先谈谈自己的成功观。成功有六种重要态度,这在我的新书《做最好的自己》中有更详细的阐述。成功的六种态度包括:自省、胸怀、统领心、积极、勇气、自信。这六种态度如果使用恰当都可以成为美德。积极是一种美德,因为它使人知道自己拥有选择,让人找到自己的声音;自省是一种美德,因为自我批评才能取得进步;胸怀是一种美德，因为它使我们懂得什么时候应该接受；统领心是人际交往中最重要的一个环节；自信是一种美德，因为自信是成功的暗示；勇气是一种美德，因为只要你有勇气尝试就不会输，即使不成功，也可以在尝试的过程中得到教训。这六种态度可以帮助我们做好的选择。

下面谈谈八种选择的智慧。

第一，用中庸拒绝极端。

上述六种美德如果发挥到极端，就会变成绊脚石。极端的积极就是霸道，喜欢对别人指手画脚，飞扬跋扈；极端的自省，就变成了自卑，对自己极度失望；极端的胸怀，就变成了懦弱，拱手让人甚至畏惧别人；极端的统领心，就变成了盲从，自己没有主见；极端的自信，就变成了自负、自以为是、目中无人；极端的勇气，就变成了愚勇，害得自己头破血流。

中庸是儒教的精华，也是中国千年博学的经典，很遗憾的是很多人不理解中庸真正的定义。有些人认为中庸就是做老实人，其实中庸告诉我们的第一点，就是要避免和拒绝极端和片面。人总是习惯黑白分明，也就是人的特性是趋于极端方向的，所以把持这点并不是一件容易的事情。

两周前我的新书出版时，很多读者要我题字时都希望我写一些所谓的“金玉良言”，比如“宁静致远”、“沉默是金”、“有志者事竟成”等。我不是反对这些，但这些话是多么的极端，有志者真的事竟成吗？沉默真的是金吗？我们都不要讲话吗？这些话至少会被歪曲成为一种很极端的思想。我还看到一个负面的例子：有人在学生网上说他的管理者建议他看某某人写的《拿破仑传》的第六页，其中写拿破仑和同学打架常输，但他下定决心，即使被打死也不服输，这种自杀性的袭击令同学们害怕了，终于向拿破仑道歉。这个管理者教导他的员工让他们向拿破仑的这个事迹学习。这就是一种典型的极端，所以我回答他说，在这个例子里，我看到的不是一个勇敢的英雄，而是一个自大、固执、不自量力的家伙。虽然我不是历史学家，也不能对拿破仑盖棺定论，但是我很确定的是这个事例是不值得学习的。

再举几个我实际生活中的例子。有的同学问关于开会该不该发言的问题，表达意见和沉默是金哪个比较好。我记得刚进入苹果公司时，有一位同事很有智慧，我们经常向他讨教。有一天我鼓足勇气对他说，我今天不是来问你问题的，而是想问你为什么那么有智慧。他说：“其实有智慧很简单，就是要有所把握，我只是知道什么时候该讲话什么时候该沉默而已。当我该讲时我当仁不让，不该讲时我能把持自己保持沉默。”我又问：“当你想讲话而别人并没给你机会时怎么办？”他说：“这个很简单，你可以先用肢体语言，比如咳嗽、举手、点头，或希望起立的姿势，这样别人就知道你要讲话了。即使这样不成功，别人总要呼吸的,在呼吸时我就一口插进去。但是当我对话题了解不多时,如果别人要问我的意见,我就会选择在场懂的更多的人,向他请教这个问题。或者我会说'I don't know,but I'll find out.'"跟他的一席话让我学到很多东西,把握好说话的度,就可以得到周围人的尊敬,而且别人也会从你的话语中了解到你是一个渊博而谦逊的人。我的另外一个中国朋友却坚持沉默是金的观点,直到有一天他的老板把他叫到办公室说他有点蠢,因为老板从没见他在会上发过言。这位朋友很委屈,他只是想表现自己的胸怀和谦虚。而老板需要的不是这些,而是富有个性的想法。这里还有一个例子。我曾在公司做过一个测验,十个副总裁围成一圈,一个半小时内可以畅所欲言,唯独不可以讲公司的事情,谈论天气、政治、体育后就出现了争执,大家都各持己见,热烈的谈论中时间不觉地过去了。一个半小时后,每个副总裁要按自己心目中对其他副总裁的印象把他们的位置排序,并把自己安插在合适的位置。排序后我们发现,倒数第一的是从头到尾没有讲话的人,倒数第二是话最多的人。不说话的人可能有想法,但没有表达,别人就会认为他没意见;话太多的人可能有很多话都很有意义,但不该讲的讲了很多,使他降到倒数第二。

讲了这么多例子,就是想告诉大家避免极端,保持均衡的状态,走中庸的路。

第二,用理智分析情景。

中庸的第二个方面就是要择善而从。要视情况选择上面我们说的六种态度。比如不同意老板的观点时应不应该站起来发言?这个问题的答案要视情况而定。如果老板不是一个愿意接纳异议的人,那么千万不要发言,同时要开始物色新的工作;如果他愿意接受异议,那么在他还没作出决定时,可以私下放心地提出自己的意见;如果当众发言,讲话一定要有技巧,要考虑到老板的脸面,以委婉而不是批评的方式提出意见;如果老板已经作出了决定,那么公开场合就必须支持他,这是一个职业经济人应该做的,私下里可以再沟通。

理智分析情景就是说要根据不同的背景和不同问题采取不同的处理手段以达到最好的状态。我很喜欢一本叫《最有效率的领导》的书,书中谈到六种领导力:第一种是指挥命令的,是直接控制、管理细节、做所有的决策权,要求员工高度服从;第二种是宏观掌控的,描述一个清晰而令人振奋的远景,划分职权,让员工理解自己的职责;第三种是和谐合作的,将团队融合的像家庭一样亲密,支持员工,让员工感觉被信任被重视;第四是民主自由的,让员工参与所有的抉择,经过共识甚至投票达到决定;第五,授权负责,授权给员工,但是有明确的目标,赏罚分明;第六,指导培养,考虑员工的长远发展,安排有启发性的工作,慷慨地做员工的教练。根据丹尼尔·戈德曼的分析,一个好领导拥有上述的六种领导力,并且会用理智分析情景决定运用哪一种。员工表现不佳或是新手,遇到重大危机的时候,就应该指挥命令;如果企业需要改变方向,或者员工因为不理解方向而士气不高,而你又是一个值得信任的领导者的时候,就应该运用宏观掌握;如果你发现员工对工作掌握的得心应手,部门协调没问题的时候,就应该注重和谐合作;当你发现员工知识渊博,或你对结果不确定的时候,应该选择民主自由;员工能力很高又是专家,或积极自主的时候,应该授权负责;员工很有动力,愿意把工作做好,但是经验不足,而企业没有危机的时候,应该指导培养。

最好的领导是拥有这六种看起来相互矛盾的领导力,并且用智慧根据不同的情景正确运用这六种领导力的人。举个例子,中国学生比较求稳务实,美国学生创新方面可能更好一些;中国学生比较有毅力,美国学生比较有激情;中国学生讲纪律,重视服从,美国学生更积极;中国学生理论基础扎实,美国学生比较喜欢独立的创新工作;中国学生含蓄,美国学生直截了当;中国学生谦虚自省,美国学生更自信。这些是中美两国学生比较不同的地方,我认为把二者的优势融合起来,才能应付更复杂的情况。

第三,用务实发挥影响。

史蒂芬·柯维在《高效能人士的七个习惯》中将所有的选择分为三种。第一是可以直接影响的问题,就是你可以直接控制的问题;第二是可以间接影响的问题,即你不拥有决定权,但你可以通过对别人的影响而间接影响决定的;第三是无能为力的问题,对这种问题我们必须学会泰然处之。

怎样把影响圈利用得最好? 首先,对无能为力的问题,不要浪费时间,我们应该专注于自己能够影响的事情上。比如有个学生在网上问我:"开复老师,我是大一的学生,在学校做了很多事情并得到了老师的肯定,但是最近因为看不惯某同学的做法而在背后说了一些气话,结果导致那位同学捏造谣言,领导没有调查就处分了我,我很无辜,该怎么办呢?"我的回答是:"这件事情确实很不幸,但既然已经发生了,你只有接受它,因为这是你不能影响也不能改变的事情。你应该多想想能够影响的事情,例如如果当初你没有中伤他,可能会避免这一切。这并不是说他捏造谣言是对的,但我们不能修正别人而只能修正自己。如果时光能够倒流,怎样才能做得更好? 你是否可以控制自己的情绪?"有句谚语说虽然我们不可以改变风,但我们可以改变船帆。希望你们在以后的工作生活中清楚自己的船帆在哪里。虽然我对他的回答是不错的,但之后发生在我自己身上的一件事情我却表现的不够好。大概两个月前,我有官司的时候,媒体有一些错误的报道让我非常气愤,但我不能出面为自己辩护。于是在律师准备出庭为我辩护的时候,我要求他在庭上提问我十个问题,通过这十个问题我澄清一些问题,为我自己辩护。但是律师告诉我说出庭的目的是向法官说明根据法律和合约,回中国上班没有错,对原告也不会有影响。我们的目的是这些,而不应该去理会那十个问题。虽然媒体有错误的报道,但如果输了官司,不但不能改变现状,反而结果更糟。最终我能够回中国上班了,也赢得了向媒体澄清的机会。这件事情更加深了我对这一智慧的理解。我曾经的一个同事,一个非常优秀的华人经理郭蓓菁曾经向我讲述过她的一次经历。她十八岁从中国移民到美国读高中,准备 SAT 考试的时间很紧迫。由于刚移民,英语水平比较低,只考了 280 分,大家知道,SAT 考试的零分是 200 分,可见她的分数多低。但她非常自信,把自己的成绩寄给加州大学申请入学,几周后收到被拒绝的通知。遇到这种情况,可能很多人就放弃了,但她给加州大学校长写了一封信,很自信地写明在理工方面的成就,并保证入学后会努力学好英语,因为她有很好的学习能力和刻苦的精神。两天后加州大学校长接见她,重新考虑入学问题,最终接受她的入学申请。这个例子告诉我们,如果把握住每个机会,增加自己的直接影响力,又有平和的心态,就可能得到很好的结果。

第四,用冷静掌控抉择。

当你碰到危机的时候,要做最坏的打算,保持冷静,寻找机会。比如上面讲的女士,最坏的打算就是加州大学仍然拒绝,不会对她的生活有太大的负面影响,所以有一个平和的心态,能够接受最坏的情况,就能更猛健地做决定。人在情绪化的时候很容易作出错误决定,所以一定要保持冷静。另外,决定之前需要重重思考,而一旦做了决定,就要轻轻放下。很多家长对孩子要求很高,而我教育孩子的时候总是告诉他们只要尽力了,不管结果如何,我都满意。我曾经的一个同事为了用自己的心腹替换原来的员工,捏造莫须有的罪名驱赶一个经理,我调查后认为这个经理确实是被诬陷的,于是救了他一把,把他调到我的部门里来。这件事之后我的门前就排队了,很多人来向我求救,虽然我认为有些人确实是被陷害的,但我没有确凿的证据,我在公司也没有足够的职权和信誉,经过重重的思考,终于决定放下这件事情。无法挽救他是非常令人遗憾的事情,但我必须看清楚什么是我能够做的,什么是我无能为力的,既然我已经确定不能帮他,就只能选择轻轻放下,把精力投入工作,从而取得足够的信誉和职权来帮助其他人。

另外,当你要做一个抉择时,我劝各位用概率的方法来看待问题。美国前国务卿鲍威尔曾说,当你自估成功的概率有 40% 到 70% 时应该去做这件事情。也许这个概率不能适用于每个人,但至少告诉我们当一件事情成功的概率有 100% 时,选择的权利已经不受你的掌控了。我做博士论文时决定用统计的方法做语音识别，如果我100%确定能做成功，那肯定不是最好的论文，因为大家都会做。而当成功概率只有10%时，冒险做事可能是一种愚勇。而在适合你自己的概率范围内，虽然有失败的可能，还是值得尝试的。我还想给大家介绍一种利益对照表，也就是面临选择时把这个问题的利弊量化，然后再用心决定选择哪一个。比如1998年我决定回到中国工作的时候，利是对中国青年的影响机会，实现我父亲的遗愿，拥有一个良好的创作研究环境，和在可以长期承诺的公司工作。弊是朋友不看好中国，职位也不是很理想，搬家也很麻烦，缺少在中国工作的经验和关系等。而留在美国创业可以拥有自己的公司，自主权比较大，也可以避免迁居的麻烦。但是其实我并没有创业的欲望，因为创业要承担很大的压力，也要承担倒闭的风险。用概率的方法衡量了这两种道路后，我发现回到中国工作是我真心的希望，并且我的计算告诉我到中国工作不但失败的机会不存在，反而存在成功的很大可能。现在事实证明如果我没有冷静的分析判断，就可能作出错误的决定。

第五，用自觉端正态度。

没有自觉的人不能正确地评价自己，在公司中，我们常常以自觉力作为评价员工的一项很重要的标准。比如工作出现差错时，我会问他是否自己认识到了错误，如果他愿意改进，通常我们会再给他改进的机会。说到这里，我想到了曾经的一个员工，他在一次自我评估时写道："虽然我是一个极端谦虚的人，但我的表现却是有史以来最卓越的。"我依据他平日的表现给了他一个很普通的分数，结果引起了他的不满，决定离开我的部门，并要求得到三个月的假期找新工作。我批准他四个月的假期，但他仍旧没有找到工作，终于很羞愧地离开了公司。职位空缺出来后，一名副总裁要求降级补缺以打牢基础积累经验，这种做法在很多人看来是非常丢人的事，但其实这才叫有自觉。

第六，用学习累积经验。

经过官司，我认识到旅途就是收获。

我给大家讲个故事。一个年轻人问智者："智慧从哪里来？"智者说："正确的判断。""正确的判断从哪里来？"智者说："经验。"年轻人进一步问："经验从哪里来？"智者回答："错误的判断。"这是一个很有哲理的寓言，错误是事业发展最好的燃料，错误可以让人懂得如何扭转逆境，我们要学会避免犯同样的错误，坚持这样的原则，就会比保守的人取得更大的成功。

回顾我的个人经历，几个最大的挫折确实使我得到了最大的收获。1984年，我做助教的时候自认为是一个很优秀的计算机科学家，但是学生对我的评价却非常糟糕。这确实给了我很大打击，但经过几天的思考后，我明白了沟通的重要性，一个很有思想的人如果不与人沟通就等于没有想法，于是我决定学习沟通的技巧，现在我站在讲台上演讲自如，其实多亏了1984年的那次挫折。另外一次挫折是1998年我做了一个非常好的三维漫步的技术，但是我没有考虑它的应用，技术方面的赞美声让我们忘记了商业和用户的目标，导致产品没有市场，我只能卖掉我的部门，这不但是个人事业的失败，更严重的是部门的员工失业，他们的家庭要因为我的考虑不周而遭受打击。这个教训是惨痛的，从那以后我时刻提醒自己，创新不重要，有用的创新才重要，这也是促使我成功的一个因素。

那么，什么时候是接受挫折的最佳时期呢？大学是拥有最多自主支配时间的时候，修正的能力也非常高，而代价相对较低，所以建议在座的大学生们把握大学时光多多积累经验。

第七，用勇气抛弃包袱。

抛弃总不是一件轻易的事，有些已有的东西看起来很有价值，但实际可能只有眼前利益，甚至阻碍获取更大的成就。学会勇敢的放弃，才能拥有的更多。

如果把人生比作登山，当你想从一座山峰攀到另一座更高的山峰时，你必须先下山，再攀登。1980年，我已经在哥伦比亚大学读了一年法律，但发现自己兴趣不在法律而在计算机。于是我放弃了已经投入法律的一年时间和已经拿到的学分，转学计算机，也许这个放弃很可惜，但如果在一个我不感兴趣的职业上浪费一生更可惜。1984年我读博士时，老师建议我用专家系统做语音研究，一年之后我认为专家系统很可能是死路，而统计的方法可能更合适。庆幸的是我的老师很开明，他说："我不同意你，但我支持你。"这句话让我铭记终生，于是我放弃原来的研究，终于取得成功的结果，改变了语音识别的主流。博士毕业后我很荣幸地被留校作助理教授，但两年后我发觉教书并不符合我的理想，我的理想是把我的影响力最大化，是改变世界，巧合的是当时苹果公司招我参加面试，于是我离开了大学，加入了苹果公司。今年我又离开了微软，我认为我要不断学习、不断提高，所以来到google继续发展。要有勇气放弃，才能得到更多。

第八，用真心追随智慧。

我认为年轻人很重要的两件事情是如何选择专业、如何选择工作。很多学生并没有用自己的真心选择，而是把选择的权利交给别人。

那么什么是真心呢？我认为在这里，真心是理想、价值观和兴趣。什么是你真正希望得到的？在生命结束的一刹那，你希望这个世界因你改变的是什么？什么事情使你有激情？我认为我们应该用真心面对人生的每一次重大选择。当你不能确定自己的价值观时，可以通过不断的筛选，最终留下来的就是你心中最重视的价值观。

关于理想，我想说的是理想与财富并不矛盾，美国某调查组调查某商学院的 1500 名学生上大学的目标是什么，其中 1245 人的回答是发财，250 人的回答是为了追求理想。20 年后跟踪调查的 1500 人中 101 人事业成功，而 101 人中 100 人是当初回答追求理想的。这个事情告诉我们一心追求财富可能适得其反，而理想可能反而使自己与财富更接近。

关于兴趣，孔夫子曾说："知之者不如好知者，好知者不如乐之者。"对于一件感兴趣的事，我们做起来就更有激情，也更容易取得成功。用第八种智慧评估我离开微软加入 Google 的决定：我的首要价值观是诚信，这个决定符合诚信，因为我没有做邪恶的事情；我的理想是扩大影响力，即希望世界因为有我而更好，这也是来到 Google 能实现的；我在工作方面的兴趣主要有两个，一是希望做创新的工作，二是帮助中国学生的成长，而这两点在 Google 都是得到支持的。所以我认为自己的这个抉择是正确的，不论有多少艰难险阻，我都认为这是一个智慧的选择并将走下去。

最后，我想说的是：也许有人说中国和美国互不相干，有的人说美国的一切都值得学习，但是在全球化和信息化的今天，你们必须意识到，融会中西的人才是最有竞争力的人才。只有能够融会中国中庸思想——自觉、务实和西方的终身学习、对理想和兴趣的追逐和执著、逻辑的思维和冷静的判断，才能成为 21 世纪的顶天立地的人才。梁启超曾说："故今日之责任不在他人，而全在我少年。少年智则国智，少年富则国富，少年强则国强，少年独立则国独立，少年自由则国自由，少年进步则国进步。"青年朋友们，中国是了不起的国家，她即将成为世界上最大的市场和最大的人才中心，有无数的机遇在等着你们，只要你们用智慧去选择，成功将会降临到你的身边。谢谢！

（2005 年 10 月 18 日）

（原载《北大讲座》第十一辑）

沟通是一种能力

敬一丹

[演讲者小传]

敬一丹，1955年生于哈尔滨。在哈尔滨读小学、中学。1972年下乡到黑龙江省清河林业局，修路、栽树、种菜、播音，在林海雪原生活了近五年。1976年进入北京广播学院学习，1978年分配到黑龙江人民广播电台做播音员。1983年考入母校攻读硕士学位，从师齐越教授，研究方向为节目主持人。毕业后留校任教。1988年调入中央电视台，任记者、编辑、主持人。先后主持《经济半小时》、《一丹话题》、《东方时空》、《焦点访谈》、《声音》、《新闻调查》等栏目。多次担当重大、特别节目的主持工作，如香港回归、澳门回归、《感动中国》等。主创的节目多次获全国优秀奖，并连续三次获全国电视十佳节目主持人金话筒奖。现任中国广播电视协会播音主持委员会副会长兼副理事长、中国电视艺术家协会主持人专业委员会副主任、北京大学电视研究中心特聘研究员、中国传媒大学兼职教授，为第九届、第十届全国政协委员。

今天是记者节，我特别高兴能和北大同学一起度过自己的节日。

2000年11月8日，中国第一次有了记者节的时候，北京开了一个盛大的庆祝会。在这个庆祝会上，我作为记者代表有一个发言。当时有这么几段话："我们这些记者有幸赶上了新中国第一个记者节，那么我们做了什么，社会为什么让我们享有这种节日？凭什么呀？三百六十行，凭什么要给记者这个节呢？"——这确实是我当时在想的。我就觉得，我们这一行在今天得到了更多的关注和重视，公众看记者的眼光在有了这个日子以后，可能会多一些期待，也有理由多一些挑剔。在记者节那些天，我想的更多的是记者节这个日子其实是用来警示自己的，就是提醒我们，无论世事如何变幻，我们都应该把握自己的社会角色。为新闻工作者设立一个节日，体现了社会对这一份职业的尊重，我们承受这一份社会奖赏，更要强化自己的职业意识，做时代忠实的记录者和积极的推动者，国家、社会、人民通过这种方式在提醒我们，要负责任，要如履薄冰，不辱使命。从2000年第一个记者节到今天2005年，我感觉到媒体在中国社会中已经变得越来越活跃，记者也成为很多年轻人向往的职业。

我刚才特别自恋地用那么长时间来祝贺我们自己的节日，其实，在这儿我想跟同学们交流的是：记者这一行，它是干什么的？主持人是干什么的？它是职业地跟人打交道的这么一行，它以沟通为使命，它应该是在社会上、在人群中最具有亲和力的一群人。沟通不仅是记者的职业能力，也应当是现代人的能力。

我们看看电视台，有各个工种，这个大家看任何一个电视节目的片尾字幕就看得出来。在那么多工种里面，比如说编导、策划、监制、摄像、出镜记者、主持人，还有灯光、制作、技术等等，太多了，都是人才。为什么选择这个人而不是那个人站在镜头前来和观众交流？为什么？

你可能说，这个人聪明啊！那台长不聪明吗？这个人有判断力？台长比你还有判断力！台长的这种角色，就像船长，制片人也是一样，就是看他有没有带领一个团队，奔向一个目标的那种能力。他对方向的判断要超过常人。这样的人，往往就成了制片人、台长。

还有一种人，就是策划，出主意的，特别能出招，另类思维的人，善于异想天开，这种人就特别适合当策划。其实原来电视台没有专门的策划，编导本人策划能力比较强的就自己策划，这些年电视发展起来，就出来这么一个新的工种，有很多都是过去的报人，过去的文化人，"触电"以后就把他那种思维上和笔头上的优势用到了电视上面，成为策划，策划占有资讯，他运用资讯的能力应该说是超过别人。点子大王，就是策划。

我们刚才说了，这种有判断力的人，有方向感的人，能出点子的人，都各有各的用场。那么,直接和观众交流的人,到底有什么样的本事使得他站在镜头前呢?他在电视这个团队里具有什么样的核心竞争力,使得他被镜头选择?被镜头选择实际上就是被观众选择。你们感觉,到底什么样的人能被镜头选择?

(学生回答:有亲和力、应变能力、口语表达能力的人。)

我都不用讲了,你们都说出来了。在这里,我们用最白最通俗的话说,什么人能够被选择?就是最善于沟通的人。表现在:有人缘、会说话。其实就是这么简单。主持人不是按他(她)好看不好看被选择的,而是看他(她)有没有人缘。大家想想是不是这样?早些年的中国电视,特别幼稚的时候,选人是按挂历上的模样选的,周正、漂亮、挑不出缺点。后来中国电视进步了,标志之一,就是崔永元当了主持人。崔永元最让你接受的难道不就是他的人缘吗?他多有人缘啊!我发现不论是在什么场合,一提到崔永元这三字,观众整个面部表情的线条就变得柔和起来,就像说自己家人一样,至少也像是邻居大妈家那个二哥,完全是"自己人效应",这在传播上太重要了。你不觉得他是外人,这就叫认可。

人缘是怎么产生的?在人际交往中,有很多种类型。有些人是先天的,生来就有人缘。你把他搁到人群里面,他特快活,特有沟通欲望,没有障碍;有的人先天就不具备这样的特点——这不是优点缺点,大千世界,人生来就是各种各样的;有的人很矜持,我心里不是不想交流,可是看见你的时候,我不愿意讲话;还有的人愿意和喜欢的人交流,对于不喜欢的人,不屑与他交流;有的人在人际交往中有戒心;还有的人过于羞涩。我们从职业的角度,琢磨自己先天的因素,我适合干什么,如果发现自己潜质里愿意和人打交道,一放到人群里如鱼得水,在人群中挺受欢迎,交流没有障碍,那么可以选择和人沟通的这一行,比如说当老师、当主持人、当记者等。如果说有的同学不愿意和人打交道,嫌闹得慌,说话都嫌烦——这不是缺点,他就是这样的个性,比方说情愿和机器打交道,那就不要选择新闻这一行,可以选择和机器打交道的职业。我觉得,在我们设计自己职业生涯的时候,是不是能以职业的角度来重新琢磨琢磨自己的性格。如果说你性格中有这个倾向,那么你选择这个职业后就可以事半功倍;如果说你性格中没这个倾向,而你还非得选择这个专业,那就不是快乐工作,而是变成了刻苦工作。我不太赞成刻苦工作。我们当时上大学的时候,我是工农兵学员,当时是一个特殊的时期,高考制度被废除后,就从农民、工人、解放军里面选拔一些优秀者来上大学,同学一入校水平参差不齐。我们班有一个湖南人,普通话说不明白,却阴差阳错地让他学播音,他非常刻苦,但一说话就像毛泽东似的,其实他写文章写得挺好的,他要是转一个专业,转编采专业不就完了嘛。可是那时候不知为什么没转。我觉得他上大学这几年，在专业上，没有快乐，到最后他也没有取得过专业上的自信。我觉得这是挺不幸的一件事。一个人学的专业是自己不擅长的，不喜欢的，又不能改。相反，有一些人对这个专业能够跟玩似的，这是最好的境界，跟玩似的，就不吃力了。有一点职业意识，把自己潜在的东西调动起来最好了。

现在我说的是一个人可能先天具有那种沟通优势，有的人不太具有那种优势，就要用职业眼光，来重新判断一下自己。崔永元就是一个先天具有沟通优势的人，他那种沟通优势不表现在滔滔不绝，没完没了地说话，他话也不是那么多，但是他跟人在一起的时候不会让人觉得有距离，他天生就是这样的性格，他不让人有距离，他不让人有压力。他看人的眼光确实一直都保持平视，这到底是表现出口才还是这个人的为人态度呢？我想更多的是一种态度。比方说，你不会看他肉麻地吹捧谁，同时他面对最普通的人的时候，也不会俯视，他在节目里表现出对各种各样的人一种由衷的尊重，我最欣赏崔永元的就是这点。其实从表面来看，他轻松，他幽默，他有意思，他可爱，但仔细想想骨子里的东西，是什么让你对他有好感呢？是他对人的尊重，你听他什么时候在嘉宾或者观众面前说过一些显得自己很高的话？比如我们有的主持人会这样说："观众朋友们，说到安徽，您可能知道，可要说到'安徽'这两个字的来历，您可能就不知道了。"你怎么知道我不知道呢？这句话，表现出主持人在有意无意之间低估了观众，这就是不尊重，你什么时候听过崔永元这么说过话？就算是你假设观众不知道，然后你来讲这事，你也不能这么说啊。你可以这样说，"我们可能还不太清楚……"这句话不是一个技巧，真的是一个态度，崔永元有这种先天的平等的意识，这种诚恳的待人态度，当然也有后天的训练积累。在成为中央电视台节目主持人以前，他在中央人民广播电台《午间半小时》当过几年记者，采访各种各样的人。当时中央人民广播电台《午间半小时》是全国广播节目里办得最好的，崔永元在那里的记者中也是最好的之一，我就是从他的稿子里认识他的。当时我在北京广播学院读研究生，到这个栏目去做调研，人家给我提供了一批稿件，"看，这是我们最近的获奖稿件！"我发现有一个系列稿叫《边关行》，写得特别好，大气磅礴，特老到，稿件上署名：崔永元。我没有想到，他后来成为我的同事了。当时我一点都没有想到小崔会是一个幽默的人，看了稿子感觉他是一个特别有分量的人。他出现在办公室的时候，他们说"这就是小崔"，我感觉和写稿子的就不像是同一个人，他表现得像是没睡着或是刚睡醒一样。后来他到我们这个节目里当策划，也是属于很善于出点子的人，谁也没有把他往主持人那里想。《实话实说》开办以后就开始试主持人，大家推荐了很多人都来试，看谁能当主持人，试了这个不行，试了那个不行,试了无数人,像走马灯一般,小崔同志就在眼皮底下,谁也没想到。最后,头儿说:"那你试试!"就那么简单。小崔往镜头前一站,他原来是广播人,不熟悉电视环境,很多摄像机,看也看不及,不知道看哪个。有经验的人就知道,灯亮的那个就是在拍你的,但他不知道。这个时候,时间,启用他的制片人——大家都知道,如雷贯耳哦,时间对中国电视做过很多贡献,其中一个就是把崔永元推出来了,后来接着把白岩松推出来了——当时,时间就做了一件听起来特简单,但是非常合乎规律的事:他到现场一看,看小崔有些六神无主,他说:"你们怎么能要求崔永元看摄像机呢?你们不要让崔永元找摄像机,你们要让摄像机找崔永元!"于是,崔永元就没有了压力,他就没有了那些技术性的顾虑,他的全部精力就在跟人交谈中,按节目的方向走话题,这就把崔永元的长项发挥出来了,而短项避开了。当然,崔永元经过这么多年的锻炼,现在已经深知什么时候看哪个摄像机了。当时,时间那是一个很关键的举动,很多人不是没有交流的才能,但是一到镜头前,镜头会让一个人的自信心瞬间损失一大半。有些人没过这关就被淘汰掉了。崔永元很幸运,碰见一个明白人,这样崔永元这种和人打交道的才能,就得以充分地展示。

我再顺带说一下白岩松是怎么出台的。白岩松刚过来也是策划,策划策划着,也是时间突然告诉他说:"你来采访吧,《东方时空》。"他还没有这种心理准备,那时候他是一个特消瘦的文学青年的样子,"哎呀,我不行,不行。"时间说:"大早晨你搞这个节目谁看啊?"——《东方时空》是早间节目,还得到一个美誉:改变了中国人早晨不看电视的习惯。在那个时候,中国人早晨真不太看电视,所以时间一句话让白岩松领悟,"啊,就是,谁看嘛!"其实这是一个非常有效的心理暗示,一下没了负担,没了负担的白岩松就和崔永元一样,也把他的聪明,和人沟通的长处,全部发挥出来了。他没有了那种技术性的顾虑,而技术是好学的,那是拿镜头练出来的,那是靠时间堆积出来的。当然也有天生不惧镜头的,比如说方宏进。我一直觉得方宏进是我们《焦点访谈》最优秀的主持人,现在他走了,到上海东方卫视。他就属于在镜头前和平时一样的人,不惧镜头的那种人。对方宏进本人来说,他太省事了,而且他节省了多少培训费用、培训成本啊!因为他没有试用期,他上来就能说啊。

刚才我举的几个例子,都是大家的熟人,他们把自身的长处非常合适地和自己的职业结合起来,先天的优势加上后天的锻炼,使得这几个人成为了非常职业的电视节目主持人。刚才说到这几个人的时候,我说了两个条件,一个是有人缘,一个是会说话。有人缘,是说先天的性格可爱,随和,爱和人打交道,用职业的角度来看,还有,就是这个人在媒体中,他的眼光,他看问题的角度是让多数人喜欢的。比方说他的关注点。我一直觉得,人们看一个节目主持人有没有人缘，人们能不能从心里接受他，可能有这样一些指标。比如说，你是更关注你个人呢，你还是更关注别人。有一些节目主持人在镜头前的时候，他比较关注的是自己，这观众能看出来，比如说他采访的时候，会顾虑到他是侧面对着镜头，而侧面不是他最佳的角度，那他是更在乎采访对象告诉他的内容呢，还是他自己的角度？看起来是件很小的事，其实一看这个镜头，人们就能判断出他在乎什么。一种真正的被明眼的观众接受的主持人，多半都是更在乎别人，更在乎外界，而不是更在乎自己。刚才说的那种过于在乎自己的采访方式要是细说的话，违背了好多种规律：它违背了人际间最常见的一种交流习惯，比方在跟别人交流的时候要看着对方，表示尊重；在他谈的过程中，我要和他有呼应，以支持他把话说下去，可是以那种采访方式，即使采访对象原本想说，也没有说的欲望了。一个过度关注自己的人，不会有真正的人缘。

关注别人，还要关注弱势。比如说要采访一个高官，一个名人，有些人就不由自主地用仰视的眼光；一到了弱势人群的时候，就有意无意地居高临下，甚至漠视。这样的人我觉得也不会获得真正的人缘。有些记者在和弱势人群打交道的时候有种透出来的强势人群的优越感。比如说谈到农民工的时候，他们会这么谈："如果他们的生活不能安顿，将影响到这个城市的形象。"我看到这句话的时候，觉得我们首先要关注的不是城市形象，而是他们自己的生活质量，他们的公平权利。我们站在城里人的角度说，"你们的违章建筑，影响到我们城市的形象"，你要是不仔细听，他们乱盖小房子，搭建违章建筑，影响城市形象，好像说得挺有道理，但仔细想一想，这是平视的角度吗？这完全是骨子里透出来的城里人的强势人群的优越感。比如说对农民子弟的学校，有的教育主管部门就当着孩子的面，把那种简陋的民工子弟小学推倒，这种做法丝毫不去理会孩子们的感受，一个孩子会记一辈子，我的学校被你推倒了。这埋下了什么样的种子？那我们记者到现场，主持人到现场，以什么样的态度说话呢？是，那些学校可能是违章建筑；是，那教学质量可能没有达到标准。但是这道理那道理，硬得过这些学生要上学的道理吗？如果只从表面看问题，对一些事情采取漠视的优越的居高临下的态度，我觉得这种人永远不会获得真正的人缘。

如果对一些很显要的、比较有地位的人不知不觉采取一种仰视的态度，也会让人觉得特别不亲和。我给大家举个例子，有天我听一个广播电台的音乐节目，主持人请来一位歌手，然后主持人就压抑不住那种兴奋，那是一个女主持人，"哎呀，我特别喜欢听你的歌！"我是从半截听的，我根本就不觉得她是一个主持人，她所有的姿态就是一个"粉丝"。你到底是谁啊？你如果是主持人的话，你要有自己适当的态度。你在生活中也可以是歌迷，可是你在自己的职业位置上,你有自己得体的态度吗?大家熟悉沈力老师吧,我们看看沈力老师对人的态度:早年前,沈力老师在荧幕上还非常活跃的时候,有一次她在节目里头改了一个句子,我想对我们这些晚辈来说真是一字之师。她采访演员刘晓庆,编辑给她写的稿子是这样的:"我们想采访刘晓庆,刘晓庆答应了。"沈力老师这样改的:"我们和刘晓庆相约见面。"大家感觉一下,这是什么样的视线?这是平等的视线。不是说我特别想采访你,你终于答应了,你一来我们蓬荜生辉,这不是一种最舒服的人际交流方式,最舒服方式的是平视。大家如果以后当记者的话,免不了也会有这种场合,采访别人的时候,你千万别那样仰视,那特别不利于接近。别人自己可能也不希望被仰望,那是不舒服的一种眼光,最舒服的一种眼光就是平视。

怎么平视?不要一心告诉自己要平视,要平视,一开口就变成"我特别崇拜您……"有的时候这种仰望是不由自主的。比方说我们走进北大,那些教授我们能不仰望吗?你要是作为一个学生那是应该的,但是作为一个记者采访的时候,这个分寸就要拿捏得准。当你采访的时候,尽可能地让你的目光让公众能接受。我有一次采访李宁,那时李宁刚刚成为体操王子,有一个镜头特别美:当国旗升起的时候,李宁望着国旗升起,闭了下眼睛,一个很经典的镜头,他闭眼睛和国旗叠在一起的时候,我觉得特别有诗意。后来采访李宁的时候,我就得使劲压着自己的这种仰望,他虽然年轻,但并不妨碍我仰望他,但我知道,如果我接下来仰望他的话,将影响我们之间的交流。仰望不可能带来合适的交流,我一直在想,我怎么和他说话呢?我第一句和他说什么?我不能说"李宁你这个镜头太美了,我从来不看体育节目都把我迷住了。"怎么和李宁说话呢?我这样说的:"李宁,你最近是不是挺累的?"这是我开始的第一句话。他说:"啊,我刚下飞机。"我们第一次见面,我没有跟他说"你好,感谢光临我们的节目"之类的,过分的客套也会造成距离,这就是要一种熟人般的效果,在熟人里面还有一种——我不知道他感受到了没有——就是我理解了他的辛苦,人家刚下了飞机,就跑到电视台来录节目,所以这里有一种我的谢意在里面。我就感觉到这样的交流就营造了一种气氛,接下来我们的话题就比较自然。我要是仰望着的话,就可能带来很多不自然,让观众看起来也是一样,除了我们之间的交流以外,还有观众看起来是不是舒服,这些东西加在一起,一个人的倾向、态度、语言方式包括遣词造句都在影响着他在人群中的形象。

一个人有人缘,没人缘,很多时候就是一种感觉,可能他一句话都没有说,就感觉想和他说话,例如崔永元。崔永元最有本事的还不是他自己能说话,他特别能怂恿别人说话,这是一个主持人非常好的职业素质。如果有本事把走进演播室的人,本来想看个热闹的人,撩拨得想说话,这就是主持人的成功。

什么叫会说话？会说话比有人缘好像更可感，它已经外化了。我们刚才说的是一个人内在的东西，你可能感觉到也可能感觉不到，会说话你是能听得到的。会说话这一点上，我们也不否认人的天赋：有些人天生就会说话；有些人一说就错，不说还好；还有一些人文章写得特漂亮，给女生写信特动人，一说话还不如不说。我们同样用职业的要求来衡量，作为一个电视人的会说话，就表现在他善于和各色人等说话，善于和不同的人打交道。这一点对于在校学生好像是一个难题，让一个戴着眼镜的文绉绉的北大同学出去和三教九流说话，你怎么找这感觉？怎么找到这种说话的感觉？咱们同学一开口全是那种校园味儿，大家可能不察觉，尤其是没有工作过的同学。工作过以后，和各色人等打过交道以后，就不像从高中直接进入大学那样的学生，一说话全是校园味道。比方说，说“我”的时候前面总要加许多修饰，“刚刚走出大学校门，在人生十字路口徘徊的我”，哪有这么说话的？说的，是口耳相传的话，不是字，是要听的，这里有很大的差别。

我觉得我们国家从基础教育开始就培养人写作文，不注重培养人说话。你们现在在中学的时候有说话的课程吗？我女儿小学里写作文是这样的，叫《春天里的公园》，“我走进公园，公园的东南角是假山”，然后从东南面走到东北角，“东北角是迎春花”，然后又走到中间是喷水池，然后一个一个走过来，都走完了，“啊！春天里的公园真美啊！”我说，你能不能就写一个公园的绿，比如说树是怎么绿的，草是怎么绿的，这样不行吗？我女儿就觉得我特别不懂，说：“那样就不能得一等文。”把学生训练得这样写字！到了说话的时候，更有问题了，从基础教育开始，我们就不太培养人说话。校园里的演讲比赛，背稿子，甩词，花里胡哨。大学辩论，我当过评委，每个人都滔滔不绝，但往往是在自说自话，既然是辩论，要体现辩才，话得有针对性，而咱们大都是背卡片。我们平常这种口语的训练太少了，一开口就是校园味道，一出门会有很多很多问题。比方特别文绉绉的，一开口就跟人客气，跟人客气半天，就是不能接近，尤其是大家走出校门，不再是那种单纯的环境，要接触一些特殊人群的时候，各色人等开口的第一句话，就要有能交流下去的基础和气氛，那就要从眼神，从打招呼的方式开始。这个，咱们都不由自主带着一些校园味道。我们那里刚毕业的大学生都是这样，采访农民的时候，“大爷您好”，而你能不能这么打招呼，“您吃啦，大爷？”一般女生听到这种建议的时候都面露难色，这多土啊，多俗啊。其实要是真能俗下来，咱们还就到了一种境界了。打招呼，你和卖菜的大爷怎么说话，见着教授怎么说话，见着国务院总理怎么说话，见着流浪儿怎么说话，跟一个大毒枭怎么说话。如果大家将来有机会当记者，这都是可能的，就是不当记者，也有一个和各色人等打交道的要求。比如马上毕业的时候去求职，跟主考官怎么开口,如果一见主考官目光闪烁,半天定不下来,或者是话太密,有些人话特多不是他特能说话,是紧张的一种表现,他不能承受冷场。他虽然话挺满,可是言多必失,他话一多,就说错,错了以后一慌张,更错。实际上,我们每个人都有可能有必要去和各色人等沟通。见什么人说什么话,这一听是贬义词,说人会看眼色,其实,真的能见什么人说什么话,沟通起来就自如多了。

徐滔是北京电视台《法制进行时》主持人,她跟警方特别熟。有一次一个人劫持人质,她被派去跟劫持者谈判,相持九个小时。我们想想,警方那么多人,为什么让一个电视节目主持人去当谈判代表?就因为她会说话,能沟通。当时劫持者在北京西站,有点歇斯底里,几乎不能控制自己,手里拿着尖刀,架在一个女售货员身上,一动不动,现场有录像,这是一个男的,四十来岁,十分紧张,倒不是十分穷凶极恶。徐滔进去了,第一句话:"宝贝儿,你这是干什么呀?大老晚的,也不让我们睡觉!"我真是想不到她竟然能想出这么一句。徐滔进去以前,警察说她的任务就是舒缓松弛气氛,她这么一说,劫持者笑了。大家仔细琢磨,看似随口这么句话,里面有种心理揣摩,其实,采访就是运用采访心理学揣摩对方的过程。

张军是重庆的一个杀人魔王,极为凶残。警方和他较量了好多年,就是抓不住他。他有几个情人分散在不同的地方,最后他在看最小的情人的孩子的时候,被警方抓获。记者去采访,跟他面对面的时候,闪过一个念头,如果张军扑过来扼住他的喉咙怎么办?他在监狱也可能把记者当人质,反正怎么也是死,我为什么要配合你记者?为什么要成全你呢?在这种情况下,记者怎么样让他开口说话,这就是本事。那个记者看着张军,第一句话是"我知道你不怕死"。对这句话,怎么听里面的褒贬?观众听起来会这样判断:你是个亡命徒;张军听起来可能会觉得这是男人和男人之间的评价,他可以不把它理解成否定性评价,这句话可以多种理解。采访的时候不能说悄悄话,"你成全哥们一下啊",电视采访是要记录给观众看的,所以记者当时这句话,可以让观众有那样的理解,让张军有这样的理解。后来记者就说到"你小女儿的名字挺好听的",直触到他心里最柔软的地方。到后来,张军居然托付记者,"我跟她们说几句话,你把磁带带给她吧"。

还有胡长清,他拒绝和媒体说话,怎么让他说呢?后来去了一个《焦点访谈》特别资深的记者,有一定年龄、经历,他很诚恳地和他说:"这也是你面对公众说话的一个机会。"这句话打动了他,他除了在法庭上没有说话的机会了。这是对胡长清的独家采访,内容后来被很多家媒体采用。

这些都是很特殊的人群,大家可能觉得自己一辈子都不会和大毒枭、死刑犯打交道,那我们还是说些平常人。比如说老人,大家觉得六十岁以上才算老人吧,我经常看见一些报纸说“一个五十多岁的老汉”,他怎么这么说话呢！可能因为我到了这个年纪吧,就觉得五十多岁怎么算老人呢？我的意思就是,你对人的称呼是直接影响人的心理的。有的商店里的售货员小姑娘太能说会道了,从你一进商店开始,“这特适合您……卖得特好……”说到后面“……这最适合你们中老年了。”顾客立刻转身就走。什么叫会说话,什么叫不会说话,不是话多就是会说话。很多媒体中的老年节目,就这样直接称呼“我们现在请来×××老人”,很多老年节目就是这样请嘉宾,哪有这样称呼的呀？他们可能还会想,我敬重你还不行吗？把你当成老人家还不行吗？还真不行,它有一种副作用。我这点体验,有很多是从我爸爸那里来的。大家可以想一想,在和自己家的家长打交道的时候,体会一下他的感觉。我爸有一天很不高兴,说:“我今天到医院,那护士长管我叫‘敬老’!”我说:“叫‘敬老’挺好啊,那你觉得应该管你叫什么呢?”“她可以管我叫‘老敬’啊。”想想,这里有什么区别？“老敬”是工作状态,“敬老”是离休状态。就这么一个称呼,在他心里头的反应！人家好心好意,特别周到,没想到老人家回去一晚上郁闷。有一次我带我爸到深圳,深圳的“世界之窗”对七十岁老人免票,当时我觉得真好,还想为此在《东方时空》做一节目介绍呢,深圳是比较早实行这种做法的,对老年人特别尊重。那年,我们带着四位老人,我爸妈公婆,只有我爸一个人满七十了,其他人都是接近,差几个月没到。那天我爸就免票,我心情特好,看到了一种文明的做法,还省了钱。第二天早晨我妈跟我说:“你知不知道你爸昨天晚上特别不高兴?”“怎么了?”“你爸说:‘真没用了！人家票都不管我要了。’”大家知道怎么跟老人打交道了吧,他们非常敏感,尤其是老头。女的要是退下来也无所谓,回到家也挺好,恨不得早点退休呢,她比较适应,回到家是很自然的一件事情。可是很多人,特别是男的,到了这个年龄的时候,你要称呼他的时候,你宁可给他称呼成“老张”“老王”,不要管他叫“张老”“王老”。

我原来曾经很简单地理解这种敬老,比方说在采访的时候会不由自主地去搀扶上点年纪的嘉宾。有一次我看王刚的采访,王刚属于那种人情练达的人,他特细微,他那天的嘉宾是一位美籍华人,赵浩生先生,是资深老报人。他到演播室以后,怎么请他上台？如果是我以前,肯定是主动地迎上前去,把赵老先生请上来,做扶老状。而王刚老师是这样做的:从自己位子上起来,“现在我们有请赵浩生先生。”然后迎上前去,恭敬地作一手势,没有身体接触。赵老先生非常矍铄,步履轻快,走到前面来了。哎呀,我当时想,这分寸多合适啊。你只要一接触他,就变成扶着他了,而对于一个常年在美国,在西方环境下生活的中国老先生来说,他和山沟里的老大爷是不一样的。山沟里的老大爷,他觉得你扶我是敬我。对赵先生,你扶着他,他可能会拒绝,意思是,我还行。

在前年的《感动中国》有一位获奖人,高耀洁,她是民间抗癌特别可敬的一个妈妈形象的英雄。《感动中国》需要所有获奖人物走下一个台阶,她已经七十五六岁了,跟我妈妈同龄,走台阶的时候有些蹒跚。头一天演练的时候,就是白岩松扶着她一只手,她搭着这只手,特别像母亲和儿子,走下台阶,这是演练。第二天实录,当白岩松特别自然走上去,伸出手要扶高耀洁的时候,老太太做了一个手势,表示:不用。白岩松立刻就理解了老太太,不离左右,不远不近地陪着她,一点也没有接触。老太太是靠自己的力量走下来的,她要的就是这样一种形象。而白岩松如果远远看着她,也不是一个合适的动作,白岩松就隔着一定的距离,特别关切的目光追随着她。可见,见什么人,说什么话,已经不光是有声语言了,还包括形体语言。眼神、动作、举止、姿态,这都是一种副语言交流方式,在人际交往中有语言不可替代的作用,它和有声语言一起,形成了语言沟通的手段。

在一类人里面还有“这一个”的问题。同学们在和一个个体打交道的时候,得找到最适合的沟通方式。讲到这些,同学们可能会觉得,这里是不是有什么技巧?我觉得,技巧不是最重要的,就算是专门从事语言沟通的职业工作者,技巧也不是最重要的。在人际沟通中,态度是最重要的。我有一个同事,不会外语,走了好几个国家。怎么走出来的?她说,笑啊,笑就是通行证。我能想象出她那种状态,那一定是非常坦率的,同时又不失自尊,又希望得到帮助的那种诚恳的眼光。所谓副语言交流方式,比如说笑,就像通行证一样,帮她走过了那么多关卡。我上次去一所大学,我和与我联系的同学通了几次电话,见面的时候,我看迎面两个同学的样子,像是来接我的。“你是×××吗?”我问那个女生。“嗯”,奇怪的是,她的目光立刻转向和她一起的那个男生。这是一个很细节的东西,我没有和那个男生通过电话,和我联系的是那个女生。我现在把这个动作分解重放:她为什么要躲开我的目光,看着那个男生?我揣摩:她可能有点不好意思,求助于那个男生,希望那个男生说话。可是那个男生和我没打过交道,也不知道应该说什么,我们当时就干干地站在一起。沟通的障碍有时就是由这样的细节引起的。后来我特别想告诉这个女生,以后你和别人说话的时候,尤其是第一次见面的时候,要直接看着对方。这是第一步,当你没开口的时候,人的目光是最能沟通的。

早先,我看书上说人际沟通的时候,目光要专注地看着对方的眼睛。我就简单地机械地实践去了。有一次我把一个接受采访的人看得屡屡躲开我的目光,后来我很执著地说:“您还是要看着我,不然我这节目没法编了。”可是他还是不行,后来他说:“我不习惯长时间看一个女士。”我就想,我这里出什么问题了?我过于机械理解要看着对方的眼睛,看的时候过于专注,给人压力。所以大家琢磨琢磨这目光,既要很坦诚,表现出一定的兴趣,同时又不让人产生心理压力。我教大家一个办法,这个大家以后面试的时候可以用。面试的时候你要坦然地看着考官,但不要一进门就盯着主考官,"老师,我来自北大,我是……"目光要活泛灵动,要敢于和别人对视,这是第一步。以前在学校里看到老师躲着走的同学,现在要迎上去,然后目光直视,面带笑容,"老师好!"目光首先给人一个好感。

我听说有一个学生,学财会的,面试总是失败,找不到工作,他就把自己的郁闷写在网上,谈自己在应聘中的种种遭遇,大家看了以后觉得特有意思,你写得这么好,干脆去当记者得了,然后他到一个媒体一试,成了。你说这事有意思吧,他在招聘的失败中发现了问题,他能够非常准确地写出自己的内心感受并且得到别人的同情。他在招聘中和人打交道的过程中,他也在揣摩。我们现在谈沟通特别功利,都谈到找工作上了!如果谈得长远一些,一个人是不是个有魅力的人,是不是一个大家觉得很愉快的人,很大程度上是看他是不是一个很会沟通的人。在现代社会,这是一个人的能力。现在我们的官员,在百姓中问起来,什么样的领导有魅力,他肯定是那种特别善于交流的。那种拿着稿子,"现在开会"、"起立"、"请坐下",一点都不能自主交流的人至少不是现代色彩的人,应该有点意识,比平时多说几句话,多琢磨琢磨,将来和外界沟通时不成为障碍。大家这么好的专业背景,来自这么好的北京大学,如果因为沟通上产生障碍,不知不觉之间影响我们的前程,那就不合算了。

我就说到这里,接下来我们开始对话,我就看同学们沟通的能力了。

[现场答问]

问:刚才您谈到主持人在面对名人时要保持平视的态度,我想到了央视比较有名的节目《艺术人生》,请到的每一期都是名人,主持人朱军是面对名人最多的,面对这些确实值得我们尊敬的大师,您觉得朱军保持了一个平视的态度吗?或者说面对这些真正值得仰视的大师的时候,我们还必须要保持这种平视原则吗?谢谢。

答:就整体来说,我觉得朱军拿捏得还是很有分寸,比如说他在那些特别老的艺术家面前,表现得还是像晚辈。如果和一个老者平起平坐,大家看着也不舒服。我们一个记者这样说话:"'你'1938 年参加革命的时候……"一个二十多岁的小姑娘,还"你"、"你"的,能这么说话吗?平视不能失去尊重,我觉得这一点朱军把握好了。在一些细节上,比方说嘉宾触到特伤心,特动情的地方,我主张还是要尊重人家。前几天我看了曲向东的一个采访,中央电视台一套的《大家》,在《大家》里,曲向东一出现,我觉得这个人特别让人信任,他那次是采访梁思礼,梁思成的弟弟,火箭专家。梁思礼在谈到"文革"中他的一个儿子夭折的时候,说不下去了,抑制着。这个时候,曲向东说:"梁老师,您如果不想说的话,我们不说。"我特别欣赏主持人的这种态度,这不是每个主持人都能做到的,当时曲向东表现了极大的尊重和善意,梁先生非常理智,非常有自控能力,说,让我冷静一下,然后接着说了下去。最后他表示,我之所以支持你们的工作,也是为了让我们不要忘记这段历史。我觉得这个回合让人感觉到升华了,不是说眼泪掉下来就成功了。

问:您刚才在讲座中提到了很多您的同事,比如说崔永元、白岩松。凤凰卫视在内地也是一个非常有影响力的电视台。我想请您从艺术的角度评价一下这样三对主持人风格的差异,一个是崔永元和窦文涛,一个是您和吴小莉,一个是水均益和阮次山。

答:硬要这样对比一下吗?比方说我和吴小莉,我比吴小莉老,我不具有吴小莉那样的国际视野,我也没有吴小莉那么靓。至于崔永元和窦文涛——他们俩,我觉得我更欣赏崔永元,这不仅仅因为他是我的同事。崔永元做的节目我觉得有一种人性的光辉。这话不能当着面说,太肉麻了。但我真的觉得。崔永元做的一些调侃的节目,都不是他最本质的东西。他最本质的东西是对于人,对人性的尊重。他的一个节目,应该说是他的一个代表作,叫《老师,对不起》,写一个学生在"文革"中曾经很不公正地对待他的老师,后来他成为一个画家,他出家了,他忏悔。这样一个节目,我觉得是最能够表现崔永元能做什么想做什么的。在窦文涛的节目里,有自如,有轻松,我看得不是那么多,我一时还没有感受到这样的色彩。因此,就我个人来说,我更喜欢小崔。第三对,水均益显然比阮次山帅呀,但阮先生是一种凤凰现象的代表,我很欣赏凤凰的几个"老头",特别好。现在的中央电视台,还有很多地方电视台,特别缺有些经历有些沧桑的成熟的男主持人。我们怎么就没有产生曹景行、阮次山、杨锦麟呢?杨锦麟读报读出水准、读出智慧来了。现在最大的期待就是等到小水和小白长大了以后。

问:您从事了这么多年主持工作,您觉得主持这门艺术给您的生活带来最大的帮助是什么?

答:它能让我在有限的时间里接触到那么多种人生,那么多种经历。记者这一行，生活密度比较大，就是在单位时间里，经历多，接触人多，因此就可能会有很多参照，看看人家不同的活法。还有一个就是它所给我带来的快乐，就是这个工作特别的新鲜，永远都很新鲜，很多工作都很容易厌倦，所以我特别佩服理工科的工作。比如说实验室，你们能体会其中之乐，但我不行，我数理化是一塌糊涂，我当时化学得过四十多分。但是在我现在这一行里，跟人打交道，接触新鲜事，这都能让我觉得有快乐。还有就是当我看到我做的节目，尤其是舆论监督类的节目，比如说《焦点访谈》，对社会走向文明有推动作用时，我就享受到了自己职业的成就。我一直觉得从事让自己有点崇高感的工作是很幸福的事。我觉得自己是幸运的，可以从事自己喜欢的工作。当然我所说的也不是那么理想化，任何职业都有几面，既有让我享受的地方，也有让我必须承受忍受的地方。

问：作为一个记者和主持人，当您要采访陌生人时，您怎么接近他？您是否要装着理解他？

答：我为什么要装着理解他呢？我就是因为不理解他我才走近他。就算我了解他了，我在很大程度上都是代表观众的，我要以观众的角度向他提问题。主持人在采访别人的时候，其实是要引发别人讲话，如果装作我什么都清楚，那何必要采访呢？

问：记者在从业当中如何抗拒金钱的诱惑？

答：这个有很多约束，就看你心里想要什么了？你要是对心里想要的东西特别明确，一切诱惑都没用。如果是你心里很模糊，不知道自己要什么，那么可能就有问题了。

问：我们老师这一辈在高中和大学读书的时候面对的诱惑要比我们少得多，我们现在面对外界的诱惑太多太多了。所以希望您以一位母亲的身份给我们这一群您孩子辈的人一些忠告和建议。

答：哎呀，我女儿都没有对我提出这样的要求，她从来都觉得她不用这个，好像她比我还行。我觉得你们应该感到幸运，你们现在有很多诱惑，而我们那时候还没有很多选择呢。我现在觉得我们这一辈和你们这一辈最本质的区别就是人生的选择。我们那时候最鼓励的就是不让你选择，而让你做一块砖、一个螺丝钉。我们小时候没有这种教育观：你要做一个人，独立思想的人，有选择的人。很多时候，我们是没有选择的，就包括上大学，我是很幸运的，作为最后一届工农兵学员上了北京广播学院，恰巧又非常幸运地到了一个我自己喜欢并且能胜任的专业，这是我赶上了。有那么多我的同龄人，没赶上，这都是缺少选择的结果。你们现在诱惑比较多，感觉到困惑也比较多，这可能就是选择太多。我有一同事，特年轻，有一天，郁闷，唉声叹气，说："我真倒霉！"怎么了？她开汽车，被人碰了一下，她就满脸不高兴。我说你有什么可不高兴的，年纪轻轻的就有车可撞了，我们那时候连自行车还买不起呢！机会多，选择多，好事啊！但机会、选择都有底线，面对很多诱惑的时候，就看你能不能抗拒得了。你能提出这个问题，说明你已经看到了，这就看你自己的定力了。我相信，一个人到了一定年龄后，都会有自己的判断力，有判断力的人就是一个有根的人了。

（2005 年 11 月 8 日）

（原载《北大讲座》第十二辑）

青年领袖意识和能力的培养

李家华

[演讲者小传]

李家华，现任中国青年政治学院副院长，亚太地区学生事务委员会常务理事，北京毕业生就业工作协会监事长，就业问题专家。1983年大学毕业后留校任教，后赴美国斯坦福大学和哈佛大学留学，曾任斯坦福大学中国学生会常务理事，美中人文科学学会秘书长。多年来他一直致力于青年和大学生生涯发展、职业素质开发和大学生就业指导的教育研究，长期为各界人士做职业生涯咨询服务，他的著作《大学生就业指导理论与实践》、《大学生事业生涯设计与发展》、《2000—2005年中国大学生问题研究报告》等在教育界引起强烈反响。曾先后应中央电视台、中国教育电视台等多家媒体的邀请参与就业问题的节目录制。

各位老师、同学:

大家下午好!

非常高兴,也非常荣幸来到这里,与北京大学从事共青团工作的同仁们就大家共同关心的问题和观点进行探讨和分享。我今天讲的题目是:青年领袖意识和能力的培养。分为两部分:第一部分主要从共青团干部的发展来谈谈青年领袖的生涯设计与发展;第二部分主要从如何做好学生工作来谈谈发展性学生工作和大学生发展辅导的问题。

一

首先来看第一个问题——“青年领袖的生涯设计与发展”。

在谈到青年领袖的时候,我想在座各位都有双重角色。首先,你是一个青年;第二,你们是青年中的领导。什么是青年领导呢?我向大家介绍一位北大的学长胡春华。他在1979年以县文科状元的身份考入北京大学,1983年从中文系毕业,同年8月主动申请赴藏工作。1983年8月,他踏上了进藏之路,行程8000华里,历时二十多天到达拉萨。到西藏自治区工作之后,胡春华拿出了北大人实干苦干的精神,从基层学起,从小事做起,一步一个脚印实践着自己的诺言。历任区团委组织干事、拉萨饭店人事部副经理、党委副书记兼人事部经理、共青团西藏区委副书记。13个月后,自治区党委决定任命他为林芝地区行署副专员。1995年,胡春华调任西藏自治区山南地委副书记、行署专员。胡春华担任地区专员之后,亲自带领技术人员徒步踏勘线路。在恶劣的自然环境面前,他们一行仿佛行走在生死的边缘。他沿途与建设者共谋加速公路建设大计,落实各路段施工措施,现场解决施工中的困难。为修通墨脱公路,他就这样走了半个多月。1996年胡春华进入中央党校培训部中青班学习,1997年年底升任共青团中央书记处书记兼全国青联副主席,时年34岁。4年后出任西藏自治区党委秘书长,9月任自治区常委,而后在2003年11月出任自治区党委副书记、自治区政府常务副主席。2005年3月,担任了自治区党委常务副书记、自治区政府常务副主席。

我想,通过胡春华的历程,我们可以看到一位青年领袖的奋斗生涯。

世界生涯大会曾提出一个理念:现代职业不仅仅是生计,更是心灵对事业和生活的一种诉求。今天,大家都处在青年领袖这一职业平台上,但未来的路能走多远却是一个需要我们仔细思考的问题。因此,我们要进行生涯的觉察。

人们终其一生都在选择。在社会主义市场经济体制逐步建立以后,我们中国人就面临着更多的选择。所以我强调大学教育应该让学生们学会自我选择,因为选择决定命运。有人说,现代生活是充满了选择和充满了决定的生活。昨天下午,我接待了一个53岁的职业咨询师,虽然是一个咨询师,但到了这个年纪,却不知道自己该做什么。因此,这是一个终身的问题。学校不仅仅是传授知识的地方,也不应束缚于围墙之内。实际上,我们的思想已经不在围墙中。北大学生更是如此,人们更多地面向整个社会进行选择。

现在一些大学团干部存在的最大困惑:一是不知道自己将来做什么,即自己掌控不了自己的命运;二是不知道工作应该怎样做才更有绩效,即不知如何通过职业平台使自己的价值最大化。

不同的环境、时空和不同的校园文化孕育出不同的青年领袖。北大能孕育什么样的青年领袖呢?

所谓领袖,就是lcader,就是领导。首先,从理论上讲,北大的基础和平台使很多学生都有成为青年领袖的可能。今天在座的团委老师和学生团干部,你们自己是青年领袖,同时也在培养青年领袖,你们自身的发展与培养学生,促进学生发展是一致的。显然,北大是能够培养青年领袖的,但关键的是培养出怎样的青年领袖。

当代社会变化的显著特征之一,是随着生产力的发展,物质财富的丰富使人们生活水平提高,得到更多满足。按照马斯洛的需求层次理论,第一是生存需要。但是,在现代社会条件下,在一定的环境中,发展成为了首要需要。北大的每个老师和学生每天醒来后所想到的,不是吃穿问题,而是今后该干什么,会有什么发展。人们追求自身自由和全面发展,重视自身价值的实现。对教育的需求也不是传统的学历层面,而是日益多元的个性化需求。按马克思所讲的,人的能力的充分发挥是最大的劳动生产力和社会财富,是生产力发展的最有效的方式。人的自由而全面的发展是未来社会的一个基本原则和社会的目的本身。

在这样的背景下思考,作为一个青年领袖,我们应当考虑自由和全面发展的是什么,在什么状态下才能得到自由,什么状态下才能得到充分的发展。大家立志做一个青年领袖,我认为这是一种理想,非常好。在这里,我再以胡春华为例。他曾经参加过一个座谈会,大家谈到现在大学生择业时有两种价值取向,一种是大城市,一种是到欠发达地区。同学们问他,像这种情况应该怎么选择?胡春华认为这两种价值取向是平行的。作为比较早支援西部的人,他认为,最大地发挥自己的能量、做出贡献才是最正确的价值取向。最好的发展莫过于既有基层锻炼的经历,又有高层深造的机遇,集二者于一身,最有利于人的全面发展。机遇不可以去创造,但可以用心去把握。

据此,我们来看"青年领袖的生涯规划和动机"。

我主要谈两个问题:第一,是立志做大事,还是立志做大官?不用说,青年要立志做大事,而不是要立志做大官。正是因为能立志做大事,所以才会有青年的真正发展。第二,为生活而学习工作,还是为学习工作而生活。在很多人看来这好像差别不大,而实际上,为生活而学习工作,这叫"职业观",学习工作是为了谋生,找一个职业平台。这样,在大学的学习只是一个过程,目的是走向社会,走进一个职业中去,逐步构建适应自己的家庭等。为了学习工作而生活,则是一种"事业观",即追求事业。例如,"水稻之父"袁隆平先生,当他获得国家给的五百万奖金时,如果仅只是为了生活,那他就可以什么都不做了,但他想到的是做一番事业,因而超越了一般的"职业观"。作为一个青年领袖,我们理应建立起一种事业观,而非职业观。

青年领袖的成功有两种,偶然的和必然的。比如胡春华,他成为青年领袖具有必然性。他自愿支援西部,他主动融入了当地的文化,西藏人民对他评价非常好,他也喜欢上了西藏。他通过自己的努力,创造了某些必然性的条件,通过自己的努力改变了命运,实现了自己的人生目标。

下面我们谈一谈生涯规划的模式。一位教育家说过,当学生把在学校学的知识都忘掉的时候,剩下的就是教育的本质。我觉得在大学里特别要强调的是学习方法和持续发展的能力。我们在人生的路上,无论是做科研,还是做管理,方法很重要。今天我们探讨的要点之一,就是有关方法和模式。

首先,大家可以尝试对自己的青年领袖生涯发展进行战略性思考。战略性的思考意味着你首先要考虑社会问题。前段时间我写了一本职业指导的书,其中许多观点与西方的观点不一样。西方的职业指导强调的核心是以自我为出发点,而我在书中强调坚持社会存在决定社会意识的马克思主义观点,强调社会存在是第一性的,强调人的本质属性在于社会性。因此,我认为在思考职业规划的时候,首先需要对社会环境进行分析。这是因为,所有的职业目标都是建立在一定社会环境基础上的。因此,我们要学会分析社会环境;学会分析一个行业的发展趋势;学会分析一个组织和单位;还要学会分析一个具体的岗位,看看一个岗位有什么特点和职业能力要求。由此形成我们设计制定生涯规划的一个基本前提条件。领袖是具有"眼光",有行动和权力,能鼓舞群众达到目标的使命者。战略性的思考要求我们做到:第一,在考虑重要的社会问题的基础上,建立起生涯目标,即愿景;第二,通过比较各种可能的道路,认知最有效的工作路径;第三,坚持正确的执行方式。比如,过去我们用纸传递信息,现在我们可以通过互联网等很多方式获取知识和信息。我们不妨更多地尝试网络共青团工作模式。再有是要思考变化中的人的角色。现代人和传统人一个本质性的区别是现代人视野更开阔,其中,青年学生表现得就更为突出。中国这么多年的发展,与改革开放密切相关。如果不开放,发展就无从谈起。根据具体情况设计方针,规划路线,就是战略性的路线。从战略的角度思考和规划职业生涯意味着你可以利用外部和自身内部的两种力量。

经典的职业理论认为对一个人的内部观察有三个要素:第一个要素是职业价值观,即价值取向。第二个要素是性格和兴趣。性格决定命运,兴趣是事业最好的推动力。但我认为兴趣尽管有天分的因素,但不完全是天分,是可以培养的。第三个是能力。特别是与职业相关的能力。在这三个要素的作用下,需要形成下面三个结果:第一,要形成一个成功的愿景,这样可以激发人的创造力。第二,要做好创业准备。要理性创业,要"绿色创业",要寻找一种可持续的发展力。第三,不仅要做"对"的事情,还要把事情做"对"。人一生能做的事情是有限的,因此要知道自己应该做的最重要的一件事情是什么,这才是成功者,比如胡春华、袁隆平先生。他们都做了一件真正重要的事,而且能把它做彻底。

下面我们在战略性思考和社会分析的基础上,进一步提出一个生涯规划的"金三角"模式。第一,对自我的探索。第二,对职业的探索。第三,对资源的评估和掌控。现在一个人的成功很大程度上要取决于他占有的社会资本怎么样。一个青年领袖在职场上,在职业环境中要有成就,很大程度上取决于对资源的协调支配。这是社会资本,但这绝不是一天就能够建立的,要有一个原始积累阶段,就跟经济的原始资本一样,要慢慢地积累。我们要教会学生整合这些资源。比如大学生就业的时候有一个问题,有谁能给你写推荐信,这会决定你就业的质量。这是一种社会规律,是"金三角"模式里很最重要的基础。

下面谈谈青年领袖的生涯特质。青年领袖的生涯有什么特殊的素质要求呢?第一,要有远大的理想与目标。第二,要有高雅的气质。青年领袖有一个特征,即与Power(权力)发生联系。中国传统社会对权力的崇拜非常之高,因为权力可以转化成很多东西。中国的传统教育就是"学而优则仕",非常看重权力。权力会使人产生一种威信,一种力量。现在重要的问题就是我们对权力的定位。一个人崇拜权力,或者说在权力面前你会低着头,但从内心来讲,你不一定服从。实际上,对人最大的影响是人格魅力。因此,一个青年领袖很重要的一点是寻找自己的人格魅力。高雅,就是文雅、儒雅、雅正。大学要建立一种"雅"文化。我想北京大学是需要的,而建立这个文化,靠的就是我们的师生共同努力。第三,要有正确的道德观和价值观。因为当今世界变化得非常快,容易让人的价值观出现混乱,因此,要让自己的道德底线经受住挑战,青年领袖应该有一种正确的认知,对是非善恶能够明察秋毫。这个要求很高,实践起来很难,但作为一个领袖,这是必需的。领袖是领子,袖口,应当靠上、靠前,对事情作妥善解决。第四,要有幽默感。青年领袖不能总板着脸,“高处不胜寒”。北大厉以宁教授讲过和尚挑水吃的故事新编,讲得很好。其实,共赢和双赢最重要的,这是价值观决定的。第五,要有助人之心。助人自助,这是最开心的事。

下面,我要谈谈青年领袖的发展力。关于发展力,我们曾经试验过,结果发现很多人都很欠缺。我们知道,一个国家要想可持续发展,青年人就要有可持续发展的观点。按古人的说法,人生有五计:“少为生存之计,青为立身之计,壮为立家之计,老为养老之计,终为善死之计。”这就是人生发展的过程。

哈佛大学通过对其毕业生进行调查后,提出了一个保持学生发展的哈佛模式,包括六个基本要求:(1)广泛的专业知识——了解该专业的历史文化;(2)稳定和谐的人际关系;(3)较高的声誉和出色的工作业绩;(4)分辨能力、判断能力、组织能力等技能;(5)个人价值观;(6)进取的精神,自信的精神,对权力和知识的追求。

作为团干部,作为青年领袖,我们必须有气魄,有胸襟,敢作敢为,而且要有持续的发展能力,通过学习和实践构筑起发展的根基。

二

第二部分我们谈谈发展性学生工作和大学生发展辅导的问题。北大学生是社会的佼佼者,担负有更多的责任,这不仅仅是为了自己,也是为了全社会的发展。

人的发展是指时间推进在人身上的变化。大一与大四的学生有什么不同?为什么不同?

发展的理论就要阐释这些问题。在阐释中,我们可以进行“显形描述”和“隐形描述”。更重要的是,我们可以依据一种指示性的理论,提出“人应当如何”的问题。我们分析学生的发展往往从“学生是如何成长的”和“为什么会那样成长”两个方面进行,即由分析结果形成一个框架,再研究原因。以往,对学生工作的要求,只要学生不出事就是成功,价值判断仅限于稳定。现在不同了,我们更多的是要在稳定的基础上,解决大学生的发展问题,要回答“学生应该怎样成长”的问题。

正因此,我们需要探讨新的领导和管理模式。有三种类型的领导模式值得我们探讨:一是师傅带徒弟式的经验管理;二是制度化的指挥型管理;三是育才型的文化式管理。育才型的文化式管理强调要形成一种文化观,或叫文化价值认同,达成共识。我们计划要做什么、怎么做、如何做得最好等,都要让每个成员参与讨论和认识理解,然后大家来分工协作,最大限度地调动每个成员的积极性。文化管理,是我们共青团应该积极学习和采用的管理方式。

有这样一个故事:一个小伙子爬山,到山顶的时候已经黑了,伸手不见五指。一不小心脚下踩滑,掉下山去。情急之中抓到一根树枝,大叫:"上帝,救救我。"上帝说:"你把手放开就救你。"他不信,接着喊:"上帝,救救我。""放开手就救你。""上帝,救救我。"上帝怎么说他都不听,只好走了。

第二天,上山的人发现他抱着树枝冻死在山上,而脚离地面只有半米。

这个故事说明,人们常做一些自己认为正确但事实上不一定对的事情。因此,我们要想接受一种新的管理理念,就首先要打破已有的消极的心智模式。

过去,我们在对人的培养上有偏颇。所谓纯政治人、纯道德人、纯经济人等都不是真实的人。一个真实的人,应该是多方面的。因此,我们的目标是"两全",即面向全体学生进行全面的素质教育。当前,我们处在社会的转型期。社会的转型分为宏观转型、中观转型和微观转型。每一种转型都会带来人的观念的变化。现在我们的学生就处在这样的转型社会中,很多人的观念、行为方式和价值判断都发生了变化。我认为,中国自从加入世贸,就真正进入一种国际规则的操作层面。加入 WTO 跟每个人都有关系,如降价汽车,免税商品等。教育作为加入 WTO 服务贸易的一项,也要走向国外市场。现在外国把中国的教育看作一个很大的市场。我去年到澳大利亚考察,他们直言不讳地告诉我,他们已经把在中国招收留学生所得的费用纳入本国的经济增长指标之中。另外,我们高等教育改革要强调给学生提供服务。事实上,在中国的教育模式当中,消费者的价值判断已经在走强,并将出现诉求全新的消费者需求。比如,北京大学是一流的学校,提供最优质的教学资源。如果我是一个坐在轮椅里的残疾人,学习能力很强,想到北大来学习,北大会录取我吗?如果回答是肯定的,那么,学校的硬件设施能让我的轮椅顺利进去吗?如果不录,你就剥夺了我接受优质教育的权利。我是消费者,为什么要剥夺我消费的权力呢?我到马来西亚大学开会时,校长带我参观他们学校的无障碍通道,保证残疾人的受教育权利。中国、北大将来也会这样,因为这是社会发展的一种趋势。

从事高校团的工作的人应注意四个问题:一是对团干部,即对自己的定位;二是对对象,也就是对学生的定位;第三,对共青团的工作范畴的定位;第四,要处理好几个基本的结构关系。这些是处理学生问题当中的四个核心问题。

共青团干部要对自己形成正确的定位。第一,学生工作者要充当好服务和辅导的角色。我们是校园环境的营造者,是校务沟通的中间人,是危机处理的急先锋,是学生发展的好专家。另外,要从单一角色向多重角色转变,成为大学生政治进步的向导,专业学习的良师,能力培养的教练,日常生活的朋友,道德修养的楷模。一个美国学者提到,一个大学生有七要素:自主独力、生存能力、道德发展、个性发展、情绪管理、人际关系、人生目标。在对世界五百强的调查问卷中发现,企业对员工要求是:团队精神第一,创新能力第二,忠诚度第三。这些虽是最基本的,但是在大学的第一课堂却不能完成,需要第二课堂的补充。

我认为,团委老师对学生应该讲究一种包容。这种包容不是让学生为所欲为,而是要帮助学生树立自信,包括想象各种可能性,甚至追求梦想。要促进师生间的互动,寻找工作的新角度。总的说来,要重视如下学生工作的价值取向:第一,要确认每个学生都有自我表达和自我实现的权利。第二,要认清学生有困难是个人发展中的自然现象。第三,应该让每个学生充分发挥潜力。第四,相信学生的不良心理和行为是与家庭、学校、社会有关的,即社会原因。第五,在工作中,要依靠社会,家庭,社会资源的充分发挥。第六,要深信学校和共青团的设施和活动以帮助学生逐步形成社会化人格为目标。第七,注重学生的个别差异和团队责任感的表现。北大的学生是精英,会很有个性。但是一定不能忽略个人对团队的责任感,这是社会的必然要求。

接下来我们要讨论的是职业的境界。团的工作要怎么做?最基本的是要"会",第二境界是能做"好",第三境界是做"精",要成为小专家,第四境界是做"绝",有绝活,成为大专家,第五是最高的境界要达到"化",出神入化,成为大师。

现在的共青团工作开展活动有几个要求:第一,要有知识性、教育性和科学性。第二,要有美学性,做到审美享受和艺术品位相结合。第三,学生要参与,强调体验式教育。第四要有开放性。第五要有新颖性。

现在,我把自己的一个研究成果——大学生素质教育的立体模式——介绍给大家。目前社会上提出的大学素质教育,大多为平面模式,操作起来困难很大。通过研究,我提出了大学素质教育的递进模式:

第一层面是初级模式,即培养学生的生存素质。

第二层面是增强模式,即培养其理论素质。理论素质又分为两部分:一是通识理论;二是专业理论。

第三层面是终极模式,核心是提升人的职业素质,塑造职业精神。

须知,学生在校的学习只能是一个过程,最终,必须走向职业世界。一个人只有在一个职业平台上才能更好地创造和实现人生的价值。下面,我简单做一个小结：

1. 时代的特征、对象的特征和我们的工作性质决定了共青团工作是为学生全面发展、生涯发展、终身发展奠基的教育，学生工作的最终目标就是促进学生的自由而全面的发展。第一，通过教育给学生以 roots(根)，让他们能够低头看脚下，积累扎实的基础知识，培养专业的素质。第二，给他们以 wings(翅膀)，让他们抬头看天，能够为理想去飞翔。

2. 作为学生工作相关的方式，不论是家长式的管教，还是经济式的服务，都会陷入困境。

3. 坚持以学生的发展为宗旨并促进我们的共同发展。这才是科学的工作模式。

为此，大家要一起寻找一种工作愿景，以此来奠基一种价值观，形成我们北大团系统的文化价值认同；大家还要寻找一种共同的工作语言，比如发展性学生工作的语言，以便进行深度的交流；大家还要建立一种学习型组织，进行全新的持续学习；大家还要在实践层面不断探索，达到一种超越，形成具有特色的北大共青团工作局面。最后，我送给大家一段话：

自己开垦的，即便是一寸，也是最辽阔的土地；自己播种的，哪怕是一粒，也是最诱人的果实。我把自己的一切放进与学生同行的岁月，最终，我相信，一定能走出一个与学生共同发展的青年领袖自己。

(2005 年 12 月 22 日)

(原载《北大讲座》第十二辑)

大学生的四个learn

许纪霖

[演讲者小传]

许纪霖,男,1957年生,教授、博士生导师,1982年毕业于华东师范大学政治系,获法学学士学位并留校任教,1985年在该系在职攻读中国近现代政治思想史硕士研究生,1988年获得法学硕士学位。现为华东师范大学紫江特聘教授、历史系中国近现代思想史方向博士生导师、上海市重点学科中国近现代史学科带头人、国家哲学社会科学985创新基地华东师范大学思勉人文高等研究院常务副院长、教育部人文社会科学研究重点研究基地华东师范大学中国现代思想文化研究所常务副所长,兼任上海历史学会副会长、秘书长、中国史学会理事、上海哲学社会科学联合会委员、香港中文大学《二十一世纪》杂志编委。先后在香港中文大学、澳大利亚国立大学、新加坡国立大学、哈佛大学、台湾"中央"研究院、加拿大不列颠哥伦比亚大学担任高级访问学者。

近年来,主要从事20世纪中国思想史与知识分子的研究、上海的城市文化研究,著作有:《无穷的困惑》《智者的尊严》《中国现代化史》(主编)《寻求意义》《许纪霖自选集》《另一种启蒙》《中国知识分子十论》《启蒙的自我瓦解》(合著)《近代中国知识分子的公共交往》(合著)等。另有学术论文近百篇,发表于《二十一世纪》《读书》《历史研究》《近代史研究》《国外社会科学》《学术月刊》等学术刊物,有6篇论文被译为英文、法文、日文和荷兰文,在美国、英国、澳大利亚、法国、日本和荷兰等国的学术刊物和出版物上发表。

今天我们许多人都在谈大学人文教育,但人文教育究竟是什么?是否就是开一些通识课程,让学生读读《论语》《孟子》《庄子》,或者了解莎士比亚、歌德,就是人文教育?如果对人文教育作如此狭隘的理解,那么对于学生来说,通识课程无疑只是又增加了一点死的知识而已。所谓人文教育,最重要的是教育观念的转变,大学不仅是知识传授的场所,更重要的是培养有知识、有教养的博雅之士。如何培养博雅之士?联合国教科文组织的一个讨论21世纪的报告中说,大学教育应该鼓励学生在大学里面学习四个learn:learn to know,learn to be,learn to do ,learn to be together(学习知识、学习做人、学习做事、学习相处)。在我看来,当大学生的目标在这四个learn上平衡发展时,大学的人文教育才能说真正落到了实处。

大学之所以为大学

大学并不完全是一个乌托邦,而是得从它的历史来看。虽然有人经常说我们中国的大学很古老,湖南长沙岳麓书院有一千年的历史,但是真正意义上的大学还是起源于欧洲,最早的大学产生于意大利、法国,然后再到英国,像我们所熟悉的牛津、剑桥,都是产生于中世纪的欧洲。大学university这个词,按照它原来的含义其实包括两个方面:第一,university是一个地方,一个可以接纳来自世界各地学生的地方。我们知道中世纪的欧洲是由宗教统治的,罗马教会领导的基督教并不是单单一个民族的,它普度众生,是全人类的,最起码是白人的、全欧洲的,这个传统就这么保存了下来。越是好的大学,越是国际化的大学,留学生就越多;越是一般的大学,就越是地方性的大学。所以,对大学来讲,开放是第一个标准。第二,大学是提供博雅教育的地方,培养绅士的地方。在欧洲绅士就是贵族,无论是法国的巴黎大学、德国的洪堡大学,还是英国的剑桥、牛津大学,都是以此为宗旨的。在教会以外之所以还要组建大学,其目的就是要培养有知识的贵族。那个时候的知识可能跟我们今天理解的有些不一样,我们今天更注重应用性的技术,而那时人们更偏向于陶冶性情的知识。因此,他们培养的人都是些博雅之士。

不仅是欧洲,这两点也一样是中国教育的传统。我们中国的孔子虽然没像柏拉图那样有个书院,但是他弟子三千,也形成了一个教育的空间和氛围。从孔子开始,一直到后来宋代出现的各种各样的书院,包括岳麓书院、白鹿洞书院、东林书院等许多著名的书院,你会发现它们的教育理念很接近欧洲大学的风格。它包容性很强,不仅仅只接纳本地人士,而是欢迎来自五湖四海的有志于儒学研究的学子。这些学子常常不满于科举,当年的科举跟我们今天的应试教育差不多，是学不到什么真东西的，所以他们要到书院里面来寻找一些真正有价值的东西。而书院，按照中国的传统，主要不是传授知识，而是教你做人。做什么人呢？成为一个儒家所认为的有道德的君子，一个知书达理的君子。

同样是博雅的教育，无论是在中国还是在欧洲，大学起源的目标是非常非常明确的。那么，这样一个非常清楚的理念为什么到了今天却模糊起来了呢？这个与工业革命，特别是第二次世界大战后大学的大规模发展有关系。大学本来是少数贵族、精英才能去的地方。不要说那么遥远，我是“文革”后第一年恢复高考时读的大学，今年是恢复高考三十周年。我们作为第一届恢复高考的大学生，人数非常少，比现在的博士生还少。那个年代的大学是精英去的地方。

随着第二次世界大战后全世界大学的普及、平民化，大学数量剧增，教育的性质和目标自然就发生了变化。现在很多大学生甚至把大学看成是一个卖知识的市场，我交了学费，是购买知识，你老师站在讲台上，不过是在出卖知识。双方是一个买卖关系。学生把上大学仅仅看作是买一种专业技能的过程。这样一种看法实际上今天非常流行，有不少学生、家长以这样的标准来选大学。虽然现在不少学校摇身一变都改名叫大学了，但是大学不是专科学校，它是university，是一个综合性的、培养博雅之士的地方，这就是一所真正的大学和一所专科性学校最大的差别。上大学主要是来感受一所综合性大学的氛围，培养博雅的素质。

那么，今天一所真正的university，公认由什么组成呢？有三部分：(1)在教学方面它是学术性教学，决不是应用性的，而是带有研究性的教学。(2)大学也同时是一个学术研究的机构，正如清华老校长梅贻琦所说，大学之大，不在于有大楼而在于有大师，可惜的是我们中国今天的大学都热衷于盖大楼而不注重培养大师。(3)创造性的文化氛围，看一个大学是不是好的，就要看在校园里面是不是有一种创造性的文化生活。这个文化是广义的，包括文学、艺术、科技，乃至各个方面你所能想象的它都有。以上就形成了大学的三个很重要的标准，也只有满足了这三个条件我们才能说这是一所真正的、理想的大学。

这些标准是欧洲大学的传承，尤其以后同学们有机会出去到国外大学感受一下就会发现。今天我们中国的大学，给人感觉与外面差不多，也都是俗人待的地方。清华、北大现在成为考试精英顶礼膜拜的圣地，一到暑假，全国各地的中小学生就组团举着小旗来清华、北大旅游，在北大未名湖畔、清华牌楼前宣誓：我一定要考上清华、北大！这些举动根本不具有神圣性，考上这两所大学只是一个非常世俗的目标。但是如果你到了西方那些非常古老的大学，如牛津、剑桥，美国大学算年轻的，像哈佛、耶鲁，就非常不一样。我在哈佛做访问学者待过半年，哈佛大学可以说其貌不扬，老的哈佛校园可以说比我们一个学院还小，三分钟就可以兜下来了，矮矮的几幢楼，连校门都没有，当然没有我们中国有的大学宏伟的校门那样壮观。但是你一进哈佛，站在哈佛广场，就会感受到一种神圣性；这种神圣性实际上是它的历史传统留下的，让你感到那真是一个学术殿堂。哈佛有个传统，不管是美国总统来了还是比尔·盖茨来了，它都不会给你搞一个什么盛大欢迎仪式。任何人哪怕总统哪怕教皇去，都要低下他的头。为什么？因为哈佛所代表的那种知识的严肃性、神圣性，即使在金钱、权力面前也丝毫不贬值，那种氛围令你肃然起敬。我有个同学，毕业后下海经商了，老是嘲笑我，说你们搞学术什么破玩意儿，这些我都玩过，有什么意思！结果有一年他到美国商务旅行，回来对我说："我去哈佛了，一进门，那个学术气氛，原来还是很神圣啊！那一瞬间我突然很冲动，算了，钱真没什么用，还是回到校园干学术吧。但一回到中国，看看中国这些学校，想想还是算了吧。"先不要讲抽象的理念，就是校园感观上的这种神圣性，我们这里也破坏得差不多了。而在国外，那些古老的大学，那种学术的庄严感至今不散，在欧洲传统里面当初教会所带来的那种神圣性今天依然还很浓。哈佛被全世界称作学术的圣地，大家都去朝拜，原因也就在此。

当我们了解了大学之所以是大学以后，就可以接下去理解为什么大学生要学四个 learn 了。

learn to know（学习知识）

大家都知道，到大学来就是学习知识。但是学什么知识呢？这个恐怕就不是每一个同学都清楚的了。学专业是当然的了，但大学是培养博雅之士的地方，所以，学习专业以外的知识尤为重要。这里我们会遇到一个博与约的问题，博是博雅，约是指你能化约一个专业的知识，这两个东西之间可能会有点紧张。有些同学讲：老师，我们学专业都忙不过来了，还有多少时间学专业以外的知识呢？其实我们今天的大学体制有很严重的问题，就是照搬前苏联的高等教育体制，把大学的专业分得特别细。我们今天大学的专业分得这样细，可以说全世界少有，英国、法国、德国的大学，还有美国的大学，你考进的时候完全不分专业，大一大二完全是通识教育，大三大四才有所谓的专业供你选择。我们现在的高考，家长和小孩煞费苦心考虑高考选什么专业，一个高中生刚刚被应试教育搞得昏头昏脑的，他搞得清楚自己真正喜欢什么专业吗？他的选择只能按照世俗眼光去衡量,以后什么能赚大钱,什么比较吃香,就选什么。结果考进去以后发现其实自己未必喜欢。一个人最痛苦的,除了嫁错人以外就是选错专业。嫁错人还可以离婚改嫁,选错专业再改,代价就大多了。国外的大学直到大三乃至大四才开始渐渐细分专业。当你修了很多门课后,心灵逐渐丰满起来,真正发现了你的兴趣所在,才开始选择专业。到底自己喜欢什么,适合什么,这是一个过程,不是一次性的决断,但是中国现在的大学却是一次性买断。

不少读书好的同学,专业知识学得很深,但是比较忽略专业以外的知识。前面讲过大学和职业学校的差别,它不是培养专业技能的,而是培养综合素质的。综合素质像煲鸡汤一样,是文火炖出来的,而不是靠某种专业技能练出来的。这就是一个好的大学和一个专科类大学学生的最大差别。那些被大家公认为金饭碗的跨国公司招新员工的时候,人家根本不看你专业,它只看你出身什么学校,为什么?因为如果你是个人才,我花半年一年时间培训一下专业技能就可以了,技术没有什么难的。但是你这个人是不是一个心灵丰富、知识全面、有创造性的人才,这是需要好环境熏陶的,传统社会讲究好人家出身,现代社会则看是否好学校出身。所以这些跨国公司根本不问专业,只问学校。

为什么好的学校出来的人社会比较欢迎呢?因为他的知识面非常宽广,他受到了比较好的博雅教育,他是有创造性的,并不只是掌握了某门技能。从这点而言,learn to know 这里大有文章可做。至今我还很怀念我的大学生活,那时候专业学习比较枯燥,最有趣的是自己坐在图书馆里面乱看书,乱翻杂志,然后听各种各样相干的乃至不相干的讲座,这些讲座你当时问我有什么用,我也不知道,但是慢慢地,你的人格、你的心灵、你的知识就被这样一个氛围熏陶出来了。好的大学你进去就会发现,墙上贴满学术讲座的海报,而不是那些实用性的传单。哈佛大学每天各院系、研究中心的讲座加起来有几十个。以费正清东亚研究中心为例子,一周平均就要有二三次讲座。那是真正的大学氛围。要学知识哪里学不到,到新东方去可能还比我们大学学得更好呢!然而,新东方没有讲座,只有大学才有这些"乱七八糟"的讲座,而我们正需要这样的讲座来熏陶心灵。博雅之士在大学里不用专门去学,就是一个熏陶的结果。

现在人们都很关心大学排名,这是最不懂大学的外行人的做法。看一个大学是不是够优秀,首先要看它有没有传统,有传统的就是好学校。当然传统是各种各样的,你选择了一所大学就选择了它的传统。比如说在美国,绝对不是像中国那样,按照什么量化标准,每所大学都想成为清华、北大,如今清华、北大也越来越没有特点,基本上是千校一面。真正好的大学不在于它的大,而在于它的传统。美国的大学真的非常多元，你看，哈佛地处美国东部的新英格兰地区，基本上是欧洲大学的传统。那么到了西部的斯坦福大学就不一样了，斯坦福完全是一所美国的大学，它十分注重创造性，更美国化，注重应用性，所以在大学旁边可以发展出来一个硅谷。斯坦福还有个邻居，是加州大学伯克利校区。伯克利被称为平民的哈佛，在美国公立大学里面它是公认的第一名，充满了前卫和反抗的精神。20 世纪 60 年代反越战时伯克利冲在前面，各种各样的嬉皮士、同性恋云集。当年福柯到美国去，其他学校不去，独独选择了伯克利，他觉得这是他心灵可以栖息的场所。直到今天，伯克利还有个广场，这个广场上还有各种流浪者和乞丐，在中国早就被城管给赶走了，但是伯克利认为这是学校的传统，可以容忍异端，这是从 60 年代遗留下来的反战传统。

而今天在中国，大学仿佛只以大取胜，越大就越是"大"学，拼成一艘艘航空母舰，像浙大和吉大。而在美国，有一个小小的大学经常压过哈佛和耶鲁，排在第一名，这就是非常小的普林斯顿大学。普林斯顿之小你难以想象，一共才两千名学生，它拒绝办商学院、法学院这类应用型学院。它接受的是欧洲古老传统，认为大学应该发展那些理论性的学科，像数学、物理、人文社会科学……这些所谓形而上的东西。普林斯顿完全没有应用学科，但是它的学生非常精英，它每年从校友里面得到的平均捐款远远高于哈佛。你进了普林斯顿大学后感觉会非常强烈。余英时先生所在的历史系，那幢楼历史悠久，当年爱因斯坦在这里办公，世界上第一台计算机在这里诞生，余先生最后又在这里执教……这就形成了普林斯顿大学非常精英的学术氛围。

博与雅的结合，就是一种有用的知识和好的知识的平衡。今天的社会很实际，都在比较这个有用，那个没用，我们很多同学也都想考个证书，积累些有用的知识，但实际上真正能够培养人的心灵的，更重要的是那些没有用的知识，那就是我称之为好的知识。一个博雅的心灵是由很多好的知识塑造起来的 。王小波在一篇杂文里面讲，他读大学时在人民大学，读的是经济。在高等数学课上，来的是位老先生，他上台讲的第一句话是，我今天讲的是高等数学，我想告诉你们的是，高等数学没有用，但却是好的知识。这句话让王小波一生受用。现在很多人脑袋里装的都是有用的知识，这样的人发展空间很有限，最多是个一流技术人才。只有装满好的知识的人，他才有创造性，才见过大世面，他有想象力。有用的知识不给你想象空间的，它教给你的是一套规则，而不是如何突破和创造。前不久，我在我的学校的校报读到整整一版介绍华东师大出身的儒商的文章，读完之后我发现了一个秘密：儒商大部分都不是商学院出身！江南春是中文系的，他最早热衷写诗，后来把写诗这个创造力运用到商业中去：坐电梯时突然想到这个电梯里可以搞广告啊！后来他建立了分众传媒,果然一鸣惊人,显然他的灵感来源于平常写诗所形成的想象力。不是商学院毕业的,后来生意场上为什么也做得那么好呢?这是因为他们有一些技术以外的知识,即使到了商场上,也能慢慢靠着他们丰富的想象力大获成功。所以我们看到好的知识,千万不要以有用没用来衡量,好的知识平时可能没有用,一旦有用的时候就有大用,而且终生受用。

learn to be(学习做人)

大学只要是培养博雅之士,那么做人,学习做人(learn to be)就是大学培养的中心目标。从中西方的传统来看,这是比 learn to know 更重要的一个目标。哈佛大学和耶鲁大学的双料博士冯象前不久在接受采访时,讲了一段话。他说,美国的法学院,像耶鲁,从来不把培养专业人才当作自己的目标。那么耶鲁培养什么呢?培养的是品质优异的学生,至于他以后是当律师,当法官,还是当总统,乃至去好莱坞写剧本,都是法学院学生的选择。美国第一流的法学院从来不给学生设定目标,它就是培养一个优秀的、领袖式的人才,这才是它的宗旨。

我们现在也有不少大学自认为是一流大学,要培养一流人才。怎么是一流呢?培养学生从大学起会打高尔夫球!它们觉得一流大学就是要培养贵族,什么是贵族,他们心里也不清楚,大概以为打个高尔夫球就不得了了。而国外的大学又是怎样培养贵族呢?其实,贵族的传统含义根本不是中国某些人想象的打高尔夫球、骑马、打猎这些特权。真正的贵族在大学里面有两个含义。第一,它要培养你作为贵族的自律精神。牛津、剑桥,还有好多欧洲的大学,至今还保持着学院的传统,如国王学院、女王学院、三一学院……学院过的是集体生活,里面的学生完全是按照训练贵族的方式培养的。实际上过去的欧洲贵族,放在今天你们都不想去做,逃避都来不及。欧洲执行长子继承权,不是长子就要当骑士,要出去打仗。尊为贵族,所以就有专门的学校来训练他们。这个训练是像清教徒一般的生活,非常辛苦,条件简陋,纪律像军队一般的严明。今天身为英国的王子,威廉王子,哈里王子,哪怕是到伊顿公学读书,传统还是那个,这是一种非常严格的道德、生活的自律,非常严谨。贵族把什么看得最重要?荣誉。这个传统也被西方的大学继承下来,他们把自己母校的荣誉看得比什么都重。国外的大学都有个校徽,为什么要有校徽呢?这是因为过去的名门望族都有自己的族徽,而校徽也渊源于此。这个大学的校徽代表着你这个家族、这个大学的荣誉,你的一生就和这个荣誉捆绑在一起。在国外你是什么大学出身,你一生的行为规范就和大学紧密联系在一起了。校友对学校的认同感很强，一生都会按照母校的传统去生活，捍卫母校的尊严。校友里面要是出了败类，发生抄袭事件了，所有的校友都会觉得是极大的耻辱，抄袭者会被严厉地清除出大学。

我们今天讲八荣八耻。靠什么维持八荣八耻？靠国法？法是个外在的戒律，虽然说天网恢恢，但是疏而有漏的太多了。靠个人自律？个人自律是有限的，我们也不可能像过去那样修身养性。这里面有一个很重要的动力，那就是荣誉。在国外的大学，尤其是私立大学，很大一部分资金来自校友的捐款。为什么要捐款？他觉得这是非常重要的回报。我是哈佛学生，毕业时找到了好的工作，这个荣誉是我的母校给我的，所以我要给母校回报。

第二点，贵族并不是靠打高尔夫球把自己和平民区别开来，你越是贵族，越要关心平民，要和平民打成一片。每到周末，几乎所有哈佛的同学都会自觉地到社区去做义工，比如在华人社区里面，你可以看到很多很多哈佛的同学在那里帮助新来的华人移民学英语、如何报税纳税。当年我在波士顿的一个教堂参加过英语口语提高班，不用交学费。我的老师是一个非常年轻的女孩子，哈佛商学院毕业的，在一个大银行上班，平时非常非常忙，但是她每周还是抽出两个半天到教堂来做义工，教英语。我问她为什么这样做？她说了两句话，第一句话说：“这是哈佛的传统”；第二句话说：“我这一周里面，只有这两天是真正为自己工作，这是我最喜欢的。”什么叫贵族气质？不是今天许多中国的媒体所宣传的那样，与平民隔绝，高高在上。那不是贵族，靠开宝马车、打高尔夫球包装自己的，是伪贵族，只是没有精神底蕴的暴发户而已。

learn to do（学习做事）

要成为贵族，首先要学会做事。我刚才说的都是些大事，但是大事不是一天做出来的，金字塔不是一天建起的。要能够做大事，首先要学会做小事，学会做各种各样的小事，这是大学特别要熏陶的。我们有一些同学，书读得很好，但有一个能力非常弱，就是不会做事。今天我们很多同学出去找工作，给人感觉，大事不会做，小事不想做。报纸上报道，好多学生名牌大学毕业，复印机不会用，最简单的传真不会发。这些小事情，可能有些是一学就会，但是很多能力是要积累的。所以，在大学里面除了书读好以外，还要学会做小事情，这是一种能力。现在我们大学有各种各样志愿者的团体和活动，还有许多勤工俭学的机会。哪怕学生时间再紧，也一定要去参加这些活动，重要的不是你从中得到了什么金钱的回报，而是学会做事。这是很重要的。

我曾经有几个博士生，家里比较贫困。为了表明自己会全心学习，就对我说:“老师,我宁愿生活苦一点,也坚决不打工。”我对他们说:“你们错了,最出色的学生,书要读的好,工也要打的好,这才是好学生”。在国外的学校里面,不管你有钱还是没钱,许多学生都在打工,中国学生觉得丢脸的工作,即在学校附近的餐馆和咖啡馆里做服务员。今天中午是你的同学来给你端菜,晚上就变成你为他服务了。这是很平常的事,通过做这些,他们要提升自己的生活能力。这不是为钱,主要是锻炼自己在社会中的生存能力。

正因为小事做过了,以后才能成就大事。不要以为不做小事直接就能做大事。不要拒绝做小事,只有从一点点做起,每一个细节都把握才能做成大事。我们现在有不少同学找工作,败就败在细节上。现在不少大学生、研究生的求职简历,大部分是千篇一律,没有什么亮点。用人单位想看到的,除了成绩这些硬指标之外,还要看你是否有过社会阅历,比如暑假里面到什么公司兼过什么职,参加过什么志愿团体,有过什么相关的社会实践,在大学里面是否参加过什么社团,在学校里有没有领导过社团……这些都是闪光的地方,是拿得出手的地方,让我知道你是干过小事情,你是能干小事情的。但是,在这方面,大部分同学是一片空白,非常苍白。在国外,大学生参加过太多太多的志愿团体、学生社团乃至各种义工,小事做得太多了,所以他们一进公司,就非常迅速地适应了公司的节奏。现在同学们都想进大公司,因为大公司收入高,发展前途好。但是公司文化不是大学文化。大学还能容忍散漫、随便。但今天的公司像军队一样,非常严谨,越是好的公司越严谨,尤其是外企,学生如果要进去,就要适应这种文化,很多时候就是通过做小事培养起来的。

美国波士顿每年到9月份,在中央公园就有一个全市志愿团体联合搞的招募新成员的大会。这个热闹到了难以想象的地步,比上海搞国际车展还热闹。这全是义工,没有报酬,自己还要贴车费、贴精力,但是这么多人,他们就是为了锻炼自己的能力,而这些经历填在求职表上、履历表上都是闪光点。江南春现在成了亿万富翁,但当年却是从搞推销、跑腿开始的。因为他当年竞选校学生会主席,要请每个系的学生会主席吃饭,一圈请下来欠债一百六十块。为了这一百六十块,他出去拉广告,这都是从小事做起,跑着跑着,就跑出了灵感,搞出了分众传媒,占有了全国70%的户外广告市场。所以,对于大学生来说,learn to do 首先不是大事,而是小事和实事。

learn to be together(学习相处)

我们可以发现,今天的社会非常注重团队精神,不要说公司,就是在大学你搞研究,都是形成各种各样的团队。有的人很有天分,但是他不善于与别人交流，也不善于与别人合作，这就无法担当大任。今天在大学里面，如何学会与别人相处，如何具备团队精神，这也是我们需要重点培养的。欧洲的贵族为什么要在学院里培养集体精神，而不是个人的修身养性？因为骑士们外出打仗不能自说自话，要有严格的纪律和合作精神。1995 年我在加拿大不列颠哥伦比亚大学访问的时候，住在圣约翰学院。按照英国的模式，大学不仅有各种专业的院和系，除此之外还有学院。这个学院意味着什么呢？它不是教学和研究机构，而是一个老师和学生日常生活的团体，是一个 community。圣约翰学院就是这样，它是一个宿舍，但又不仅是宿舍，功能非常丰富。学院里的人来自于不同的专业和不同的国家，除了上课，他们平时的各种活动都是以学院为单位进行，学生之间的比赛也都是学院与学院之间的较量。学生的荣誉感除了来自大学，就是所在的学院。教授除了所在的系之外，也属于某个学院，因为他要和那个学院的学生有交流。香港中文大学也是这个模式，他们有新亚书院、崇基书院、逸夫书院、联合书院四大书院，每个学生都归属于一个书院，虽然住在里面的同学系科不一样，但在这里过的却是完全的集体生活。

我在圣约翰学院的这个集体里面感受是非常深刻的。学生非常自由独立，生活条件是很好的。每个学生一间房间，虽然不大，但是独立而舒适。学院规定每个进了这个学院的学生每年要做一次学术报告，向其他学科的同学介绍你的最新研究成果，因此同学们得到的知识是异常丰富的。其次就餐是集体的，不是想吃什么就吃什么，每周的菜是事先安排好的。在晚餐时间里，除了吃饭，就是大家围坐在餐桌前自由聊天。因为都是来自全世界五湖四海，有英语好的，也有英语差的，但非常自由，谈天说地，什么都聊。还有丰富多彩的体育比赛，各种各样的兴趣协会，那个活动之多，真是不能想象。我印象最深的活动是那年 10 月，那是加拿大的感恩节，按照北美的传统，感恩节一家人聚在一起，主食就是火鸡。如果谁家里吃不上火鸡，就说明这家已经穷得不像话了，就像中国的穷人过春节水饺都吃不上一样。那一年，圣约翰学院里举行了一场慈善拍卖会，拍卖所得将捐给银行，这笔善款专门用于免费给穷人发放火鸡。考虑到都是学生，就设定了一个上限，最高出价者不能超过 50 加元。拍卖是象征性的，拍卖品也不名贵，都是学生喜欢的各种好玩的礼物。但是，在整个拍卖过程中的氛围，与电视上看到的大款们的拍卖会没有什么差别，程序是一样的。学院通过这种方式来训练你怎么组织拍卖活动，怎么成为一个有爱心的人。

大学最重要的一课是训练如何参加社团、组织社团。如果学生在大学期间没有参加过任何社团活动，那么他的大学生活是有欠缺的，因为他不知道怎么与别人相处。越是好的大学，培养的学生目标就越是高。哈佛大学说，我们培养的就是领袖,社会上的各种领袖,不论是商界领袖、政界领袖还是知识领袖。北大现在也说北大就是培养领袖的。当然不是说人人都要当领袖,但是有没有当领袖的潜力,是学生今后事业上能走多远的一个标志。

上海复旦附中出了一个很有趣的人物,这个人物就是前年被哈佛大学提前录取的女学生汤玫捷,那一年全亚洲只有两个学生被哈佛提前录取。当时那个新闻很轰动,我还写过一篇文章,叫《哈佛需要什么样的人才》,因为这个汤玫捷在复旦附中里面按照成绩排名在百名之外,不算最拔尖。但正是这样一名学生却被哈佛看中,看中她的什么呢,不是汤玫捷的成绩,而是汤玫捷的领导力,是她具有的潜在的领袖气质。她高二的时候作为交换学生在美国高中生活过一年,她在那个学校里面已经表现出非常突出的领袖能力。在美国考大学,领袖能力是非常重要的,一流大学要培养的就是领袖人才。汤玫捷就是因为这个才华让哈佛给看中了。后来她果然才智不凡,到了哈佛以后,学生个个自命不凡,但汤玫捷依然还是精英中的精英。她在大一的时候组织了哈佛和全球中学生领袖高峰会议,还拉到了大笔赞助,然后回到浦东召开了这个会议,与会的不仅有哈佛学生,还有来自全世界各地的高中生领袖。后来《纽约时报》一个整版,专题报道了汤玫捷的成功。以前中国人不是这个形象,是她改变了美国人对中国学生的一些看法。

大学的人文教育是一个综合性的教育:它是有形的,通过各种人文的、科学的、社会科学的通识课程加以引导;在许多时候更是无形的,是一个大学的讲座、社团、学生活动、教授的气质、校长的风范等无形的因素熏陶出来的。今天的大学是什么氛围,培养出来的学生就是什么样的风格,未来的中国就有什么样的前景。

(2008 年 11 月 15 日)

(原载《北大讲座》第二十一辑)

诗书画与人生

汪国新

［演讲者小传］

汪国新，当代实力派画家、书法家、诗人，1947年生于湖北宜昌。自幼痴迷诗书画，对中国历史、哲学、古典文艺及儒道佛各家学说皆有广泛研读。16岁作品入选中南五省画展。现为中国美协连环画艺委会委员、农工中央文委会委员、享受国务院津贴的国家一级美术师、中国美协会员、三峡画院院长、法国瓦郎谢纳大学客座教授、北京东方书画研究院副院长。

他的作品曾多次获文化部、中国美协、新闻出版总署颁发的大奖，许多作品被中南海、人民大会堂、国家图书馆、毛主席纪念堂、国家博物馆等处收藏。

同学们好!(掌声)如果用湖南话说就是“同志们好,同志们辛苦了!”(笑声,掌声)

同学们,今天能和你们在一起度过两个小时,把我学习诗书画的体会跟大家一起交流交流,非常高兴。今天讲一讲诗书画与我的人生。诗,是情怀;书,是韵律;画,是审美;人生,是命运。命是客观,运是主观。诗书画人生,只有和祖国和民族结合起来,它才能迸发出异彩华章。明年我就花甲一轮了,诗书画成了我精神的皈依,也是我生命的物化,它好比饮食呼吸一样,成了我生命的需要。

我是怎么结识诗书画的

要想攀登珠峰,就要想把珠峰拉得和你一般平。

人无所谓大器晚成,也无所谓少年得志,而是要把握好各个时间段和切入点。不然的话,一辈子诗书画归诗书画,人生归人生,两不搭界。中国是诗的国度,不读诗书不识礼。两千五百年前,《诗经》已达到了很高的境界了。“诗”这一名词,我想是后人给取的。古人在那个时候都是当说话,把身边的事,告诉他所知道的他周围的人。需要强调的就重复几遍,就是三弄三叠。当时在古代的茶馆酒肆里面讲故事就叫“说话”,文人就把它记录下来并整理,就成了小说、寓言、神话。

童年的时候,我经常到江边,因为我的家就在西陵峡口宜昌嘛。对着江景默诵“山随平野尽,江入大荒流”。也许李白当时和我一样,就站在这个地方,看着这个景,而写的这句诗。到了屈原故里,看到他童年的读书洞,就在竹子下面,在橘树下,默诵他的《橘颂》。江山对读,拉近时空,原来这些文化人,把眼前看到的景,加上自己所想到的,用文字记录下来就是诗,他们就成了诗人。这就是我开始写诗萌发的“遐想”。

看了《中国书体源流浅说》以后,我才晓得书法原来之前是画,把文字变成独立观赏的艺术全世界只有中国才有。我学书法多亏“文革”时抄写大字报,当时每天那些人都会拿成捆成捆的白纸请我帮忙抄写大字报。最高奖赏就是把剩下的白纸给你。我就把最高指示正文和标题用四体书法分别写出来,在别人的赞扬声中得到满足。内容当然管不了,“上帝的归上帝,恺撒的归恺撒”。

我最早接触美术是我在我父亲的怀中听他翻着连环画给我讲画里的故事。后来我就把看到的东西在地上在墙上乱画。大一点就可以跪在椅子上,趴在桌子上画。后来我看到了连环画《山乡巨变》和《铁道游击队》,明白了把人物做事的过程画下来就是连环画。这是我对连环画的理解,对美术的理解。《山乡巨变》和《铁道游击队》在第一届和第二届连环画评奖中获得全国最高奖。花果山的孙猴子不是说过嘛,“皇帝轮流做,明年到我家”。我为了庆祝自己十五岁的生日就画了连环画《小游击队员》,从此一发而不可收拾。几十年以后,《美术》杂志在《新连环画艺术三十五周年》这篇纪念文章里就称我的《长江三部曲》是继《山乡巨变》和《铁道游击队》之后的又一部佳作。在第三届全国连环画的评奖中,我的画也被评为最高奖。连环画是我迈向美术殿堂的第一个台阶。它使我在描绘人生艺术的同时,也谱写了我艺术人生的篇章。

苦难篇:顺境成才,逆境也要成才

要立志登珠峰,就不要管它是北坡还是南坡。要奋斗,就可能会处处受到阻碍。要想抱怨,事事都可以抱怨。一切都取决于自己的人生态度。顺境和逆境都能够成才。职业,只是一种载体,它重在生命的过程。“山顶观海日,山腰听泉瀑。”一个人出生在什么家庭,出生在什么年代,这是命,自己决定不了。但是选择人生布棋,是运,是主观,是自己可以选择的。人生就是命运互动,就是因果转换。

我出生在1947年,出生在中华民族两种命运大决战最关键的时候。我们家原来在汉口开商店,抗日战争武汉沦陷以后就逃难到宜昌,成了难民。当我这在“画家梦想少年苗”的时候,却偏偏九岁丧父,妹妹也贫病而亡,房子又遭了火灾。“毒日危巢风兼火,白烟黑幕无家去”。我们就在沟边搭了一个窝棚,睡觉的时候床上爬的全是蚯蚓,上床先要把蚯蚓拿开再睡觉,后来窝棚又被狂风吹飞了,我们姊妹站在暴雨里孤苦无助。我们每个月靠母亲二十块钱支撑全家的生活。我去做民工的时候,有人用一斤粮票打赌:哪个敢从水渠游个来回就给他一斤粮票。我把衣服一脱,跳进那个还有冰碴的水渠里游一个来回,得了一斤粮票,赶紧跑去寄了回去。

小学刚刚毕业,没有条件再学习了,突然没了老师和同学,心里就有一种失衡感。有时候星期天我一个人就摸到我原来上课的教室里面,走到我的桌子旁,轻轻地抚摸课桌。有时候夜里我一个人偷偷地跑到操场上去,看那单杠、双杠。有一回,我听到办公楼的阴影里传来我班主任的声音说月亮圆了,我吓得转身就跑,就好像一个小偷摸到别人家里。

在学校读课本,叫上学;在校外看书,叫读书;打铃上课,是学生;在学校外看书,是辍学。十三岁的我就被扔到了校外,那种委屈和痛苦是旁人难以想象的。我要读书!黄历书、看相的书、算命的书我都读,都找来看,这些在后来画连环画时都被我用上去了。我最感谢的还是图书馆。像我这样的孩子可以随便进去看,随便进去借。图书馆里是非常的安静,安静得让人心里发紧,动作轻手轻脚。图书馆里管理员说话的声音非常的低,眼神非常的轻柔。半个世纪过去以后,我现在回忆起来,也感觉到非常的幸福。当时我身体非常瘦小,经常钻到桌子底下一看就是一天。从那以后我就记住了"哀其不幸,怒其不争";读了《论语》我就记住了"君子喻于义,小人喻于利";读了《老子》我就记住了"无为无不为"、"上善若水";后来看了高尔基我就记住了"社会大学";看了《红与黑》我就记住了什么叫人格分;读了《史记》我就记住了"人臣谋事君谋臣";读了《圣经》我记住了要宽恕别人、要博爱……我六十岁办画展,恰好六十幅画,恰恰就在北大图书馆。冥冥之中,命运就这么真的让我画了一个圈。"对答学府千场考,重读江湖一部书。"这一次是不是让我用这种方式通过了北大的考试呢?

"我怨赵公多刻薄,赵公怨我少香火。"我的香没有烧给了财神,而是烧给了艺术之神。十六岁我的粉画、工笔国画参加了湖北省中南五省画展,省报发表,稿费给我三块钱,我美了三个月。"心雄顶破天花板,志远何凭鹳雀楼。"正当我发少年狂,"忽如红海从天泼,巨手一挥势倾国。"

命和运,因果相生,一环套一环,好坏难分。因为我爱书法,有时抄大字报抄到半夜。第二天打开一看,我把刘少奇这三个字的红叉叉渗透到了下面一张另外一个伟人的名字上。我当时一下子就傻掉了,这是最严重的罪行啊,就被打成了反革命。另外一个年轻的反革命也是十几岁,我俩在一起挖地道。挖着挖着,他们就把我抽去画别的"反革命"。画"反革命"要收集题材,因为我自己没有"反革命"的生活体验,我就把收听敌台画成了《永不消逝的电波》里的李侠,不过在被窝里面偷偷地听收音机那才是收听敌台。随着"反革命"揪出来的越来越多,"反革命"就画成了一个系列。当时的作品要是留下来就是"反革命百图"。后来我回到挖地道的地方一看,那个小才子不见了。人家说,枪毙了。我去画画,可能错过了时间,他们把我忘记了,算是捡了一条命。因为书法我惹了祸,因为画我捡了条命。所以说这就是命与运的互相转换,在很早的时候,我的诗书画就悄悄地把我的命运都改了,重新做了安排。

"文化大革命"时期是一个集体无意识的年代,有的人盲目狂热,有的人韶华虚逝。当时的我只想"魂入丹青水墨中"。同学说老画家前辈全都打下去了,不是放牛就是喂猪,你何必呢。我当时就说,我追求书画,是为了让生命留下印记。

二十二岁生日的时候,我就"自作多情",给自己贺寿:"一夜东风,醒了诗乡,翠了桔州。看西陵峡口,千轮竞奏,东山岭上,万绿方抽。金鼓雷鸣,芳原风物,是向人间问喜忧?秧歌放,谢阳春九九,阳雀歌喉。二十二载悠悠,独背纤,滩滩竹节稠。念多情自幼,破毫千管,画坛问鼎,面壁卅秋。百族英雄,万方锦绣,重彩浓图一卷收。望春水,破峡门东去,永不回头。”(掌声)

1969 年,我创作了油画《全心全意》,印成单幅画发行全国,并上了电影新闻简报。接着国画四条屏《七叶一支花》、《陈传香打豹》,连环画《红军村红小兵》、《贫协委员》、《金沙江》、《演戏前的战斗》……成群结队的红小兵扛个锄头,提着枪,举着红宝书开向了祖国的四面八方……

只有在盐碱地上开出的小花才特别的珍贵。

奋斗篇:奋斗,它是命和运转换的动力

“最是良缘天作合,槐荫树下得娇娥。五尺凉板做新床,三十块钱办两桌。”1976 年我和郑桂兰相识于土家山寨。“两心相撞闪金星,四手相握绞缆索。”夫妻是两个半边球,合起来才能滚动。《易经》说:二人同心,其利断金。桂兰认为:不能再跟着红小兵、贫协委员,抓特务的大队人马。要根据自己的生活积累,发挥所长。我决心要闯一条自己的新路,设计了十年的文化工程。

这就是十集长篇连环画,一千六百六十多幅的《长江三部曲》。因为我们要搞一个文化工程,要选择现实主义创作道路,要把《长江三部曲》画成是艺术的史料、史料的艺术。这是个大工程啊,至少到今天为止,中国还是第一。题目确定了,我们马上就开始了和外界的阻力进行抗争。

第一就是单位,工资被停了。当时在群众艺术馆,我的工作是配合政治运动、社会学习画宣传画。你现在要创作自己的连环画,那么你就要去出版社拿工资。但出版社说我们要等到你书出来以后才能给你稿费,每张画三块。那时,虽然年薪几百元,但这是全家的主要生活来源。有一次让我回去画两个月,配合政治宣传。我异想天开跑到会计那里拿工资。不给,我就找到我们主管的领导跟他说,结果感动了领导,就给我发了饭钱。这时上级领导就把我们的领导狠狠地训了一顿。我就去找上级领导评理,他开口就骂。他是我的领导,我不能违背他,他年纪比我大,身边围着很多人,都说算了算了,你是做大事的人,不要跟他一般见识。当时我就说,我五十岁的时候一定活得比你好!

第二就是出版社,我违背了出版社工作流程。因为出版社要先定选题,再报批,批下来以后再组织,三审定稿,再组织画家去画。哪有你自选自编自画,还一出手就是十本的呢。他们说就是我们世界名著也没搞十本啊。我就分辩说学术名著不一定是世界美术名著。

第三来自大环境,那时“文革”遗风仍在,极“左”思潮仍十分盛行。画川

江篾匠铺,一个女官员气冲冲指责"知道他是什么成分吧?"画涪陵路边小吃摊,有人招手让我过去,以为请客咧,一过去却泼我一脸:"那些好的怎么不画!"画武汉抗战时期的指挥部也叫我滚出去:"是旧社会的洋房子,是资本家住的。"

第四是观念方面的。有一次我们去写生,很累了,回来倒下就睡。突然间梦中听到钥匙"哗啦哗啦"的声音,"砰"的一声门被打开,要结婚证,说我们专门丑化社会主义,专画社会阴暗面,已经注意我们好几天了。我说我们没带结婚证,他说那不行,就逮人了。我那时非常着急,便找到长江文艺出版社的刘代老师,请他来搭救我们。

《长江三部曲》里面有表现武汉大会战的场面,有孔祥熙在"大世界"搞舞会的场景。因为我们是现实主义的创作道路,就要到里面去考察。当时门卫不让进去,说这个房子有什么看头啊,这都是旧社会的房子。不让进,我和我爱人就从别的房子爬到楼里去,从瓦上翻,翻到楼顶,再翻进去,沿楼梯下。忽然,桂兰踩断一块腐朽的楼梯,一头摔倒,响声惊动楼下人,我们赶紧吹熄蜡烛,大气不敢出,幸亏他们胆小嚷嚷喊:"楼上有鬼。"谁也不敢上来。我们爬出顶棚,星光下一看,两人浑身是汗,满头蜘蛛网。我们在大世界楼顶找到一个锈水龙头,痛痛快快灌了一肚子冷水。读者后来看到《三部曲》中灯红酒绿的场面,哪里知道文图作者当年飞檐走壁的狼狈相呢?

第五就是时运方面的。刚画完三集,连环画事业忽然跌到谷底。七年无人问津,不出版。书店连环画摊都拆了。

第六就是来自自然的。陈年旧景、磨房、地主庄园、坟墓,不靠船,不通车,步行去找山高水险,摸夜路,连最怕狗的桂兰,在黑夜听到狗叫也眉开眼笑。漫长考察途中,有时喝石头坑的水,有时喝山民放在屋顶上大木桶接的雨水。有次翻越大巴山,郑桂兰拉肚子,半夜野外上厕所,4 岁儿子举油灯壮胆,说:"我是男子汉,老虎来了我打他。"那几天正闹过山虎。最大的问题是经济问题,没有钱,我们坐五等舱,睡铁甲板。一次,桂兰用衣服包着儿子寒夜中坐在船尾铁板上,船在峡江中穿行,桂兰的脸被船的尾灯照得惨白惨白的,像一块石头。为节约栈房钱,如半夜上下船,就干脆在候船室坐到天亮。

川民看着我儿子慢慢长大,都成熟人了。我在铁匠铺写生,儿子被飞来铁屑将手烫伤,通宵哭喊。深山里儿子被猴咬伤,我和桂兰忙于画画、拍摄。儿子在石宝寨丢失,半夜找到,儿子蹲在码头哭,母子抱着哭。当时心里非常的难过。在我心中,一直对儿子都有一种歉疚感,我希望你们都顺利成才,你们的后代都顺利成才。绝对不能像我,我们那页已经翻过去了,我们今天讲的是精神。我希望你们一定要顺利成才,珍惜自己的今天。

《长江三部曲》最后获得了文化部、中国美协、新闻出版署授予的中国文艺界最高奖——中国首届美术图书银牌奖、中国连环画十佳文图双优奖、第三届美术连环画二等奖,《中国现代美术全集》也把《长江三部曲》收录了进去。

《长江三部曲》表现的是一个旧的长江,从1924年到1949年这段时间长江两岸人民的生活,一群爱国实业家和各阶层人物在民族和阶级矛盾中求生存求发展的故事。为了表现现代的长江,我们就画了《长江万里风情图》,从沱沱河到入海口,表现现在我们眼之所见的长江现状。《长江三部曲》在欧美和港澳台地区展出的时候都获得了好评。美国的报纸称之为"国宝"、"伟大的艺术"、"新时代的清明上河图"等等。所以人就是要制造困顿、制造逆境,才能够保持最好的状态,达到最后大的圆融,天人合一。当然人也不能穷,盛世文人更不能穷。人一穷,就酸,不但腐蚀自己,也腐蚀别人。就像凡·高,生前一张画卖十几美元,死后卖九千多万美元。这样的事情是悲剧,越少越好。

发展篇:浇灌艺术之花,除了汗水,还有金水、银水

1998年,郑桂兰就收拾起纸笔、拖着小车、背着小包南下闯世界去了。为了光大事业,她要用经济创造更大的人生价值。我和她一起去的。"推开三峡抚长江,碧海追寻华夏光","东南龙世界,浩荡跃其间"。我们过了一段安稳日子。桂兰沉思几日又提出:"你是卖画换饭吃呢,还是在艺术史上留下一笔?"我说:"后者。"于是桂兰果断启程,前往政治文化中心北京,京华北上会群雄,要借助首都的文化氛围,努力做出更大成绩,立志做一个煌煌大国的艺术家,"当年孔雀飞南粤,今日骅骝奔北京。"我们借助了以往对艺术的执著追求,曾经在中国美术馆、人民大会堂、历史博物馆等地办过艺术大展;借助以往所获得的国内外艺术大奖,我很快被京城画界认可,被誉为"当红"画家。

我是靠长江题材起家,在海边发展。我和桂兰在一定深度上开发长江历史题材。在全民经商、无序竞争的时期,我们做"忠义仁智信"的关公文章,创作出以关公为主题的诗书画作品,选择以体现中华精气神、礼义仁智信的关公为主题的创作,吐纳浩然之气。我历时三年创作了《三国演义》240幅国画,被出版界称为"读书界的一件幸事";桂兰相继创办了文化产业公司;我们还在首都古文化街创办了北京关公画堂、北京孔子画堂,以集团军似的方式传播优秀传统文化,在中央电视台首次播映了关公文化品牌广告,长达半年之久。我们宣传儒道佛华夏文化,为经济大潮中的国人树立传统道德标杆。关公文化万里行、孔子文化万里行,从大陆开到台湾,从本土开到大洋彼岸的美国,在华人世界受到欢迎和尊崇。

2000 年,我被中国美协聘为连环画艺委会委员,中国农工民主党中央文委会委员。

2002 年,在人民大会堂获中国质量万里行促进会颁发的"中国当代书画保真十大家"证书。

2004 年,在全国政协礼堂"当代中国收藏界画家十佳排行榜"榜上有名。

2005 年,我担任北京东方绘画研究会常务副会长。我夫人桂兰创办的"关公画堂"在 2006 年从两千多个画廊中脱颖而出,被文化部授予"中国十家诚信画廊"称号。

打破顺境,自造困顿,往返回复,最终实现个人价值和时代价值取向的一致,逐步达到冲和,圆融,中庸,祥和。

感恩篇:与时代同频共振,与人民同忧共乐

诗书画是热血男儿的事业。歌颂光明,鞭挞邪恶,警醒愚昧,扶助弱势。没有爱就没有恨,没有恨和爱就没有文学艺术。创作《适彼乐土》有感于参加三峡移民的过程,为国家舍小家,成百上千的山民们跪拜安息祖坟的群山。搬迁车队首尾几十里,山上山下,红旗如画。

1998 年创作《决战长江》,有感于子弟兵舍命抗洪,题诗:"悬河惊,闷雷惊。六道洪峰撼楚荆,滔滔逼洞庭。晴忧心,雨忧心,狂舞惊蛇江暗明,安危子弟兵。"我们澳门卖画捐款,救助灾民。

创作《延安岁月》,歌颂开国元老,有感于建国后的曲折历程。

1984 年创作反映日本侵华惨景的《国耻不忘》,起初名为《昨天并不遥远》,当时国内有人过分强调友好,淡化侵略,用以警醒。

对社会治安状况,深深担忧:《夜半三呼救》词沉痛一呼:"夜如锅底峡如铅。灯下黑,易藏奸。何来孤旅,遭劫魂飞天。呼救声声声渐远,数声哑,数声尖。沙沙脚步向谁边?泪烧干,心半悬。长街冷雨,只有叶飘旋。鬼怕钟馗人怕鬼,法网在,天未眠!"

对人间鬼魅泼去一盆狗血!

对善良百姓献上一碗心灵鸡汤。

多次为公益慈善事业捐画捐款。出资修建山区致富公路,为三峡移民、敬老院、学校、希望工程捐款,与中央电视台一起为保护濒临绝迹动物捐款。

在有些场合和运动员一样,自己不是代表你一个人了。在大是大非面前,与党和国家保持一致。把诗书画艺术追求和祖国统一、民族团结结合起来。

一个有大志向、热爱祖国、关心社会的人,要把逆境中的苦当乐写。不是

缩在角落里念个人“苦难经”，而是把成为时代长河的“川江号子”，变为鼓舞人们奋斗的号角。“橹篙起落号声欢，绿水青山过白帆。前路迢迢云合月，能有几步顺风船？”“清江到此谁言尽，大海相邀作远行。”“游人坐爱南湖柳，何以宏观南海潮？”把个人的自勉，化作大众的共勉。

2003年在台湾举办“同兴汉室归一统，赤兔青龙大海东”为主题的关公画展，上千米的长街广告，发出请柬6万多张。政要、民众达十余万，在台湾最大的日月潭文武庙，供奉孔子关公文武双圣，主持约请我题写“民族宗师”，“一潭日月九天同轨，两殿圣贤四海归心”，“华夏文化大使，灵魂环保功德。”其意义超出了书法艺术，是两岸的呼声，大海的合声。此横匾至今悬挂在庙堂之上。台湾世界和平协会会长，高规格歌舞盛宴诚邀，请我题赋诗；香港回归时，应政府部门之邀为香港董建华特首厅画《朋友》。

今年在日本举办关公文化万里行画展。1月8日，中日书画家笔会时，作画题诗：“三十年前一月八，周公仙逝雪飞花，田中手植友谊树，安度严霜发嫩芽。”

1987年《百马图》长卷，作为国礼赠送给金日成主席。近几年，多幅作品被中南海、毛主席纪念堂、人民大会堂、委员长办公室、国家图书馆、北大图书馆、各地博物馆及纪念馆收藏。多幅书法题词，被各处古迹名胜风景区刻石立碑。诗词载入《中国诗词楹联艺术家大词典》《新词综》等各种大型词典。自传体七言古风《长忆歌》获“传世杯”中华经典诗词大赛一等奖。

艺术创作的成果，是献给人民的贡果！

“对答学府千场考，重读江湖一部书”

同学们就要高挂云帆了，一展英才。

我有几句话要与同学们共勉：

要学感恩。飞机看起来是螺旋桨自转，其实是空气托起来，看不见的空气才最重要，不知感恩，成功不会长久。

要学借助。不可能孤军奋战，要借党的政策，国家资源，人脉友谊。不计方圆四海龙，未知历日九天鹏，并非自有神通力，下借波涛上借风。

要练胆识。有想象力而没判断力，一事无成，困难并不像想的那么大。“我看天公一脸愁，天公看我双眉皱，君须放眼冲天去，碧空如洗日如豆。”

要结善缘。和善良的、有大志的人交朋友，“交友前途分水岭，创业后付定期单。”创业终有成功，但以风险为成本。

要低切入。先适应社会，不能让社会先适应你。学校的专业可能在用人单位就成业余,纵有孔明之才,也要三顾刘备。我有幅画叫《朋友》,画的是关公与宝马双向选择。要知道关公是兵败降曹时才获赤兔。早了不行,晚了不行。

不贪小利。孔子说千里马不是称跑得快,而称其德;君子不能称聪明,而称其忠。老板认为越有本事越不忠的人更坏事。贪小利改写命运的,当为前车之鉴。

找个好伴侣。爱人找对了,事业成功一半;找错爱人,害三代人。没有郑桂兰就没有我的今天。

用爱心去拥抱社会。

用知识的魔棒去点石成金。

最后用我一首词与同学们共勉:

“泰山嫌鲁小,琼岛恨天低。放眼三千界,星球点点稀。”

谢谢大家!

(2006 年 9 月 27 日)

(原载《北大讲座》第十三辑)

自我意识与个人成长

丛 中

[演讲者小传]

丛中,精神医学博士,北京大学精神卫生研究所教授。1985年泰山医学院毕业后留校从事精神病学教学、临床工作。1989至1994年,考入北京医科大学攻读精神医学硕士、博士学位,先后师从著名精神病学家许又新教授、沈渔邨院士从事神经症、精神分裂症临床及脑生化研究。现为中国心理咨询与心理治疗专业委员会委员,主要从事神经症、人格障碍、应激障碍与危机干预、同性恋、性心理、性功能障碍、子女教育、升学就业、恋爱婚姻等方面的心理治疗与咨询及研究工作。

各位同学：

晚上好！非常高兴有机会跟大家讨论一些有关自我意识和个人成长的心理问题。去年在北大医学部那边，生物医学论坛也邀请我做了一次演讲，当时我“大放厥词”，谈的是有关恋爱婚姻的心理问题，不知道大家还记不记得。那个讲座过后，我是希望很多人能够离婚的，而经历了这么长时间，不知道还有多少同学会觉得离婚比结婚更正确？（笑声）我喜欢这么放开了说话，今天我可能还会这样，希望大家谅解。

言归正传，今天我讲座的主题是“自我意识与个人成长”。

大家知道，前几天我国发生了一件具有历史性意义的事情，那就是“神舟”五号航天飞船载着我们的宇航员杨利伟登上了太空。在人类已经进入太空时，我想，仍然有三个无尽的科学之谜值得我们深入探索：宏观的宇宙、微观的粒子以及人类自我。我们认识外界已经有了一些方法，取得的成果也很多，而无论是对于人文学科还是医学科学的工作而言，我们对于人类自身的认识则很不够。譬如，从生理学上讲，对于人体组织的恶性增生之癌症、SARS、艾滋病等我们还搞不大清楚；而从心理学上讲，对于人类自我是什么，更是不太明了。总之，相比对宇宙和粒子的研究而言，我们对自我心理的研究还很欠缺。

谈到我们人类，我称其为非常“自恋”的动物。因为自从有了人类，人就意识到有一个自我存在，继而认为我们自己就是宇宙的主人，我们人类所占据的地方就是宇宙的中心，而我自己所处的地点，就是宇宙坐标的原点。所以，无论从个体还是人类来讲，人们总是把自己作为宇宙间所存在的事物之中的主体，而把我们之外的东西当作客体。在这种情况下，对于“自我意识”，我们给它一个定义，即是指人们对自身及其与环境的关系的反映。这有两个层面的意思。从第一个层面讲，我们在认识外界的同时，把自己也当作一个客体来认识。比如说人体有206块骨头，我们的心脏朝向哪边等。当然，人不仅有身体，还有心理。人们会说，“哦，这是我的想法”，“我的心情现在是不高兴”或者“我现在非常幸福”，这时，人们将自我心理也作为对象来认识了。

但是，人们进行自我认识的时候，不能仅仅关注自己，这样的话，人类还是搞不清楚自己是什么。这就涉及第二个层面：人们必须看到自我跟这个世界的关系。譬如我们处在一种什么样的环境中，我们把自己当“人”是相对于什么来讲的。那么，究竟什么是“人”呢？我在这里给个定义：“人”是自称为“人”的一种动物，人在心理上认为“我是人”，“我跟非人是不同的”。既然“人”作为存在是对比于“非人”来讲的，那么，“人”只有在弄清自己与外界的关系时，才能清楚地意识到自己是什么。一旦脱离了环境，脱离了人跟环境的关系，我们单独看“人”是看不清楚的。比如说，有同学讲“那是个好人”，有人就反问,"你怎么知道他是好人呢?"这个同学就说,"那次,我扛着包,太重,扛不动了,他帮了我的忙。"这表明,我们只有通过认识环境以及人与环境的关系,才能实现自我认识。

这里有一幅图画:一个人端坐着,眼睛里燃烧着火焰,它代表血液、生命和心灵,瞳孔中浮现出千姿百态的人。我的理解是:这个人用他的眼睛和他的心,观察到了整个世界上不同的人,通过看别人,他在理解自我,注释自己生活的意义。

正如人的身体由细胞、组织、器官等组成,那么,人的自我意识是如何构成的呢?我认为可以从几个不同的角度来认识,从而得出不同的结论。

其一,我们可以将自我意识看作是"原因自我"和"目的自我"的统一体。何谓"原因自我"?这就要讲到"因果律"。"因果律"是物质世界运动的根本规律。人的心理活动也服从因果律。举个例子,一般人第一天学到一些知识,到第二天就忘掉了一些,这不是人的意志所能决定的,而是因果作用的结果。再比如说,人们在心里思考问题,从这个问题到下一个问题,中间有一个加工过程,但它既不被我们所体验,也不被我们所决定。现在,请大家看我手里拿着的遥控器,然后讲出你们想到了什么。我听见有人说"电视机",有人说"VCD",那么,这个联想是怎么加工出来的?它不被我们的意志所控制,而是属于因果关系的。其实,对于人类而言,无论是身体的生老病死还是心理的产生、活跃直至衰竭,我们都历经一个符合因果关系的运动过程。尽管我们有不同的感觉:"我是小孩子""我是老年人""老年人难免老朽,年轻人思想开放、敢想敢干"。为什么年轻人的想法与老年人会如此不同呢?这经常不是他们个人故意所为,而是因果作用的结果。

何谓"目的自我"呢?这一部分与"需要"有关。先举个浅显的例子,肚子饿了的时候,我们找着吃的就会很高兴,找不着就会失望,然后接着去找,这属于人基本的生理需求在心理中的反映。再举个深刻点的例子,大家忙忙碌碌在寻求什么?大家为什么来听这个讲座?为什么做课题?为什么考研究生?这一串串问题也都对应着我们的需要。人生活在一个物质的世界上,我们的身体是物质的,大脑是物质的,思维的规律由物质来决定,但是,我们自己还有一部分支配物质运动的自主权。正如今晚大家来这里听讲座而没有跑到别的地方去,这说明我们选择做一件事情是为了满足自身的需要,在这种需要的推动下,我们自主行动。我又联想到成人IQ测试量表中的一个题目,问"人为什么结婚?"这个题目很简单吧,我想听听大家的答案。好,我听见有人说:"为了找个人给我做饭吃。"(笑声)有人说:"为了完成任务。"(笑声)有人说:"为了满足生理和心理的需要。"有人说:"这是社会使然。无论是男人还是女人,到了一定年纪还不结婚，外界就会认为你有问题。”（笑声）我觉得第三位朋友的答案最合理。从生物学角度来讲，正如口渴了就想喝水一样，人有性的欲望，男女双方性交的操作能够满足人的生理需要。同时，这也是一个心灵融合的过程，能满足人的很多心理需要。并非大街上任何两位异性相遇都能结合，而是只有找到一个志同道合、心意相通的对象，人们才想要结婚。这就是说，我们为什么谈恋爱、为什么结婚，从生物学层面看，因为我们体内有激素，从心理学层面看，因为我们有需要、有目的。

“目的自我”还包括“解释”的部分。比如你选择结婚，选择上学，选择工作，都会为它寻求理由，由此给自身的行为提供注释。也就是说，我们不仅生活在一个物质的因果世界里，也生存在一个自我注释的意义的世界里，就像人会不停自问：“我这样做有什么用，有什么意义”。我进行心理治疗工作这么多年，最近发现了一个难点：初中小女孩不上学了，家长找我做咨询，想让我帮助孩子摆脱厌学情绪。我看到家长给小姑娘列出了上学的诸多好处，比如学习成绩优秀可以进顶尖的大学深造、前途光明；比如学习好可以为将来找份好工作奠定基础，加上自个儿长得漂亮，以后可以嫁个好丈夫等等。但是小女孩听完就反驳道：“你说这些有意义吗？我早看破红尘了。我现在这样不挺好的嘛。”（笑声）她这么一说，把我和她家长全弄傻了。从这个事例中，我们可以发现：对生活意义的理解和注释，会决定我们选择做什么事情。那个小女孩不上学，是因为她有自己对生活意义的独特理解和解释；而我们这些读了研究生还不停要求进步的人，是因为我们对生活有不同的意义解释。并不存在某个“研究生基因”决定某个人一定要读研究生，也不存在某种“研究生激素”推动某个人上研究生，而是因为我们有对于世界和自我价值的意义理解和解释。所以说，人不仅生存在物质世界里，更生存在自我解释的意义世界里。那么，我们作为心理学研究者，一方面要研究心理活动的因果规律，这属于自然科学的范畴；另一方面还研究人的生存目的和意义，这属于人文科学。去年《南方周末》上转载了一篇文章，质疑心理学是否属于科学，我的回答是：对心理活动因果关系的探索算是自然科学，而对人的生存意义的研究，跟哲学、宗教、社会学、文学艺术等的探讨有异曲同工之妙。

其二，我们还可以将“自我意识”看做是“躯体自我”和“心理自我”的统一体。也就是说，在人的心里，会意识到：“我有身体，我也有心理。”所以，自我（myself）意识就是由“my body”和“my mind”共同组成的意识。但是，要强调的是，这里的“自我”已经属于自我意识的范畴了，“躯体自我”指我的身体在我心里被感觉是什么，“心理自我”指我的心理又被我认识成什么。

其三，我们可以将“自我意识”看做是“情感”和“理智”的统一体。人类从两千多年前的苏格拉底、柏拉图时期开始，就已经在钻研逻辑推理了；17 世纪文艺复兴时期，自然科学迅速发展；现在，我们人类的科学技术发展到了令人惊叹的地步，运用科学规则作研究的实证主义科学研究，更是充分展现了人类理性的辉煌。那么，是不是说，在人类高级的心灵中，只有理性是最可贵的呢？确实，现在的实际情况是：我们把理性推到了很高的位置，而把情感不太当作一回事。正如有初中生发生“早恋”现象时，老师就会劝导：“早恋有害，这会耽误学习。学习不好，以后就没得发展。你们需要理智一些。”而中学生会反驳说：“我现在都没活好，哪还有什么以后啊？！”

所有的理智都被推崇得高于情感，对此我不赞同。我特别希望人能够真实、全面地对待自己，能够用推崇理性那样的高度来尊重情感和需要。我经常这么说：“一个不爱玩的孩子，很难相信他长大之后会热爱学习，会热爱人生。”如果让孩子只学习不许玩，结果必定使孩子产生厌学情绪。好多小孩子乖乖地背着书包去上学，不是为了听课的那 50 分钟，而是为了课间的 10 分钟。他们宁愿提早一两个小时到校，因为这时他可以和小伙伴们高高兴兴地玩儿。假如在学校里只有上课时间而没有课间休息，只有语文课、数学课而没有美术课、体育课，我相信很多孩子不情愿上学。即使大学生也是如此。我对刚进校的大学生进行过一次调查，结果发现 60% 以上的大学新生厌学，估计没有考上大学的学生，其厌学的比率会更高。大家对此不必觉得奇怪。从这些事例中，我们可以发现：人类的理性不能完全解决生活意义的问题。我们对于生活的直接感受，我们的非理性的情感，这些才是我们作为人的最原本的东西。我这么说，绝不是有意贬低理性的价值，而是想提醒人们：在推崇理性的同时，也应提升一下情感、需要等非理性的地位。

每个人都会觉得自己有思想、想法、感情，那么，是不是我们心里所有的东西，自己都能感觉得到？我们的大脑就像一台计算机，呈现的是 windows 的界面，可是，大脑里面在加工什么呢？这些东西作为程序是如何装载进去的？它们跟硬件是如何结合的？其中有许多的秘密值得我们探索。研究人体自身的工作，我想将来不仅在于研究人的神经、免疫、内分泌，也不仅在于研究高级神经元、生化、药物，更在于研究人的心理跟神经元“电信号”的活动的对应关系。什么样的“电信号”伴随什么样的心理活动，心理是如何形成的，人一出生时是否有心理，这些都是心理学和生物学共同要研究的一些问题。人类已经进入 21 世纪，“后基因”时代来临，我想人们在研究了蛋白质之后，一定会回过头来研究人的心理。因为心理正如海平面之下的世界，虽然我们看不到，它却影响着人们每天的活动，它永远是最艰深的研究课题，研究它正如研究宇宙深处的火星一样的难。

下面,我们开始讨论自我意识是怎样形成的。

首先我问问大家,新生婴儿的脑袋叫人脑吗?从法律意义上讲,一出生,一喘气,肺胀大,体循环建立了,就算是“人”了;但是,从人的本质意义上讲,人是自己把自己认作是“人”的一种高级动物,人的本质特征是要有心理活动,刚出生的孩子似乎没有这种心理。虽然有研究说,胎儿在母亲体内时,如果在羊水中注入甜味的东西,他会吞咽、表情愉悦;如果注入苦涩的东西,他会展现出厌恶的表情。但是,感觉味道是婴儿最基本的反射性行为,它由神经系统决定了,就像孩子出生即会吸吮奶汁一样。而新生婴儿是不具备辨识自己、辨识外界、区分自己与外界这些高级意识的。我们认为,自我意识形成的标志是能使用代词“我”。孩子能用“我”这个代词,大概在两岁左右。两岁之前,如果父母问“宝宝,想吃糖吗?”他也许会张开小手,说“宝宝想吃”,“宝宝”指的是他自己,但是他还不会使用“我”来代称。只有经过反复的解释和训练,孩子才能学会运用“我”这个词。从一出生,到使用“我”这种自我意识的标志,经历了一个过程。再比如说,我们把手从远处快速接近眼睛,会不自觉地眨眼睛吧,这是一种反射性保护的行为,而新生婴儿没有这种反应。我在我弟弟的孩子身上做过多次测验。(*笑声*)孩子两三个月时,我看见他睁着眼睛四处窥探,于是伸手接近他的眼睛,发现他的眼皮一眨不眨。这个例子的心理学含义是什么呢?在两三个月大的孩子心里,外界没有远近之分,没有空间和深度,有深度感觉得到六到八个月的时候。这又通过什么来测试呢?孩子在床上乱爬,爬到床边他就停住,不再乱动了,这说明他产生了视觉“视崖”的心理反应。那么,对于六个月之前的孩子,他眼里的世界究竟是什么样子的呢?它是平面的,没有距离,没有远近。外界与他是零距离的,他跟外界环境完全混沌在一起。他就是世界,世界就是他,无法分开。

新生儿是如何建立起自我意识的呢?首先,他会意识到有一部分东西属于他自己。举个例子,妈妈不来送食物的时候,他会吸吮手指,一方面舌头、口唇有感觉,另一方面手指有感觉,这表明他认识到手指和舌头是他身体的一部分。再比如说,孩子小的时候,你如果不给他剪指甲,他会把脸抓破,这表明他在认识“我有手,我有脸”。在抓自己时,他产生了双重感觉,这是他的一种自我体验。而在抓别的地方时,他只有一重感觉,那另一面就是外界。这种感觉的不同,帮他区分自己与外界。除了感觉之外,还有活动。孩子发现他自身可以随意地活动手脚,而外界比如说他的妈妈,他无论怎样想妈妈,妈妈都不会跟随他的想法一起活动,妈妈的活动不是他的意志可以控制的。所以这类不能用意志随意运动的东西,他就不归为自己的一部分。当孩子学会走路后,他会发现身体跟随他前进,所以身体是他自己的。当然,孩子小时候会发现月亮

走他也走，这时他会把月亮也列为自己的一部分。（笑声）

然后，孩子也会意识到自己的某些心理。比如好久没吃奶了，孩子会感觉到饿；尿湿了裤子，就感到不舒服。再往后，孩子长大了，会产生喜怒哀乐等情感。更深层的，人形成了想法，而且这些想法随着身体一起移动。在哲学上，称之为“我思故我在”。因为我有思想，所以我知道我存在。当然，除了思想之外，还应该有感情、感觉、需要、意志等。

我存在，形成了一个总括的“我”，那么，究竟哪一个是“我”呢？比如，我说我存在一张脸，你就问我，哪个地方是我的脸？我指着额头，你说不对，那是额头；我指着鼻子，你说不对，那不是脸，那是鼻子；我指着腮，你说也不对。那么，我的脸究竟在哪儿呢？答案是没有一张单独存在的脸。同样，也没有一个单独存在的“我”。把我感知到的“我”的身体、情感、思维等综合起来，才形成一个“我”，它是概括的、抽象的。这就像白马、黑马、斑马等，人们总称它们为“马”。但若要你立即拿出一匹一般的、非具体的马给人看，你肯定拿不出来。

请大家看图片上的鼹鼠。“它知道它是谁吗？”你肯定会说：“我非它，安知它知道自己是谁？”（笑声）请问，动物有心理吗？这个问题很难回答。但是，如果问，动物有人的心理吗？这很容易回答：没有。动物有动物自身的心理吗？有。这让我想到一个笑话：白领太太不上班了，待在家里无聊，于是每天牵着狗出去溜达，有人就开玩笑，不知道是人“遛”狗，还是狗“遛”人。（笑声）我们经常是只站在自己的角度看问题，而不容易站在自我以外的角度看问题。

有的同学可能养过猫，不知道你们有没有这样的发现：你给猫照镜子的时候，它会跑到镜子后面去，因为它觉得那里还有一只猫。它不会明白，镜子里的猫是自身的映像。测动物的自我意识，有这样一个实验。在黑猩猩的房间里，放一面大镜子，它经常在镜子旁边玩耍。有一天，它睡着了，派人悄悄地在它额头上涂上一个红点。它醒来后再去照镜子，发现镜子里的黑猩猩额头上长了一个红点，于是很好奇地伸手去摸，结果发现镜子里的黑猩猩也伸手摸它。这时，它会顿悟，缩回手来，摸自己的额头，然后看自己的手上有没有红印。实验发现：所有的动物中只有黑猩猩存在自我意识，能跟人类站在一边。人们经常人性化地对待小动物，正如刚刚在北大餐厅外面，我还看见一个女生把一杯牛奶放在一只白猫面前，亲切地对它说：“你吃饱了吗？你减肥吗？”（笑声）我想说：你以为它是谁呢？（笑声）其实，宠物没有人的心理，只是我们有时候把它们想像成拥有人的心理罢了。

刚刚我们谈了一些客观发展的“自我”的概念，实际上，我们还有更多的任务需要完成。人一出生，就有了一个生物的脑，它有点像计算机的硬盘、CPU

等。但是仅有这个硬件,没有软件程序,计算机还是不能运行。据说,现在有人工智能的计算机,可以写长达400字的作文,可惜写出来的东西,让人看不懂。(笑声)计算机运用开放的程序能形成学习的能力。据说,国际上有学习能力的最好的计算机,被人类养育教育,教它说话,带它遛弯儿,两年之后,它的智能可以达到五岁孩子的水平。人相对于计算机来讲,一出生也有一个硬件,而且这个硬件比计算机的更为先进,因为我们的大脑不仅能像计算机一样装入软件程序,还能随着生活的经历塑造拓展自身的硬件。实验表明:初生婴儿大脑的神经元具有极大的可塑性。人们在猫的身上也做过类似测试。猫刚出生,就缝住它的一只眼睛,三个月后处死它,观察它的脑皮层,会发现缝住的那只眼睛所对应的神经元萎缩了,神经元之间的联系很少,而睁着的那只眼睛所对应的神经元涨大了,互相之间的突触联系也多。这说明,猫的脑袋具有可塑性。人脑更是如此。计算机一出厂,它的硬件就无法改变;而人脑在出生后,它的硬件还在发展。可以说,刚出生时的人脑,还是个生物脑,不具备人的心理功能,严格意义上,不应该把它叫做人脑。经过发展,出现了心理意识能力,才能称得上"人脑"。人的心理,包括自我意识,就是人脑不断接受刺激、与外部环境相互作用而逐渐形成的。

下面请大家说说,孩子一出生,最先会干什么?对了,是"哭"。从生理意义上讲,哭是呼吸并发出声音。从心理意义上讲,哭具有获取妈妈爱抚的作用。"哭"这种行为,在小孩子身上非常频繁。孩子喜欢哭,因为他可以从"哭"中得到相应满足。比如他一哭,妈妈就来喂奶。他再一哭,爸爸就来换尿布了。(笑声)所以,只要父母把孩子照顾得足够好,孩子会逐渐相信:他只要一哭,就什么都有了。"大炮一响,黄金万两。孩子一哭,什么都有。"(笑声)进而,孩子会形成一种信念:只要他哭,就会得到援助。由此,慢慢地他会形成自信心,相信自己有通过一定的手段来解决困难的能力。相反,如果孩子哭,妈妈有时候来有时候不来,于是他习惯了带着哭声入睡,醒来再哭还是什么需要都得不到满足。当他觉得他没有办法能使妈妈出现时,他就会丧失自信心。所以说,妈妈给孩子定期喂奶,孩子一哭就过去,是孩子形成自信心的第一要素。另外,这种做法还能让孩子形成安全感,因为他不用担心自己会被饿死。同时,还能形成人际信任。一位好妈妈通过自身行为,能让孩子相信她是可依恋的、可信赖的,妈妈还能教给孩子人际交流、情感互动的能力。这时,孩子会形成第一种人际关系。只有幼年曾经体验到充分母爱的孩子,长大后才能对他人奉献爱。逐渐地,孩子发现有一个长着大胡子的人对自己也不错,(笑声)哦,那是爸爸,他也是可信任的。由此往后扩展,对幼儿园的小伙伴等其他人,他也形成了信任感。应该说,一个人一生当中,相伴时间最长的是同龄人,而从幼儿园开始，孩子就学着跟同龄人打交道，这能培养他们平等、尊重、协商等心理品质。所以说，送孩子上幼儿园是很必要的。但是，不能忽视，在这之前，能跟妈妈爸爸建立良好的关系是孩子下一步跟同龄人建立友好关系的重要基础。

有研究发现：两岁以内，如果离开妈妈达八个月之久，长大后，这样的孩子就会沉默寡言、性格孤僻、离群索居。当然，如果一出生的时候，就抱给奶奶喂养，奶奶就相当于妈妈的地位。离开奶奶超过八个月也会产生同样的后果。但是，我的建议是不要让奶奶或者其他人在孩子出生不久就替代了妈妈的作用，这会滋生很多心理问题。其一，一旦在孩子七八岁的时候，奶奶去世了，这就相当于孩子在未成年时要经历一次“母亲”去世的打击。这对他的心理会造成极大创伤。其二，即使不等奶奶去世，等到上学的年龄时，让孩子回到父母身边，孩子容易跟父母形成对抗情绪。因为奶奶从来不逼迫他学习，而爸爸妈妈在他小时候并没有养他而现在却总是管束着他，让他学习、做作业，这会使他们比较奶奶和爸爸、妈妈，感到前者是好的，后者是不好的。更严重的，孩子会产生逆反心理，家庭内会出现亲子冲突、家庭暴力，如果冲突处理不好，会使孩子形成反社会人格，甚至出现自杀行为。

这里有一张图片，是小猩猩亲昵地依偎在母猩猩的怀抱里。这让我联想到一个非常有名的实验：制造两个人工的假猴子妈妈，都用铁架子扎成，并且系上奶瓶，但是一个包上毛茸茸的皮层，一个不包。按照我们的想像，“有奶便是娘”了，小猴子随便吃哪一瓶奶都是一样。但是，结果发现，小猴子会去找那个包着毛皮的“妈妈”喝奶，并且吃饱了，过一会儿它就跑过去抱着“妈妈”攀登一会儿。可见，母亲和出生不久的孩子之间的关系，不只是喂奶吃奶这么简单，而且，母亲喂奶时候的那番呵护、那种表情、那些言语，都对孩子产生重要影响，心理学上把它叫做“attachment”，这是孩子人际交流的开始。

其实，孩子勇敢与否，也与妈妈的呵护相关。我们可以看到这样的场面：当两岁的孩子面对从没见过的小白兔的时候，他会好奇地瞪大眼睛看，但是他不知道小动物对他而言是危险的还是安全的，所以，他又有些害怕。他先开始伸手要去触摸，但是很快又把手缩了回来。然后，他会去找妈妈，一手拽着妈妈，一手指着兔子，向兔子靠近。可见，从对妈妈的依恋关系中，孩子建立起安全感。等到孩子渐渐长大，他的心里有了“好妈妈”的映像，这时如果短暂离开现实中的妈妈，他的安全感也不会立刻丧失。妈妈和孩子之间是否相互依恋，孩子是否感到妈妈可信任，这决定着孩子将来是否勇敢，决定着孩子以后能否继续探索未知、开拓创新。

美国有一本书 *Life after Trauma*，其中提出了“心理创伤”的理论。比如说经历过类似“9·11”的恐怖事件,或者空难事件,或者微小的被伤害之后,我们的某些方面会被损害,这包括:第一,安全感;第二,对他人的信任;第三,关于生活是可控制的自信心;第四,自尊心;第五,与他人建立亲密关系。

包括谈恋爱,都会涉及到心理问题。可以说,心理健康的水平有多高,恋爱和婚姻的质量就有多高。当然,质量高不等于说不离婚。(笑声)有的女孩子被别人追着,被动接受对方的付出,最后找到的是父亲般的温暖,她自身扮演着女儿般的角色。在这种恋爱关系中,她找不到平等的互相奉献的爱情。这时,在性生活中,她对丈夫的感情仿佛对父亲的感情,因此无法激发出性的欲望和热情。在这样的婚姻中,女性没有性高潮的比例很高,男性阳痿的比例也很高。

言归正传,我发表一下自己对于个人成长规律的认识:我们的过去影响着我们的现在,而我们现在的行为方式又铸造着我们的未来。也就是说,如果我们早年的经历比较好,就会有更多的机会自我发展。而如果在早年遇到的问题较多,就可能在成年后形成性格上的某些缺陷和不足。比如,如果我们早年没有遇到可信赖的父母,那么,成年后就容易对谁也信不过。

关于心理健康,我有三句话的概括:在成长过程中,心理健康是由幼年的人际关系塑造而成的。成年后,我们带着这种内心基础与他人打交道,心理健康就表现为良好的人际关系。如果我们有较好的人际关系,我们就能继续维持较好的心理健康状况。从这个角度讲,自我意识和心理健康,都与人际关系相关。但是,我们小时候经历的事情,比如生在什么时代,什么家庭,有什么样的父母,他们怎么对待我们,能够被我们自己决定吗?显然不能。既然幼年经历对自我成长有那么重要的影响,这是否意味着,我们终身的性格是无法改变的呢?我们的命运无法逆转呢?实际并非如此。因为一旦成年,我们就有了反思的能力,可以对幼年生活经验所形成的某些程序进行修正。尽管早期程序相对重要,但并非百分之百地决定了我们现在的行为。所以,今天我选择了自我意识当中比较重要的几个概念,并跟大家一起探讨如何来修正一些不好的程序。

“自尊”,即对自身价值感的肯定,认定自己对社会对他人还有用处。“自信”,是对自身能力的肯定和坚信。“自我效能”是对自我潜力的肯定。它更多地是由既往生活经历导致而成的。比如,过去我学会了骑摩托车,难道现在我就不会开汽车了吗?过去成功的经验会让我们相信自己有做某件更难的事情的潜能。“自尊”“自信”“自我效能”共同的反义词是“自卑”。它是对自我的一种态度,表现为对自己的能力和品质评价过低,轻视自己或者看不起自己,担心失去他人尊重的一种心理状态。

现在,我们要做的工作是修正自卑感。我特别喜欢尼采所说的"重估一切价值"。我说,我们要重估自我的一切价值,这是非常必要的。内外向性格的创建者、著名精神分析学家荣格,曾经讲述过自身体验:到三十四五岁时,他出现了一段时间的迷茫,感觉活着没有多大的劲儿。为什么呢?因为博士毕业了,教授头衔带上了,他开始质疑自己还能干些什么。后来他发现,他原来所追求的"博士"、"教授"等头衔,都属于社会外在价值,而只有追求自我内在价值,做自己喜欢的事情,才能让自己的生命重新焕发热情。的确,如果有机会,让在座的各位年纪轻轻就完成博士、博士后、教授等一系列进程,你会发现你的心灵会面临崩溃的边缘,因为你看中的外在价值体系都实现了,你不知道将何去何从了。

自卑的本质是自我劣等感,自我排斥、自我憎恨、自我不接纳。具体的表现有:首先是在认知上自我评价过低。有的研究生老是抱怨"我不行呀,我太笨。我肯定毕业不了了。我的朋友也离开了我,我太没用了",总之是觉得自己没出息。按理说,研究生的社会地位很高,会受到外界很多人的羡慕,但是仍然有研究生摆脱不了自卑。可见自我评价和自身的实际社会地位不完全相符。我特别佩服"板爷",他蹬着板车,车上坐着媳妇,菜筐子里头装着孩子,早出晚归,一天挣上十块钱就满意了。按理说,"板爷"的社会地位低,但他自己不这么感觉,他有自己的快乐。如果"板爷"自身也蔑视自己的社会地位,抱怨"我不该这么差",他就会自卑;相反,如果他跟自己说"现在我认了,我就这样,我卖一辈子菜,别拿我当人",(笑声)他就不会有强烈的自卑感。

最近,我们一些心理学同道在讨论弗洛伊德关于死亡本能的问题。有一种说法:人将自身的能量完全释放后自然就歇息了,正如生命之花热烈绽放后就会凋零。这让我联想到北大的登山运动员,在山鹰社五位同学遇难后,我们给其余归来的队员做心理干预。当时,有的同学讲:"我们登山是为了锻炼意志"。家长就反驳道:"香山高 500 米,你爬 14 趟,不就相当于登上了 7000 米高的雪山?"但我说:"登山体现了一种勇于探索的精神,队员们借此能够实现生命的自我价值。"登山队员对此非常赞同。他们说,"当我们拼上所有力气到达山顶时,看到蓝天映衬下的雪水湖,让我们强烈地感受到生命力量之所在,那种心情是无论爬多少次香山都无法比拟的。"的确,人是追求自我实现的。一个人如何认识自己,会影响他的处事行为方式。

在自卑感的形成中,关键是当事人不能正确认识自己。有些人读到硕士,还找不着对象,就自卑:"为什么我都读研究生了,还是没人爱我呀?"于是继续读博士,成了"第三种人",更没人爱了。(笑声)当然,我不是取笑"第三种人"。外界谣传,女博士最不经看,但是我发现事实并非如此。外界还说,北大女生长得很丑，因为漂亮的女生，高中时候就被男孩子写情书骗走了，(笑声)剩下的专心读书的女孩子当然是难看的。但是，今天放眼望去，怎么发现台下的女孩子个个都这么漂亮呀？(笑声)

在自我评价过低之后，自卑感会表现为：自我厌恶甚至自我憎恨。因为感觉自己如此之差，进而不能接受自己。随之而来，会自我苛求。有个高二的女学生，在学校里一直表现出色，每次考试必然第一，但是有一次，她突然成了第二名，她无法接受这个事实，竟然要求休学一年，因为这样的话，她就比下一届的学生多学了一年功课，因此可以稳操胜券，能保持第一名，一直做到高中毕业。其实，在她偶然遇到成绩落到第二名的时候，她就开始自卑了。自卑还会表现出自我陶醉、自暴自弃的倾向。有个高中男孩，在学校的时候，成天上课睡觉或者玩耍，放学回到家，就拼命学习，因此成绩也不错，老师夸他是年级最聪明的学生。得到这一评价，他特别高兴。但是渐渐的，功课多了，任务重了，上课完全不听讲，即使在家开小灶还是赶不上进度。于是，他改变了策略，在家集中学习数学一门，这样下来，虽然其他学科成绩非常糟糕，但是数学成绩一直优秀，老师仍然夸他很聪明。只可惜太贪玩，高考迫近了，他怎么拼命也赶不上所有的功课，于是，他干脆选择放弃努力，让大家继续赞赏他外表的悠闲和聪慧。

除此之外，自卑感反映在人际交往上，会表现为：不敢表达，讨好他人，人际敏感，过度控制，行为退缩，孤僻离群。这是一系列连续的反映。首先，一旦某个人有了自卑的倾向，他就会觉得自己能力有限，每当别人讨论问题的时候，总是担心自己的“浅见”会遭人耻笑，总想“不鸣则已，一鸣惊人”，说起话来要妙语连珠，可是却发现该自己说话的时候却大脑一片空白。最后，他干脆放弃发言的权利。当别人高谈阔论时，他会一味附和，表现出刻意的奉承，但是没有想到，这反而使得别人认为他没有独立的人格而更不愿意与他交往。当他的人际关系已经不太好的时候，就会刻意留心身边的人的反应，就像有一天，身边的人不高兴了，对他置之不理，这本来完全不关他的事情，他也会烦恼，苦苦思索是不是自己得罪他了，哪里料到也许别人只不过跟妻子吵架了，(笑声)因此心情极度恶劣。因为敏感，怕出差错，有自卑感的人就会过度控制自身的一言一行。当发现这样还是不能获得友谊时，他就会异常退缩，活在属于自己的狭小空间里，感到无比的孤独寂寞。从这个分析中我们可以发现人际关系的重要性。记得小平同志提出“科学技术是第一生产力”之后，我的一个同事兴致勃勃地告诉我说，他发现“人际关系是第二生产力”。的确，在一个企业中，仅仅有高深的科技，却没有管理人员、科研人员、销售人员、生产人员团结协作，还是无法取得令人满意的经济效益。

下面，我们探讨一下自卑形成的原因。

它可能有生理方面的原因，比如由于身体缺陷或生长发育的问题，有的人会觉得低人一等，自暴自弃。但是，更多的或更根本的还是心理方面的原因。而这种心理缺陷又与幼年经历相关。这具体有五种表现。第一，缺乏爱、被忽视、被冷落。我们可能见过这样的例子：当父母吵架、争持不下，而把孩子丢在一旁、不闻不问时，孩子会砸东西，以引起父母的注意。可见，他们渴望被关注。这让我联想到恐怖分子的活动，他们制造一件件骇人听闻的事件，从中得到快感。以精神分析的观点来看，很多恐怖分子身上存在幼年时期被父母忽视的情况。他们制造恐怖，是因为他们被社会冷落，他们通过自身的行动，寻求被关注、被重视，去争夺话语权。所以，要解决恐怖问题，我认为应该从两个方面同时着手。一方面加强防卫，另一方面增添人群间的相互关爱，使社会上少一些弱势人群和被忽视的人群。第二，过度地受到批评和惩罚。比如一个孩子小时候因为成绩不好，经常受到父母的责骂，长此以往，他就会认为自己真的很没有用，从而感到自卑，出现厌学情绪。第三，习得性无助。这是一个社会心理学的概念。指人不断经历挫折后会觉得自己没有能力。第四，过度保护和过度依赖。为什么这也能滋生自卑情绪呢？因为一方面，孩子长大后，会离开自己依赖的人，突然发现周围的人不能再让他依赖了，他感到无助，感到时刻存在一种被遗弃的潜在危险；另一方面，孩子习惯了被保护，也就习惯性地认为自己没有能力克服困难、解决问题。第五，过高的期待和过度的自我控制。

谈到自我期待时，必然会谈到几个相关的概念。“现实自我”指的是某一特定时间某个人现有的一切；“真实自我”指的是自我内部潜在的可能性；“理想自我”指的是在想像中希望成为的自我。一般会认为，“理想自我”会鼓舞人，可以给人提供一种价值感和身份意识，这没错，但是它还有负面影响。一旦一个人的理想过高、完全无法实现而他又绝不放弃时，就容易使人增加自我鄙视的感觉，就会使人产生额外的内心冲突。在心理咨询的过程中，我曾经遇到这样一个案例：有一位本科生，看到电视上报道有人获得了“双博士”学位，他非常受鼓舞，于是制定计划，从本科阶段开始，就发奋图强，他的目标是先攻读“双学士”学位，再攻读“双硕士”学位，最后一共要拿到八个博士学位。（笑声）他开始制订严格的学习计划，课间十分钟也要分三个学习段，上厕所要拿着书背诵课文。开头几天还好，成效显著。但是几天之后，他被这严格的学习计划压得喘不过气来，他发现每天都无力完成他制订的完美计划。于是他开始蔑视自己，认为自己是个废物，一个学期下来有几门功课不及格，并出现了焦虑、紧张、恐惧等症状，最后不得不中途退学。从这个例子可以发现：理想自我也存在负面的作用。高尔基曾经说:一个人的目标越高,他的才智就发挥得越充分;一个人追求的目标越高,进步就越快。但是,我并不这么认为,因为如果目标过高,我们根本就没有实现的现实可能性,而我们还坚持必须实现这样的目标,有点儿像当年的“大跃进”,结果只能是造成自我挫败。要使得“理想自我”更多地发挥正面效应,就必须立足于现实,正确地估算目标,然后踏踏实实地去实践。

针对自卑形成的原因,要消除自卑,我觉得应该从以下六个方面着手:第一,重新评价自己,重估一切自我价值,包括重新审订自我价值的评判标准,要做到以人为本。第二,尊重自己,善待自己。第三,勇于表达自己的需要、愿望、见解和情感。第四,宽容自己,接纳自我。第五,目标适当,面向理想,立足现实。第六,积极行动,善于交往。

最后我想谈谈关于“精神自杀”的问题。

大家知道,自杀是故意终止自身生命的行为。我国每年有26万人自杀成功,死于自杀,还有大约200万人自杀未遂。这种自杀,杀掉的是生命,让呼吸心跳停止,确切地讲,应该把这种自杀叫做“躯体自杀”。另有一种自杀,是我提出来的一个概念,叫做“精神自杀”,它杀掉的不是呼吸心跳,而是在保持呼吸心跳的同时,杀掉自我的愿望、动机、思维、情感和行动。我认为,精神自杀的人数远远超过了躯体自杀的人数。中国人有些老话,比如“知足长乐”“无欲则刚”“清静无为”“难得糊涂”“三思而后行”“多一事不如少一事”等等,这些一旦被某个人奉为其生活信条,就成了他精神自杀的“上吊绳儿”。这些生活信条,在我们遇到困难、受到挫折的时候,偶尔拿来安慰一下自己倒也没什么不可以,但是,如果我们长期坚持这样的生活信念,这让我们看上去好像是超然的处世风范、闲雅的出世情怀,但最终我们会放弃自己的理想和追求,让自己少去思考和行动,这就是“精神自杀”。还记得在大学有一次上医学课的时候,老师讲解的内容非常复杂,因此到了下课时间,我们还是弄不懂,老师丢下一句“难得糊涂”然后就离开了。(笑声)

中国人也喜欢思前顾后,往往越想越复杂,自己构筑了很多行动的障碍,我认为,多思无益,与其让大脑空转千万遍,想到了很多可怕的困难和失败的结局,又想不出解决问题、克服困难的方法,做事过分追求完美和稳妥,还不如多一些行动。人们总以为我们的思维高于动物,过度崇尚“三思而后行”,结果就失去了行动的机会。离开行动和实践,就难以找到解决问题的好的方法。很多时候,我们的决策不是因为在制订计划的时候就能保证其正确,而是需要通过我们的不懈努力来证明其正确。我认为,改造世界、改造自我的根本力量主要不是人的思维,而是人的行动。行动的力量是巨大的!所以,我比较崇尚行动。

我喜欢毛主席曾经说过的“与天斗,与地斗,与人斗,其乐无穷”,当然,这不是要我们去搞什么“阶级斗争”啦。对于个人成长来说,我们应该敢想敢干,有首歌曲的歌词我很欣赏:“你想着什么,什么就是你。”而刚才提到的那些“精神自杀”的生活信条会导致一系列不良的倾向产生:如破罐子破摔的投射性认同;重视集体贬低个体的价值倾向;求同不求异的处事方式;重视物质利益轻视心理意义的利益倾向;重视理智与意志,轻视情感与需要的非人本倾向。因此,我们需要对我们的自我意识进行重新审视和评价,谨防“精神自杀”的发生!

现在,我们正在面临着一种新的侵略:文化侵略。过去,我们曾经经历过战争侵略、经济侵略等,这些还是比较容易发现并抵御的。而文化的侵略,就比较难以发现和抵御。因为我们人类一出生就掉进文化的海洋里,我们如同海洋中的鱼儿,离开文化之水,我们的生命就难以存活。这些文化并不单指外来文化和传统文化,也包括如网络这样的现代文化。我们每天花了很多的时间上网查资料,刷新电子信箱,不上网就无抓无挠、无着无落的,不听讲座、不参加各种学习班似乎就无法存活。我们满脑子里装的都是别人的想法,惟独没有自己的想法。文化正在渗透到我们的自我意识中,如果我们不对我们自身的文化观念等进行反省和价值重估的话,我们还是无法成为一个心理健康成长的人。林语堂曾经对中国的文化进行过一些有意的思考和反省,这还很不够,我们还需要今后在更加长期的时间里,对我们的文化、对我们的自我意识进行更加深入的反省。美国心理学马斯洛曾经提出,一个心理健康的人应该是有能力创造属于他自己的文化的人。我认为,如果我们的民族要振兴的话,起码要反省我们的自我意识、努力创新我们自己的文化。只有建立健康的自我意识,个人才能顺利成长,只有建立健康的群体文化,我们的国家和民族才能逐步强大起来。现在看来,我们距离这样的要求还有一大段距离。

人类是“自恋”的,在每个人心中,我是宇宙的中心。而客观上看,每个人都是茫茫宇宙中的一分子。心理健康的人,应该是自我意识健康的人,是能够在“自我中心”和“宇宙中心”之间自由穿梭的人。在人类探索宇宙已经取得一个个卓越成果的时候,我希望在探索人类自我这一点上将来也能有突破性的进展。我也希望人类能够既重视理智又珍重情感,既重视物质又关注心灵,既重视集体又尊重个体,从而展现出一个真实、完整的自我!

我的讲座到此结束。谢谢大家。(掌声)

(2003 年 11 月 4 日)

(原载《北大讲座》第五辑)

大学生的自我营销

——实现人生价值最大化

汪中求

[演讲者小传]

汪中求，奇正咨询机构深圳公司首席营销管理顾问。上大学前当过三年农民，中文系毕业后教书两年，从政两年。1992年春下海，先后就职于香港恒雅(深圳)公司、清华同方、泰豪科技等知名企业。从推销员做起，当过办公室主任、商务部副经理、企划部经理、营销总监等。十余年来，坚持营销方向不动摇，足迹遍及国内27个省市区的173个城市，签订或审定了超过2000份销售合同和协议。曾出版专著《营销人的自我营销》。

各位来宾,各位北大的朋友:

你们好。很高兴能来北大发表这次演讲。按照俗理,或是常理,可能每一位演讲人在讲话之前,都会有一些开场白。但我认为,这些开场白无非是对大家是“天之骄子”之类的赞美,这有违于我这场演讲的初衷,所以我们直接进入主题。

我从事营销工作长达13年之久。从1992年邓小平同志的南方谈话前开始,一直到现在。正是因为我长时间从事营销工作及其研究,所以很多事在我看来,都是一个营销的过程。就好比我今天的讲座,同样也是一次营销活动。此时此刻,大家就是我的客户。我要将我的理念介绍给大家,让大家接受。如果今天我做不到这一点,那么我今天的营销就是一次失败。刚才主持人告诉我,由于某些原因需要推迟开场的时间,但是我没有同意,因为今天的时间规定同样是我营销活动的一个重要组成部分。

下面我将分几个部分来介绍我的观点,其中的某些观点,也许大家不一定同意,所以允许也十分欢迎大家提问,甚至可以打断我。我讲座的一贯原则是“宁讲错话,不讲假话”。可能我的观点是错的,但一定是真的,至少是经过我认真思考过的。

第一部分我想讲一下“劳动力也是商品”这个概念。

在一个专业的营销人看来,所有的劳动者,包括大学生甚至是具备更高学历的人,毕业后走向工作岗位,这个过程实际上是一个商品出售的过程。我曾经就这个问题在一本书上谈过,书名叫《营销人的自我营销》。其中有专门的一个章节谈到“美国总统也是sales”。在营销人看来,美国总统的许多行为其实就是一个营销的活动。我也曾经在很多公开的场合说,中国从美国购进大量的飞机时,并不是由美国的一个营销员来中国实现营销的。在很大程度上,是美国总统或者说是克林顿、小布什来完成的。他们来中国访问的过程,实质上就是一个大的营销活动。因此,在营销人眼中,很多事情都可以从营销的角度来理解。最近,韩国的总统卢武铉就出了这样一本书,这本书的目的在我看来,就是要销售韩国总统。

如果从这个意义上说,许多事情都可以从营销这个角度去分析。比如目前中国各地非常热闹的开发区建设。到目前为止,国家级开发区有54个,仅上海就有六个,珠江三角洲、长江三角洲和环渤海湾地区成为中国三个最大的开发区集群。开发区的主要工作,实际上是整个地区出售的过程。就拿我个人来说吧,我来自江西,去年我回老家,见到了我过去的一位老师,他目前是当地人大常委会的主任。我曾经非常严肃地对他说,你们作为县里的主要领导人,千万不要以为自己是县长,是县委书记,就脱离群众,如果从这个角度认识自己,那就只会从“官”的角度来理解问题。我说,站在我的角度,你们其实是一个县的人民企业集团的总裁,或者说是人民企业集团的董事长。你要把这个县“卖”出去,这才是最为重要的。如果不从这个角度想问题,而是从“官”的角度想问题,想到我手下有多少人,我的官有多大的级别,我有多少官的帽子可以送人。从这角度来理解问题,这个县就吃苦了。所以我反复强调要从营销角度理解。

我的老家在江西省九江市的一个小县,就是大家在中学课本中读到的石钟山脚下的湖口县。它是一个美丽而贫困的地方。我就曾经对湖口县的主要领导说,你现在考虑的问题应该是如何将湖口县卖出去,使它不再仅仅是一个“糊口”的地方。我一直都在向他宣传这种观念。从这个意义上来说,一个县的县长是一个“总经理”,县委书记是“董事长”。如果这样去思考问题,很多想法就不一样了。针对他们的招商引资,我就问他们,招商引资的方法是什么?目前,我国各地的开发区招商,普遍存在三大问题:一是招商优势只强调税收政策、劳动力和地价低廉;二是产业结构不合理,有商就招,不能形成产业链;各项配套不到位,导致商业成本偏高。你仅仅是靠地价和税收政策来吸引人是远远不够的。

我们必须搞明白,别人来这里投资,究竟看重的是什么?一般西方发达国家来中国投资是通过30至32个指标来打分的,那么你是否研究过这32个指标?如果你没有研究过,你怎么知道你的条件符合人家的需要呢?我的父母官们告诉我,他们根本没有去研究。我又问他们有无《招商手册》?策划的要点在哪儿?意向投资者关心的主体内容是什么?湖口县的卖点是什么?宣传方式如何?招商队伍通过了怎样的培训?我们的不足该如何向人家解释?总之,如何把这个湖口县卖出去?这些问题他们都没有很好地去想。

所以,有没有站在营销人的角度想问题,在很多场合、很多环境下,结果是不同的。从这个意义上说,我认为任何的劳动者或者是劳动力,无论是高级还是低级,都是商品,都必然要走向市场,都必然要接受一个“卖”的过程。因此劳动力是商品必须首先得到我们的认可。这是第一个也是十分重要的一个概念。在此基础上,我们才可以谈我们每个人应该如何走向市场,如何将自己卖出去。还是以刚才的开发区为例,目前中国的开发区建设十分火热,仅广东省的开发区数量,国家级的6个、省级的3个、软件或出口基地8个、“863”计划转化为基地的12个。但是中国的开发区做得好的并不多。据我长期的调查研究的结果,目前比较好的是:昆山、深圳、吴江等,只有这些地方做得比较好。比如昆山,台商很多,在大陆有投资的上市公司10家,就有4家在昆山落户,台湾地区前100名的企业有25家在昆山安营扎寨。我们其他很多地方的开发区是一片荒土，有些仅仅是开了一条马路，盖了几栋房子，根本没有人去研究如何经营开发区，如何使开发区升级。这并不是我们今天讨论的主题，我们今天用这个实例来说明：一个人，包括我们大学生在内，都存在一个营销的过程，我们必须将自己看成是一件劳动力商品来处理，这是我要讲的第一个问题。

如果大家已经接受了我关于“劳动力是商品”的说法，那么就存在一个如何“创造条件提高受雇能力”的问题。任何一个人都无法避免受雇能力的问题。一个人走向社会的受雇过程，无论你认可与否，都是必然存在的。所以如何提高自己的受雇能力，也就是你能不能卖出去和能不能高价卖出去的问题。关于这个问题，在讲座开始前，我问过几位同学，北大的就业情况如何。当然，说北大的学生就业困难也是不现实的，因为毕竟是中国的最高学府，而且很多人都考研，或是出国，本科生毕业直接工作的越来越少。而这很少的毕业生又是北大出来的，所以也应该不成问题。但是即使不成问题，那你是不是以一个较好的价钱卖出去的呢？你能不能卖一个好价钱？这些都是我们应该考虑的问题。从一件商品的角度来说，同样一包香烟，价钱却各不相同。据我了解，中国最高级的香烟，其原材料的成本不超过一块八毛钱。但是最贵的却可以卖到六十多块，也就是说，目前市场上标价在十块钱以上的香烟，很难从原材料上拉开档次。都是好烟价格却如此悬殊。再以酒为例，就我调查，价格在二十元以上的酒，其内在质量就几乎没有差别。以此类推，在座的同样都是北大的学生，卖出去的价格却相差很远。我记得在我进入大学的第一天，我的老师对我们说，今天你们进来时水平是差不多的，但是毕业时，你们当中一批人可能是另一批人的老师。而我的说法是：你们进校的价格是相等或相近的，但是毕业时的价格却有很大的差别，走上社会后价格差别就更大。所以尽管北大的学生不会面临就业难的问题，却同样面临着能否卖一个好价钱的问题。

还有这样一个问题，如果大家都能卖一个好价钱，那么你是不是抢手货？是抢手货还是甩手货？学校将你批发出去后，你是抢手货还是甩手货，这一点很关键，大家是不是都来抢你。从价格的角度来说，对于一件劳动力商品，你的价格分为三个层面：一是你的薪水；二是你能够发挥自己能力的平台有多大；三是你的学圈，你提高自己能力的机会有多大，你在这种环境下能否学到东西。就业是应当综合考虑这三个因素。作为一位大学生，在毕业以后能否在这三方面都有所收获，就必须学会自我营销，如何将自己卖给在这三方面都有优势的企业，这对我们来说就是一个新的课题。

我作为一个专业营销人，曾将营销人分为九种类型（《营销人的自我营销》之第二章第六节），你可以选择任何一种类型来发展自己。如果这样，相对来说,就比较容易卖一个好的价钱。因为,劳动力是商品是一个前提,提高自己的受雇能力是关键,以上两个问题应该得到我们的承认。

下面是我们面对的第三个问题就是调研,就是调研“劳动力商品的走向及其现实环境”。营销活动必须从调研入手,我针对如何调研社会谈一些个人的感受。劳动力商品走向社会在不远的将来是一件必然的事情,所以,首先我们应该观察社会对劳动力的需求。我将目前社会对劳动力需求状况总结为两句话:“劳动力严重过剩,人才严重短缺”。以目前珠三角经济状况为例,广东省东莞市是一个地级市,下辖有三十多个镇。就在如此小的地方居然容纳了中国600万劳动力,就是这样,每年的剩余劳动力仍然不下200万人,即有200万人到了东莞找不到工作,无功而返。中国的劳动力严重过剩在此可见一斑。同样的,今年大学生就业分配状况令人担忧,2003年大学毕业生待业比率是相当高的。今年7月的《新闻周刊》就有一篇题为《“天之骄子”如何成为社会负担》的文章,说“百万大学生遭遇50年来最严重的就业难题”。在广东,我想会更加明显,这就是知识型劳动力开始出现结构性过剩。目前,大部分企业不太愿意用新人,因为用新人的成本高,他需要将一件毛坯训练成一个技术熟练的员工,而这一过程一般需要两年左右的时间。在这一过程中企业承担着较大的风险:第一,你可能会在掌握技术以后跳槽;第二,你可能因为各种因素提前离开;第三,你可能本来就是来尝试一下的。因此,学历相对较低但是技术操作能力较强的人,反而相对容易受到企业的青睐。

就业,实际上就是企业与劳动力之间的双向选择,当你在审视企业的同时,企业也在更加仔细地审视你。近几年来,企业的用人标准发生了比较大的变化。几年前大学生在劳动力市场普遍比较抢手,而现在大学生或者说是各种劳动力非常过剩,因此企业用人更加挑剔。

一般来说,企业用人有以下六个标准(至少是我在企业作为职业经理时的标准,仅供参考):(1)做人诚恳,做事到位;(2)有思想,但不出风头;(3)有潜质,但耐得住寂寞;(4)不贪小利,不患得患失;(5)合作意识强,但不争功好胜;(6)专业水平高,比熟悉各种常规工具更易使用人单位注意。我要告诉大家一句话,也许这句话会挫伤你们的自尊心,但我还必须得说,那就是:在座的各位都有可能成为人才,但如果今天你就认为你自己已经是一个人才的话,那肯定是错误的。也许你的专业水平很高,但你对于社会来说还是一个毛坯。根据这六个标准,我们可以得出这样一个结论,学分并不是最重要的因素,综合素质才是企业比较看重的。这就是我所说的“进门时靠文凭,进了门靠水平”。学分在最初作为敲门砖是重要的,但是在进企业以后实际工作水平才是更加重要的。我们常会遇到这样的情况,在学校里学分并不怎么样的同学,却在企业取得了较好的成绩。我认为关键就在于这些同学不停地努力,踏踏实实地做事。

由此可见,企业的用人标准的确是在发生着变化,而这种变化与我们传统的看法是不完全一致的。企业更加关注大学生从小事上所表现出来的素质。最近,我就"把小事做细"专门展开讨论,出了一本书,题为《细节决定成败》。这里,以我曾经做过的一个试验为例,说说"把小事做细"的重要性。我曾经让某财经大学一个班的同学每个人填写一份增值税发票,这对企业财务人员来说是一件非常简单的事情,但是全班 50 人当中竟然有 48 个人填写时有大大小小的错误。在学校,犯一个小错误,学校会按比例来给学生打分,但是,在企业,犯一个错误就意味着你的分数是零。企业最初并不关注你对学术问题的深入研究,他需要的是他的员工在实际业务上达到工作要求。由于企业对于员工的错误要付出成本,所以如果相同的事情你竟然做错三次以上,你可能就会被企业否定。对于大学生还同时存在就业、择业、敬业的问题,企业的人力资源部很快就会对你的就业动机作出判断,所以大学生应该也必须具备敬业的精神。一旦你选择了一个企业,就先安心地做下去。如果你不断地选择,那么这对你来说就是一种浪费。即使你在所在的企业犯错误,这对你来说也是一个必要的锻炼。如果你不断地选择,你可能连失误的机会都没有。作为一位大学生,了解企业需要怎样的人才是必要的,北大的同学也面临同样的问题。

下面就需要给自己做"职业生涯定位"。用营销的术语来说,那就叫做"市场细分"或"市场定位"。营销包括四个要素:产品、价格、渠道、促销。劳动力商品也一样存在这四要素。是产品首先得进行产品定位。如何定位自己,没有统一答案,但是方法却有相同之处。我将个人定位划为"横坐标与纵坐标":所谓"横坐标"就是行业坐标,就是你毕业后打算从事哪个行业的工作;所谓"纵坐标"就是你的专业坐标,就是你毕业后打算从事何种专业的工作。在人生选择中至少要保证这两者有一个不变,否则你不断地变化,将会浪费你很多宝贵时间。所以,我说:一个学生,"把自己有限的生命和贫乏的知识,固守着一条有阳光的大道,是人生唯一的捷径"。最快捷的方法是在你青年时期别耗费太多的时间在选择上,那样会得不偿失。专业和行业千万不要两者都变,二者只动其一。大家一定要守住自己的一条坐标,达到专业化的水平。借用一句广告语:"因为专业,所以卓越。"至少守住一条,这样人生才浪费极少。我认为"选择是人生最大的浪费"。清华同方的总裁曾一再对我们说:"抓紧办,别着急。"所以,千万别浪费时间在选择上。工作无好坏之分,只要你能做得比别人好,你就应当大胆地选择。不要总去寻找所谓的"捷径",只要你坚持一个方向,就一定能成功。

同时，我还要给大家一句忠告，千万不要以天之骄子的身份贬低你的老板。也许你的老板在知识上比不上你，但你一定要认识到，你在上大学的时候你的老板在干什么，也许你的老板学到的东西是你在大学根本学不到的，他们掌握的往往是不可以编程的东西。你的老板在工作中得到的毅力、面对困难而不在乎的勇气等等很多品质，都是你所不具备的，同时也是我们在走出校门以后所必须学会的。任何一个老板的成功都有他特定的历史条件和特别的优势。如果你细心观察的话，就会发现你的老板身上很多东西是你目前不具备甚至很难补课的，所以老板身上的闪光点需要我们去发掘。

我想说一个"汪中求式"的"2.18 分理论"。人的智商分为智力因素和非智力因素两大部分，从对人的一生的作用来分，智力因素可能只能占 40% 的权重；在智力因素中知识和技能的对比，我们认为知识只占 40% 的权重；知识又分书本知识和社会知识，书本知识占 40% 的权重；书本知识能在实际生活中应用的又占 40% 的权重。当然，这些权重是一个假设，如我们同意以上的权重的分配，那么，总平均 85 分的在校学生，获得的总智商分数是：$1\times40\%\times40\%\times40\%\times40\%\times85\approx2.18$（分）。当然，我们北大的高才生不可能没有非智力因素得分，也不可能没有技能和社会知识得分。这个"2.18 分"的说法，只是想给高才生们一个提醒：每一个北大的学生都可能成为人才，但就凭手头的几张分数单，就认为自己已经是一个人才，就大错特错了。我们必须承认，我们在学校学到的知识仅仅占到我们成功因素很少的一部分。在目前这个资金资源统率市场、金钱购买智慧的环境下，从某种意义上说，大学里的知识的确价值较低。所以，我们应该换一个角度看待自己的老板，看到他人的优势，这样我们在走向社会以后心态才会比较好，不至于盲目自傲。

我的观点是"将老板视为第一顾客"，老板是购买企业股权最多的人。我有这样一句话，"得老板者得舞台，没市场者没地位"。当然，我也会劝老板好好用人，我对老板用人的建议是：放开小事，促成大事，允许错事，防止坏事。这不是今天的议题，不深入谈下去了。

下面要谈包装问题。从营销的角度上来说，叫作"在劳动力商品已有性能的基础上做必要的包装"。大学生也要学会包装自己。我认为大学生的自我包装包含以下内容：第一是投简历。我有这样一句话，叫做"阅历书写简历"。大学生应该利用寒暑假期增加个人阅历。企业对个人社会实践是很重视的，因而我们更要充分利用寒暑假的时间，到社会的最底层做一些事情。我还有这样一句话，叫做"功课积累文章"。沿着自己的专业方向做细微的研究，从小事入手，对某一问题进行长时期的跟踪和调研。

同时，我们还要注意在自我营销的过程中把握营销上所讲的"关键时刻"，也叫“黄金时刻”。其定义是营销人员和消费者直接接触并且促成消费的那一刹那。对于就业来讲,大学生面试的那一刹那就是你的“黄金时刻”。就此时应该注意的事项谈一谈我所总结的八个小问题:(1)尽可能找一个背光的地方坐;(2)不穿新装;(3)不要刻意修饰自己;(4)应聘之前保证充足睡眠;(5)学会应聘现场做笔记;(6)准备充足的个人资料;(7)不要过头地吹捧对方企业;(8)漫不经心地流露一些细节。在注意以上八个问题的同时,不要对自己设定太多的格式和框框,要随着社会需要而改变。但有两点对我们北大的学生很重要:一是你的学历和名校出身只能提高用人单位对你的期望值,二是必须牢记“我拿什么奉献给你呀,我的老板?”我们大学毕业生,不过二十一二岁,在学校待了十五六年,我们没有多少优势啊。

在进入社会后如何调整心态?我给大家提出四戒:(1)有目标,戒功利;(2)可争取,戒斗杀;(3)认简单,戒轻视;(4)可活跃,戒虚浮。

最后一个问题,是劳动力“提高性价比的途径”。第一点提示,“口水多于茶”是一大忌。广东话的“口水多于茶”,即不要过多评论别人的缺点。这是刚刚走向社会的人最容易犯的错误。应该采取的态度是提出合理化建议。这就是我所说的“聪明人借助经验说话,更聪明的人借助经验不说话”。尽量多肯定企业的优点,同时保持自己谦虚的品格,学会“用降低自己的方式来抬高自己”。第二点提示,“真诚不能沦为单纯,精明不能堕入狡猾”。这是针对刚刚步入社会的人而言的。在这个问题上,度是很难掌握的。第三点提示,是前面已经提到的“把小事做细”。我们每个人都应该从小事入手,做到最好。遗憾的是当今社会,“想做大事的人甚多,能做小事的人甚少”。很多人的很多事情,常常是“老虎画成猫”。第四点提示,“机遇与挑战不同在”。在绝大部分情况下因为挑战是客观的,无论你接受与否,都将面临挑战;而机遇则不同,存在选择性。机遇不是每个人都能抓得住的。对于大学生来说,能否抓住机遇,能否迎接挑战,就需要每个人作出不懈的努力.

在我讲话的最后,送大家一句话,祝愿大家一路走好。

(问答)

问:关于工业品营销,是否是你打算进入的下一个领域,你是否会放下手中的工作去写书?

答:我从两个角度来回答。第一,工业品营销的确是我打算沉入的专题,因为这是营销界的一个空白。我认为我所处的时代是一个创造新的营销人和营销专家的时代。第二,我认为营销研究与我目前的工作并不矛盾,因为营销是一个操作性很强的工作,我只有不断投入新的工作,才会有更新的案例,使我的书更加具有生命力。

问:希望你能谈一下面试的技巧。

答:我认为你要学会从不经意间流露出你的能力。比如你会两门外语,要学会十分恰当地提到,不要刻意。人家问你英语怎么样?你可以回答我的英语还不错,法语也还过得去。这样就比较巧妙。

问:是否在人才市场上有两门以上的专业的应聘者更受青睐?

答:这需要与你个人以后的发展相结合,关键在于你如何定位。我要强调的是,应当抓紧时间作一些社会调查和实践,不要局限于书本。应聘市场上,有实践经历的人比书本知识多的人更受青睐。当然,一般地说,有两门以上专业的应聘者,同样条件下更受欢迎。

问:您说不要浪费时间在选择上,可是要作出正确选择往往需要时间,应该如何处理这两者之间的矛盾?

答:我固执地认为,人生一旦选定了就可以坚持下来,很难说你更适合什么。也许有人一辈子都找不到自己最合适的工作。也许,我也不是最适合做营销的,但我却一直坚持,于是有了一些成就。我的观点就是:一旦认定,就别考虑该还是不该的问题,只要一心一意去做,就一定成功。古人说:"量三次,裁一次。"一定要果断,裁好就开始做,再量就没意义了。

问:进入一个行业以后,觉得不一定理想,是否可以再改变?

答:我讲个故事吧。一位老总领他父亲去酒店用餐,有位钢琴师在弹琴。美好的琴声引出了老总的感慨:"我当初也学了一段钢琴,如果爸爸没有让我终止,想必现在也会不错啊?"老爸回应道:"是的,你继续学琴,我相信你会弹得不错;可是,今天的这家酒店里,你就不是领我到这里用餐的人了哇!"

问:什么行业在未来很有发展前景?

答:比如营销,还有终生教育。这些都有很广阔的市场。还有,以后人们的休闲时间将会增多,那么娱乐、休闲、旅游行业也很有机遇。我还是那句老话,任何行业都值得做,任何行业都可以成功。

(2003年9月19日)

(原载《北大讲座》第五辑)

角色转换与人生选择

夏学銮

[演讲者小传]

夏学銮，北京大学社会学系教授，北京市社会心理学会理事，北京市心理卫生学会理事，北京市社会学会理论组负责人，《中华工商时报》专栏主持人。主要研究方向为社会组织管理、社会心理学、群体动力论、社会政策分析、项目评估可行性分析、企业发展设计、科学决策、战略规划等。学术经历：1970年入北京大学哲学系学习；1988年12月至1990年9月美国马里兰大学访问学者；1992年2月至3月英国诺丁汉大学与香港理工学院学术考察；1993年2月至3月英国诺丁汉大学考察。

北大团委的同志让我为同学们作一次讲座,题目由我自己定。我选择"角色转换与人生选择"这个题目出于两点考虑:一是国庆节我回安徽萧县梅村中学参加六十周年校庆时,曾应邀在淮北市一中对高三文科班的学生作过一次讲演,题目就叫"选择",虽然,他们所面临的选择与你们所面临的选择不完全一样,但是,作为年轻人的你们和他们一样,同处在人生的选择季节;二是作为社会学的老师,我想使这次讲座既有针对性,又有专业特色。所以,我选择了这个讲演题目。

大家经常听到"人生如戏,戏如人生"的说法,其实,这种对人生的感悟并不是每一个人都能理解的,特别是对涉世不深的、年轻的大一学生来说,应该说更缺乏这方面的体验。不过,我发现社会上一些小青年,经历缺乏却故作深沉,一副"曾经沧海难为水"的样子在那里扮酷。从这个意义上,我们的社会心态正在变老,这是全社会都需要注意的。我们不需要世故和未老先衰,我们需要激情和燃烧!

英国大文豪莎士比亚也有人生如戏的类似看法,他说:"整个世界就是一个舞台,所有的男人和女人都只不过是演员:他们有他们的入口和出口,并且一个人在其一生中要扮演许多角色。"[①]从这段话我们可以看出,莎士比亚不仅是一位伟大的文学家,而且是一个伟大的社会学家。他对人生社会角色的描写既形象又生动,同时他提出的人生的入口和出口问题,具有深刻的社会学意蕴。可以这样说,凡是好的文学家必然是好的社会学家。

再如曹雪芹——中国的莎士比亚,他既是伟大的文学家,同时又是伟大的社会学家。他的"护官符"或者说"关系网",对中国封建腐朽社会关系的揭露真是入木三分!他对大观园众多人物的描写之所以能够做到栩栩如生,活灵活现,就是因为对每一个人的社会地位和社会角色有着非常准确的把握。

闲言少叙,书归正传。今天我准备讲三个问题:(一)适应大学生活,完成角色转换;(二)运用自我监控,完善自我表现;(三)抵制外界诱惑,选择正确人生。

一、适应大学生活,完成角色转换

我想问大家一个问题,当大家来到朝思暮想、梦寐以求的北大校园,经过一阵忙乱、紧张和激动之后,是否感到些许迷惘和惆怅?有,还是没有?我认

---

① 莎士比亚:《皆大欢喜》,参见《莎士比亚全集》(英文第6版),大臣出版社1991年版,第224页。

对多少会有一点，只是程度不同而已。有的同学在原来的高中是 number 1，是班级的中心，来到北大后，发现人外有人，天外有天，自己不再是第一和中心了，这时你是否有某种挫折感？有的同学在中学阶段过惯了在学校有老师管，在家庭有父母管的生活，进入大学后，除了上课外很难再见到老师，加上离家又远，身边没有一个亲人，感到好像没有人管了，这时你是否体验到一种为社会心理学家弗洛姆所说的“摆脱自由”的渴望？迷惘也好，惆怅也罢，挫折也好，失落也罢，所有这些或长或短、或明或暗的情绪反应，都是因为大学新生一时尚不适应大学生活，还没有完成角色转换所造成的。我不愿意用什么“新生综合征”来标定它，因为这种适应性的反应是一种短暂的、健康的角色重塑过程，没有什么大不了的问题，不希望媒体介入炒作。

但是，大学新生的确有一个适应大学生活，重新调整角色的问题。这是因为大学生活和中学生活有着显著的不同，主要表现在以下几个方面：

第一，由于中学教育的基础和应试性质，大学教育的研究和发展性质，中学生活是以教师为中心的，大学生活是以学生为主体的；

第二，中学教育给学生留下的自由发展空间很小，大学教育为学生留下了较为充足的自由发展空间；

第三，中学生求知的主要途径是课堂，大学生求知的主要途径，除了课堂外，还有图书馆、讲座和社会实践活动；

第四，中学校园文化相对缺乏，大学校园文化丰富多彩；

第五，中学学生社团不够发展，大学学生社团蓬勃发展，成为校园文化的主力军；

第六，中学教育在教育体系结构中处于较低的地位，属于基础教育，大学教育在教育体系结构中处于较高的地位，属于高等教育。

大学教育与中学教育的性质不同，大学生和中学生的地位不同，决定了大学生和中学生的角色也不相同。从中学生到大学生，虽然学生的身份没有变化，但是由于大学生在教育结构中的地位提高了，所以大学生的角色层次也提高了，大学生的角色内涵也丰富了，大学生的角色行为也相应改变了。随着地位的转变，从中学生到大学生必然有一个角色转换过程。

地位和角色是典型的社会学的概念。地位有以下特征：(1)客观性。地位是在社会结构中的位置，是社会结构中的关系结点；地位是一种结构安排，是独立于个人的，个人只能嵌入它而不能拥有它。(2)对称性。作为社会结构中的关系结点，地位是对称出现的，例如老师与学生、医生与病人、律师与当事人、服务员与顾客、丈夫与妻子、双亲与子女，等等。

角色是由与地位相伴随着的或者说由地位所决定的一套行为期待，更具体地说,角色是他人按照我们的身份地位对我们所提出的行为要求与评价。在这个意义上讲,角色也是客观的。地位是角色的基础,角色是地位的动态表现。由地位所决定的角色是理想化的纯粹角色,这种角色还要通过占据这种地位的个人来表现及实际完成它。从理想的角色到实际的角色,还需要一个中间环节,存在着一种领悟的角色作为从此达彼的桥梁,它部分决定实际的角色完成情况。

为什么说"部分决定",因为有些领悟的角色受主、客观的限制并不能得到完全的表现。在这个意义上讲,角色又是主观的。个人在角色扮演和角色塑造上并不是完全消极被动的,社会为个人以个性化的方式表现角色留有充分的余地,个人要善于发现这个创造性的空间。

社会学大师帕森斯从宏观上、从发展趋势上概括出 5 种角色范式变项:

(1)特殊性——普遍性

(2)扩散性——专一性

(3)感情性——中立性

(4)自赋性——表现性

(5)私利性——公利性

大体上说,左边一端的角色代表传统角色要求或传统社会所看重的角色范式,右边一端代表现代角色要求或现代社会所看重的角色范式。我们所说的角色转换,统而言之,包括从传统角色向现代角色的转换。当然,这是一个长过程,经过大学四年或许更长的时间,需要完成许多具体的角色转变之后才能最终达到现代人的目标。

我们所说的角色转换,具体而言,是指从中学生到大学生的角色转变,这种转变当然包含着从传统向现代转变的意蕴,但主要是从大学生和中学生的角色行为区别上来立论的。

对大一学生来说,角色转换主要意味着在学习行为上的转变:

第一,从以记忆式的学习为主转向以理解式的学习为立;

第二,从课堂灌输式的被动学习为主转向图书馆、互联网探究式的主动学习为主;

第三,从他人导向的行为为主转向自我导向的行为为主;

第四,从智商发展为主转向情商发展为主;

第五,从以升学为主要目标的学习转向以人生全面发展为主要目标的学习;

第六,从以知识发展为主的学习转向以人格发展和角色发展为主的学习。

正因为大学生与中学生在学习方式上有上述这些不同,所以大学的课程安排并不像中学那样安排得满满的，而是为学生留有相当的自由发展空间。因为大学生的知识主要不是从课堂上，而是从图书馆、互联网、同学、朋友、讲座和社会实践中获得的。我这样说并不是鼓励大学生逃课，专业课还是要认真上的，不然你考不及格千万不要来找我。因为大学课程除了传授基本的现代科学知识（包括社会科学和人文科学知识）外，同时还传授现代科学方法论，即传授如何获取知识的学问，我认为这比知识本身更重要。英语有一条谚语说："To give him a fish, you feed him one day; but teach him how to fish, you can feed him life while."意思是说，给他一条鱼，你只能养活他一天；教给他捕鱼的方法，你却可以养活他一辈子。大学教育主要不是给你鱼，而是教给你如何捕鱼的方法，即教给你如何学习，你不来上课，如何能学会这些经营知识、发展人生的诀窍呢？况且，21世纪教育的总体目标是人的全面发展，除了学会学习这一具体目标外，还有学会做事、学会相处和学会做人三个具体目标。

因此，大学生的角色转换是全面的，不仅表现在学习上，而且表现在审时度势、为人处世等个人修养上。21世纪教育的四大目标，学会学习、学会做事、学会相处和学会做人，其中后三个目标所说的都是人生修养和素质教育方面的内容。说到这里，我不禁想起《红楼梦》中的一副对联，叫做"世事洞明皆学问，人情练达即文章"。虽然这副对联是贴在贾雨村府上的，在这里它不免散发着一种市侩的庸俗气息。但是，作为一种社会知识，它对我们这些涉世不深的年轻大学生来说，还是有某种启迪意义的。至少它告诉我们，大学生不仅要读好大学课本的有字之书，而且还要读好社会这本无字之书。

这就要求我们大学生要积极参与社会实践，主动进行自我表现，在各种各样的历练中感悟人生，体验人生的价值。在这方面，大一学生也有一个角色转换的问题：从单纯的学生角色转变为复合的社会角色，这里包括从勤奋、好学、聪明、机敏到智慧、能力、亲和、适应、气质、修养、见识和境界等一整套评价话语体系的改变。

二、运用自我监控，完善自我表现

从某种意义讲，进入大学就是进入真正的社会舞台。这是因为进入大学的你们已经达到法定公民的年龄，基本社会化已经完成。从现在开始，你们要作为一个社会公民，一个独立的行为主体，对你们的一切行为负起完全的社会责任。另外，大学作为一个科层化的组织，具有现代社会组织的一切特征。最主要的就是它的非人格化特征和普遍主义的办事原则。这既是它的优点，也是它的缺点。优点是它的效率、理性，缺点是它的非人性化。只是由于它的非赢利和教育性质,才使它比一般科层组织具有更多的人文关怀性质。

再者,开门办学、联合办学和后勤的社会化,也使得大学校园不再单一和纯粹。日益变得多元和复杂的大学环境对大学生的成长利弊参半,既有机遇也有挑战。如何抓住机遇,迎接挑战,在学习中完成复合社会角色的塑造,这是摆在大一新生面前的一项重要任务。

为了成就适应性的复合社会角色,这就要求当代大学生加强社会参与,在社会参与中促进自我表现和能力发展。这就是说,在市场经济时代,做纯粹的书生是不合时宜的。

那么,到底怎样进行自我表现呢?这里向大家介绍几条原则,你下去后不妨试试,看看能否改善你的自我表现水平。

第一,界定场境。场境决定你互动的架构,决定你出现的适当身份,同时决定你以个性化的方式表现角色的自由度。有些场境是结构性的,你一到那里,一看到那个场境,你就应该知道该如何行为,因为在这里的行为都是程序化的,预先编码的。有些场境是非结构化的即时场境,这时你应该和互动对象经过某种形式的"谈判",共同界定场境,给场境下一个清楚无误的社会定义。这里的社会定义,意味着非个人的定义,至少是互动双方都同意的定义,然后再行动。

第二,树立目标。你要知道自己的自我表现目标是什么,仅仅是为了给他人留下一个良好印象呢?还是为了追求社会批准?虽然前者经常导致后者,但是,前者追求主观感受,后者追求实际效果。由于目标和时效上的这些细微差别,它们需要不同的自我表现技巧。

第三,认清障碍。认清自我本现中的障碍并且及时扫除是成功的自我表现的一个前提条件。有时这种障碍不是来自外部,而是来自自身。因此,在自我表现中必须要战胜和超越自我。中国乒乓球在釜山的失利,障碍不是别人,正是中国乒乓球队自身。

为了改善自我表现,社会心理学家斯奈德发明了自我监控技术,这是一个由25个问题组成的自我控制量表,它从五个方面测量、监督和控制我们的自我表现:(1)是否关心自我表现的社会适当性;(2)是否注意社会比较信息,其作为自我表现适当性的环境线索;(3)控制和调整自我表现和行为表达的能力;(4)在特定场境中对这种能力的运用;(5)行为表达和自我表现符合特定场境的程度。

斯奈德的自我监控量表实际上是一个只要回答"true"或"false"的简单测验,每道题都以自我陈述的语气。下面让我来考考大家的自我监控能力如何。我念一遍问题,我问大家,认为是true的请举手,认为是false的请举手,希望不

要有弃权的。下面我开始念,大家注意听并回答“真”或“假”:

斯奈德的自我监控量表

1. 我发现我很难模仿他人的行为。 (f)
2. 我的行为通常是我真实的内在感受、态度和信念的表达。 (f)
3. 在聚会和社交集会上,我并不试图做和说他人喜欢的事。 (f)
4. 我只能证明我已确认的思想。 (f)
5. 甚至对我几乎不了解的议题,我也能发表即席讲话。 (t)
6. 我想我会装出一副样子来打动或取悦他人。 (t)
7. 当我还没有确定在一种社会情境中怎样行动时,我以他人的行为为线索。 (t)
8. 我有可能做一个好演员。 (t)
9. 对于选择电影、书籍和音乐,我很少需要朋友的劝告。 (f)
10. 我有时对他人显示出经历了比我实际上要更深的情感。 (t)
11. 当我与他人在一起看喜剧时,要比我独自看时更爱笑。 (t)
12. 在人群中我很少成为注意的中心。 (f)
13. 在不同的情境中和不同的人在一起,我常常表现得像个不同的人。 (t)
14. 我并不特别高兴让他人喜欢我。 (f)
15. 即使我对自己不欣赏,我也常常表现出有美好的时光。 (t)
16. 我并不总是我看起来的那种人。 (t)
17. 我不会改变自己的意见(或做事方式)去取悦他人或赢得赞赏。 (f)
18. 我考虑过做一个表演家。 (t)
19. 为了相处或受到喜欢,我倾向于做人们期望我做的事。 (t)
20. 我从不擅长需要伪装的游戏或即兴表演。 (f)
21. 我难以改变我的行为,去适合不同的人和不同的情境。 (f)
22. 在聚会上,我让他人的笑话和故事讲下去。 (f)
23. 在交际中,我感到有点尴尬,表现得不如我应该表现得那样好。 (f)
24. 我能用眼睛看着别人,以诚实的面孔撒谎(如果为了顺利的结果)。 (t)
25. 当我不喜欢别人时,我也可以使他们错以为我很友好。 (t)①

---

① Snyder, M., Self - monitoring in Expressive Behavior Personality and Social Psychology, No. 30, 1974.

自我监控量表的运用有如下发现:第一,高自我监控者的社会适应性强,他们善于控制他们的行为表达,能有效地操纵他人对自己的印象;第二,高自我监控者比低自我监控者更具有首创性;第三,低自我监控者比高自我监控者在态度和行为的关系上更具有一致性;第四,高自我监控者更加注意他人,更喜欢以第三人称讲话,低自我监控者更加注意自己,更可能以第一人称讲话;第五,高自我监控者选择伙伴以表现为基础,低自我监控者选择伙伴以喜欢为基础。

在自我监控的运用上,职业演员和政治家比一般人更加得心应手。对一般人来说,自我监控有时是痛苦的,或不情愿的,甚至因违背传统伦理道德而受良心责备的,这是自我监控量表的先天不足之处。自我监控量表要想获得更大的推广应用,就必须解决其器具价值和终极价值的背离问题。

20 世纪 80 年代后期,斯奈德等人对自我监控量表进行了修正,把它从特质建构改为类型建构,从对个人人格特质的测量转变为对个人反应类型的测量,进一步弱化了它的价值判断性质,使它变成一种纯粹的行为测量工具。

有些行为完全是受外界环境控制的,与我们的内在品质已很少关联。在这种情况下即使我们不能心安理得,但也没有必要进行过分的自责。老人经常教导我们说:“到什么山上唱什么歌”和“入乡随俗”,实际上老人是在教给我们自我监控的观念和技术。自我监控技术并不是西方人的专利,中国人也懂得自我监控技术。中国古代的韬晦之术,如孙膑装疯和刘备种菜就是最古老的自我监控技术。有的同学担心道德后果而不敢运用自我监控技术,这种担心完全没有必要。这要看对谁,区分对象,区分问题,该用的时候就用,不该用的时候就不用。正所谓“朋友来了有好酒,豺狼来了有猎枪”。总之,具体问题具体分析,一切以时间、地点、对象和动机为转移。不要无条件地认为,自我监控分数高的人就绝对好或组对不好,自我监控分数低的人就绝对不好或绝对好,千万不要作这种价值判断。还是那句话,一切都取决于环境和对象的变化。

说到这里,让我想起一件事,大概是上世纪 90 年代中期,我在《竞争与谋略》杂志上发表过一篇名为“现代韬晦之计”的文章,主要介绍斯奈德的自我监控技术及其研究发现。我清楚地记得编者把“低自我监控者比高自我监控者在态度和行为的关系上更具有一致性”这一重要发现给删去了。在这位编者看来,高自我监控者就是绝对的好,低自我监控者就是绝对的不好。但是我可从来没有这个意思,一开始我对这两类人就是一分为二的。

从总体来说,中国人的自我监控水平不高,一方面这与中华民族的纯朴天性有关,另一方面这也与中国人根深蒂固的夜郎自大心态有关。这种夜郎自大心态在转型期的中国有了新的发展,什么“天下之大,唯我独尊”啦,什么“我是流氓我怕谁”啦,都是无视社会比较信息,缺乏自我监控的一孔之见。

鉴于中国人的国民性格和当前我国大学生在自我表现上的状况,我主张大学生学一点自我监控技巧,至少当别人运用自我监控技巧的时候你能够及时发现,而不致被蒙在鼓里和上当受骗;同时,我还主张大学生运用一点自我监控技巧,改善自己在各种公共场合的自我表现。

自我监控对于我们大学生来说,具有以下意义:

第一,取得成功的工具。为了在世上取得成功,我们做任何事情都要显露出我们已经成功的样子。

第二,明确身份的手段。即使是对于我们的真实的身份,有时候也需要自我表现进行戏剧化的处理。

第三,便于树立自我形象。自我监控有助于我们在公众中树立良好的自我形象,以满足我们的面子感和虚荣心。

第四,有利澄清处境地位。自我监控和自我表现有助于澄清我们的处境地位,达到既保持我们的人格尊严,又实现我们的既定目标的目的。

第五,有助于增加社会亲和力。自我监控有助于增加我们的敏感反应能力和同理心,以便获得社会的广泛接纳。

第六,便于获得社会批准。精制的自我表现是以印象管理为目标的,其目标不在于主观感受,而在于客观效果,即操纵印象形成以便获得社会批准,如在约会中被对象所接纳,在招聘中被用人单位录用,等等。

虽然自我监控和自我表现在复杂的社会生活中是必要的,但是我们应该牢记,自然和诚实乃为人之本。自我监控只是一种工具,一种手段,只具有器具价值的意义,而自然和诚实乃是做人的终极价值。前者是末,后者是本。千万不能本末倒置。

什么事情都有一个度,超过了这个度,好事也会变成坏事。列宁说,真理再往前迈进一步就会变成谬误,何况本身就有局限性的自我监控呢!自我监控和自我表现的局限性可能是:第一,如果分寸把握不好,容易过火、失真,效果适得其反;第二,如果动机不够端正,容易造假、失实,违反做人道德;第三,如果以此为业,只能得意于一时,不会有长期效果,结果只能是“机关算尽太聪明,反误了卿卿性命”。《红楼梦》中的王熙凤是最善于自我监控和自我表现的了,但结果如何呢?还不是落得个“一从二令三人木,哭向金陵事更哀”的可悲下场。所以,自我监控是一把双刃剑,不可不用,但也不可滥用。要严格区分环境、对象和分寸,谨慎使用。

三、抵制外界诱惑,选择正确人生

大一新生面临着一变、二大、三多、四强状况:一变,从传统的农村到现代化的大都市,环境变了;二大,从山中无老虎、猴子称大王的一统天下格局,到满山是老虎、个个是大王的群雄争霸局面,压力大了;三多,从紧张的中学生活到宽松的大学生活,自由多了;四强,从简单、同质、稳定的学习生活到复杂、异质、变化的社会生活,诱惑强了。大一学生要清楚地认识到自己所处环境的变化,变压力为动力,积极主动地学习,增强意志力和心定力,抵制形形色色的诱惑,选择正确的人生道路。

对你们来讲,真正的人生选择才刚刚开始。在高三阶段,你们经历了若干次选择:在分科时经历了一次选择,到底是学理科,还是学文科;在填报志愿时,又经历了一次选择,到底是填清华,还是进北大。当然,这些选择对你们的学习兴趣、专业发展、人文素养和就业前途都是很重要的。但我说,还有比这更加重要的选择,这就是到底要做什么人的选择。如果你硬让我在学习做人和学习业务两者之间进行取舍的话,我认为学习做人比学习业务更加重要。

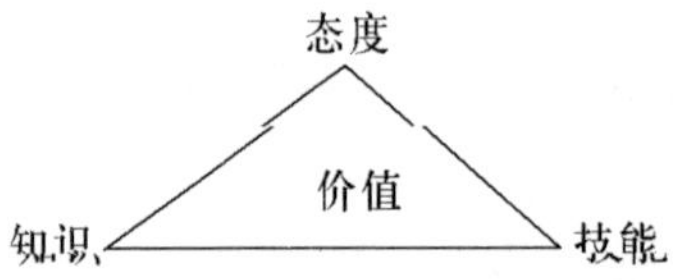

图1　以价值为中心的整合教育模式

当然,我主张德才兼备,全面发展,在人才的培养上提倡一种以价值为中心的态度—知识—技能整合发展教育模式,这也是国际教育发展的流行趋势。整合发展教育模式如图1所示。

根据图1,价值体系是态度养成、知识获得和技能发展的建构基础,把育人放在第一位,是这个整合教育模式的最大特色。

抵制外界诱惑,选择正确人生,不仅是现代整合教育模式对当代大学生的时代召唤,同时也是转型期的中国社会对当代大学生的迫切要求。

转型期的中国社会,邪恶与善良并行,光明与黑暗同在。在权力和金钱大行其道的社会环境中,文化和知识的纯洁、高贵和尊严受到了严峻的挑战。前几年在海淀新华书店我看到一本书,叫《伊甸园的罪恶》,副标题是“当代中国知识女性色情心理行为调查”,我想这里肯定有社会学的发现,就把它买了。回来看两篇后就感到很恶心,再也看不下去了。这那里有一点社会学的味道,完全是赤裸裸的色情暴露,是比《金瓶梅》还金瓶梅的东西。我们的出版部门竟然能够把它隆重推出,这说明一些出版商堕落到何种程度!他们只考虑自己的商业利益,考虑大把大把地赚钱,什么礼义廉耻都不要了!什么对下一代的消极影响,什么对社会风化的严重败坏都不在他们的考虑之列。从绝对隐私到绝对色情，其背后的动机就是绝对赚钱！

金钱是万恶之源，所有的诱惑皆从它而来。在这个人欲横流、金钱独步的社会里，当代大学生如何既融入社会，又不与邪恶势力为伍，像白莲花那样出污泥而不染，这是对我们每一个大学生的考验和挑战。每当在网上看到有攻击北大学生，特别是攻击北大女生的帖子时，我就非常气愤，大骂无耻之尤！前天，我在《北大青年》上看到“画眉”写的一篇关于“北大女生”的文章，文章论述了北大女生的六大优点，即追求理性、热爱科学、热爱生活、忠于爱情、追求平凡和崇尚自然美，觉得眼前一亮，拍案叫好，这才是北大女生嘛！

关于如何选择正确人生的问题，是一个很大的哲学命题，是后现代所反对的“大话语”。我不愿意在这里进行过多的哲学伦理学说教。我只想对“选择”本身讲些“小话语”，对它进行一些不成熟的解读。

选择意味摆脱自由。选择就是从无到有，有所拥有，有所归属，有所依附。这和《金刚经》所讲的“无所住其心”不同，那里讲的是出世哲学，我这里讲的是入世哲学，入世哲学就要有所住其心，摆脱自由。正如社会心理学家弗洛姆说：“除非那个人感到他属于某处，除非他的生命有某种意义和方向，他将感到像一粒尘埃那样并被他的个人无意义感所征服。他将不能把他自己与赋予其生命以意义和方向的任何体系联系起来，他将充满怀疑，并且他的怀疑最终将使其行动即生活的能力陷于瘫痪状态。”

选择是一种权利。自从改革开放以来，个人的自由多了，在学习、生活、工作上选择取舍的机会也多了。这是社会进步的表现。在现代社会，选择权是公民的一项基本权利。我们要珍惜这种权利，对自己的人生作出上无愧于国家、下无愧于父母、中无愧于个人的无悔选择。

选择是一种民主，民主是一种实践过程，北京北新桥九道湾居委会居民用直接选举的方式选择当家人，尝到了民主政治的甜头。在学校各种社团组织中也有一个民主选举社团领袖的问题。给大家民主，让大家公正选择，这样的社团就会上下一心，具有内聚力和生命力。

选择是一种承诺。选择意味着承诺和责任，选择后就别后悔，坚持初衷，坚守承诺，负起责任，务必达到完满结果。三心二意，朝秦暮楚，都是在选择上的大忌。

选择是一种放弃。选择不仅是一种承诺，有时候选择还意味着放弃，意味着给予。你不能吃着碗里的，还看着锅里的，脚踩两只船，玩危险游戏。该割舍的就割舍，割舍是痛苦的，这个我知道，不然为什么叫“忍痛割爱”呢！长痛不如短痛，有一首歌叫什么“快乐出发”说得好：忘掉吧，不想它，向明天，快乐出发！

选择是一种境界。不同的人有不同的选择。在每一种不同的选择背后都包含着选择人据以作出选择的价值理念、个人情操和思想境界。因此要作出正确的人生选择,请首先丰富你的人生,提高你的文化品位、理性和人文价值,这样你才能作出高文化品位、高科学理性和高人文境界的大智慧选择。

谢谢大家!

(原载《北大讲座》第四辑)

互联网经济与创业机遇

方兴东

［演讲者小传］

方兴东，男，1969年生于浙江省义乌市，1987至1994年就读于西安交通大学，获工学学士、硕士学位。1996年3月考入清华大学，现正攻读电机系和工商管理学院的联合博士学位。长期致力于对中国信息产业的分析，曾经是《南方周末》、《南华早报》、《计算机世界》、《个人电脑》、《中国青年报》、《电脑报》、《上海证券报》、《财经时报》等报刊的特约记者和专栏作家，并出版了多部分析中外信息产业的著作。方兴东是"数字论坛"的发起人之一，被誉为"中国信息产业最具影响力的独立评论家"。2000年，香港《亚洲周刊》称其为"中国重要的高科技企业家"，同时被《新周刊》评为"中国十大新锐人物"之一，被《中国计算机报》评为"影响中国互联网的十大人物"之一。1999年9月，与王俊秀、叶爱民、许琳等创建了中国第一家从事互联网研究和咨询的专业公司——互联网实验室，并任董事长首席分析家至今。目前兼任浙江省金华市决策咨询委员、中国电子商务学会成员专家委员会成员等多项社会职务。

一、网络经济最新趋势

今天我主要讲两个部分:第一部分是关于网络经济最新趋势的一些归纳与总结。第二部分讲互联网与创业的关系。

泡沫退却了,光环消失了,是不是人们对互联网的认识更加清醒了？道理上是如此,但实际却恰恰相反:现在对互联网的认识从来没有如此糊涂和混乱过！因此,在这样的背景下分析互联网的趋势,无疑是自讨没趣。但是,我们还是想在尘嚣与死寂之间,努力摸索出一点互联网发展的新轮廓。

首先,互联网壮观的"数字时代"结束。与互联网相关的数字大概是这个时代最壮观的奇迹。几何级的增长、数量级的跃升、短时间的翻一番等都是最平常的表现,但是随着基础规模的日益膨胀,"数字效应"开始明显下降。互联网虽然增长强劲,但速率已经放缓。尤其是最有代表的互联网用户增长,依然强劲,但速率开始放缓:2000 年全球互联网用户增长速率为 40%;2001 年估计将降低到 27%;2002 年估计为 23%,2003 年只有 19%。互联网增长的数据开始越来越向传统领域靠拢,"三个月一年"的互联网速度成为永远的过去。速度观念的改变是我们适应新形势的首要任务。

第二,质量增长重于数量增长:互联网应用程度的增长意义超过用户数量增长。一方面,是用户使用程度和使用时间(广播电视 76%,音乐 8.3%,报纸 4.6%,互联网 2.2%)增长意义凸现;另一方面是互联网应用的重点开始由个人应用转向企业应用,使互联网"商机"大增。这种"钱眼"的转移是所有互联网公司生存发展战略首要的关注重点!

第三,神奇的"概念时代"结束:资本市场调整的根本原因之一,是互联网产业的创新活力和以前相比出现明显下降。自 90 年代中期以来,互联网经历了五年疯狂的创新期,新概念、新技术、新模式、新企业喷涌不已,充分体现了互联网革命的活力,也成为资本市场最主要的"激素",但从 2000 年开始,创新技术与模式很少出现。没有足够的活力提供新的概念、新的模式,资本市场肯定会受到很大压力。反过来说,资本市场的下跌对互联网的创新支持程度产生大幅度下降,总的来说,目前处于负循环的过程中。

第四,壮观的"圈钱运动"正式谢幕。充足的资金是互联网浪潮的力量源泉。从 1995 年 8 月到 2000 年 3 月,共有 412 家互联网公司公开上市,目前市场价值约 5000 亿美元(一年前最高点为 13000 亿)。目前,只有 22% 公司高于发行价,而 78% 的公司则低于发行价。美国整个股市共跌 60000 亿美元,互联网公司跌去 8000 亿美元,比例只在 15% 左右。这跟大家平时的印象和国内媒体的宣传有很大的偏差，因为在国内，大家认为纳斯达克每天在跌，都是互联网公司在那引导跌势。实际上，真正让投资者遭受重大打击的不是互联网公司，而是那些传统的大型高科技公司。比如最高时，Cisco 公司市场价值为 5600 亿美元，现在大概跌至不到 1000 亿美元，它一家就跌掉 4000 多亿美元，相当于 400 多家互联网公司跌掉的一半还多。英特、微软两家一共也跌去了 4000 多亿美元。其实只有美国在线、雅虎、亚马逊等极少数几家互联网公司能真正影响股市指数，特别是从 2001 年下半年开始，整个美国股市的大跌主要是因为大公司的下跌造成的。

第五，“赢者通吃”效应开始呈现。整个资本市场调整过程中，互联网公司市场价值开始快速集中，赢者通吃现象越发明显。大概一年前，4% 的互联网公司只占总互联网公司市场价值总额的 20% 。如今已提升到惊人的 70% 。虽然美国在线、雅虎、亚马逊等跌得很厉害，但它们相对于整个市场的比重还是有很大上升。目前，在互联网十大主要商业模式中，前两名的大公司其资本总额都已超过总额的 50% 以上。一般来说，商业模式越成熟，资本越集中，其中在门户这一块，美国在线、雅虎大概占全球上市的 20 家门户里的 93% ，其他 18 家门户只占 7% 。

第六，从美国资本市场下跌的规律来看，从正循环转变到负循环，都是从投资预期比较远的板块开始领跌。在所有领域里，当然是互联网公司投资预期最远。从 2000 年上半年开始，互联网公司开始下跌；下半年开始，预期较远、市盈率较高的电信公司和高科技公司也开始下跌；今年上半年，传统企业（包括传统媒体）开始大幅下跌。如果整个负循环能够结束，高科技公司会最先反弹，预期最远的互联网公司才会最快反弹，目前已经基本可以定性，美国经济的衰退是 U 型，而不是 V 型。目前基本上是摸底阶段，但这个低部有多久，比较中立的观点认为还需要半年到一年。因此虽然是互联网股票启动了经济的负循环，但现在是互联网被压在整体经济庞大的身体之下。现在，整个互联网股票要起来不在于互联网商业模式如何，甚至不在于公司业绩增长怎样。根本的因素在于美国总体经济能否出现好转、何时出现好转。目前影响互联网公司股票的重要原因是，传统企业信息化投入的增长率明显下降，而这个下降是由于整体经济下滑造成的，从而大大增加了资本市场复苏的难度。

第七，总的来说，受整个资本市场的影响，互联网领域新的风险投资的走向开始从高风险领域流向低风险领域，由投资预期远的模式转向投资预期比较近的模式，主要由于市场形势比较恶劣。目前投资主要是一些相对传统领域，包括互联网的基础设施、宽带、无线、光纤设备等。这些领域收入模式比较稳定、比较成熟，风险较低，当然可能的回报率也会相对低一点。

接下来,我讲讲中国信息化的最新发展趋势。

第一,“信息化带动工业化”的口号无疑是中国信息化的第一利好。“信息化带动工业化”成为基本国策,这就决定了未来5—10年将是中国信息化的高潮。“十五”期间,这个政策从概念到落实,必然有巨额投入。有消息称,未来5年内,国家计划在信息化方面投入约4万亿人民币,这4万亿相当于半年的国民生产总值,这么大的数字不但是中国IT业的福音,同时足以影响国家经济的整体走势。而且,目前中国IT产业大概已达到1万亿的规模,是国民生产总值的1/8左右,因此,未来信息化投入将成为刺激内需的重要手段。以前的手段主要是将资金投向传统基础设施,俗称“铁公鸡”(铁路、公路、机场)。今后,可以将信息化投入作为拉动内需的有效手段,其效果将更佳。

第二,影响IT产业发展主要有两股力量:一是拉动力,由风险投资引导,主要推动技术创新和创业,通过创新改变市场竞争格局,刺激各行各业的发展,包括传统产业,这股力量会随着资本市场而起伏,有高潮有低潮。二是推动力,主要是应用市场本身,尤其是传统产业的信息化,这是IT产业的主体市场,这股力量会一直上升,只不过有时快、有时慢。风险投资这股力量大概在百亿数量级,后者大概在万亿数量极(美国:美元,中国:元)。虽然两者有数量级的差别,但在IT产业发展中两者的影响力不相上下。前几年,主要是风险投资成为龙头。现在,传统信息化市场相对浮现出来。目前,美国是两股力量同时出现减缓,不但风险投资在下降,企业信息化投入也在明显趋缓,处于两面夹击,造成全局性的负循环。所以整个IT业步入衰退。而中国与美国有一个很大不同,中国风险投资比美国跌得更厉害,但传统领域信息化投入依然以很高速度上升,确保产业仍有一定的活力。

第三,中国互联网市场是美国的一个附属市场,不是自己的资本、自己的思想和自己的步伐,而跟随美国走向。受国外资本市场影响,国内IT领域的技术创新和创业活动受到很大抑制,传统领域信息化力量开始凸现。在政策问题没有取得重大突破之前,国外资本主要是参与前期互联网公司的资本整和,对新兴企业投资基本处于停滞状态。风险投资的低潮继续,产业资本的承接能力和传统业务的支撑能力成为互联网行业发展的关键。由于缺乏国外风险资本的支撑,宽带互联网与无线互联网的发展虽然热闹,都缺乏足够的创新活力和动力,暂时无法成势。

第四,今后一年内,资本市场无法很快复苏,国家政策将代替风险投资,成为中国未来信息化的第一推动力。这一点有好的方面,毕竟在风险投资下滑的同时,国家政策及时顶了上来,继续推动信息化的进程。但另外也有不利的方面,因为非市场力量介入太多,不利于市场经济的健康发展。尤其是政府这只“看得见的手”过于强势，这一领域的创新活动必然会受到很大影响。因此非市场力量是一柄发展的双刃剑。非市场因素的长期主导会直接影响信息化的产业发展和有效应用，长期代价也会很大。过去互联网领域没人管，因为这是很新的领域，到处都是灰区、禁区。但现在又走向另一极端，太多政府部门想进入这一领域，想管事情。比如，要搞电子商务，涉及信息产业部、经贸委、科技部和计委等，这个极端必然会出现管理混乱。

第五，“政策效应”明显。虽然今年国家大力推行企业信息化，但由于信息化投入大，直接效益慢，因此企业信息化还需要一段时间预热。一些经济实力比较好的上市公司会走在前边，但政府信息化和教育信息化启动会比较快。一是对政策较敏感，二是对效益不敏感，尤其电子政务是最亮的热点，如何利用中国信息化的“政策效应”是市场成败的重要因素。

第六，“边缘效应”不容低估。过去，互联网创新和创业活动主要集中在北京、上海、深圳等极少数中心城市，他们聚集了主要的资金和人才，因此其他地区只有看热闹的份儿。但是，随着风险投资的衰退，传统信息化力量凸现，区域市场开始启动，中心效应开始弱化。而且政策效应本身就有“边缘效应”。比如信息化带动工业化，无论省级、市级、区级还是县级，都会“闻政策而动”，形成全局性的联动。信息化本来就不是发达地区和中心地区的专利，甚至信息化的效益在非中心地区会更加显著。单从互联网角度也是如此，非中心地区，尤其是国内地区、县市一级的地区的网民已经开始规模增长，尤其是沿海一带，活力非凡。其后劲与能量不可低估，也将是未来几年中国网民的主要增长点。

第七，过去中国的互联网市场主要是靠风险投资推动的，是美国市场的附属，不是靠自己的资本、自己的思想、自己的步伐推动，而是跟随美国的走向。美国这块市场不好，美国同类商业模式公司股票不涨起来，中国的创业者、投资者就没有整体意识来推动，必须得等美国好起来之后，国内的媒体和舆论才会发生根本转变。但从整个世界来说，中国还是一个比较有投资潜力的互联网市场。美国在分析互联网市场投资潜力的报告中，出了一组系数：美国的系数大概是1.86、日本0.8、中国0.6、德国0.41、英国0.3、韩国0.2，在潜力里中国排第三。很重要一点，在这六个市场里，目前只有中国能保持100%增长速度，其他市场增长也都在20%以下，所以中国在一些重大政策上能有所突破，比如像加入WTO等。国际资本依然会有很大的兴趣。

第八，对于中国IT业会不会像美国一样步入10年来最严重的衰退，目前形势不太明朗，但是却格外值得重视。乐观的观点认为，中国信息化刚刚起步，市场刚刚在发展初期，潜力巨大。而且互联网热度无法与美国相比，国内资本市场介入有限,损失不大。但是,悲观的人却认为,互联网萧条的影响力将大大超过人们的预期,中国 IT 业也将表现同样的“失重”症状,会被拖入类似的负循环中。因为目前各种症状已经出现:风险投资停滞、互联网公司全面萧条、IT 产品增长明显放缓、盈利大幅下滑、库存问题凸现、IT 广告显著下滑、电信设备厂商感受压力。因此,中国 IT 业如何在一个减速的情况下继续发展,已经是最现实的挑战。虽然,中国不一定会出现美国这样的 U 型衰退,但会出现 V 型的调整走势。

总体来说,互联网发展到现在,我们把过去 5—10 年叫做网络商业化阶段,这是互联网浪潮的一个前峰。这个前峰最重要的特点,互联网的出现带来了许多创新技术、创新模式,这些新技术、新模式怎样进行商业化,怎样进行产业化是这个阶段的整个主题。在这个阶段,整个动力主要是通过资本市场来推动,一些敢于冒险的创业、投资人在推动创新。这个阶段是新模式、新技术的试验阶段。现在全球网络进入了一个新阶段,我们把它称为网络社会化阶段,这是浪潮的真正中央。新技术出来以后,通过资本市场的检验,通过它的商业化、产业化,被证明成功的模式应该在方方面面运用起来。整个主题不再是创业创新,而是技术应用、技术渗透,不只是互联网的商业化、产业化问题,而是整个传统产业方面怎样应用互联网进行范式转变的问题。不再是新的创业者,而是在传统领域里,具有技术敏锐感,敢于创新的实用主义者成为新的主要推动者。从整个社会意义来说,这是应用推广问题,经过一个比较长的阶段,整个网络能够在方方面面,包括在政府、企业、教育各个领域里深入应用,然后会真正进入网络全球化阶段。这时会出现很多问题,不是一个产业问题,而是在全球范围内,由于互联网的应用,国家与国家之间会出现很多的问题。

范式转变是指互联网造成基础的、根本的变革,互联网的范式转变主要因为开放式的、动态的、相对自主型的网络化基础设施的建立,使整个流程的透明度发生质变,引发组织形式、基础设施等方面的重构。

从这个角度来说,互联网虽然遭受很大压力,但传统产业并未简单获得胜利,将面临更艰巨的范式转变的挑战,互联网企业也不会简单地消失。网络社会化为互联网发展提供一个发展舞台,但它不再是以前的绝对中心地位,包括游戏规则、参与主角都会发生根本性变化。那么像新浪、搜狐等大公司发展会越来越大、越来越健康,但这些公司包括张朝阳这些人会逐渐边缘化。这不是他们自身的问题,而是产业规则发生变化。

在范式转变过程中,不是风险投资家,不是技术专家,不是传统产业领导,主要是传统产业里具有技术敏锐感,同时具有创新决断力的领导者,他们可能会成为新的中心。范式转变分为四阶段,从形式信息化、手段信息化、流程信息化，到机制信息化。组织形式的变化，从低级组织到网络组织的变化，比如一个企业对应这四个阶段，办一个简单的网站，到以交易为主的电子商务，到流程信息化即电子化的企业，到未来比较成熟的所谓的虚拟企业。包括供应链管理、ERP、客户关系管理等，各个流程环节充分信息化以后，可以形成虚拟企业，对一个政府来说，也是经历这四个阶段。从简单的政府网站信息公开到办公自动化，到整个政府的电子化，再进入一个真正体现范式转换机制性的虚拟政府阶段。

在中国，网络社会化可能和全球尤其是美国网络社会化有很大区别。他们是在完成网络产业化后进入网络社会化。中国缺乏真正的网络产业化阶段，前两年只是互联网商业化的一个阶段，出现很多新的运用，但没有形成自己真正的互联网产业，这样一个阶段开始网络社会化的话，由于缺乏网络信息化的基础，所以与美国会有很大区别。

在中国，从技术创新的角度来说，目前互联网的各种商业模式处于不同阶段。许多人对互联网误解是因为把一个很长的时间轴的问题放在同一个时间点上来考虑。如把三五年后发生的事放在今天同一时间点上来考察，可能会出现很多问题。美国门户和中国的 IT 进入成熟期早期，这个行业已经开始有一定利润，这些领域者已经能够大规模的盈利。美国的 B2C 和中国的门户还处于从接受期到成熟期早期的跨越断层阶段，这阶段不是这个商业模式有没有用，而是能不能成为主流的问题。亚马逊的股票跌得很厉害，它跌的原因不是商业模式有问题，而是网上这种模式未来会不会成为美国人的主流消费方式，还是一种作为补充的消费方式，这个问题还没有一个很确切的答案。如果说认为这种模式未来会成为主流消费模式，像亚马逊这种公司的股票肯定会上涨。

二、网络经济与创业

第二部分，我想讲一下互联网与创业的关系。互联网在中国最重要的贡献是带来一种全新机制，即所谓的新经济。通过金融与技术的联姻，以风险投资推动创新企业，互联网创业就像体育比赛，只有少数人能拿冠军，大部分人默默无名，一辈子什么都得不到。这是一个高风险高回报的机制，互联网把两种不同的机制第一次全面带进来。人们的误解主要是把这两个层次混合到一起。从最直观的角度，2—3 年内利用这种机制可以办成一个很有规模的大型企业，3—5 年内办成世界级企业第一次成为可能。这种新的机制与传统机制是完全不同的两种层次，不要把它们简单对立，不要相互代替，两者都有各自存在的价值。比如说创业,你要做 B2C,要投资 B2C,但 B2C 这种模式可能已经不适合投资,但作为传统企业来说,B2C 可能是最合适的模式。再比如我们现在做一个比较大的项目,把整个地区的农业信息化,马上见效益的是把农民的信息收集上来,或有的农民买了电脑,让他利用自己的网页,进行网上销售,这块效果非常明显。我们附近一个村去年到泰国做了 600 万农产品的交易,他只是利用互联网进行信息沟通,如果没有互联网,根本就不可能有这样的机会。他在应用互联网,与 8848 公司用 B2C 做一个上市公司,是完全不同的两种模式。8848 可能会失败,但农民用 B2C 非常好,这是两个不同的层次,并不是 B2C 模式完全不行了。

总的来说,不管互联网在目前中国有多大争议性,我觉得由于互联网的起来,全国第一次出现创业激情和较纯粹的创业精神。

过去中国,只有有权、钱、势的人才有创业的条件,现在有的人一无所有,有新思想新创意就有创业的可能性。过去,一个企业家失误一次,就可能永远被舆论与债务打入地狱,不可能东山再起,但在现代机制里,就不会出现这种问题。失败一次是很正常的,引进风险投资,失败一次可能一年精力白花了,投资者受到一定损失,但仍可以重新创业。拥有创意的年轻人,就能获得一笔很大投资,把它进行商业化,办成一个很大的公司出来。现在一两个创意在一两年内转换成一个很大的公司,在互联网领域,把这一切变成可能,这种创业文化非常初级、非常幼稚,整个资本市场出现后,遭受很大打击,整个创业精神的本质就是敢于跨越界限,包括世俗观的界限、现在技术的界限。当你要跨越的同时,肯定要承受巨大风险,不能接受失败的话,就不敢跨越风险。这种创业文化与校园文化紧密相容,刚出来的大学生,敢于跨越这界限,什么都敢想,在创业中,这非常重要。从整体来说,中国以前的企业文化、创业文化是半个老板加半个资本家,必须有老板、企业家的素质才能把企业办好。现在新的创业文化能改变这种格局,要认识这个格局很重要一点是敢于跨越这个界限,宽容失败。

目前为止,尤其是大众来说,只接受成功,不能接受成败,这跟风险投资游戏规则本身是不相适应的。在这个领域里,成功是偶然的,失败是必然的。不能把创新和创业视为个人行为,应该变成社会的工程,应该由社会方方面面分担风险,来提供资源,把一个国家创新活力最大化。成功了,回报非常高,刺激风险投资,因为有了投资的动力,失败以后损失也比较小,这样才让大家敢于创新。目前,风险创业的最大障碍还是社会观念的问题,不管是投资者、创业者,还是新闻媒体、公众,都还是第一次面对这种创业模式。

我再简单谈一下自己的创业体会。在 1999 年 7 月,互联网热潮开始起来,我们认定未来围绕互联网的研究与咨询会是一个很好的机会。我们在成立互联网实验室时,把它定位于互联网的咨询,那时很多人说我们定位范围太窄了。今年来看,这个范围已经非常大,因为要替各个传统领域进行互联网咨询,这个范围非常广。在这个明显的创业机会面前,我觉得有两种完全不同的创业模式。一种是走传统模式,一开始我们有几个比较核心的创业者,在互联网领域都比较有影响力,我们几个办一个公司,租一个房间,办业务,一年挣几百万也是非常轻松的。遇到像现在这样不利的形势,我们可以把规模缩小,可进可退,走得从容,不需要很大压力。另一条就是引进风险投资,快速扩展市场,短期内不追求利润而占有市场,在市场里能够确立成为第一品牌或者更大的时候,想办法让公司上市,这条路必须承受巨大风险与压力。一方面要引进很多资源,包括资金、优秀人才,同时要确保公司的快速发展,不管情势怎样变换,都要发展。最后我们还是选择运用风险投资这种模式,现在大概已经将近50人。在互联网咨询方面比较领先,有一定影响力,但对我们来说,风险依然是巨大的,若50人的公司盈利得好,应该没有任何压力,但在这个市场环境下,整个压力会非常大。

当时很热的时候有很多的资源,风险看起来很小,现在风险回来了,两面都承受,很热时可高兴,冷时也应坚持让公司发展起来。虽然已到了50人,但我觉得未来还是可能会创造出一个奇迹,创造一个很大的互联网咨询公司,当然也可能最后会失败。

这种模式应该成为中国很重要的创业模式。要用新模式,才能设法跟外国像雅虎、亚马逊等这种创新模式竞争。目前,整个互联网处于最低潮的时候,全球舆论处于否定状态,主要是创业者、投资者等市场适应力不够。在前两年很热的时候,也是第一次经历这种热潮,大家习惯这种热潮可能会永远热下去,现在市场一冷下来以后,第一次经历这种低潮,也认为会永远冷下去。

中国的创业者、投资者、大众反复经历过几个高潮、低潮以后,面对这样的形势,适应能力会更强一点。如今第一批创业者和投资者遭受很大打击,创业者去融资,一听到互联网,再好的商业模式,他都听不进去。

两年前,哪怕再小的一个商业模式,大家听起来都是美好的,现在再好的商业模式也认为问题多,在这种情况下,传统力量开始重新占据这种主导。在一两年内,引导热潮的是20岁、30岁年轻人。在目前形势下,这些人会遭受很大压力,一两年前,张朝阳一发话,大家都会把它当作重要的话来听,现在很多人已经不信了,在各种场合,官员、传统企业领导者重新走上互联网的舞台,许多新观念会更加困难,目前形势对创业者会更加困难。

总的来说,经过这一两年,大家应该学会用市场的眼光看问题,而不是从简单的道德、普通情理来评判。从市场角度,没有什么错和对,是和非,过去我们没做错什么,现在的观点也未必是对的。无论创业者,还是投资者,都应该按照市场的变化及时进行调整。对于创业者、投资者只有成功和失败,没有对和错。

很多人认为过去互联网烧钱是错误的,但我认为当时烧钱是对的。在很热的时候,容易得到很多资源,就应该更好地利用资源,让企业快速发展。像搜狐、新浪等成功公司,我认为都是烧钱烧出来的,目前大家不谈烧钱谈盈利也是对的。目前形势下,谈盈利能够得到投资者、媒体的认同,能够获得资源,也应该根据市场形势进行调整。过去股市升得很高,那没有什么错误,今天大跌也不是它就是对的。很多人认为 Nasdaq 100 是错的,20 就是对的,这也是没有任何道理的,如果股市完全按市盈率算,那这个股市就是死股市。市盈率也是市场推动的,就应该充分利用市场机会。索罗斯认为网络是个泡沫,很多人认为他很有眼光。从市场眼光看,如果索罗斯真的有市场眼光,就应该在网络股很低的时候把它买进,很高的时候卖掉,因为大家的目标是为投资者利润最大化,你应该充分利用这种市场机会,而不应该互联网股票涨了这么多年,也没挣到钱,升得很高时,反而去买股,受到损失。这不能证明互联网泡沫的问题,也不能证明他对互联网超凡的能力,我觉得对互联网的认识目前虚拟的太多,面向过去的东西太多,不能用现在批判过去,也不能用未来批判现在。过去一两年内机会很多,很多人创业,现在机会不好,没人去创业了,这也是对的。公司维持不下去,先关门,这也是对的。用市场眼光看,大家会更理智一点。市场永远是对的,错误的只能是没有跟上市场节奏的我们。中国市场经济的发展还任重道远。

今天就到这里,谢谢大家!

(原载《北大讲座》第一辑)

走进创业

黄 斌

[演讲者小传]

黄斌,男,1969年5月出生于重庆。1987—1991年就读于北京大学哲学系,获哲学学士学位。1993年担任北京爱必得电脑有限责任公司董事长兼总裁,1998年爱必得电脑被评为"中关村十大知名品牌"。1999年起担任北京北大天正科技发展有限公司总裁。长期从事IT行业,具有该行业丰富的高层管理经验,对信息革命具有丰富的洞察力和理解力。作为团队的组织者,凭借卓越的组织管理能力和亲和力,团结了一大批业界精英,完成了具有深刻意义的包括MAIL2G、VOD等在内的项目。

今天来到这里,要感谢同学们给我这样一个机会,来到这里和大家交流一下,把我们天正公司和我本人的一些经历和大家谈一谈。在这里我想先举一个案例,就是我自己在 1992 年的时候,当时,我最早成立的公司叫"天高",因为北京还有另外一家公司叫"地厚",我就开玩笑,说我们是一群不知道天高地厚的人。但这个公司很不幸,因为我当时只有 1 万块钱,这 1 万块钱还是从亲朋好友那里凭着我当时的信誉借来的。当时,拿到这第一笔钱之后,我们就找了一个很好的地方作为公司的地点,就找了个人进行装修。我有一个很好的朋友,在中央美术学院作设计,他为我装修花了 5000 多块钱,他热情是很高的,但是这件事注定是失败的。因为,一方面,我的这个朋友是一个学美术的画家,他的装修风格比较偏向"学院派",就是说像一个咖啡厅,大家可以想想一个做 IT 的公司像一个咖啡厅是一种什么样的感觉;另一个方面,当时装修就花了 5000 多块钱,而一共只有 1 万块钱。只剩下 5000 多块钱,怎么办?所以当时我们动员了很多同学来抄信封,拿着一个邮政编码簿,发了 1 万多封信,力图通过这种发信的方式来促销——就是现在所谓的直邮,这在美国是一种较发达的营销方式。但这样也于事无补,产品只卖出去三分之一,一个季度之后,公司就关门了。我不清楚所谓的"名字学",他们说起名字一定要请风水先生看一下。大家知道,"心比天高"下一句话不就是"命比纸薄"吗?当然就是说不可能命长的。这就是我第一次创业失败的经验。

从这里面,我自己也在思考,因为失败不可怕,创业精神是非常好的。但是,我们也不要去自我安慰说,我创业失败了是一个无所谓的事情。因为这毕竟是钱,我没有浪费国家的财富,但是我浪费了亲朋好友的财富。所以当时我就在想,我为什么会失败?谈到这里,大家知道,我们天正公司是 1999 年下半年成立的,我们再一次创业的时候,我就在中关村,我本人的经历是多次创业,好像很奇怪,我总是把一个公司创业到一定的程度,就会去创建一个新的公司。所以在中关村,我到目前为止,算上我第一次创业的公司,我一共创建了 5 家公司,其中有 3 家是比较成功的,天正还不算,天正是未知数。

所以,作为一个创业的团队,很重要的一点是,你们企业的理想是什么?因为我们都知道,任何一个企业都应当有自己的理想,而我们当时之所以会失败就是因为我们没有自己的理想,我们纯粹是为创业而创业,是因为我当时一时的冲动和热情,我想我应该去创业,所以我就去创业。这样,你一个没有理想的企业,你如何去构建一个企业的竞争力,你如何去把握市场的需求?一个很大的公司,例如微软,他有一个理念,就是要把他的操作系统要放到每一台 PC 上,而 IBM 希望电脑技术能够推动未来,思科公司希望能够成为网络最大的供应商。所以这就是一个很关键的问题。我们也和很多创业团队聊过天,我发现很多创业团队来找天正的目的是因为他们认为天正是一个 idea,天正靠这个 idea 来融资,这是一个很好的模式,是非常成功的。今天我想跟大家讲的一点,就是这是一个误解,我们的创业观念,大多数来自误解。而这种误解,就为我们最后的失败奠定了一定的基础。我希望有机会把这些误解描述出来,跟大家分享一下。

第一个误解:idea 能够成为一个创业公司的基石吗? 这个问题非常关键。实际上,对于一个成熟企业来说,他更多是靠市场推动而不是产品推动,这个概念是一定要区别开的。很多人说,我幻想有一个科技型的产品,这个产品有市场,能够去创造价值。但是刚好可能这个顺序是相反的,你必须先去搞市场调查,不管是自己做的,还是委托第三方做的;然后,根据这个调查的结论,找准你产品的卖点,然后才能去创造价值。一个企业,绝对不可能靠一个 idea 来构建他的基石。

第二个误解,就是我们对热门的认识。我们有时候会去选择一些很热门的行业。比如说,我前两天和一个朋友交流,他就提出一个智能家居的概念,他靠自己发明的一个已经成熟的技术——用电话来控制家居。这个智能家居就是说通过电话去控制,或者你设定一些功能,它可以在你指定的时间里把你的窗户打开,在你指定的时间内为你做上饭,给你打开微波炉,打开冰箱,这是非常好的一个事情,但是这种智能化家居的理念,作为一种产品来说,应该是三年或者五年以后的产品,它虽然是现在我们谈论很热的一个话题,但是它未必能帮你实现利益的创造,所以我给他提了些建议,泼了些冷水。

另外还有一个规律,就是据统计,只有 10% 的被风险投资公司投资过的公司能够上市,有 90% 的公司可能会面临失败,或者是破产,或者是并购。同时还有另外一个观点,就是创业家的角色在进行变化,你在创业过后,你可能要做好准备,让更有才华的人来取代你。有时候我们开玩笑,说要创办一个企业,一定要有养女儿的心态,你是要把女儿嫁出去,而不要有养儿子的心态,要把媳妇娶进来,这就是做企业的心态。

另外一点,我有个经验,据统计,博士生创业失败的概率比硕士生、本科生要高。这一点可能跟我们的想象刚好相反,不是你的学位越高,学历越高,你创业的成功概率就越大。另外一点是我们常见的,他有非常执著的信念,他希望投资人把钱投进来,但是他又不希望投资人介入公司的管理,大多数创业公司都有这一个观念,就是希望你投资,但是不希望你干扰我的经营,从理论上来说,这个说法是对的。但是,在这里面,你起码要表达你对投资人的尊重,他把钱给你了,他要介入你公司的管理是理所当然的事情,所以这不要去拒绝。实际上,大多数的风险投资公司不会想介入公司的管理,因为一个风险投资公司要投资于很多企业,他的主营业务是投资,要获取资本利润,他也没有必要对一个企业进行深入的管理,除非是这个企业的团队已经不行了。我们的创业团队不要去盲目地拒绝这种投资人对管理的看法。

还有一点,创业的目的是什么?这个问题也比较关键。我认为对于一个创业团队来说,除了说作为一个商人,我们要去创造社会财富,我们还要想一想创业有没有其他的目的。我们对商人不要带有一种贬义的看法,认为商人只注重利益,我认为商人在这个社会中的角色是非常崇高的。因为他在一种公平和公正的环境下为社会工作,尽管他一定要把赚钱作为中心。

我们要有一种良好的心态,就是千万不要认为,我们是学生创业,既然是学生创业,社会就应当支持,就应当开绿灯,但这个想法是错误的,作为创业者来说,社会是公平的,他不会因为你是学生他就对你格外关注,也不会因为你是学生你就更容易成功。相反,学生创业可能是一个更大的误区,因为通常人们认为学生应当是被同情,说得不好听一点,是被怜悯的对象。而同时,人们对学生又是极不信任的,因为他认为你一个刚毕业的大学生,能把这个产品做好吗?所以人们在做实际的销售活动的时候,就不愿意跟你签订单,就是我们说的大单。所以我们一定要有一个良好的心态,不要以为我们跟学生创业沾沾边我们就能怎么样,可能我们会浪费很多时间,浪费很多效率,去做一些不切实际的幻想。

另外一点,我们还要掌握一些相关的法律知识,这些知识非常重要,比如说对知识产权的保护。我想,我们创业,很重要的一点就是我们的智力资源在发挥作用,这就涉及一个知识产权的保护问题。说到底,风险投资公司看中的,是最后你这个专利证书。如果没有这个专利证书,你这个 BP 可能一钱不值。因为现在技术没有什么不可预见的,你要复制一项技术、破译一项技术是非常容易的。

同时我还想提醒大家一点,就是不要滥用媒体。作为一个企业来说,你要做企业的宣传,肯定要利用媒体来宣传你企业良好的品牌形象,来创造一个良好的社会氛围。但是,媒体是有害的。以我自己的亲身经历为例,大家知道,1999 年的时候,媒体对学生创业是一片叫好,但是到了 2000 年的中旬,又是媒体,对学生创业提出了很多质疑,当时很多报纸上都有触目惊心的大标题——《中国第一家学生创业公司倒闭》,所以你会感觉到"成也萧何,败也萧何",对于一家企业来说,要善于利用社会资源,但不要去滥用,更不要盲目地去用。可能你不经意的一些做法会对你的企业造成损害。

谈了那么多都是我们所可能有的误解,作为一个创业公司来说,最重要的是你的第一桶金是怎么来的。你怎样去挖掘你的第一桶金,这是非常关键的。

当时李嘉诚和比尔·盖茨可能都是成功地挖掘到了他们的第一桶金。对于成功的企业来说,我们套用一句话,就是成功的企业都是相似的,所以提高竞争优势是非常必要的,作为一个企业,一定要明白自己的核心竞争力在什么地方。因为你是创业的企业,你会在资金的运用上,在品牌上,在销售渠道的建立上处于天然的弱势,你一定要明白你的核心竞争力在什么地方。第二点,对市场一定要有了解,我们不要以为我们有一个 idea 或者有一项产品就已经对市场了解了,相反,我觉得要先对市场了解,要根据市场,对我们的产品重新进行设计、进行包装可能更有必要。第三,正如 Intel 的领导说的一样,你处在关键点上,你一定要知道失利的来历,并且要为失利做好准备,我们知道,尤其是 IT 行业,信息产业的变化非常快,如果一个企业没有一套应变机制的话,一个再大的企业很快都会破产。比尔·盖茨说过,微软永远只有 18 个月的寿命。再有一点,就是要非常冷静务实。

我还想跟大家讲讲,创业绝对需要的是热情、耐力、理念、智慧和经验,有一些东西是我们具备的,有一些东西是我们不具备的。如果我们在创业的过程中,具备了热情、耐力、理念、智慧和经验,我们就能享受创业的乐趣。

我有一次很不幸的经验,就是在 1993 年的时候,我第二次创业。第一个客户,当时是长春的一个用户,到我这儿来,给我下了一个订单,当时我特别高兴,因为这是我第一个用户,我很重视他。等到我们签完协议,用户回去的时候,我就后悔了,因为我把价格算错了,以低于成本价的价格卖给他了。所以当时我就面临一个很难的选择,因为这是第一笔生意,同时又没赚钱,因为对行情不熟悉,把价格算错了,怎么办?当时有几个选择,第一个选择,你可以给客户打电话,说我把价格算错了,没法完成你的订单,我想这个客户也是会理解的,但是,我当时想到的是,作为一个刚刚创业的企业来说,诚信是非常重要的。这是企业家和社会道德的关系,这个问题很大。我觉得诚信是第一选择,所以当时我们咬着牙,把这个单子做回来了。这件事给我们带来一个很大的机遇,大家知道,IT 行业变化很快,但是这个客户在下一季度给我下了一个十倍于原来订单的订单,一个更大的订单,还是以同样的价钱跟我做的。当时那个客户非常惊讶,因为在中关村能找到那么低的价钱和那么好的服务,他觉得不可想象,所以他回去下了一个更大的订单给我,这个时候,他已经不跟我砍价格了,他觉得我们价钱已经足够低了,而我们这个时候成本也已经降得很低了。靠这笔订单,我们赚到一笔钱,后来我们算了一下,还是赚得很多的。所以,创业过程中充满了乐趣,充满了对智慧的运用。为什么当时我们选择了信息产业?我想,在座的诸位,不会去选择炒股票,炒债券,炒房地产,因为这些传统行业需要的不仅仅是智慧,需要的,比如说,社会关系的建立,我想这个公关成本你可能是建立不起来的。而且这种灰色交易,大家可能觉得我从人格上还不能去做这种事情。但是信息产业的门槛非常低,只要你对市场有非常好的理解,加上你自己所学过的市场知识,就可能构建一个非常好的产品出来。我们也知道,在信息产业里面,有一句俗话,就是“变化是永远不变的”。朝夕之间,强和弱的转化,大和小的转化经常在发生。我们今天看见一个企业,号称世界第一,但是明天它的股票的市值就可能会大跌。它的竞争非常残酷,这种竞争是对人的智慧的一种考验。我觉得从这一点来看,作为学生,没有更多的背景,没有更多的资金可以利用的话,确实做信息产业是一个非常好的选择,因为它可以让你的智慧得到充分的放大。

我想再讲一讲对团队的理解。在中关村,我们每天会看见很多团队的分裂,在创业的时候,大家能够很容易地走在一起。但是当一个企业走到一定程度的时候,包括我们北大校友(都可能分开)。曾经有这样的一个说法,北大人是最不善于合作的,尤其是北大校友之间,这些话是不是事实我无从查考,但我确实看见了几个北大校友之间“分家”的经历,这种分家在一般程度上对企业是没有好处的,因为他会大大削弱一个企业的竞争力。我知道这里的诸位很多都不是北大人,我建议,北大人一定要忘记自己是北大的,作为一个创业家,你不管是北大的,清华的,还是其他学校的,你就是一个创业家,你面对的创业压力是一样的。可能你面对的创业成本还要高,因为你没有经验,需要交一些学费去学习更多的东西。同时我也套用一句话,就是“书生不要带书卷气”,我们是有智慧的,我们是文化人,但是,我们要忘记自己文化人的身份,要记住你是一个商人,你在为企业创造价值、为股东谋求利益的同时在为自己寻求利益,同时为国民生产总值提供一份力量。这一点是非常关键的。在天正我们在一定范围内经常会去宣传这三句口号。当然这只是小范围的,因为我也不知道该不该去大范围地宣传。我认为,我们要讲“三气”:第一,英雄气。什么叫英雄气呢?就是大家要有理想,有抱负,有做大事业的决心;第二,就是江湖气。所谓江湖气,就是大家要同舟共济,把企业做大,团队也需要这种同舟共济的理念;第三,书生气。所谓书生气,就是我们要有智慧,要有谋略。这就是天正里面讲的“三气”。

我要再探讨一下如何赢得投资,这是一个创业团队非常关心的问题。实际上,大家对投资有很多误解,大家总会把自己的商业计划书写得很多,以为写得越多越好,实际上投资商无法去处理那么多的信息量。我曾经碰到一个上海的投资商,他告诉我他们一年要处理几千份的案子,大多数的商业计划书他看都不看就搁下了。刚好我们去香港,我们在电梯里面,也是去找他们的,他在电梯里就发明了一个“电梯理论”,他的公司在23层,他说,你在电梯里,从 1 层到 23 层，你能把我说得心动，我就听你仔细讲，我的时间很忙。大家都要明白，投资商的时间是非常有限的。他能给你的时间就是那么一点，而如何非常简明扼要地把你的计划理念清晰地表达出来，是非常重要的。所以我希望大家能非常准确地描述自己的商业计划，告诉他你的公司在未来的市值会有多大，价值会有多大，能给投资人带来什么样的回报。我们确实是比较有经验的，我们去过香港，谈过香港的很多投资公司，我们总是会碰到这样的情况，就是投资人说，我很忙，我就给你一刻钟的时间，我们比较幸运，我们总能在讲完 15 分钟之后，投资人还会听我们讲两个小时，还会让我们再讲下去。所以投资人往往说，我们浪费在你们一家公司上的时间，可以谈 10 家公司。

另外一点，我想讲一讲创业与失败的关系。创业不要怕失败，因为天正实际上就是诞生在这样一个理念下并发展起来的。1999 年，天正成立的时候，我们学校的领导曾经跟我交流过，他说年轻人不要怕失败，他鼓励我们把天正做好。我想，在创业遇到挫折，处于低潮的时候，往往是对一个创业的企业提出挑战的时候。而且，转机可能马上就会到来。所以大家在面对低潮的时候，要想到既然已经走上这条路，那就要继续下去，不要做虎头蛇尾的事情。

谢谢大家！

（原载《北大讲座》第一辑）

酷讯创业与创新

陈　华

[演讲者小传]

陈华,男,酷讯网创始人,CEO,北京大学计算机系硕士,生活搜索概念的创始人,中国垂直搜索领域的领军人物。2006 年初创办生活搜索酷讯后,负责全公司战略发展和技术、产品等核心业务。2006 年 3 月,成功获得联创策源投资基金 200 万美金注资,开始飞速发展。同年 9 月,酷讯再次获得联创策源与 SIG 基金的 1000 万美元风险投资。目前,酷讯是中国最大的垂直搜索引擎。此前,陈华 2004 年进入微软亚洲研究院,参与微软中文搜索、微软购物搜索、微软论文搜索的开发工作,并在西雅图微软总部直接参与微软 Live Search 核心代码的开发,是国内顶尖的搜索引擎技术人才。在校期间,陈华曾进入北大网络实验室,将天网 FTP 搜索引擎打造成为中国最大的文件搜索引擎,并带领团队搭建了教育网内最大的文件搜索和下载工具天网 Maze 文件共享系统。

主持人：

今天我们很荣幸邀请到了酷讯网 CEO 陈华老师来给我们做讲座，今天讲座的主题是“酷讯创业与创新”，下面请允许我介绍一下陈老师。陈老师是我们北京大学校友，是北京大学计算机科学技术系本科及硕士研究生，在校期间陈老师曾经进入北京大学网络与分布式系统实验室，主持天网 FTP 搜索和天网 Maze 的制作，并将 Maze 推广为中国教育网最大的文件搜索引擎和共享平台。

之后，陈老师创立酷讯网，并在一年时间之内融资 1200 万美金，现在酷讯已经成为中国最大的旅游、房地产、火车票搜索引擎。下面介绍一下讲座的流程，前一半的时间是由陈老师来做讲座，后一半时间由陈老师与同学们作互动。下面让我们用热烈的掌声欢迎陈老师为我们带来这次精彩的讲座。

陈华：

同学们，说起二教的话我是很有感情的。在座的有没有在老二教上过课的？请举一下手。我是 1996 年来到北大，当时的老二教是在现在的理科楼前的位置。在我入学不到一年的时间二教就被推掉了，再也看不到了。今天新二教又出来了，比老二教好很多，在座各位同学在学校的环境也比以前好很多。作为从北大毕业的我来说，这几年在创业和工作上有很多体会。北大给我打了很深的基础，没有北大也没有今天的我，也没有我和朋友一起做出来的酷讯。今天来这里是想和大家谈一谈有关酷讯创业的一些感想，以及酷讯融资过程里面的一些细节，希望这些感想和细节能够对各位以后的创业有所帮助。这里面有些数字——比如说在什么时候融资，大概融资多少——都是我所感觉的，不一定是完全正确的，但希望对大家还是会有所帮助。

首先向大家介绍一下酷讯。酷讯是 2005 年年底我和我的合伙人吴世春一起创立的搜索引擎网站。酷讯最早是一个火车票搜索网站。酷讯的火车票搜索在 2006 年 1 月 1 日上线之后就快速地获得了很多人的认可。从理论上说酷讯是很好的平台，既可以做火车票搜索，也可以做成其他的信息搜索引擎。这些搜索引擎有一个共性：就是面向生活信息的搜索引擎，可以解决老百姓在日常生活中的一些问题。我们的目标就是做中国最好的生活搜索网站，为老百姓解决各种生活难题。

在火车票搜索上线后我们发展很快，一下子拓展出各种各样的生活搜索产品。在 2006 年 3 月我们获得了第一轮风险投资，是联创策源的两百万美元投资。当时其实我还在微软工作，那个时候酷讯还不是一个公司。2006 年 3 月之后我们才组建了酷讯公司，并在 2006 年 9 月份随着我们产品的进一步完善又获得了第二笔风险投资：SIG 和联创策源共同投资的一千万美元。2006

年酷讯经历了融资和积累的一个阶段，而在2007年我们进行的是商业模式的探索阶段。在去年3月份只有我和吴世春两个人，到去年9月份第二次融资时有20多人，今年9月份我们公司已经有150多人，公司的业务发展速度也是非常快的。

酷讯创业过程中时机是一个很重要的因素。就像很多人说的，你不能为了创业而创业，而是必须在某个恰当的时间点去创业。在酷讯创业之前，我和我的朋友做了很多积累性的工作，比如说在座很多同学都用过的"天网FTP搜索"和"天网Maze"。"天网FTP搜索"是1999年我读大三刚进入北大网络实验室的第一个产品。当时网络实验室还在地学楼，没有搬到理科一号楼，百度前CTO刘建国老师还在网络实验室做老师，负责指导我的是当时读研究生的雷鸣，也就是后来百度的技术总监，今天的酷我的CEO。我在1999年开始做天网FTP搜索，FTP搜索早期确实很多人用，用的很好。到了2002、2003年时，FTP开始出现一些问题，主要就是互联网上可以匿名访问的FTP越来越少了。在2003年的暑假我带了一批同学做了天网Maze这样一个系统。天网Maze用一种全新的方式去解决FTP所固有的问题，P2P加SNS加搜索引擎的方式，使得下载和资源交换非常方便。这两个项目是我在北大天网里边做的比较著名的项目。在这两个项目里边我个人最重要的收获是在技术的积累上，比如怎样做一个大规模的搜索引擎和分布式网络系统。

我在2003年还参与了UUME的创业，我是那里的最早的兼职员工，因为那时我还没毕业。在UUME里面也学到很多东西，学到一个公司从无到有是怎么过来的。我看着UUME这个公司是如何组建的，这段经历对我以后的帮助很大。当我组建酷讯时，我首先想到的就是按照当初UUME的方式一点一点组建公司。当初UUME的创业和今天的酷讯创业比较类似，都是拿到风险投资准备未来要上市的方式去创业。今天的酷讯里面也有不少人是当年的UUME成员，也是我邀请到酷讯来创业的。

2004年毕业后，我就去了微软亚洲研究院，也是做搜索引擎，参加了微软的购物搜索、论文搜索、中文搜索的开发。在微软里的工作经验也使我积累和学习到很多东西，比如一个大型外企有什么样的做事方式，这些做事方式对于一个小的企业来说哪些可用、哪些不可用。我既有主持项目的经验，又有参与别人创业的经验，还有大型外企工作的经验。这些经验对我后来创立酷讯非常有帮助。

我的合伙人吴世春是在2005年年底加入到创立酷讯的过程的。吴世春是一个很聪明、很能干、能吃苦的人，尤其在人际交往和社会经验上比我好不少。他2001至2004年在百度，是属于百度非常早期的员工。那时百度的盈亏状况与今天酷讯的盈亏状况类似。从后来看，百度变成了一个成功的公司，于是他从切身体会中知道像百度这样一个创业公司是如何创业成功的。百度是一个技术性的创业公司，它以搜索技术为核心，这样的公司在文化上有什么特点，这些对我们酷讯的创业也有很大的帮助。吴世春2004年离开百度之后和一个朋友组建北京商之讯软件有限公司，开发了TQ，一个商业客服系统。这个经历使得吴世春知道实实在在的一个创业公司怎么弄。他的创业方法和经验与我参与的UUME创业是完全不一样的，他的创业公司更像传统型的，必须先看到钱，要想办法赚钱，而UUME是先拿投资，在烧钱的过程中寻找赚钱的思路。

积累对创业很重要，机遇也很重要。今天回过头来看，酷讯创业的时机点还是很不错的。当初我们去做这件事情的时候，我们并没有感觉到自己选的时机点很好。这个时机点是什么样的呢？首先是百度在2005年上市并取得巨大的效益，使得所有的投资机构认为互联网是值得投资的而且回报是非常高的。大家知道在2005年之前互联网有一次巨大的低谷使得很多投资机构血本无归。2001年至2004年那一段时间基本上没有多少人在投资，也没有多少公司能拿到钱。百度上市使得中国的风险投资一下子火爆起来，搜索引擎这个概念非常非常火，这就成为酷讯的东风。在这样的一个背景下，酷讯做出了反响很好、用户量巨大的火车票搜索引擎。在这样一个机遇和创业时机的基础之上，酷讯才顺利走上了一个创业的道路。这些总结是为了给同学们一个经验，就是同学们不要为了创业而创业。有人说我今年必须创业，为了创业把所有家底拿出来去打广告、想办法去赚钱，这样的风险是非常大的。不过如果你还没有想好要创业却有一个很好的机遇，你也不要错过。当时酷讯的火车票搜索刚上线时我也没有考虑清楚要不要创业，但是当这个产品推出去后备受大家欢迎，我才下定决心要用这个产品去创业，把它商业化，把它变成一个事业。

创业的另一个要点就是选题，你不能随便选一个创业方向就去做。酷讯的选题可能也有很多人听说过了，当初酷讯刚推出的时候在网页上的标题就是"酷讯——中国最大的生活信息搜索引擎"。这个口号有几个意义：第一，酷讯是中国的，我们这个搜索引擎短期内不会去做国外的东西；第二，是最大的，那就是说酷讯要做第一不能做第二，因为只有第一才有生存空间；第三，生活信息是我们的发展方向，酷讯的服务范围只是生活信息，我们不能做图片搜索等娱乐搜索产品，虽然我们有这个能力去做；第四，搜索引擎是酷讯的根本，酷讯最伟大的武器就是搜索引擎，我们要把这个武器做起一定的竞争壁垒来。酷讯的选题就是成为中国最大的生活信息的搜索引擎。

酷讯的未来是什么样子呢？我希望酷讯成为一个伟大的公司。什么是伟大的公司呢？今天大家去看百度、腾讯时也许能感受到，比如因为腾讯的存在改变了我们的沟通方式,因为百度的存在改变了我们寻找信息的方式。我希望有一天当大家有生活信息需求的时候(比如买机票、租房子),能够首先通过酷讯搜索,这样酷讯就成为改变千千万万人生活方式的伟大的公司。

酷讯的选题是成为中国最大的生活信息搜索引擎。为什么选定搜索引擎呢?为什么选定生活信息呢?第一,因为我和我的同事吴世春都是做搜索引擎出身,我们最擅长做搜索引擎,别的我们不是那么会做。酷讯做火车票搜索的时候,我们的实时抓取索引技术是全中国最好的,也是一种创新的技术,从来没有人做过这样的事情,我们也是全中国最适合做这件事情的人。第二,我们认为生活信息市场机会非常大。我们发现我们的搜索引擎技术不仅可以做火车票搜索,还可以做租房、旅游等其他形式的信息搜索。我们发现房地产、旅游这些行业的市场非常大,同时也还没有一个像百度一样占市场百分之七十的垄断企业,我们还有很大的机会。比如说旅游这个市场,大家知道携程已经是一个很大的公司,但它所占市场份额也就是百分之几,也就是说,还有百分之九十几的份额被众多小公司瓜分着。越是这样分散的市场,越有机会。生活信息市场拥有巨大的商业价值。我们创业时不能选择一个太小的市场,比如说你选一个全中国只有几千人关注的市场,可能这几千人只有几个人愿意给你几千块钱,这样的市场是没法做成一个大的生意的。要做大的生意市场的规模是必须足够大的,用户群也是足够大的,那么机会也就足够大。于是我们选定了做生活信息这样的领域。

酷讯选择做生活信息这样一个领域,但生活信息的范围是非常广的,它包含各种各样的东西。我们现在的主打是房产、旅游等几个方向。我们为什么选这样的栏目呢?那是因为我们拥有做这个方向最厉害的技术和产品,我们能够比任何一个竞争对手做得更好。比如说火车票搜索栏目,春节前回家买过火车票的人都知道,你要买到一张火车票是非常困难的,你在网上看到一张转让火车票的信息时,最大的价值是在于它的"新鲜度"是多少,那么我们在火车票搜索栏目上的特点就是酷讯能搜索互联网上一分钟前的信息,这一点使得在火车票搜索上酷讯就有非常明显的竞争优势;在租房栏目上,租房子的人都非常想找到个人房东,酷讯就用搜索引擎技术帮你把互联网上所有真实的个人房源找出来,把假的个人信息去掉,这样使得酷讯的租房搜索就有鲜明的特点;在机票搜索栏目上,也许你看过一些其他的机票搜索引擎,很多人也可能在互联网上看到其他一些特价机票,但是这些网站往往当你打电话过去后,却发现根本就没有机票,只是骗你一个电话然后推荐一张更贵的机票。酷讯机票搜索的特点就是用搜索引擎的技术把最新的、可购买、全网最低的特价信息给你展示出来,让你真的看到可购买的票;在校园招聘栏目上,最近找工作的同学如果用一下酷讯的话就可以发现它是中国最好用的校园招聘搜索引擎,因为它包含整个互联网上你能找到的应届生招聘的各种各样的信息,包括各种面试和笔试的经验总结,这些信息可以极大地帮助你找到一份好工作。酷讯选择生活信息的领域,我们会在每一个领域里选择我们的技术能够实现的突破点,使得我们在这些领域里比任何一个竞争对手有更大的优势。

酷讯不单是把信息聚集在一起,我们还会做很多创新。我们认为同样是做搜索引擎,我们不能像百度和 Google 一样,如果像它们一样的话,我们是不可能和百度、Google 去竞争的。像刚才说的,一个市场上如果已经存在一个巨头,它已经占领了市场百分之七十的份额,再想打破它成为市场的主力已经是没有什么希望了,所以虽然同样是做搜索引擎,我们必须做出一个不一样的搜索引擎,这样才有能生存的空间。

在早期来看,酷讯的搜索引擎有两大创新特点:就是在搜索引擎上增加了时间的维度和空间的维度。今天我们看百度和 Google,你会发现它们还是没有这两个维度,这两个维度是什么概念呢? 比如,如果你去百度上搜索一个火车票的信息或者特价机票的信息的话,你会发现它给你的网页基本上是没有价值的,因为它更新的太慢了,已经是很旧的信息了。酷讯增加了时间维度,大部分信息是按照时间顺序排序的,你能看到互联网上一分钟前发布的信息,你能看到实实在在的刚刚发布的信息。在空间维度上就是类似于 Google 给不同国家的用户看懂不同的首页,酷讯给不同城市的用户看到不同的首页。刚才有位朋友说他在长沙访问酷讯发现酷讯关于长沙的信息挺多的,他还以为酷讯是一个长沙的网站呢。酷讯是一个面向中国所有城市的拥有空间维度的搜索引擎,酷讯很像一个当地的公司,将当地的信息搜集得很全面。

酷讯还有一些搜索引擎的创新技术特点。百度和 Google 有的技术酷讯也一定要有,因为我们也是搜索引擎,我们也必须抓得很快、很全、很好。同时我们也要有百度和 Google 没有的一些技术。比如说任意网页上的信息抽取技术,对于某种特定类型的信息来讲,互联网上的网页是千奇百怪,我们同时抓取十几万个网站,我们不用任何人工干预就可以把每个网站上的信息整整齐齐地抽出来。比如数据的挖掘处理,可以使得我们展示的信息更有价值。在机票搜索上,我们做得很好的是机票行情功能。如果你不是确定要在哪天出门的话,你可以上酷讯看一下机票行情,酷讯可以告诉你从今天开始这一个月内的机票哪天是最便宜的。酷讯的机票搜索可以帮助你规划你的行程。

酷讯也是一个面向交易的搜索引擎,因为每一个上酷讯搜索的用户他的下一步操作都是一个交易的行为。这一点使得酷讯的商业价值非常高。我们的用户群都是有商业价值的用户,用户的每一步操作都带着很浓烈的商业目的。这个也是酷讯产品的特点之一。

很多创业的人可能都听说过天使投资这样一个概念。如果你脑子里面只有一个想法或者你只有一件产品的原型,你想把它商业化可是却没有钱,这时你只能找投资人,但是你找机构投资人是没有用的,因为他们不会投资风险这么大的一个项目,只有天使投资人会投资。天使投资人主要是投资产品还处于概念、原型时期,但是你想把它做成产品和公司的阶段。最好的天使投资人是你的关系网里的成功人士。比如说百度等上市公司的早期创业人,他们手里有几千万,拿出一两百万做天使投资是没有问题的;还有像早些年炒股赚了钱的人,他也可以拿出一两百万来投资一下;还有就是大公司里的老总、高层主管也有可能去投资一些创新性的项目,这些项目风险很大但是收益也很大。天使投资的金额一般是比较小的,几十万到几百万人民币,占的股份不会太多,大概百分之十到百分之二十之间。如果你和投资人的关系很好,可以多要一点钱少给一些股份。寻找天使投资人需要的是个人的关系网,你不可能找一个完全陌生的投资人给你投资两百万。如果对方不相信你,投给你,你跑了怎么办?风险很大,投给你,你做不出来怎么办?投给你,你做了一年两年还没有做好怎么办?所以说只有你关系网里对你信任的人才可能成为你的天使投资人。酷讯并没有天使投资这样一个阶段的,因为酷讯产品上线时我们没有花太大的资源。当时是我利用业余时间和吴世春两个人做出来的。我们都有技术上的积累,之前的"天网 FTP 搜索"很长时间就是我一个人来做,在这方面不需要找太多的人。酷讯的运行是需要服务器和带宽,我们当时用的是 TQ 的服务器,省了一些经费。酷讯需要推广,我就找以前的关系。因为 Maze 是我一手做起来的,于是我就对当时负责的人说,给我群发一下广告,我还找水木版主让他置顶宣传酷讯。因而酷讯早期并没有找天使投资人就做起来了。有人说能不能不找天使投资,把家里房子卖了来创业或者说借款借个几十万来创业,我强烈地奉劝大家不要这样干,因为创业的风险很大。如果你卖了房子,万一你失败了,你就一无所有了。如果是天使投资人来投资的话,风险是由天使投资人来承担的。他有几千万的家产,这点风险他们能够承担起来。在你没有乱花钱的情况下确实失败了,天使投资人大多也不要你还钱,只能算一次投资失败而已。

在公司的组建方面,我参与过 UUME 从无到有的过程,这里面有些经验值得在座的各位参考。酷讯在拿到钱之后马上组建公司,具体就是首先找一个房子然后招聘第一个人。要招聘的第一个人不是一个技术人员而是一个助理。之所以招聘助理,是因为公司的创始人不能被那些繁琐的公司杂事所打扰。很多人认为我要创业必须认识工商、税务的人才能比较方便创业,或者说我必须知道怎样注册公司等等。但如果你想成就一个伟大的事业，这些事情根本不需要你去想，你可以找一个人帮你解决这些问题，而你应该思考怎样把公司做大做成功，这些问题更重要。酷讯的第一名员工就是一个能干的助理，她把公司这些很杂的事情都做起来，比如买家具、装网络、装电话、注册公司、工商税务登记等等。这样的助理不需要有什么背景知识，她不会做没关系，你可以让她到一个成熟的公司学习就好了，比如你的朋友开公司。作为一个创始人，你是不需要懂这些杂事的。

创始人的精力要花在哪里呢？我认为应该花在制定企业文化制度、招聘优秀人才、考虑公司的战略方向、找更多的风险投资等方面。企业文化是决定一个公司最终能否成为一个大公司的重要因素。如果你说我们就是两三个人大家一起做，做成什么样子就是什么样了，我们也不需要什么企业文化，大家凭借一种热情去做足够了，这样做要想做成一个强大的商业机器是肯定不够的，团队很容易离散掉，当人数增加到一定规模后，内耗就会非常厉害。还有就是招人，公司必须有一批优秀的各种岗位的人员，像酷讯早期就有各种优秀的人才，像研发人员、测试人员、产品经理、助理，还有创始人等，这是最简单的一个技术型公司的结构。创始人个数方面，我建议一个公司最多两到三个创始人，一个人也不好，没得商量，人太多了容易内耗，股份也会比较分散，在吸引投资后很容易丧失公司的主导权。创始人需要经常静下心来思考公司的战略方向问题，就怕一群人冲向一个目标，等到达目标的时候才发现，那个地方根本就没有钱，白辛苦一场了。

这里介绍一下酷讯的企业结构。很多人也许在网上听说过一个消息就是新浪、百度都不是中国公司，这是对的，而且酷讯也不是中国公司。为什么这些公司都是在中国建的却不是中国公司呢？因为它在创办的时候需要搭建一个结构来方便未来融资与上市，酷讯也搭建了这样一个结构。这个结构的核心是有一个母公司，比如说酷讯的母公司是 KOOXOO. INC，未来酷讯上市的话它就是上市的实体，百度上市的实体也是它的母公司，自海外某个群岛上的注册公司。海外公司要在国内注册一个外商独资企业，在海外的公司百分百控股中国这个独资子公司。这个子公司是整个企业运营的实体，所有的人事、运营都是由中国这个子公司去执行的。另外还有一个纯内资的空壳公司，因为中国的法律规定外商不能运营互联网业务，为了规避这个风险，所有的外企基本都有个 ICP 空壳公司，就是说这家公司持有运营互联网业务的 ICP 证。这个空壳公司的股东都是中国人，但是用一些合法合同把它抵押给那个外商独资企业，使得它在运营上配合外商独资企业运营互联网业务。这样的企业结构可以帮助大家理解百度、新浪、酷讯是一个什么结构，大部分创业公司都是这样一个结构。投资机构投的钱都是美元,所有的资金都是从海外进来,投资人不可能结汇成人民币来投资,这种结构使得外部进账很简单很快速,对以后的上市也更方便。

企业文化很重要,它决定了一个公司的企业形象和发展方式。我大概介绍一下酷讯的企业文化。酷讯是一个技术型公司,因而我们必须不断改进我们的搜索引擎技术和产品。如果是一个运营型或营销型的公司,可能就不需要太强的技术团队,比如说你要做一个社区网站,你只需要装一个论坛系统就可以了。酷讯做搜索引擎就必须要像百度、Google一样去做,依赖技术创新不断积累更多的竞争壁垒,现在能与酷讯竞争的也就是那几家拥有搜索引擎技术的公司了。薪酬方面,创业公司不能像一个上市公司拿出那么多钱,但是我们可以提供其他一些福利,除了工资、季度奖金、年终奖,每一个人都拥有公司的股票,就是说每个人都是公司的股东。作为一个股东只有你做得更好公司的股价才能更高,公司的股价更高你个人的财富才能更多,期权制度可以让所有的人参与到公司的创业中来。在酷讯,我们还有很多其他的奖励,比如即时奖励、季度之星、年度之星等等。酷讯的福利待遇是很全面的,所有的你能想到的法律规定的假期都有,包括婚假、产假、带薪病假,还有像奖励假期,比如你最近熬夜熬了好几天做了一件很成功的事情,那么公司奖励你几天休息。在员工关怀方面,酷讯希望每一个员工能够快乐地工作,怎样做到这一点呢?我们希望从各方面关怀我们的同事。比如说每天来到公司,你能发现有早餐摆在那里,你可以拿来吃。提供早餐花不了多少钱,但是能体现出公司对员工的关心。很多做技术的人起来很晚,空肚子熬到中午很难受,酷讯用提供早餐的方式让每个人保持一个健康的身体。我们还有午餐补助,每天15元足以吃一顿大餐了。还有就是定期安排体检,让你清楚自己的身体状况。每个月都会为本月过生日的人订蛋糕大家庆祝一下。员工结婚、生孩子公司都会赠送一个小礼品,表示公司关心你们的个人生活。每一个人一个月都会有一百元费用,是团队用来娱乐用的,不允许自己用,划船、唱卡拉OK都可以,我们用这种方式使得团队里的人互相之间产生亲密的感情,使得我们在工作中感受到快乐。我们公司每个季度都会有一次offsite meeting,就是离开会议室的会议,所有人来到一个风景秀丽的地方呆一两天,其实开会的时间只有一两个小时,其他时间就是玩和作拓展训练。酷讯就是使用各种方式让大家快乐地工作,让我们成为一个很好的大家庭。

酷讯的技术团队里百分之四十是硕士研究生,百分之五十是本科生,还有数个博士。我们的团队里有很多是北大清华的。大家都知道我是从北大出来的,所以我特别喜欢招北大的同学。在酷讯,你可以看到不少核心的岗位都是北大的同学,不是我偏心,是因为我们北大的同学确实是有一定优势的。当然,也还有很多清华、南开等高校的毕业生。在酷讯,有工作经验的人占一半以上,我们从各大公司吸引一大批优秀的人才过来,在酷讯中有来自 Google、微软、百度、网易、搜狐、雅虎、Intel、AMD 等著名公司的人。酷讯的远大理想吸引他们来到这里,我们要成为一个高素质的公司,我们坚持所有人都必须是最优秀的人,不仅是研发团队,产品团队和营销市场团队都是一样的。

再介绍一下机构投资。刚才说如果你只有一个想法,一个机构投资人是不会投你的,机构投资人会只投一个成熟的产品和一个成熟的团队,这样它会比较放心。酷讯的第一轮机构投资是联创策源,第二轮风险投资是 SIG 和联创策源。联创策源是投早期项目,SIG 是投中晚期的。机构投资的特点是它是一个企业,不是个人,机构投资追求的是利润,每一个机构投资人想的都是何时能够"退出",在它退出时它的利润是多少。有的投资是翻了几百倍,有的投资是翻了几倍。机构投资退出的方式有两种,一种是并购,某一个大公司把这个公司买了,另外一种是上市。

机构投资经常用到的一个术语是"Term-sheet",就是机构投资人的一个投资意向书。很多人对外公布说我们拿到投资了,过两个月又失败了,很大程度是因为他们实际上只是拿到了 Term-sheet,却对外公布说投资成功了,其实那离成功远着呢!Term-sheet 会写明机构投资人有意向向公司投入多少钱、占多少股份,但是究竟投不投还没定!Term-sheet 会规定禁止与其他机构投资人联系的时间,这段时间他会调查你的流量数据、财务数据、创始人背景,调查完后再决定投还是不投。其实,真正具有法律效应的是后面的投资协议书,整个过程中只有当投资资金进入公司的账户才能说已经成功地吸引到投资了,这之前的任何一个点都是存在风险的。

酷讯第一轮机构投资是联创策源投的,其实我当时是不知道这个公司的,但是我的合伙人吴世春知道,因为当初他做 TQ 的时候联系过。联创策源的人也认识我,他们有个投资经理是北大山鹰社的前社长,之前听说过我。我们第一次去策源的时候,他们让我用英语讲了一个小时,讲完之后再和我谈细节,谈了个把小时之后就决定投资我们了,接着马上是现场签署 Term-sheet。像酷讯如此快拿到 Term-sheet 是很少见的,很多项目都是折腾很久,见过十几个投资机构还是拿不到钱的。所以找机构投资一次两次的失败不是很奇怪,是很正常的事情。

从拿到 Term-sheet 到资金到账大概两个多月的时间,这两个月主要是因为酷讯是先拿到机构投资再组建公司,投资的资金必须给公司不能给个人,当时我们用两个月的时间把海外公司结构做好。

第一轮机构融资叫做 Series A。这个阶段是公司的产品相对成熟,需要吸引投资去把公司做大,比如说已经有四五个人的团队把产品做出来了,需要像模像样地把它做成一个大公司,这个时候就应该寻找机构投资人了。Series A的金额有多有少,从五十万美元到五百万美元都有。大家可能听说过爱帮,它第一轮就融资五百万美元,因为他的创始人背景比较强。说到股份,机构投资人就比天使投资人高一个档次,天使投资一般是百分之十几到百分之二十,机构投资就到百分之二十到百分之三十甚至更高。酷讯的第二轮机构投资Series B是由联创策源和SIG一起投的,认识SIG的方式是由联创策源介绍的,方式也是一样的,拿到Term-sheet大概两周左右的时间,这个就没有第一轮那样快,因为金额大了很多。酷讯第二轮投资有一千万美元,这么大的金额投资人也要考虑比较久。从拿到Term-sheet到资金到账大概一个月的时间。第二个阶段一般是产品已经推出去了,公司已经准备做收入,金额在几百万美元以上,投资人占有的股份和第一轮的差不多。

再介绍一下酷讯的成长规划,酷讯在经历了两轮的投资之后,已经成立了快两年了,我们给公司制定了一个比较长远的规划:在2006至2007年组建公司搭结构;在2007年到2008年是一个寻找商业模式的阶段,这个阶段酷讯会做很多的实验,看哪一个方式能够赚钱,这个阶段不要求盈利;2008年之后就是怎样把收入做起来,怎样把业务做起来,大概需要一到两年的时间,目标是把现金流做成上亿、把利润做成好几千万。在这些之后就是怎样把业务报表做得更好看一些,准备去上市去了。也可能会有人说,我怎么看有的公司从创业到上市很快,比如说游戏公司它们不需要一两年,怎么做到的呢?那是因为它们的商业模式非常简单,成熟的游戏公司商业模式很简单,就是卖道具,你只要设计出一款很好玩的游戏,然后卖道具就行了,在中国已经有很多家这样的上市公司了,像征途、完美时空、金山等都是这样做的,但是酷讯走的是一条更艰难的路,更艰难的路对应的是回报也会是更大的。如果酷讯成功了,我们的价值将和百度一样大。

我大概就讲这么多,有兴趣参与酷讯创业的可以看看酷讯的一些职位,如果自己本身就想创业的同学听完今天的这些经验介绍,希望大家都能从中得到一些收获。谢谢大家。

[现场答问]

主持人:感谢陈老师为我们介绍酷讯的成长历程,下面进入提问环节。

问:师兄,我有两个问题。第一,您是否方便透露一下您自己在第二轮融资以后还在公司占多少股权以及在公司内部的期权分配的方式以及期权能够兑现的时间。第二,其实,昨天爱帮网的刘建国老师也来了北大谈他的爱帮网,爱帮网也是生活搜索引擎,您怎么看像爱帮网、酷讯这样的生活类搜索引擎的竞争?

答:谢谢这位同学,首先,具体股份是不能说的,我只能说我现在是酷讯最大的股东,我是酷讯的董事长,创业团队的股份是占公司的一半以上。

问:这个股包括 A 股 B 股吗?像百度是包括 A 股 B 股的。

答:是有的,我们把所有投资人的股份加在一起,创业团队还是占大部分股份。另外,就讲到像爱帮这样的竞争,我们更认为爱帮是一个一起开创市场的伙伴而不是一个竞争关系,因为我讲到过刘建国是我在天网时的一个老师,爱帮的周利民是我的师兄,我们之间的关系也很密切。我们经常和刘建国、周利民探讨创业问题,说竞争其实还不如说要互相之间学习、配合来把市场做大。从产品层面看,其实爱帮生活搜索和酷讯生活搜索不是一回事。爱帮生活搜索是帮助用户寻找一个地理特征上的静态信息,比如说我要找北大东门最近的一个银行,这个实际是一个静态的信息,这是爱帮的侧重点;酷讯的特点是帮助用户找动态的信息。就是说你这几天一直上爱帮网,都用同样的关键词搜索,比如五道口附近的银行。你会发现你连续一个星期搜索的信息是一样的,不会变化。但是你上酷讯,你这几天搜索五道口附近的租房信息,你会发现每一天都不一样,所有的信息都是变的。因为酷讯搜索的是实时信息而爱帮更多的是资料性信息。所以在早期我们的竞争冲突不是很大,我们更多的是把生活搜索这个概念深入人心,把整个市场做大起来。

问:请问生活搜索这个概念是酷讯首创的吗?还有就是我觉得从天网搜索到酷讯的生活搜索还是有一定距离的,请问你是怎么想到的?

答:根据我的记忆,生活搜索这个概念是酷讯首先提出的,因为我们在 2006 年初的时候就宣称酷讯是生活搜索了,我们在很多新闻稿上打的都是酷讯生活搜索的标题,之前我是没有听说过任何生活搜索这个概念的。我作为一个从计算机系毕业出来的人,我最强的能力就是写程序,我可以写程序解决我碰到的各种问题,像酷讯就是刚开始我自己想买火车票,找不到,我就想自己的人工操作能不能转化成程序的操作,拿程序帮我解决这个问题。然后我就想这个东西对我有帮助对别人应该也会有帮助,因为肯定不只我有这个问题。把它变成一个服务后就变成了一个搜索引擎了。

问:酷讯现在的主要竞争人是谁?如果百度、Google进入这个领域,您和您公司怎样抵御他们的竞争?

答:我们的竞争对手实在太多了,我们的任何一个侧重点都有竞争对手。比如说生活搜索的话,爱帮既可以是竞争对手也可以是合作伙伴。还比如说Google也有生活搜索。从行业领域来看,旅游方面有携程、Elong等都是潜在的竞争对手,房产方面有"搜房焦点"等潜在竞争对手。从这个角度看我们的竞争对手比较多。如果百度、Google进来做的话,我们不能去阻拦它们,不让它们做这件事情,更多的是我们要把自己的公司做好。我一直认为,一个公司会失败并不是因为它面临竞争,很大程度上是因为它自己可能没做好,或者说它走错路了,所以说它失败并不是因为竞争。回过头来看,百度成功了是不是因为没有竞争呢?其实3721、中搜看来是失败了,它失败的原因是不是就是因为竞争不过呢?其实不是,可能是失败者中途错失了一次机会,它走了一个弯路。

问:目前的酷讯搜索模块有点局限性,会不会成为以后发展的瓶颈?还有,就是如果有一天刘建国邀您一起合作,您会做何选择?

答:首先,如果关注过以前的酷讯的话,你会发现酷讯的栏目很多,做了很多乱七八糟的东西,但是现在我们在砍栏目,在做减法,把所有在这一阶段不是重心的栏目先暂停下来。因为我们认为能够做成功一个方向两个方向,已经很了不起了,我把房地产、旅游做好,就已经做得非常大了。我们希望在这两个方面先做成功了,再去做汽车搜索等其他的搜索。你的就是你的,不是你的还不是你的,就是说这方面如果你有能力你一定能做出来。就像今天,百度的网页搜索成功了,那它再做博客搜索,mp3搜索等也能成功,随便做哪个都能做成功,因为它有一个核心产品成功了,那么我们也是这样定位的。我们和刘建国他们肯定是一种潜在的竞争关系,但是这个阶段这种竞争关系还没有这么明显,如果说想合作的话,我也是欢迎的。

问:我看到您的团队扩张是非常快的,在很短的时间内从两个人到二十个人再到一百五十个人,在第二个阶段平均每两天就有一个新面孔加入,在团队的快速扩张中您遇到的最大的问题是什么?您是怎样解决的?第二个是说您从以前的一个技术人员转型成为一个大网络公司的CEO,要面临整个商业社会和公司的运营,那么在这个身份的转型之中您有什么体会?

答:酷讯发展是很快,在这个发展中也是有很多东西需要学习,现在最需要学习的就是管理能力。直到今天,我仍旧觉得我的管理能力还不是很好,还需要不断地改进。我们在不断增加人的时候还是有一定策略的，我们一般是猛增涨一下，停一阵子，再依次循环。今年夏天，一下子进来四五十号人，接下来的一两个月一个人也不让进。我这样做，是因为我用一段时间把整个结构沉淀下来，让提拔起来的力量找到管理的、团队的感觉，这样在稳定完了以后我又可以进行下一轮的扩张，这是现在的办法。另外，我们也会对整个管理层定期培训以增强大家的管理能力。第二个问题，我刚才说我的管理能力还是不够好，当你想到几百号人等你带领去一个方向的话，你就必须转变，不能再忙于一些琐碎的小事。我最近还是每天面对电脑，因为酷讯有一个很重要的管理方式叫做邮件管理，百度、微软都是这样的管理方式，就是通过邮件管理会议、事情，虽然一些会议、事情还是需要直接参加的。我不知道是不是由于我个人的性格问题或者是我以前的积淀，我从以前的纯技术人员转型到管理人员上心态还好，出去讲话或者谈判都还可以，我倒没有因为站在台上就心慌、说不出话来了。

问：一个公司成功了之后怎样继续保持它的发展？在大学阶段要学习哪些学校不要求你的但是以后确实很重要的东西？

答：首先，酷讯现在还不算一个很成功的公司，是一个发展中的公司。成功以后只要你的公司结构搭好了，里面的人是优秀的人，就能自己运转起来。像百度它的结构已经搭好，只换里面的人并不会出现很大的问题。在学校内根据我的经验，如果你的专业是你喜爱的专业，你就可以把你的专业和你的未来规划一下。我在进大学以前从来没有学过计算机，我在学的时候就是去海淀图书城看书。因为北大的图书馆基本没有最新的关于计算机的书，只有图书城那里有。平时的时候也可以做各种各样的试验，就是好玩有兴趣，不是单纯地完成老师布置的任务。其他方面，我认为在学校里兼职打工还是有必要的，可以了解实际的工作环境是什么样的。

问：您刚才讲酷讯招收的都是最优秀的人才，那您打算怎样在北大这个给您留下深刻记忆与感情的地方继续招揽人才？您如何对您的公司在学校进行宣传？

答：其实，在北大招人比在别的地方招人相对困难一些，因为北大同学的机会真的太多了。很多人找工作是显摆自己得到的比你多，我知道很多人是说我已经有一个 Google 的 offer 了，你能不能再给我一个酷讯的 offer，就是这样一个心态。我们在找人的时候也是很强调酷讯的创业氛围，使人们能够感受到参与酷讯这样的创业能带来什么样的回报，给你什么样的成长。其实与大巨头去抢优秀的人才还是有一定难度的,有眼光的人会挑选酷讯这样的一个创业环境,因为这样对于他来说未来的成长是非常非常快的。差不多三四个月我就会来北大讲一次,6月份来了一次,上个月来了一次,基本上每年都来个两三次进行宣讲。但是每次讲的形式不一样,有时是针对实验室的一些人,有时是这样开放式的。但是仅仅靠我一个来学校宣传是远远不够的,一个人的力量是不行的。我们有一个专门的市场部门,他们经常联系各大学校与各大公司谈一些合作,做一些活动。比如说 Maze 上就有酷讯的广告,还有像水木上也曾经有过广告。我们也针对学生群体开发产品。可能找工作的同学会知道最近酷讯有一个产品非常火,就是酷讯的校园招聘搜索,很多人都在用,是针对学生发明出来的新产品。我们还有一个产品正在推广中就是"校园租房"。如果你打算在北大租房,你可以想到的关键词会非常多,因为北大周围的地名非常多,如:成府路、蓝旗营、清华西门等,这对于你搜索是一件很困难的事情。酷讯就提供一个校园租房搜索的产品,你输入北京大学进行搜索,你会把关于北大及其附近地名的信息全部搜索到。我们也会定期做一些关于校园的其他产品出来。

问:你有没有考虑过做一个购物的搜索引擎,比如说在一个大商场里搜索一台价格最便宜的洗衣机。现在有的正在做,前景如何?

答:我刚才说,酷讯正在做减法不是加法。其实,我们以前也尝试过购物搜索,但是很快就放弃了。我原来在微软时就做过购物搜索,它最早的分类器、收集器,都是我开发的。购物搜索有很多属性需要抓取,与酷讯的其他栏目也有很多类似的地方。不过,购物搜索时效性不是很强,因此目前我们不会太重视这方面。我们暂时不会做这件事情,如果你们要做可以尝试。

问:按照酷讯的规划,2007 到 2008 或 2009 年酷讯将要进到探索商业模式的阶段。在这样一个阶段,酷讯对待技术和非技术领域的人才是什么态度?因为这一阶段市场和非技术人才对您很重要,但这种重要又要求你们技术的不断进步的支持。

答:其实,我们就是要最优秀的人。在探索商业模式时期,我们也是招商业模式领域最好的人,甚至是不惜代价从别的公司挖人过来,而且一般要求工作经验比较多的人。

问:在酷讯公司,您会更加重视技术人员和非技术人员的哪一层?待遇如何?

答：待遇方面关键看你对公司的贡献。如果你对公司的贡献很大，你的工资可以很高，如果你对公司的贡献相对小一些，那你的工资相对少一些，不管你是做技术还是做营销。比如你是做技术的，你解决了一个产品很核心的问题，那你的待遇会很好。如果你是做营销的做得非常好，要么帮公司省了很多钱，要么帮公司赚了很多钱，那么你的工资也不会低。

问：网络创业成为一种趋势，好像掌握技术的人占据更多的优势，那么对于那些不学技术的人从哪些方面创业更合适呢？

答：我不是非技术人员，所以我还真想不出来。但我可以给一些建议，创业不一定局限于互联网这个领域，所以非技术人员还是有很多创业的机会的。今年风险投资机构更喜欢投资传统项目，比如说连锁餐厅、奶牛场等这种东西，我们的投资人也投资了一个类似的项目。喜欢创业的人都知道蒙牛的故事，蒙牛的速度。蒙牛的创业就是一个非技术的创业，做得非常好。这就是一个参考，往传统行业、你最擅长的方向去走。法律专业的话，创业也有很好的路子，我现在一直很痛恨的就是美国法律的律师费非常贵，一小时几百美元，做这个赚钱一定不错。

问：您是做搜索的，有一定的核心技术，别人要想打进来有一定的技术壁垒。可是有一些公司是没有核心技术的，而主要是业务支撑起来的公司，在融资和成长的过程中走什么路更好？

答：创业选题主要就是两点。第一，你是不是全中国最适合做这件事情的人；第二，你选的方向是不是具有巨大的商业价值。投资人不管投的是什么项目就看你这两个点。产品和技术在一定程度上并不是很重要的。主要由业务支撑的公司只要业务做起来就好了。

问：从什么方面证明你的团队是最好的团队呢？

答：首先看你之前的经验和背景了，这方面还是需要的。就是说，你必须向投资人证明我这方面就是最好的，你很难再找到比我更好的。在投资人眼里，看到从北大清华出来创业的其实不多，所以你从北大清华出来创业他给你加分，如果你又在某些方面做出了比较突出的成果，可能你的加分更多。除了技术方面的经验，运营和营销方面的东西也很重要，比如淘宝没有多大的技术难度，但它的竞争点不在技术上，而在它的运营成熟度上，所有用户都在淘宝上，即使你拷贝了他们的数据也是拉不过来的。所以团队要有技术和运营等多方面的背景。

问：关于软件，很多学计算机的都做过自己的软件，也很想把自己的软件产品化，主要是做软件的公司他们在融资和发展中更应该注意什么？

答：软件行业一直不景气，在中国盗版如此严重，做软件活的比较困难。最近一下有两个软件上市了，一个是金山，一个是洪恩。他们靠的不是软件，比如说洪恩，上市是靠《完美时空》，金山靠的是它的《春秋 Q 传》，是靠游戏上市的。软件在国内的环境下机会不多。

问：我们现在看到关于搜索的广告也有很多，比如 114 的广告，你们在营销方面有什么打算？

答：我们现在是先找到营业模式，然后我们会得出一个结论就是说，我花多少钱推广后能赚多少钱。当我们能把这些数字清晰地算好之后我们就会作大规模的宣传。携程、114 敢于去宣传，是因为它们很简单就算出支出与收入的大小，但是酷讯比较难算出支出与收入的比例，如果我们确定这个比例的话，我们也会大规模地去宣传。

问：北大的学生很受你欢迎，作为一个北大的员工可以加入你的组织吗？

答：我们欢迎任何优秀的人加入酷讯。只要你足够优秀通过酷讯的面试笔试的话，你就可以加入。如果是非技术类的就是通过面试及背景调查之类的，就没问题了。

问：你刚才讲融资的时候讲到您有关系的优势，但是如果您没有关系的优势，您成功的可能性有多少？您是否尝试过这方面？

答：其实我讲融资的关系网是有一定的价值的，但不是绝对的。就像我刚才说的，我去找联创策源的时候，我不认识他们的人，他们也从来没见过我。只是说互相间可能听说过这样一个状况，所以你去找机构投资的话还是可以用很传统的方式，直接投商业计划书、直接找人、直接聊。只是说如果你能找到他们认识的人你的加分可能比较多，不是每一个人都有这样的朋友圈的，只要你的实力很强的话是没有问题的。

问：相比较于百度和 Google，酷讯的核心竞争力应该是垂直搜索，酷讯在未来的竞争中将利用这种核心竞争力在商业模式上有什么动作？是以内容为主还是有什么其他的动作？

答：我们将会在竞价、广告、分成等方面有一些探索，会有一些试验，但是具体的我今天也说不清楚，因为我们没有得出结论。和百度、Google 的差异方面，我们一定会有一些比较不一样的方式，因为酷讯搜索的东西与他们不一样，我们搜索出来的是直接的信息，而他们搜索出来的是网址。可能爱帮的商业模式更像百度、Google，因为它是静态的搜索，酷讯是动态的。

问：火车票搜索是酷讯的一个核心搜索，您怎样防止它成为盲流的一个黑市？前两天，我看到酷讯的副总裁韩晓明已经离开了，对此您有什么表示？

答：说实在的，如果你过年买不到火车票，有一个黄牛的票你买不买？很多人还是会买的，既然你会买，那你一定不会拒绝酷讯给你一张黄牛的票。一方面，我们会为你标记出来你点的可能是一张黄牛的票。另一方面就是我们最新推出的一个功能：票骗子识别功能，因为你可以接受买一张黄牛的票但是你不能接受被骗钱，我们在怎样把一个票骗子给识别出来方面作了大量的研究。我们还会告诉你一些对付票骗子的基本的方式，比如说不要打异地电话、不要汇款啊等等。其实，是不是黄牛就不那么重要了，但是我们会提示你，加价五元以上的就是黄牛，建议大家不要购买。任何一个公司有人员流动是非常正常的，比如说他有自己新的发展想法，这都很正常。像携程等公司它的人员流动也是非常快的，像百度的早期好几个副总裁总不停地换，没有任何问题，只要公司的大方向没有改来改去。像酷讯的旅游还是我们的战略方向，我们投入的人力、财力还是非常大，在1月初大家可以看到一个全新的酷讯旅游平台的上线，有很多好东西，大家可以试试。

问：关于酷讯的最初的产品全都是由您一个人开发的吗？

答：开始是的。

问：大概有多少人参与了您的最初产品的开发呢？

答：最初是我开发出一个框架来，然后吴世春和我一起做了很多频道。

问：您从一个学生变成一个公司的CEO，你最大的感想是什么？

答：就是自己的管理经验还是不足，这方面还需要不断的磨炼。还有就是年轻有一定的好处，干劲还是比较足的。

问：刚才您提到是两人一起创业，那么在两人一起创业中，在公司最初的时期两人是如何平衡股权的呢？各一半还是有一个多？

答：这个完全是靠自己的协商，一个多一个少也是正常的，当两个人协商后，一个的贡献大，那他的股权多一点是完全没有问题的，没有确定的数字。

问：互联网的未来前景如何？哪些行业机会比较多？

答：互联网的投资已经不是那么热了，不过机会还是很多。有一个现象就是，美国流行的一种概念，过一段时间流行到中国，国内马上有人复制了，过两年这个概念网站成为巨大的公司了。中国创新的很少，酷讯就是一个创新。我认为复制美国最新概念和创新都很有机会。

问：我自己是做旅游电子商务研究的，刚才你讲旅游是酷讯未来可能的一个很重要的战略方向，"去哪儿"也是一个很重要的旅游搜索网站，那么在旅游搜索方面，未来的发展与"去哪儿"的对比你的判断是什么？

答：我们对于它来说有很多优势。第一，就是技术比它好很多。如果你用过的话，你会发现酷讯比它快很多，第二，我们搜索出来的东西看得到、买得到，但它里面很多是看得到买不到，在这方面是存在很大竞争优势的。在其他方面比如度假线路等，其实"去哪儿"只是炒概念，它到今天还没有一个真正的旅游搜索引擎，它在旅游方面还只是一个发帖的论坛而已，它的旅游搜索还只是一个概念，但是我们酷讯搜索已经有一个基本成熟的旅游搜索的框架，而且我们很快会改版，上一个更强大的旅游搜索。

问：怎样找创业合伙人？我们通常会在身边的同学、朋友中找，但是如果没有合适的怎么办？

答：其实找创业合伙人，很大程度上是机遇，不是说你想找就能找出来，如果你身边没有合适的人的话，你可以让朋友推荐。虽然不认识但是那个人在某些方面是适合你的需求就可以碰一下。但是两个创业合伙人最好是很熟、很信任对方，因为如果是临时拼凑的团队，后面的风险很大，大家的争议会比较多。还有就是大家的性格互相之间最好能够互补，如果两个人都是很暴躁的性格，天天吵架那也不行，其实找合伙人甚至有点像找男女朋友的感觉了。

主持人：让我们感谢陈老师为我们做的这次精彩的讲座。

（2007 年 12 月 3 日）

（原载《北大讲座》第十八辑）

成就·治学·原创性成果的有益启示

——从司马迁的闪光点说起

王锦贵

[演讲者小传]

王锦贵，教授，博士生导师。曾开设“中国文化史”、“中国历史文献目录学”、“常用社科文献信息源”等多门课程。先后获得北大首届优秀教学奖，北大优秀教材奖，桐山奖教金。1991—1992年赴莫斯科大学访问研究，特邀为莫斯科大学亚非学院作系列讲学。有《中国纪传体文献研究》、《简明中国文化史》等多部著作、译著和论文。

同学们:大家好!

在世纪之交的中国文化领域里,出现了一个引用频率极高、至今仍为人们津津乐道的词汇:创新。由“创新”而深入讨论,“原创性”一词也就自然而然地被推进到更加前沿的位置而浮出水面。所谓“原创”,既然是由“原”和“创”这两个单义词共同构成的复合词,自然也就蕴涵着两层意思:其中——

“原创”的“创”字,其本义是“初始”“始造”。汉语里许多常用词汇由此引发而来,例如“创作”“创造”“创刊”“创刊号”,当然还有眼下十分流行的经济利益方面的“创收”。

而“原创”的“原”字,本义就是原始、首创、原生态。换言之,也就是“人无我有”的独特性。独特什么呢?独特的形式、独特的内容、独特的思维、独特的贡献,独特到前所未有。

在科学文化领域中,有创造已属困难;有创造而又是原创性者更难;有创造而又是辉煌之原创性者,更是难上加难。但“世上无难事,只要肯登攀”。纵观人类世界,毕竟还是涌现出了很多做出过这类伟大贡献的人物:蒸汽机的伟大发明者英国人瓦特、相对论的发现者德国物理学家爱因斯坦、揭示元素周期律的俄国化学家门捷列夫等。中国古代也不乏类似人物,两千年前的司马迁就是诸多伟人中的一位,他在中国传统文化领域的贡献就具有“辉煌之原创性”。

一、石破天惊的重大突破

众所周知,在世界“四大文明古国”中,埃及、印度、巴比伦三国,或是因为内部部族间的冲突,或是因为外来势力的入侵,都先后在历史上出现过文化断层。只有中国是个例外。她是“四大文明古国”中唯一一个从来没有出现文化断层的、具有上下五千年连续记录的国度。

但是,同学们是否知道,在司马迁以前(也就是在西汉以前)的中国3000年历史,也曾经是片片断断,远没有我们现在所知道的那样清晰。我国古代固然很早就有“史官”修史的制度。《汉书·艺文志》:“古之王者,世有史官,君举必书。”就是说,古代君王世世代代都有史官制度,国家大事都有记录。经过历代史官、历代先人努力奋斗,各种历史文献即使在先秦时期也已经达到了相当的规模;西汉建立后,由于更加重视文化建设,在大量编写和整理文献的同时,还积极鼓励民间捐献图书。所以到汉武帝时候,图书文献的增长规模更加惊人(当然那时图书载体主要是竹木简册)。

日益积累的大量图书犹如一把双刃剑。它一方面可以使读者读到比较多的书,或者说使比较多的读者有书可读,但与此同时,也使众多的图书与读者特定需要之间的矛盾日益突出起来。西汉初期和西汉以前的文化人也许有这样或那样的遗憾,而最大的遗憾莫过于,眼前的历史文献虽然很多,但彼此割裂,互不联系,对于举世瞩目的中国文化大厦而言,犹如一大堆残砖断瓦,或者说是一大堆杂乱无序的木料。换句话说,截至司马迁以前,居然还没有一部能够满足世世代代渴望的、可以全面系统反映自中华民族始祖黄帝以来三千年历史的书籍！连一部也没有!

原创性意识和原创性成果往往诞生于问题最集中、矛盾也最尖锐的时间和空间。汉武帝元封三年(公元前108年),三十八岁的司马迁继任太史令,他以大无畏的精神开始了撰写《史记》的征程。《史记》是作者毕生唯一的著作,但也是炎黄子孙看到的第一部中国通史。这就应了中国一句老话"不鸣则已,一鸣惊人",司马迁的劳动成果在以后学术领域里引起的影响之大,用"石破天惊"一词来形容当不为过。

(一)首创以人物为中心的巨著

中国史学领域里素有声名远播的"三大史体":编年体、纪传体、纪事本末体。

但凡历史悠久国家的早期文献大都采用编年体形式,世界其他国家是这样,中国也是这样。整个中国先秦时期,可以说是编年体文献称霸史坛的时期。

先秦时期流行编年体固然有许多原因,缺乏人类的主体意识应该是其中最主要的原因。因为那个时候生产力低下,大致是"人"屈从于"神"的时代,因而"人"在编年体文献里并不占据重要地位;后来出现纪传体固然有许多原因,而人类主体意识的确立也同样是最主要的因素。因为春秋以后,随着生产力的发展,"人"的社会地位明显提高,鬼神的影响明显下降。孔子就有一句名言:"未能事人,焉能事鬼"①,也就是说,人世间的事情还没有搞明白,又怎么能去奢谈鬼神之事呢？可见,"人事"的觉醒已经成为意识形态领域里一道亮丽的风景线。特别是到了战国时代,经过政治、经济、军事、民族、外交等各个领域惊心动魄的大洗礼,"人"的社会作用进一步凸现出来。意识形态领域的这一重大变化,为把"人"塑造成历史学领域中的主体角色奠定了坚实基础。

《史记》是第一部以人物为中心的纪传体通史。从一定意义上说,它是时代呼唤的产物。在它以前,还没有真正意义的纪传体文献;由于《史记》的出

---

① 《论语·先进》。

现,才真正填补了这一历史空白。

(二)首创耳目一新的编排形式

《史记》上起黄帝,下穷汉武,将三千年历史冶于一炉。司马迁不仅编著了贯通古今的第一部通史,还构建起由“五种体例”打造而成的纪传体基本框架。

所谓“五种体例”,就是以五种形式揭示历史。

首先,司马迁将历史人物区分为帝王、诸侯、官僚士大夫及特殊人物三大类,而后通过“本纪”反映左右天下局势的帝王;通过“世家”反映割据一方的诸侯;通过“列传”反映社会各阶层方方面面的典型人物。

其次,作为人物的补充资料,司马迁还通过“表”这一简明的视觉形式,反映诸多历史事件之间的内在联系;通过“书”这种专史形式,反映编年体文献没有办法反映的各类典章制度。

司马迁创立“五种体例”的可贵之处还在于,这五种形式既可以彼此独立,又可以互相配合。也就是说,分开来,五种体例各有区域,各自成为一个系列;合起来,五种体例又可以浑然一体,连锁成一个完整系统。

正是通过以上“五种体例”的构建和实施,由中华民族始祖黄帝以来的中华文明史才第一次被揭示得井然有序,西汉以前的中国三千年历史才第一次放射出了耀眼的光明。

(三)首创中华文明的诸多亮点

如上所说,截至汉武时代,反映中国历史的资料已经很多。但是不论从哪个角度看,它们都不过是中华文明大厦中的木石材料,犹如一盘散沙,彼此割裂。司马迁于“残砖断瓦”中组织史料,高屋建瓴地构建起中华文明发展史上的诸多亮点。

亮点一:司马迁首创经济史传,开启了中国历史学注重社会经济发展的先河。《平准书》与《货殖列传》是《史记》中研究社会经济问题的专篇。前者反映夏商周以来经济发展史;后者为工商业者设立专传。作者的独到见解,随处可见。例如强调物质利益第一性的观点(所谓“富者,人之情性,所不学而俱与者也。”“天下熙熙,皆为利来;天下攘攘,皆为利往”),再比如批判“重农抑商”腐朽传统,提倡“农末俱利”经济发展观等等,即使今日读起来,也令人折服。

亮点二:司马迁首创民族史传,开启了中国历史学注重华夏各族共同发展的先河。中华民族是以汉族为主体的各个民族共同发展的大家庭,由于儒家“华夷之辨”的正统观念作祟,致使少数民族常常被摈弃于历史之外。司马迁坚持进步的历史观,在反映汉民族历史的同时,还特别在《史记》中设立了反映少数民族历史的传记:《西南夷列传》(云贵川地区少数族)、《大宛列传》(在古代西域,也反映我国新疆一些情况)、《南越列传》(两广地区)、《东越列传》(浙江、福建沿海一带)、《匈奴列传》(北方)。司马迁的这种民族观念为以后的正史树立了榜样。

亮点三:司马迁首创学术史传,开启了中国史学重视科学文化发展的先河。在《史记》里,通过《孔子世家》《老子韩非列传》《孙子吴起列传》《商君列传》《屈原贾生列传》等大批先秦人物传记,以及《天官书》、《十二诸侯年表》等有关篇章,反映了诸子百家有关学说,揭示了先秦学术发展的脉络和线索;还通过司马谈《论六家要旨》的专篇形式,比较集中地论述了儒、道、名、法等六家学术源流。司马迁的这个创意影响深远:它不仅启发了汉代以后正史里反映图书文献的"艺文志""经籍志",也成为明代以后学术史专门研究("学案体")的最早源头。

亮点四:司马迁首创爱国英雄传,开启了中国史学领域弘扬爱国主义精神的先河。古代历史长河里,朝代更替,就像走马灯一样旋起旋灭,诸多往事犹如过眼云烟,但塑造爱国形象却是《史记》中一道亮丽的风景线:例如申包胥、司马穰苴那高尚的国家情怀,蔺相如"先国家而后私仇"的高风亮节,特别是屈原那种"与日月争光可也"的高大形象,不仅教育代代后人,也为以后编修史书指出一条正确方向。

二、司马迁治学的有益启示

在自然界和人类社会中,任何事物的形成都有一定的背景和原因。那么,司马迁为什么能够写出辉煌的著作《史记》呢?其中的因素固然很多,但从一定意义上说,他那极不平凡的一生,特别是他那极其宝贵的治学经验,则是各种因素中最主要的因素。司马迁的治学经验是一面历史的镜子,很值得后人认真思考、认真借鉴。

他的治学经验主要集中于五个"统一"上。

第一是理论与实践的统一。理论与实践,也就是知与行的关系。司马迁在这方面做到了比较完美的统一。他的"知"就是"读万卷书"。司马迁出生于文化修养很高的家庭,自幼勤奋好学,"年十岁则颂古文"。他不只从父亲《论六家要旨》等著作中,学到了许多专业知识,还向古文经学大师孔安国、今文经学大师董仲舒等人虚心讨教。担任太史令后,更是如饥似渴地咀嚼皇家图书馆的典藏,这就为他后来勇攀中国第一部通史的崇山峻岭,提供了最基本的精神食粮。

司马迁的“行”,就是社会实践。司马迁既重视“有字之书”,也重视“无字之书”。他的“无字之书”,也就是“行万里路”。司马迁从20岁起,就开始了游历祖国大好山河的壮举。他在《太史公自序》中说:自己曾到浙江探“禹穴”,到湖南看九嶷山,到山东考察孔子的遗风。在他步入仕途当了郎官以后,还曾奉命出使过巴蜀以南。作为汉武帝的随从,更是常常出巡各地。因而司马迁的足迹几乎走遍了大半个中国。如此丰富的社会阅历,不仅使他开拓了视野,陶冶了情操,也积累了大量素材和许多灵感,为他后来撰写《史记》提供了极其充分的学术铺垫。

第二是继承与创新的统一。继承是进步的基础,没有继承,就没有根基;创新是发展的灵魂,没有创新,就只能原地踏步。司马迁的《史记》做到了继承与创新的完美结合。先秦时期的史学领域里,编年体文献称霸于史坛。当时的编年体著作一般都称作“春秋”,许多诸侯国都有这种著作。墨子就曾说过,他见过燕国的《春秋》、齐国的《春秋》、宋国的《春秋》,甚至说他见过“百国《春秋》”。编年体有逐年叙事的特长,但也存在许多缺憾。司马迁则“参酌古今,发凡起例”,在编年体的基础上,另起炉灶,创立了以人物为中心的纪传体。纪传体的体例确实令人耳目一新,所以一经问世,立刻引起巨大社会反响。

第三是广博与专深的统一。“博”与“专”,既对立又统一。没有广博的基础,专业研究便很难提升层次,这是一般人都认同的道理。但问题是:如何“博”,“博”到什么程度为好,许多人有不同理解。例如有人认为,做到了“广博”,就难于“专深”;也有人认为,所谓“博”只应该限定于本专业周边,没有必要“广博”到远离专业而徒劳无功,如此等等。

在这个问题上,司马迁给我们提供了深刻的启示。当人们论及近代欧洲文艺复兴时,往往会说起博学的天才达·芬奇。诚如恩格斯所说,达·芬奇“不仅是大画家,而且也是大数学家、力学家和工程师,他在物理学的各种不同门类也都有重要发现”。其实,中国两千年前的司马迁也毫不逊色。我们如果要用现代学科分类来衡量的话,那么司马迁知识结构之完善简直令人难以置信。他不仅是伟大的史学家,杰出的文学家,而且在天学、地学、农学、医学、经济、建筑等领域,也都有很专深的研究。

在司马迁的身上,我们看到了超常的博学与不同专业的完美统一。他的学问已经达到了良性循环的地步:广博的学术功底,使得他在许多领域里都能够登堂入室;而不同领域的登堂入室,反过来又进一步夯实了他博学的根基。司马迁不仅为后人提供了“学无止境”的成功范例,也印证了现代物理学家普朗克的精辟理论:“科学是内在的统一体,它被分解为单独的部门不是由于事物的本质,而是由于人类认识能力的局限性。实际上存在着从物理学到化学,通过生物学、人类学到社会学的连续链条”(普朗克《世界物理图景》)。

第四是文采与求实的统一。汉语中有一个成语“华而不实”,似乎“华”者,就一定不“实”,其实未必。在今天看来,反倒是又“华”又“实”者,才是人间最爱。可以毫不夸张地说,《史记》是既“华”又“实”的经典作品。所谓“华”,就是说《史记》光昌流丽,具有荡气回肠的文采美。早在春秋时代,孔夫子就曾强调文采的重要性:“言之无文,行而不远” 。其实不论什么性质的作品,即便是史学著作,也需要文采润色,司马迁著作的久传不衰,其中也有这个因素。

所谓“实”,就是说《史记》有严谨求实的精神。本书里的人物传记部分,虽然写得神采飞扬,却基本上都是以严肃的考证为基础。为了还原历史的本来面目,司马迁在征引古代史料的时候,可谓煞费苦心。他不仅考证于一般的文献,即使对儒家经典也决不盲从。尤其难能可贵的是,他还做了大量的社会调查,努力从社会层面挖掘出第一手的原始资料。例如写《项羽本纪》,他亲自勘察楚汉战场旧址;写《孔子世家》,亲自到曲阜瞻仰孔圣人故乡;写《屈原贾生列传》,亲自到汨罗江畔体验;写西汉开国君臣列传,亲自到刘邦老家江苏沛县咨询当地父老。

第五是逆境与事业的统一。所谓“逆境”,从广义上说,也可以理解为“艰难困苦”。任何一个有事业心而又神经正常的人,大概不会有谁一天到晚地盼望着逆境早日来临。但从人的一生或人生事业上看,顺境和逆境往往是对立的统一。“天有不测风云,人有旦夕祸福。”在很多情况下,逆境不以人的意志为转移:有时可能是“祸从天降”,有时甚至是“祸不单行”。问题不在于是否碰到逆境,而在于如何面对它。

对待逆境有两种态度:一种态度是就地倒下,由此一蹶不振;另一种态度是奋起抗争,化逆境为动力。司马迁是“化逆境为动力”的光辉典范。他遇到的逆境不是一般困难,而是不齿于士流的奇耻大辱。在人生抉择的十字路口,司马迁处于何等残酷、又何等尴尬的两难境地!一边是不容分说的致命打击——无限的委屈,无限的冤枉,如果是一般人,或许撒手人寰、结束生命,就可以成为“一洗清白”的相对容易的选择;而另一边则是父亲要他撰写通史的谆谆嘱托,是千百代中国人的殷殷期盼,“人固有一死,或重于泰山,或轻于鸿毛”,作为实现民族大业的“非常之人”,又必须隐忍苟活而蒙受不白之冤!每当阅读司马迁《报任安书》的时候,我们分明可以从中体味到史学家那字字血、声声泪的愤怒呼喊,更可以感受到一代伟人挑战自我、发奋事业的巨大动力……

在司马迁的眼里,历史上的任何光辉事业,大都离不开艰难困苦的磨炼甚至极其残酷的折磨:周文王是在囚禁里的时候写出了《周易》;孔夫子是在颠沛流离中删定了《春秋》;屈原被流放以后,完成了《离骚》;孙膑被割掉膝盖骨后,写出《孙膑兵法》;号称三百篇的《诗经》,也都是先人们"发奋"努力的产物。

对于追求事业的人来说,有了这样深刻的思想认识和坚定的信念,还有什么艰难困苦不能克服,还有什么大不了的逆境不能度过呢?当代的中国已经发生了翻天覆地的变化,但是不同形式的困难甚至"逆境"还会存在。如果说曾经经历过磨炼的老一代没有任何可以松懈的理由的话,那么在"小太阳"、"小月亮"光环下成长起来的青年人,更应该主动去锻炼。不久前,我校同学曾经邀请我谈一点治学的体会,我写了四句人生感言:"苦难是财富,目标是动力,勤奋孕育智慧,知识改变命运"。如果用这四句对照司马迁:前三句,他都做到了,而且做得相当之好,甚至于可以说古代以来没有几个人能跟他相比。遗憾的是,后一句话——"知识改变命运"并没有在司马迁有生之年得到落实,这也正是封建社会"人才观"的巨大悲哀!但是,太史公如果有在天之灵,想必一定会对《史记》问世后所获得的巨大成功含笑于九泉的!

三、原创性成果的有益启示

原创性成果之所以引人关注,原因就在于,除了原创性成果本身泽及后人外,还能为后世留下许多有益的启示。考察司马迁与他的《史记》,至少可以从以下三个方面为我们提供深层思考的空间。

(一)原创性成果遗泽无穷

《史记》的品位之高、影响之大,前人已有很多精辟论述。那么,这部著作被历代称道的根本原因何在呢?就其大者言之,我以为应该是基于以下两条。

第一,宝贵的史料价值。《史记》素有"信史"的美誉,这不仅是因为作者有严肃认真的学风——也就是后人称赞他的所谓"其文直,其事核,不虚美,不隐恶"(《汉书·司马迁传》)的"直书"精神,还因为这部著作提供的许多信息资料能经得起长期的历史考验。例如,《史记·十二诸侯年表》里纪年的开始——周共和元年(公元前841年),在21世纪以前的相当长的时间里,一直是作为中国有确切纪年的开端;20世纪末的国家重点项目"夏商周断代工程"的启动,也同样是以"周共和元年"为起点,由此将中国确切纪年向前大大推进一步;又如,历史上曾有人怀疑《史记·殷本纪》的可靠性,而1899年出土的甲骨文不单以事实印证了《史记》记载的可靠性,也为后人有理由重视《史记·夏本纪》中的有关记载加大了砝码。

第二,丰富的文化营养。《史记》是伟大的历史著作,也是杰出的传记文学著作,甚至是一部全方位反映中国三千年文化的百科全书式的著作。本书为后人提供的营养价值之高,从历代学者的肺腑之言中可窥一斑:宋代著名史学家郑樵以为,“六经之后,惟有此作”(《通志·总序》),也就是说,《史记》可以与儒家的“六经”平列。现代国学大师鲁迅以为,本书是“史家之绝唱,无韵之《离骚》”(《鲁迅全集·汉文学史纲要》),也就是说,司马迁的《史记》无论在史学领域,还是在文学领域,都达到了后人很难达到的高度。近人潘音阁发自肺腑的一席话更是令人震惊,他说:“读中国书而未读《史记》,可算未曾读书;读《史记》而未读《货殖传》,可算未读《史记》”(《史记货殖传新诠·编者弁言》)。前人的评价也许有过誉之嫌,但是,从司马迁《史记》这座文化宝库中流淌出来的丰厚营养滋补了一代又一代学人,则是无可否认的事实!

(二)原创性成果激励后人

司马迁的《史记》属于原创性劳动成果。从一般规律看,要完成原创性劳动成果,必须付出超常的脑力劳动和体力劳动。而原创性的劳动成果一旦完成后,由此引起的连锁反应也是显而易见的。《史记》问世后就是这样,仿效学习之风,举世瞩目。影响最显著者,起码有两个方面:

第一,纪传体体例的巨大影响。中国历史文献门类众多,然而其中纪传体地位之高,无以复加,它常常以自己体例的优势在历史文献分类中名列前茅。汉代以后,纪传体不仅取代编年体正统地位,最终还被确定为封建社会“正史”的唯一体裁。举世闻名的“二十六史”上下衔接,以统一的纪传体例再现了中华民族五千年历史,这在世界各国都是仅见的特例。司马迁功不可没。

第二,通史体裁的巨大影响。通史有很多优点,清代学者曾总结出六大特长。司马迁首创“通史”形式后,历代仿效,通史著作不绝如缕。例如编年体中有司马光的《资治通鉴》;纪传体中有梁代吴均的《通史》,宋代郑樵的《通志》;政书体中有杜佑的《通典》,元代马端临的《文献通考》;史评体中有刘知几的《史通》,章学诚《文史通义》等等。

(三)实现原创性成果需要一定条件

实现原创性成果离不开两个条件:特定的主观条件和特定的客观条件。失去任何一种条件,司马迁都不能称其为司马迁。单就客观条件而言,以下三点是催生《史记》的极其重要的原因。

首先是日益繁荣的经济环境。由于西汉初期采取了一系列有利于发展生产的政策,到汉武帝时期,出现了一派欣欣向荣的景象:“京师之钱累巨万,贯朽而不可校。太仓之粟陈陈相因,充溢露积于外,至腐败而不可食"《史记·平准书》。就是说,国库里的货币多得成千上万,因为长期积压,以至于穿钱的绳子都糟朽了而无法清点;粮仓里的粮食年年积压,以至于无处存放而霉烂变质不可食用。欣欣向荣的经济形势,为发展包括司马迁《史记》在内的文化事业奠定了最基本的物质基础。

其次是放手用人的政治环境。为了促进国家统一大业,汉武帝大胆采用了以推荐、征召为主,考试为辅的选士用人制度。随着这一政策的推行,一大批年轻有为的才俊之士脱颖而出:军事家卫青、霍去病,经济学家桑弘羊,天文学家唐都、落下闳,外交家张骞,农学家赵过,经学家董仲舒,文学家司马相如等人,五彩缤纷地活跃于空前广阔的汉代历史舞台。也正是这一背景下,既铸造了司马迁"非我其谁"的修史气概,也最终实现了他完成中国第一部通史的宏大志愿。

其三是厚积薄发的文化环境。英国物理学家牛顿曾说,他之所以能为人类做出巨大贡献,是因为"有幸站在前代巨人的肩上"。司马迁之所以创作出《史记》,也与"前代巨人"有关。这其中除了耳濡目染的家教熏陶外,还有两位历史伟人的事迹对他影响极大:一是孔子及其整理的"六经",二是屈原及其创作的《离骚》。如果说前者为司马迁提供了正确的思维模式和史料源泉,那么后者则是在为他提供一定的精神食粮之外,还赋予了他文学浪漫的灵感。

余　论

江泽民同志曾经说过这样两句话:"创新是一个民族进步的灵魂","也是国家兴旺发达的不竭动力"。21世纪的中国一派生机:国家昂扬向上,国力日益增强,由邓小平描绘的国家前景清晰而诱人。我们欣逢盛世,不仅在政治、经济领域取得了一个个举世瞩目的辉煌成就,国家重视教育、重视人才、重视创新的举措也使科学文化领域里如沐春风。清代著名史学家赵翼《瓯北诗抄》里有两句话:"江山代有人才出,各领风骚数百年。"北京大学的学生是来自五湖四海的佼佼者,是国家未来的栋梁之材。我由衷期盼在同学们之中,将来不仅能够出现像司马迁《史记》那样辉煌的著作,也能涌现出像王选的激光照排、像袁隆平水稻杂交技术那样的原创性重大科学技术发明。

在这里由衷地祝福大家,我坚信这一天一定会来到。谢谢大家!

(2005年4月22日)

(原载《北大讲座》第十辑)

作文、作学与做人

郭　弘

[演讲者小传]

郭弘，男，1969年3月28日出生于四川省重庆市。现任北京大学信息科学技术学院教授、博士生导师。曾任华南师范大学信息光电子科技学院副院长、传输光学实验室主任、教授、博士生导师。他是华南师范大学国家“211”工程光学重点学科带头人之一，第九届中华全国青年联合会委员，享受国务院特殊津贴人员，广东省十大“青年科学家奖”、国家教育部科技进步奖、“茅以升北京青年科技奖”获得者，全国最年轻的国家自然科学基金重点项目负责人，广东省自然科学基金重点项目负责人，广东省自然科学基金团队项目负责人、协调人，国家863计划项目负责人，国家教育部“霍英东基金”项目负责人，国家教育部骨干青年教师基金项目负责人及广东省跨世纪人才“千百十工程”省级学科带头人，“首批新世纪百千万人才工程国家级人选”。

同学们,大家好!

今天我讲演的题目是"作文、作学与做人"。由于准备得比较匆忙,如果大家有什么问题可以随时找我讨论。

同学们都想发表高质量的论文,这是今后大家去国外求学或谋取一个职位的重要资本。我们从小就开始学写文章,写文章的过程也很清楚了,无非就是先打腹稿,再写草稿,最后进行修饰。一篇文章要包含题目(title)、摘要(abstract),接着是内容介绍(introduction),其中这部分主要是介绍你做的是什么东西;再接着就是文章的主体部分(body),主要介绍你做实验或推导的过程,得到了什么结果;接下来就是结果分析讨论部分(discussion),主要阐述你所做的工作的意义,以及和别人的不同的地方,说明白了就是你有什么新的东西;最后是参考文献(reference)。

但是我认为这种顺序的写法会比较累,甚至说不太容易。现今 SCI 收入的杂志有 5400 多种,一般文章检索的顺序,就是先看题目,再看摘要,如果感兴趣的话再去看文章的介绍(introduction)。因此,这些部分的写作对于你文章的引用率以及被同行的认可程度来说都是很重要的。

我的写作习惯和顺序是把文章的写作过程反过来。一开始不急于写文章题目、摘要和内容介绍,而是先找一篇文章中最简单最好写的部分开始撰写。如果是实验文章的话,就先写你实验的装置、你的实验过程,以及一些图表内容;对于理论文章,就是先写理论的公式、方程,还有推导过程。这些内容往往是你平时所积累的一些东西,直接贴上去就可以了。所以,我要求同学们最好是平时把你们得到的一些结果先记下来,说不定积累到一段时间后,就可以用上了。这里要强调的是你的文章一定要短,不要太长,另外你写的时候不要试图去教读者。举一个例子,曾经有某位科学家,一个印度的教授,他的一篇文章里有个等号,后面用了一页纸才写完一个公式。这让读者和审稿人感到很烦,没有人愿意去看他这篇文章。虽然最后这篇文章发表了(主要是因为这个教授名气比较大),但是却成为大家说教的话题。总之,一般说来,大家在写文章的时候,千万不要写得太烦琐,太长。除非是在下面的几种情况下,你要着重地、详细地写出来:一个是你文章中的某个方程内用了什么新的定义,你应当把它详细写出来;一个是你用了某些特殊的新方法,这也是要详细写出来的;另一个是在推导过程中你有些想让别人知道的招数,或者是非常关键的中间结果。在一般情况下,审稿人是不会要求你写出所有的细节的。大家都知道,现在许多杂志的发行期是越来越短,从月刊变成周刊,但还是不能满足大家发文章的需要。因此杂志社往往要求你写得更短点,更精炼点。这样它就可以节省不少版面。当然文章越短越好,还有其他的原因,如现在许多杂志要求文章长度限定在几页范围之内,就可以不用收费,如果超出这个范围是要狠狠收费的。这样一来,说不定你的导师就会迁怒于你。总的来说,写文章时一定不要把读者想得很“蠢”。

一篇文章应当先写主体部分(body),接着写结果分析部分。其实就是讨论一下,通过做这件事,你得到了什么结论,你的东西有什么新的地方,意义在哪里。这里要说明的是,你做实验得到的只是一堆数据,即一些结果,而不是结论。往往对于相同的结果,不同的人是会有非常不同的结论的。对同一个东西,一个新手和一个老手是会有不同的分析的。

在给出了你的结论后,就开始写内容介绍部分了。同学们做了某件事后,往往可能还不是很清楚你们做这件事的目的,因为很多情况下,是在听老师说了“有这么一件事,你就先去做吧”的基础上开始工作的。这个时候,也许你就要去弄明白你是为了什么目的去做这个事情。要知道你工作的目的和意义,这时同学们就要去问自己的导师或师兄了,让他们告诉你做这件事的目的和意义。与此同时,你还要再多看一些文献,了解这个领域别人都做了些什么,大家现在都在做些什么,什么人做了些什么,做的情况如何,而我们做了什么,并且这些事又是别人没做过的,通过这样,别人就知道你工作的重要性和你创新的地方,也就愿意也才会去看你的文章了。内容介绍的最后部分,要用两三句话告诉别人你的文章中最精华的内容,把最想让别人知道的,这篇文章的重要性写出来,否则别人就不会看你的文章。所以一篇文章的内容介绍,应当体现你工作的重要性,让别人理解你做的事情。

这些都写完后,就要写摘要了,这里也是用三两句话告诉别人你文章中最精华的内容,把最想让别人知道的,这篇文章的重要性写出来。然后给出一个很醒目的题目,最后去找导师商量这篇文章的作者排名,这是另外一个问题了。

总结一下,写好一篇文章,整个过程要倒着写,先写最大块的地方,它就像一块肥肉一样,然后才是精华部分,最后给文章插上骨头。

最后要做的事,也是很重要的事是如何列参考文献。这个问题在西方是很注重的,被认为是涉及知识产权的问题。在写文献时,一定要列上这个领域重要的文献。要求是把最新的东西多列点,不过其中要有一两篇是最原始的文献。不要都是古老的文献,如果一篇文章上列了一堆多是几十年前的文献,我想这样是不太好的。参考文献一般列在文章的内容介绍里,往往是句子后面一个大括号,里面列上一堆的参考文献。主要是介绍谁在做什么,而且一般多是简单性的介绍。只有在下面几种情况下,需要把你的参考文献写详细一点。一种情况是你在某些人的结果的基础上更进了一步,拓展了他的结果,这时你要详细地介绍他的内容;另一种情况是你想强调某些结果的重要性或者是用到了他的某些方法;最后一种情况是你想要这篇文献的作者作为你文章的审稿人,能更好地提高你的文章被接受的几率。除了这几种情况外,一般不要详细解释这篇文章干了些什么。另外,我们的参考文献列的方法要按照杂志的要求来做。我有一个体会就是我们做事情时要细心一点,这一点要多学洋人,他们做事就很细,往往有许多的规矩,看起来洋人是墨守成规,但是他们却是在一步一步地做某件事,而且做得很严谨。在经过一段时间后,他们就能做出好的工作来。这方面我就有很深的体会,我在国外的时候,看到一些看起来很“傻”的外国人,经过这样一段时间的积累后,就蹦出一些好文章来。反观我们中国人呢,就是太聪明了,做事情呢,做的太快,但是往往又流于表面,于是很多时候又要去返工,这样总的算起来,花的时间反而更多。

另外,我们还要注意,一定要按照杂志的规矩,要完全地按它的要求来组织我们的图表。图表有着很大的优点,它更直观,更有震撼力。但是图表在我们机子上看到的往往和正式发表出来的很不一样。所以我们一定要按杂志的规矩来画这些图表,注意图表一定要清楚,按照杂志的要求来设定大小等,一定要适合这个杂志。往往我们画图表的时候,就要求边框、线条、字体越粗点越好;同时标注的字体也要粗。其次,图的大小要一样,而且越整齐就越好。

现在说说我们应该做的一些事情。英语不是我们中国人的母语,所以我们平时一定要记一些常用的单词和句型,如 appropriately, accordingly, on the other hand, in particular, especially, surprisingly, rather 等。写文章时多选用那些最普通、最简单、最清晰、不容易误解的词,现在杂志越来越国际化了,看你文章的人,各个国家的人都有。如果作为审稿人,他误解一些你的单词,把你原来要表达的意思想歪了,这样对你的文章的接受就不太好了。

下面再说一些我们不该做的事,如:写一些你都不能肯定、不确切的事;乱用你以为漂亮的词;画蛇添足(人往往会犯这个错误,有些时候你懂了某件事情,你也许会认为你比别人懂得多,这时候就会在文章中写大量的废话)。另外,不要在文章开始写那些像古代八股文一样的东西,好比介绍本文分为几个部分等等,如果写这个都占用很多篇幅的话,那是不太好的。还有,要尽量避免写一些过长的表达方式,如词、句子、公式等,就像前面说的那样一页纸写一个公式,这样是没有意义的。更不要定语从句套定语从句。这样使人理解起来很困难,对于你文章的接受也会造成影响。在拷贝别人的句子的时候,一定要搞清楚别人的句子好在哪里,任何直接的拷贝都是不允许的。

对于投稿,现在很少杂志社要求一定要纸版投稿了,这样花费的时间周期长，而且要花更多的钱。一个杂志社要面对全世界这么多的投稿人，如果大家都纸版投稿的话，相信会花去很多的时间和金钱。这就很容易理解为什么现在杂志社都喜欢电子投稿，这样就可以免费、快速地安排审稿，你自己也可以随时跟踪你文章的审稿进展情况。一定要站在编辑部的立场上想，给出一份马上就适合发表的、不需要或者是只需要很小改动的文章，这样就可以节省排版、编辑的时间。更重要的是，希望投稿时按照各个杂志的模板来组织你的文章，这样就不会出错了，千万不要去自己编模板，一定要用原始的杂志模板。因为一些文章看起来和发表的文章很像，但是往往到编辑排版的时候就会出现这样那样的问题。现在，我们通常采用叫做 Latex 的排版软件（现在还有很多别的排版软件，如 Scientific Word，Scientific Workplace 等）。但这个软件是命令式的，不是所见即所得。它的源文件很小，往往一本书编下来只有几兆，这样对硬件的要求就很小了，不像 Word 一样占用很多资源。不过，编译过程要小心，一定不要放过任何细节错误，不要放过任何问题，防止投稿时源码在杂志社出问题，编译不过去。现在投稿时，更多的是上传 tex 和图表文件，如 eps 文件等。在投稿过程中你一定要有耐心，看好说明再选择下一步，不要轻易地按下那个 next 和 submit 键。

好的文章可以不做太多的改动。千万不要认为你不是来自从英语为母语的国家，就可以不认真组织你的语言，不要指望编辑和审稿人帮你修改。如果别人看不懂你的句子，这些人，就像我们自己一样，都会感到很烦，也许他就可能把你的文章送到难缠的审较人那里去，往往编辑部都有这些审稿人的记录的，如果送到见文章就毙的审稿人那里，你文章被枪毙的机会就会很大了。即使你有好的结果，也会失去发表的机会。

文章写好后，我主张先把文章搁置起来，冷却一段时间。这样，过一段时间你再回过头来看的话，也许就会发现一些你的文章中没有说透的地方，或新的亮点。因此回味一下，然后找到表达不清的地方很重要，特别是对那些新手来说，更是这样。记住，如果你自己都读不懂你的文章的话，那就更不要指望别人能读懂了。对于这种情况，你就该毫不犹豫地予以修改。

文章审稿回来后，我们如何应对审稿人的提问呢？在我们小组，我们已经做好了统一的应对审稿人的回复模板，那就是一定要一一回答审稿人的每一个问题。如果你只回答简单的问题，而对某些问题避而不答，甚至明显地进行回避的话，就会让别人感觉到你不诚实，这就会造成很不好的印象。对于你无法回答的问题，你应该表现得诚实、诚恳，如实回答你知道了多少，还有哪些是你没有搞清楚的。我想审稿人也会理解你的，谁都知道一篇文章不可能解决所有问题。值得提醒的是，千万不要直接说审稿人的问题错了，这也许会影响到你文章的接受。

下面第二部分是我这些年作学的一点体会。我对新入学的研究生要求注重3C,这里3C的意思包括三个方面:Clean、Clear、Clever。我最不看重的是Clever,最在乎是Clean和Clear。我看重Clean,是希望同学的学习环境一定要保持清洁,有时我到学生的办公室看到很乱、很脏的环境,我就感觉很不舒服。你连最基本的生活都搞不清楚,我想学问上也就会搞不清,就不会Clear。我想你处在一个糟糕的环境里,就会感到很烦,这对于人的创造性思维是没有好处的。我想一个人应该在一个清晰整洁的基础上,不断地积累自己的能力和知识,这样才能变得更Clever。有这样一些学生,人很聪明,却总是理解事情的表面。反而是某些人对一个问题总是不断地钻研,就能做出好的东西。研究生最主要的任务就是做研究,是要去做Research的。这里Research的意思,就是在Search的基础上不断的去Re-search,不断地去寻找,去研究。人类科学的进步就是在不断地问同一个问题,对同一个事物不断地、深入地去研究,在不断地去Re-search的过程中而进步的。

此外我希望我的学生有五个心。首先是好奇心,如果一个人对他做的东西一点兴趣都没有,那他来做研究生,要么就是来这里为了张文凭,要么就是为了做几篇文章,为出国准备而已。我想这对于他的长远发展来说,是没有足够的、可持续的动力的。第二个是恒心,就是坚持,就是坚持你做的事,另外要学会Focus,要钻进去。人还要有细心,科研就是把一个人从粗人变成一个细人,科研的确可以把人变得很细,变得让别人甚至家人都不认识他。关于细心的重要性,我举个例子。两弹一星的元老王淦昌,在英国做研究生时,有一天他在看云室胶片时发现有一个不拐弯的线,大家都知道不拐弯就代表不带电的粒子,于是他给当时的导师梅特涅说了,但是由于当时大家都在关注另外一个问题,因此就没有去关心它,最后别人报道发现了中子,他就失去了发现中子的机会,和诺贝尔奖失之交臂。再就是耐心,就是要做很多枯燥的、重复的事情。许多事情,就连普通技工都能干的,你也得做,如果你不干就找不到感觉,所以我就要求我的学生现在就要干这种事,许多时候光明就是在这里面找到的,这也恰恰是科研的真谛。后面是六个善于,就是希望通过努力,同学们能够做到:善于学习、善于提问、善于质疑、善于忍耐、善于总结、善于协调。

在学习方面,我给我的小组的要求是参考书文献都是英文的,就是要让同学们整天处在看科技英文的环境中,这样你写英文文章时就会感觉写得更自然。做研究看文献是很重要的,我的方法是"三片纸"法,这三片纸的厚度不同。对于重要的文献,有一张纸很厚,用来把重要的文章搞得一清二楚,也就是把文章所有的出发点、推导过程、计算过程,任何细节都搞清楚,但是这样下来后，你也仅仅是在Follow，这还不是你的东西；第二片纸就是挑出文章中重要的结论和结果，包括中间结果，其实也就是第一遍的简化；最后，就是Summary，这个往往只需要一页纸，就是要总结一下你用到了哪几个条件，通过这几个条件得到了什么结果。我就告诉我的学生，重要的文献最后看下来后也许只要半页、一页纸就可以了。这样你就会搞得很清楚，有时候，也许你比作者都还更清楚，会发现文章里还有什么没有说明的地方，还有什么不清楚的地方。这些都将会成为今后你的文章的源泉。

下面说个笑话。我很喜爱的两个公式是：知识就是力量（Knowledge = Power）；时间就是金钱（Time = Money）。而物理学告诉我们，作功等于功率乘上时间（Work = Power × Time），最后我们发现金钱等于功除以知识（Money = Work ÷ Knowledge）。这个公式是个专业笑话，说的是金钱是和工作量成正比的，和知识量成反比的。这曾经是几十年前对我国知识分子待遇的一种自我解嘲。今天我用在这里，我的理解是，如果一个人头脑里知识太多，把你的大脑装满了东西，它再也没有空间去运转了，也就越没法去创造了。而且如果你的大脑乱七八糟的东西太多，就会受到各种东西的束缚，从而没有运转的自由了，这样各种知识就不会对你创造新的知识起到推进作用。我们做学问不仅仅是为了学到很多知识，这不是我们的主要目的，学知识的主要目的是要用你学到的知识去创造出新的知识，学知识应当是为创造知识服务的，是一种手段。诺贝尔奖获得者的许多工作都是年轻的时候完成的，而当他老的时候，因他阅历丰富了，就会有好多条条框框了，这样他就不敢往前迈步了。人的大脑就像内存，而不是硬盘，内存里面只要留下一点最有用的东西就可以了，否则就会像占用内存过多的电脑一样运转不起来了。这就是我对这个公式的想法。

至于做人方面，下面是我想和大家一起共勉的一些话。

1. 肩膀上扛的是脑袋，不是麻袋。脑袋最重要的功能并不是装越来越多的东西（知识），而是要能够越动越快，越来越会思考，越来越有创造力。

2. “天道酬勤”，勤奋是一切成功的基础。

3. 自己高兴，别人也高兴，才是真正的高兴；自己好，别人也好，才是真好。

4. 把荣誉归于我一身，充其量不过创造出一个有名的郭弘，却不能造就出一个可持续发展的优秀研究团队。总有一天我也会枯竭，而且，我身后可能什么也留不下来。

5. 严于律己，宽以待人。实际上，对自己严，可以使自己不会有太多的奢望，对别人宽，可以不会经常生气。

6. 量子力学中有互补原理，推而广之，人没有十全十美的，但是，人又都是有特长,有个性的。所以,我始终认为,团队精神的核心是互补。如果要取得大的成功,我们大家就都要学会取他人之长,补己之短。

最后,我要解释一下我的小组为什么叫做 CREAM,它是 Coherent Reversible Atom Manipulation 的缩写。这原本是我们小组的研究方向。之所以费这么大劲凑出这个单词,主要是想告诉大家它的另外一层意思,即这个词的本义,cream 是大家都很喜欢的食品,是煮熟了牛奶后最上面的那一层薄薄的东西。记得我的导师就跟我说过,九院那些两弹元勋们就是当时中国物理学界的 cream,最高级的一层。我想我们的小组就是要做最顶尖的事情,同时大家又相处得很愉快,很 Coherent。

谢谢大家,今天的报告就到此结束,欢迎大家提问,我们可以一起讨论。

(2005 年 4 月 14 日)

(原载《北大讲座》第十一辑)

做人，做事，做学问

陈哲夫

［演讲者小传］

陈哲夫，北京大学政府管理学院教授。1949—1952年，就读于北京大学历史系。研究方向：中国政治思想史，行政法学，行政伦理学。代表作：《现代中国政治思想流派》（当代中国出版社1999年版），《20世纪中国思想史》（山东人民出版社2002年版），《我在北大六十年》（东方出版中心2010年版）。

主持人:

大家好,首先非常感谢大家来听我们的讲座。今天我们非常荣幸地请到了政府管理学院陈哲夫教授给我们做讲座。陈老师现在已经退休了,但是他非常关心我们的成长,依然在这个酷热的天气里来给我们做讲座。下面我们就把更多的时间留给陈老师,让我们一起聆听陈老师的教诲。

陈老师:

我们这就算是一个座谈会吧。我过去很喜欢讲课,现在不讲了,因为年纪比较大,记忆力急剧衰退,昨天说的话今天就不记得了,昨天做的事情今天就忘了。我今天就讲一个大家都比较关心的话题:做人,做事,做学问。

首先是做人。我们上大学,总是要工作,总是要做事的。我想要做事,首先要学会做人。咱们北京大学的同学,智商都是一流的。这不是夸口,我们的智商是一流的,这一点没有问题,但是智商与将来的事业并不完全成正比。并不是说智商高,将来的事业就一定能够兴旺发达。我想就这一点根据我的经验来谈一下。有些人,他的智商并不一定比我们高,比如说我就见过一个事业做得很好的人,他是从煤炭学校毕业的,煤炭学校在我们北大学生看来,没有什么了不起的,但是他却很会做事情。所以说,我们的智商与事业的成败并不一定成比例。人除了智商、除了学习之外,还有一点就是要学会做人。不管智商多高,也不管能力多大,首先都要学会做人。如果你不学会做人,你的前途也不见得有多远大。

要如何做人,要讲好多条,十条八条都讲不完,我也不讲那么多,就简单地讲几条,先讲做人的道理。我们上学就是要塑造一种性格,塑造一种能够适应这个社会、能够被这个社会接受的性格。我现在听到这么一句话,叫做"性格决定命运",有什么样的性格就有什么样的命运。如果性格不好,不能很好地适应这个社会,不能与这个社会很好地磨合,那么就不会有很好的前途,这就是性格决定命运。这句话,我观察了好多人,的确是这样的,所以我们要塑造一种性格来教会我们怎样做人。

做人,我想第一条就是要诚信,一个诚,一个信。诚就是诚实,信就是讲信用。所谓诚实,就是说一个人要老老实实,有一说一,有二说二,不要言过其实。就是说做人要老实,不要夸大其词,不要故作高深,要不卑不亢。过去我就招了这么一个研究生,他在这里读了两年,没有说过一句实话。他说他是党员,我说你是党员就把你的党组织关系转过来。他就是不转,我问他为什么不转,他说我们单位说不用转。我说你在这里读两年不转组织关系,有这样的规定吗?直到后来我才知道他不是党员,我就不要他了。后来他要出国,要我给他写推荐信,我说我不能给你写,你在这里读了两年没有说过一句实话,我能给你写推荐信吗？一个人如果没有起码的老实，处处坑蒙拐骗，这种人是不会有前途的。所以说一个人的老实是取得别人信任的重要条件。一个人要想自己将来的事业发达，能够有所成就，首先要有别人的信任，这样才能有自己的事业，如果别人不信任你，你还可以做什么，什么都不能干。所以，诚实是一个人取得别人信任的重要条件。其次是信，信就是讲信用，就是要说到做到。中国有句古话叫"一言十信，一诺千金。"一诺胜于千金，说到就要做到，做不到就不说，答应别人的事情就一定要办到，办不到就不要答应人家。中国有句话叫"轻诺必寡信"，一个人随随便便答应别人一件事，这个人就不会讲信用，因为他太轻易答应别人。总之，诚和信是取得他人信任的重要条件，也可以说是开创未来的通行证。你到哪里，别人说你这个人讲信用、诚实，是个好人，那走到哪里别人都认可你。我讲的第一条就是做人，要做一个诚实讲信用的人。

第二条就是要谦虚。我刚才讲的那个研究生是一个极端的例子，一般说来，诚实这一点我们都能够做到，这个问题不大。我讲的第二个道理就是谦虚，这一点不是每个人都能做到的。现在的情况我不了解，过去咱们北大在外面请中央领导来做报告，北大的学生对领导并不那么尊重。有些话我们学生不爱听，就"嘘、嘘、嘘"起来。看不起领导，也看不起老师，好像考上了北大就是当上了总统一样。所以说谦虚是我们北大的学生最难做到的，但是为了你们的事业，你们的前途，为了你们将来能够兴旺发达，这一点我们还是应该努力做到的。即使将来你能做主席，做总理，做部长，也要谦虚。我没有接触过很大的人物，但是我接触过一些省部级的领导，有些是我们学校出身的，有些不是我们学校的，但是我在他们身上发现了一个共同的特点，就是他们都很谦虚。我举一个例子吧，那是咱们北大毕业的一位同学，现在是中央委员，他就是一个非常谦虚的人。他在当团中央书记的时候，有一次要从美国搞一个项目，就请一些专家来论证评议这个项目，也把我请去了。在这个评议组里，我的年龄最大。他对我毕恭毕敬，一直搀着我走路，我从他身上看到了谦虚。还有很多从北大出去的干部，他们都很谦虚，会做人。

所谓谦虚，就是要正确地估计自己，知道自己到底有多大分量，自己能给自己估价。要正确地对待自己，也要正确地对待别人。往往骄傲的人不能正确地估计自己，也不能正确地对待别人，用自己的优点去比别人的缺点，总是觉得自己比别人强。外国有这么一句话，"一个人的价值与他对自己的估计成反比"，就是说对自己的估计越高，就越没有价值。就是说自己是个分子，对自己的估计是个分母，分母越大，这个分数越小，自己越不值钱。我也见过这样的人，很狂妄，对任何人都看不起，包括有的老师也是这样，在讲课的时候，夸夸其谈，最后同学都听不下去了，问："老师，你是党员吗？""我不但是党员，还是党委书记呢！”还是党委书记，越是党委书记越不应该是这样。所以，这样的人谁都看不起。同学们，你们想一想，你们是喜欢谦虚的人还是喜欢骄傲的人？你看他这么骄傲，最后是什么结果，众叛亲离。如果我们将来要想做一番事业，就要做到谦虚。中国有句古话：“谦受益，满招损”；毛泽东主席有句名言：“谦虚使人进步，骄傲使人落后。”清代有个人做了个墓志铭，有三句话，第一句话就是“勿道人之短，勿说人之长”，就是不要说别人的长处，也不要说别人的短处。要正确地对待别人就要看到别人的长处，不要以己之长比人之短，要尊重别人。你尊重别人，别人也尊重你；你不尊重别人，别人也不尊重你。我们可以将心比心，你看自己喜欢什么样的人。如果你很谦虚就很受欢迎，你就有能力。一个人的能力首先体现在能够团结群众上，群众都不能团结，你还有什么能力啊？这就是我讲的谦虚，这一点对我们北大人来说是非常重要的。外面的人说我们北大人很骄傲，但我们要做到谦虚，要恢复自己的名誉。我拿做学问来说，学习前三年，如鱼得水，后三年寸步难行。我现在就有这种感觉，当你学到很多的时候，就觉得越陷越深，什么也不会了。我现在就觉得自己什么也不会，甚至会感到自卑，因为有很多新东西我就不会，比方说打电脑，虽然我也会一点，但是没有同学们快。所以，你想想有多少东西值得去学，我们一门都学不好，还有什么值得骄傲的？谦虚是你开创未来的锣鼓，骄傲是你封闭起来的隔离墙。

第三个我讲宽容。要做到宽容，就是要胸怀广阔，要有一个大肚皮，不要小肚鸡肠。过去人讲“宰相肚里能撑船”，你有多大的度量，就有多大的事业。《史记》上记刘邦“常有大肚”，说的就是刘邦有气量。有史书说李世民“大度内涵高”。这些成功的人士、这些成大事的人都有很大的度量，有宽广的胸怀，能够包容事物。虽然说要坚持原则，但是也不要察察为明，不要太在意人家的小错误。过去人说宋朝的寇准，说他有干将之气，但是不露锋芒。希望你们也能够做到，虽然很有本事，但是不露锋芒。金无足赤，人无完人，人家有了小缺点就不能宽容人家，这样不能团结群众，宽容才能获得群众的拥护。有容乃大，宽则得众，刻薄就会众叛亲离。别人对你不好，你就记住别人，这样也不好。不要老是记住别人的小错误，也不要老是记住别人对你不好的地方。我给你们讲一个小故事。春秋的时候有一个宰相叫管仲，他有一个好朋友叫鲍叔牙。鲍叔牙和管仲一起做买卖，他分钱时，就多分给管仲一点，因为他知道管仲家里穷，鲍叔牙应该算是管仲的恩人。在管仲快要去世的时候，齐桓公问他，如果你不行的话，你想谁来替你？管仲说你想吧，知臣莫若君。桓公说鲍叔牙怎么样，管仲不顾自己和叔牙是朋友说不行。桓公问他为什么，管仲说他看到别人的一点小错误就不放，这样的人当宰相不合适。大家都知道我们的老校长蔡元培先生,他提倡兼容并包。蔡先生的学术成就未必比别人突出,但是很多学术做得很好的大师都很尊重他,就是因为他宽容。蔡先生不仅在咱们大陆受到尊重,在台湾也受到尊重,他的这种性格使得很多人对他有好感。所以,如果我们要做一番事业,就要做到宽容。

我再讲一个就是要忍耐。忍字头上一把刀,你可以想象一下,心上扎一把刀,这是很痛苦的。我们要忍耐自己不能忍受的事。再说一个就是要学会逆来顺受,这一点做起来更难。中国有句古话叫"小不忍则乱大谋"。我们中国现在的大环境是好的,是我们一百多年来最好的大环境,但是有些不好的小环境我们也可能会遇到。社会是比较复杂的,现在我们在学习,碰到的不愉快的事情虽然有,但是很少。当你参加了工作,步入了社会,会遇到各种各样不顺心的事情,这个时候你怎么办,你能不能忍耐不公正的待遇?有的时候你会遇到提工资、晋升的问题,还有其他的什么好处,这种好处可能会落到你头上,也可能不会落在你头上,不落在你头上的原因可能是别人压制了你,这个时候你能不能够忍耐?我有一次在讲课的时候,就有一个学生跟我说"我就不能忍"。我说你不能忍,那你还能做什么,只有忍。其实这种事情不只是社会上有,学校里也有。比方说评职称,就一个名额,竞争很激烈,你认为你能上,他也能上,那怎么办,你就需要忍耐一下。其实这一点不只是我们,即使是一些大人物,有时也做不到。"文化大革命"时期的高级干部有多少自杀的,总得有好几十人吧。他们就忍受不了那种屈辱,邓小平就能等待和忍受,后来他成就了伟大的事业。"文化大革命"时期咱们北大自杀的就有二三十人,如果他们不自杀,还能做很多事情。我们现在在学校里,还感受不到社会中的矛盾,等我们进入社会后会接触到很多社会矛盾,解决这些矛盾的办法之一就是学会忍耐。有的时候就是一念之差,一念之差有些人就死了,有些人活着,有些人成就了伟大的事业。过去邓小平同志受批判的时候,有人恶毒咒骂邓小平同志是"死猪不怕开水烫",邓小平同志就是不说话,虽然我暂时斗不过你,但我也不说。如果他忍受不了,就没有后来的伟大事业。所以,如果我们想做一番事业,就要能够忍受屈辱。

因此,我们要培养一种谦虚、诚信、宽容的性格。有了这种性格就能成就一种命运。其实关于做人还有很多要说的,我就说这么多。如果我们能够做到的话,将来就能够有很大的收获。

下面我讲一下做事。这个问题我们现在还没有遇到,再过几年我们读研究生,读完研究生读博士生,这是每一个人都将要面临的问题——将来我们要干什么。当今社会像一个万花筒,权利、金钱等都有人追求,我们面临的是一个人欲横流的社会。在这个人欲横流的社会,我们要做什么?想当官,可以;

想发财,可以;想做学问,也可以。当官可以,我并不反对当官,但是当官要做一个好官,不要做贪官。当官、经商、做学问,这大概就是我们的几种归宿。是当官,发财,还是做学问,我们怎么选择呢?我想每个人都要找准自己的优势,避开劣势,不要选择自己并不很占优势的工作,这样做起来也做不好。据说当前当官最时髦,公务员挺时髦,有名有利,但是并不是每个人都适合当官。如果你不适合当官,可当官去了,这也挺恼火的。当官也得有当官人的脾气。有哪些脾气呢?第一条,听话。第二条,自控能力强,个性不要太强,没有锋芒,性格外向,获众能力强,能够团结群众。这种人适合当官。我自己就不适合当官,我就不那么听话,脾气很大,个性很强。所以,有些不能控制自己的脾气,不那么听话,不能团结群众,个性又比较内向的人,如果让他当官去,恐怕也是一种痛苦。以前我有一个学生要去参加工作,去当官,要我给他一点建议,我就告诉他怎样当一个部下。到了那个地方,要听话,要外向。比如说有一个好主意是你出的,在领导面前就不要说是你出的,说是领导出的。如果说是你出的,那就糟了。事事都要把好处让给头头,自己不要去出风头,越出风头就越倒霉。如果没有这种修养,总是想让自己露一手,那就不好了。那是不是说永远都不要露一手啊,也不是这样的,在适当的场合、适当的情况下,还是要露一手,让领导知道你的才能,但是你不能在领导人露一手的时候露,要在领导不露的时候你才露。

这是我讲的做官要有做官的技术,听话,自控能力强,没有锋芒,性格外向,活动能力强,能够团结群众。这样就可以做官,但是要做个好官,做个清官。

现在做买卖也能赚钱,能当大款,所以很受欢迎。我们有一届的学生中出了很多大款,前几天我享受了他们的优待。七三级今年毕业三十周年,他们搞了个大聚会,钱都是这些大款出的。他们游长江三峡,租了个大游轮,光这个游轮就不下三十万块钱。不但邀请了同学,还邀请了一百多个家属,还邀请了我。我去了,觉得真的不错,有钱也很不错,这也有很大的诱惑力。但是是不是每个人都可以去做买卖,都能够发财呢?这可不一定,因为从商要有很好的人缘,性格要外向,能够与人很好地交流,善于应对,能够从各个方面获得信息,最后还要有一定的运气,光有能力没有运气也不行。所以,我们每个人在学校的时候就要认真地选择适合自己的职业,不要选择自己的劣势。这就是我说的做官和做买卖。

再一个,当老师,做学问,这也是一条路子。改革开放之前,人们都不喜欢做老师,老师是臭老九。现在好像有了一点改变,当老师多多少少还有一点吸引力。但是当老师是不能赚大钱的,要是想赚大钱,就不要当老师,直接去做买卖好了。我不知道我们的同学中将来有没有人想当老师，当中学老师北大的学生可能不愿意，当大学老师可能还有点诱惑力。但是当老师最多不过是一个小康之家，现在提倡建设小康之家，小康也不错。至于做学问，我想我们的同学智商都没有问题，但是你要有坐冷板凳的准备，板凳要坐十年冷。做学问想做出一点成绩，一定要有坐冷板凳的能力。过去有个中央委员范文澜，他在历史研究所当所长。有人到那里去，他给人开会，说："你到我这里来，想当大官是做不到的。我是一个历史研究所的所长，就是一个连长，我们这儿一百多人，你在这里最多是个排长，到我这里来得坐冷板凳，只有这样才能有所成绩。"大家都知道郭沫若先生是一个百科全书式的人物，他的学问是怎么做成的？他就是大革命时代在日本待了十年，利用这十年的工夫，在历史学上做出了巨大的成绩。我们要想做学问就得坐冷板凳，要做到"臣门若市，臣心如水"。就是说我的门口虽然像一个大集市，但是我就是不动心，潜心做学问。做学问是很苦的，没有名，没有利，外面还有很多引诱，所以做学问要静下心来。另外做学问要做到专、精，专一门，不要贪图很多，这样才能出成绩。

我想我今天就说到这里，我也没有很多的高论。下面看大家有什么问题，我们一起讨论。

[现场答问]

问：陈老师，请问目前中国的学术人物在媒体上抛头露面太多，会不会影响他们做学问？

答：是这样，做学问需要"臣心如水"，有些人并不是真正地做学问，只是在包装自己，有些人叫做活动家，不算学者。钱钟书先生做学问，有很多大人物参加的会议邀请他去，他都不参加。

问：陈老师，您刚才讲做人的时候讲到要忍耐，要逆来顺受，我现在想为什么要逆来顺受呢？难道做人就要这样吗？

答：如果环境是这样的，你能做什么呢？不忍受又有什么办法呢？有时忍受一下就过去了。"文化大革命"的时候整个社会是不讲理的，说实话，我就因为一篇文章在"文化大革命"前后被斗了十八年，我最后还是忍过来了。如果我不忍受，十个陈哲夫都没有了。

问:陈老师,能不能说一下做人和做事的区别?西方文化提倡个性,提倡自由,而东方文化却不是这样的。西方文化强调自信,而东方文化中好像没有这样的东西。

答:东方文化与西方文化有很大的差异。西方讲求个人主义,东方讲求集体主义。这个是不一样的。东方文化与西方文化会互相影响,但是文化的交流是需要一个很长的过程的。比方说报纸开放,如果我们的报纸开放,马上会有很多的报纸,这样我们会受不了的。我们的社会承受能力很低,不能有很多方面的开放,这是一个长期的过程。

问:陈老师,您好,您是研究中国政治思想史的,那么我想问一下您在您研究的那些政治思想家中最喜欢的是哪一个?

答:我最喜欢的就是那些反对专制主义的思想家。我主张民主,凡是有民主思想的思想家,我都很喜欢,凡是有专制主义思想的思想家我就不喜欢,比方说韩非,我就不喜欢。

(2008年3月12日)

(原载《北大讲座》第二十一辑)

温柔可以改变世界

张李玺

［演讲者小传］

张李玺，女，1953年生，陕西延川人，现任中华女子学院院长兼党委副书记。1982年，毕业于北京大学哲学系，获学士学位。1992—1993年，在加拿大哥伦比亚大学和凯珀拉努学院做访问学者。2002年获得香港理工大学应用社会科学系博士学位。2001年被评为享受政府特殊津贴的专家。长期从事妇女学教学和性别研究工作，致力于男女平等及女性全面参与社会发展。曾先后出版了《女性心理学》、《角色期望的错位：性别关系与婚姻冲突》等专著，在中外杂志上发表了《父权制的复苏和中国妇女的回应》、《妇女的经验和妇女心理》等多篇中英文论文。主持和参与了“农村妇女受教育状况”、“面向二十一世纪女性高等教育研究”等多项课题。

首先非常高兴能够重返母校作演讲。我在北大上过四年本科,那个时候是像你们一样坐在教室里,现在我站在讲台上面对着大家,高兴之余也很紧张,虽然我当老师已经很多年了。在上大学之前我曾经当过五年的中学教师,其实是没有做教师的资格的,却硬被拉去做了教师,那时都愿意去当工人。我还记得当时第一节课我备的课只讲了 18 分钟就结束了。但在五年的中学教师经历中,我认识了很多关心我的老师,也是因为他们,我最终才有机会可以在恢复高考之时考上了大学。入北大哲学系是懵懵懂懂的,那时考北大没有压力,因为想上北京,而北京只知道有北大,二是因为哲学系当时在甘肃招三个人,中文系和法律系都只招一个人,三个的录取率当然要大于一个。毕业后我分到兰州大学又教了五年书,后来因为和丈夫两地分居重新回到北京。这是一段很值得纪念和回忆的历史。

在你们这些同学面前演讲本身就是一种压力。当时我们上学跟现在有很多不同,最突出的就是不重视外语。那时候根本就没有出国、找工作方便之类的想法。记得当时我曾经陪住过一个留学生,刚开始去,我还挺不情愿的,但是这件事情在以后对我的发展影响很大。先是在我工作的单位有一个去加拿大交流的项目,要参加外国人的英语面试,我参加了,也通过了,后来去加拿大做了一年访问学者;之后,香港地区在京招博士生,我又考上了。学习期间,我们学院要选院领导,我的博士学位也是一个很重要的条件,正好也被我给赶上了。从这一连串事情上,我就体会到:自信是要有社会资本的,要想获得机会也是要有资源的,所以有能够锻炼自己的机会一定不能放弃。

我紧张还有一个原因,就是今天的演讲我准备不怎么充分,应该说是,我准备了一个很好的演讲题目,不过内容还不够完善。在来之前,我的先生给我的建议是少讲理论,多讲案例。他也是我的大学同学,知道北大同学的功底。另外,除了上面的原因之外,我还觉得不能辜负了同学们对这个讲座的期望。

我想,大家对我今天的讲座比较感兴趣,一个是对题目、对女性学比较感兴趣,另外一个恐怕是对女子学院比较感兴趣,可能会好奇女子学院里面一群女生在学什么,教授教什么?

我不是专门研究女性学的。最开始接触女性学是在加拿大学习期间,在那边的大学我发现有这门课,很感兴趣,就选修了女性学。第一节课上课的时候,主讲老师问我们每一个人为什么要选这门课,我就说是第一次听说,所以感兴趣,想了解一下。当时有一个男生的回答我记得非常清楚,他说想了解现代女性的想法。他当时举了一个例子,说他在走廊里走的时候,看到对面来了一位女生,他就把推拉门拉开,很绅士地想让女生先过去。结果那个女生不仅不感谢,反而有点生气地说:“I have my own hands.(我自己有手)”他说,我就有点生气,心想我给你服务你还不乐意。后来当他又在走廊上看到对面有女生过来的时候,就把推拉门一推,自己过去了,任由那个门在身后晃来晃去,没想到这个女生很生气地嘟囔:“What happened today!(这到底是怎么了!)”这个男生说他完全被现在的女性弄糊涂了,所以想通过这个课堂多一些了解。我知道,今天来听讲座的不少同学也是抱着同样的心态。另外一些同学想了解女子学院,想知道“温柔改变世界”是如何达到的,了解女生在学院里面是如何管理的。演讲的过程中我会有自己的思想、管理理念跟大家分享,不过事先声明,“温柔改变世界”这句话不是我说的,这是国外一所女子大学的校训,我特别喜欢这句话,所以把它拿来当作了今天演讲的标题。

这个演讲题目很吸引人,可能我准备的内容就逊色了一些,希望尽量能够跟大家进行交流和探讨。我首先想到一些问题:我们为什么要用温柔去改变世界?温柔是不是只是女性的特质特性?男性可不可以温柔?为什么男性温柔是缺点,女性强硬是弱点?这些问题反映在我们的社会中,就牵扯到了两性和谐的问题,并且会影响社会和谐。现在社会和谐是一个热门话题,我想我们可以把这个作为切入点。

实际上,社会和谐首先是两性和谐。因为在任何一个领域都存在协调两性关系的问题,不管是个人、家庭还是社会,只有男女社会成员在各个领域和睦相处,这个社会才是充满活力、安定有序的和谐社会。在社会上,目前两性关系出现了很多问题,需要我们在构建和谐社会的过程中正视并且尽量解决。比如说女性参政的问题,很多人觉得这已经不是一个问题了,应该要提倡关注男性权益了。还有比如说性别偏好问题,性别比例失衡的问题;我参加过一个人口大会,当时一个计生委的领导在大会上强调要关注性别比例失衡问题,他说如果保持目前的性别比例的话,二十年之后男性在寻找婚姻对象方面就会很困难。这话也是对的。我们可以换一个角度考虑,我们现在已经认识到性别比例失衡这个现象,但是我们要关心的不是将来男性如何找老婆的事情,而是造成这种失衡的原因。女婴怎么会比男婴少,那些少的部分都哪里去了?我们都知道自然出生比是接近一比一,事实上,失衡的性别比之后隐藏的是对胎儿的选择和性别偏好。再比如说受教育的问题,包括女生入学率,女生不同专业性别比例等问题。目前刚完成的“中国基础教育中的性别不平等问题”的课题,关注的不仅仅是入学率、辍学率之类的问题,而是关注整个教育过程,做得很细致。比如说在课题的研究中间发现,小学课本中关于对世界认识的疑惑,一般都是由爸爸或者爷爷来回答的;研究人员到课堂上实证听课时还发生过这样一件事,当时是一节物理课,那个物理老师进门第一句话就说:“真邪门了。这次我们班物理考试第一名是个女生。”后来研究人员就问那个老师为什么要那样说,老师解释说没有歧视的意思,只是认为正常情况下男生的物理成绩应该比女生学得好。这些都是教育过程中的问题,都可以纳入受教育机会不平等的范围。

再有就是就业不平等。昨天摩托罗拉的总裁因为一个合作项目到我们女子学院考察,问到我们学院的就业率,我回答说略高于北京市的平均水平,我还解释说,我们说的84%或者86%的就业率数字跟北大说出来完全不一样,因为北大的毕业生20%都出国了,还有20%的学生保送研究生了,其余的北大学生们在人才市场上也都是极有竞争力的。而我们女子学院的就业率如果能达到80%,那就说明我们是做出了努力的。说到这里,我还想说,我觉得每一个学校要给自己一个清楚的定位,不能盲目地喊口号,比如要向北大清华看齐之类的,那是不切合实际的。我们女子学院就是要争取就业率。比如说女子学院人力资源系的学生可能比北大人力资源专业的学生签约率高。有人不相信,我解释说这很容易理解,你把北大人力资源专业的学生跟我们学校的学生的求职简历一比较就看出来了,北大的学生申请的可能是人力资源部主任助理、人力资源部部长之类,我们学校的学生则是接线员、秘书、前台这一类工作都接受,拿这两个签约率比较有意义吗?我们女子学院就是要鼓励学生从前台做起,一步一步奋斗到老板。还有,我们学校学前管理系的学生100%就业率,因为我们的学生虽然学的是园所管理专业,但也是都要先从幼儿园教师做起,学习从低到高年级的所有管理和教学环节。现在北京有个说法,就业三难是女生难、文科难、低学历难,我们学校全部有份,所以在就业方面就十分困难。当然这不是一个学校的问题,而是整个社会对于女性就业的歧视,性别关系不平衡在就业上的体现。

再有,我们历届全国人大代表数,大家都可以很清楚地看到,是不乐观的。去年我们国家在联合国妇女地位指标上的排名从三十多位下降到七十二位。我们在日常生活中经常听到"女性地位高了""男性都成了受气包"之类的言论,而实际情况不是这样。拿参政来说,我们国家女性参政比例很低,这一届中央委员中只有五位女性,正部级干部里面只有19个,其中2个还是代职。对于政治,女性如果不能参加,就不能发出自己的声音。通过统计学我们可以知道,一个群体的声音要被听到,那么至少要在整体中占到1/3。北欧的几个女性参政比很高的国家基本达到了40%—50%,对于我们目前的状况,女性人大代表全体举手表决一个案例都起不到什么决定性的作用,达不到"被听见的声音"的程度。在参政方面,女性和男性的差距还是比较大的。

从社会教育状况看,我们的入学率、辍学率都是女生比较高。特别在农村,当经济条件受限制时,多子女家庭在选择时不是看谁聪明,谁更适合读书,而一般都倾向于让男孩子受教育。西安交通大学的朱楚珠教授是这方面研究的专家,她曾经有一个研究,说现在农村之所以不送女孩子去读书,是因为很多农民认为这是一件“娘家投资,婆家受益”的事情,理性一点的人都不会去做这种投资。

另外,在儿童教育甚至是社会氛围中也体现着这种性别不平等。我们国家一个著名的心理学家曾经主编过一本儿童教材,其中有一则看图说话,内容是说:“小兰病了,爸爸忙着上班,妈妈请假带她看病。”这个看图说话,也是我们社会的现实,妈妈是请了假带小兰去看病,说明妈妈是个职业妇女,跟爸爸一样要上班,但是到年底的时候妈妈因为带孩子看病、粉刷房子、照顾老人等请了很多假,出勤率没有爸爸高,自然也就评不上先进个人,也许还会因此丧失很多工作上的机会和奖励。另外一方面,这是一本儿童教材,它让孩子们从小就形成这样一个刻板印象:爸爸是去上班的,妈妈则是可以随时请假的。

我最近在电视上、地铁上看到了一些广告,也让我非常有想法。比如说一个方便面的广告:我想泡你。这么低俗的一句话,谁要是敢在大马路上说还不挨揍啊?! 可是这是方便面的广告语,方便面不泡怎么吃啊? 所以作为广告它就顺理成章了,即使你看着不舒服,却也没办法驳斥它。第二个广告语:你愿意和我睡觉吗? 我当然愿意了,因为这是个床垫广告啊! 第三个:上我一次,终生难忘。这是一个网络广告。第四个:挺起来,做女人。我们经常也说挺起胸膛,做人要挺直腰杆之类的话,问题是现在这里被借用到丰胸广告上。这些广告就是借用色情暗示,让人腻味却又不能跟它理论。更可笑的,上一个月在北京的一个高楼上打了这样一个广告:你想要第二套房子吗? 问题是这个广告语上下分行,还一行字大一行字小,结果远远看去就成了“你要二房吗?”,旁边还附有电话号码。据说交警发现这个路段经常堵车,原来有些开车经过的男人被广告语吸引,都放慢了速度暗记电话号码。还有人造美女的广告、吸脂手术的广告等,由于利益驱动,几乎很少有人关注吸脂手术的死亡率是其他手术的 20 倍到 60 倍。只有铺天盖地的给吸脂手术贴金的广告,而没有死亡率的警告。有人说人造美女这个案例不能说是对女性的压迫,这是女性自己的选择。我要问的问题是:女性为什么怕丑呢? 她怎么就不能素面朝天呢? 她是如何做出这样痛苦的自我选择的呢?

目前在家庭领域中有一个关于“甲女丙男”的热点问题,就是说,如果我们人为地把社会中适龄人群按照综合指标,比如外貌、经济状况、受教育状况、家庭情况等进行打分,最高层次为 5 分,最低 1 分,通过观察可以发现,男性通常会找比自己分数低的女性,而女性是往上找的。也就是说,5 分的男性寻找 4 分或以下的女性作配偶,而 3 分的女性则寻找 4 分或 5 分的男性做配偶。在同一年龄段中,有两类人是没人要的:5 分的女性和 1 分的男性。为什么会出现这样的现象呢?有人研究发现,我们国家的择偶方式比较特殊,自主式婚姻占 70%,这里的自主式婚姻不是指自由婚姻,而是别人介绍当事人做主同意的婚姻,这种婚姻的前提和核心是“条件”,双方听完条件有见面意向才会见面,所以“条件”是第一的。说到条件,我们可以发现,男性关注的条件跟女性关注的条件差距很大。比如说有这样一位男士:42 岁,未婚,化学博士,很有能力,很实在。这样介绍的话可能女方会同意见面,因为女方会把它总结成:有知识,实在。但是如果是同样条件的女士:42 岁,未婚,化学博士,很有能力,很老实。男方连见面的兴趣都没有。因为他要找老婆,不是找博士。现在大学中也有一种说法:人分三种,男生、女生、女博士生。女博士已经被当作另类来看待了。现实生活中,大家对于条件非常好的女性是有偏见的。可能打 5 分的女性说,我不在乎对方是几分,只要相处得好就行。但是问题是,不是女性单向去选择男性,而是男性也要选择女性。男性一般不会寻找一个条件比自己好或者相当的女性作配偶,这实质上还是受“男尊女卑”思想的影响。现在女性比男性社会地位高的家庭,90% 都是婚后形成的。生活中一个 5 分的女性,很优秀的女性,大多都很难找到配偶,结果给女性的教训就是:混得差不多就行了,像 2 分 3 分的,想嫁谁都行,别努力了半生到了 5 分的层次,最后没人要。这样一来,也就没有人鼓励女性继续学习、进步了。作为一个 5 分的男人,他可以有 5、4、3、2、1 分的所有女人供选择,可是对于一个 5 分的女人,只有 5 + 的男人可以选择。这样一来,女性就会思考自己的定位,停在哪个层次比较合适,停下来之后就不往前进了。当人们评价男女两性的能力和贡献时,人们就会说,女性还是缺乏能力,否则怎么都是 3 分的?弄到最后我们女性自己也糊涂了,觉得好像自己就是缺乏能力,不能干,也就放弃了,成就动机自然就低了。有一个亚洲六个国家和地区的女性就业曲线,包括日本、韩国、中国等。我们可以发现这些国家和地区非常一致地呈现出一个最低就业点,都在 30—34 岁,这时都忙着照看孩子和家务劳动呢。对于女性来说,家务劳动和家庭责任影响了她们的成就动机。一个人一旦没有了动机,就不能做出什么成就了。女性的一生可能是这样的:一路上学到大学,可能本科毕业后还想学物理,目标是居里夫人,可是白马王子不同意,他只想结婚有老婆。女性只有两个选择,那就是做居里夫人和放弃白马王子。然后结婚,结婚后爸妈都催着生孩子,生过孩子之后例行上班,打点家务,照看孩子,放弃很多机会,根本就没有自己学习充电的时间。这样到了四十多岁,孩子大了也离开家了,终于可以独立了,可是更年期又来了。等到更年期过了,自认为没有任何负担了,第二个青春期到了,可以一门心思工作了,对不起,退休年龄又到了,你比男性要早五年回家。女性就这样永远在成功的临界线上下波动,而男性则是一路飙升,对他们来说,事业成功和家庭幸福是一回事,没有什么要么这样,要么那样的选择。

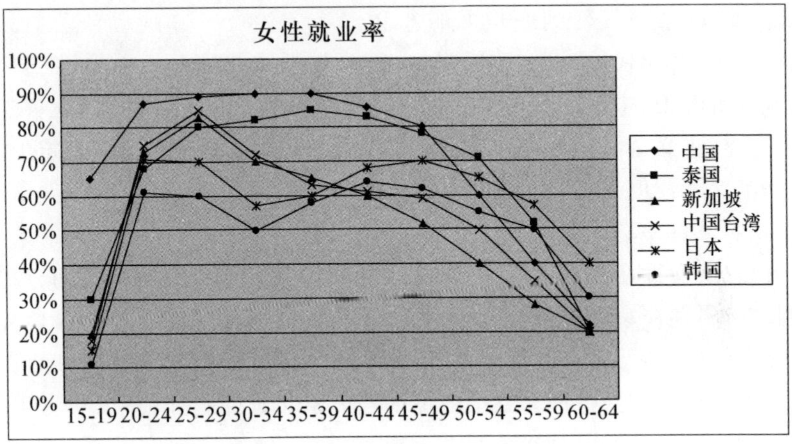

我们曾经在河北省做过一个"中国农村女性受教育状况"的调查。在做实际调查中,考虑到农村受教育程度问题,我们采用了参与式的方法,其中有一个方法是把村子里的男性和女性分成不同的小组,每个组发几张纸几支笔,给他们出个题目,就是画"我的家",画一幅画,随便画。在画的过程中,女性非常注重细节,几扇窗户几个门,小鸡是什么颜色的,她们都讨论很久,最后画了一幅规规矩矩、四四方方的农家小院。而男性那组画一交上来,我们都吃了一惊,他们几乎画了一幅地图。"我的家"只是在右下角的一个房子,其他的地方画满了商店、村委会、汽车站,还有什么石家庄、天津、北京、铁路等。同样的题目、要求和时间,画出来的画就差异这么大。在女性的画中,你可以看到,家就是她的全部,她不会轻易地作出任何离开家的决定;而男性的天地要宽广很多,好像家没有了随处都可以重新建一个。对于女性,她对家付出了所有的心血;而对于男性,家只是他事业的一部分。我有时候跟我先生吵架,他开玩笑说:"你可注意点啊。要是真离婚了,我找个 20 多岁的,你只能找个 60 岁的。"我一想也是,女性的选择真的是太少了。

我在 2007 年 4 月份的时候参加过一个女校长论坛。现在世界著名大学的女校长也越来越多了,她们就组织了这样一个论坛。当时我正好跟牛津的校长在一个论坛,我们发完言后,开始回答问题。当时有一个汕头大学的学生,他向我们提问:我们两个人在管理学校的同时,家庭是如何兼顾的,幸福吗?我则反问他,如果现在坐在他面前的是两个男性校长,他会不会提问同样的问题?有时在接受记者采访时也经常被提问作为一个成功女性家庭生活幸福不幸福、家务劳动怎样分担等等。这些非常传统的、刻板的、习惯于针对女性的问题,就是我们传统文化根深蒂固的表现。这就引出了一个问题:家庭责任到底是谁的?

上世纪50年代的时候,政府提出了"女性要走出家门干革命"的口号,李晓江教授曾经说,中国妇女几乎一夜之间就全部解放了,一夜之间就突然达到了西方女权主义奋斗了几十年才达到的目标,无论是宪法上还是规定上,到处都得到了保障。但是,我们在推动妇女进入社会的同时,忽略了一件事情,那就是,我们没有一场同样声势浩大的运动,号召"男性走入家庭分担家务"。大家没有想过,女性在走出家门参加工作的同时,实际上没有跟男性的分担家务连接起来,男性在家庭中所分担家务的比例跟女性对社会的付出和参与社会工作没有任何关系,家务责任也从来没有因为妇女分担了养家糊口的责任而由男性来分担,同时,这种家庭中的不平等关系又延伸到社会中。"男主外,女主内"的社会分工模式,使得女性先是在社会上,继之在家庭中都处于从属地位。有的男性不同意,认为男性和女性的社会角色都是一一对应的。社会角色虽然对应,然而角色任务是不同的:人们对于妻子、母亲和丈夫、父亲的角色期望是不同的。

婚姻家庭研究专家徐安琪老师刚刚完成了一个课题,得出的结论是:我们国家的婚姻质量,男性的婚姻满意度高于女性。这个结论有很多值得思考的地方。女性为什么婚后失落感强?角色冲突是一个很重要的原因。对于妻子而言,要想保持工作和家庭的平衡只能是或者说永远是一个美好的神话。在计划经济阶段,"走出家庭干革命"的口号,把女性从家庭拉到了劳动力短缺的社会;进入市场经济阶段,则有人主张"让女性回家"以缓解就业压力。从1988年到现在,讨论"女性回家"的话题,都没能给出一个女性真正的空间。《中国妇女》杂志曾经有一个调查,对男性有这样一个提问:你愿意你的妻子回家吗?百分之九十多的男性都选择的是愿意,但附加条件大多都是将妻子的工资增加给自己,因为他们清楚,一个人的收入养活家庭是困难的。对于一个女性来说,迫于社会压力,不结婚不行,不生孩子不行,不做家务也不行。我这里还有一些数据:女性的工作时间占全球工作时间的67%,女性的收入占全球总收入的10%,女性占世界文盲的2/3。这些就是女性生存的大环境。

当我们这样去看问题的时候,实际上就把一种新的理念带进了分析性别关系的领域,有了一个新的分析范畴——社会性别。自然属性上特定的人的性别是特定的,然而关于社会性别的争论却有很多,很多人甚至质疑"社会性别"这种说法是否合适。社会性别的构建是跟人的主观理解相关的。我们说到性别的时候,大家都清楚,它是由遗传基因决定的,表现为第一、第二性征。但是我们说到社会性别的时候,比如说我们评论某个人是"假小子"时,"假"字说明这个人的生理性别是女性,但是她的行为、性格等方面表现得又不像普通女性,而像"小子"。这个"小子"的判断标准,就是一种主观理解和认识,所以说我们在讨论社会性别时,我们的脑海中对于男性应该是怎样,女性应该是怎样已经有了自己的规定,也就是说根据我们的主观理解来判断。社会性别实质上是一种文化的建构,我们理解男性应该是这样的,我们就会按照这样的模式来培养一个男孩,女性也同样。如果不这样,而任由一个自然人随意发展成社会人,可能最终他所形成的社会性别是不被他所存在的社会所认可和接受的。这就是性别角色的社会化的过程,每个人都被规定化地强制接受。家庭教育、学校教育和社会教育也都是按照对一个人的社会性别期望进行固定化培养的。

在很长一段时间里,我们都在提倡社会性别的平等,提倡的目的就是男女平等。提出社会性别的平等是因为:第一,它也包含了不要忽视男性参与和关注男性的内容。只是女性单方面去探讨和呼吁,男女平等是不可能实现的。我个人比较积极地参加过很多 NGO 的活动,在活动的过程中我们就发现,大多数人对于性别平等的认识是有偏颇的,性别平等应该是双方的,不仅仅只是女性的事情。第二,提出社会性别平等的另一个原因就是,"男女平等"已经提了很长时间,很大程度上已经成为一个政治性的口号和模式了,而且被大众理解为男女平等的意思就是女人要跟男人一样。我非常反对这种观点,女性就是女性,如果跟男人一样了那就没有性别了,我们强调的是差异下的平等,不同的群体有不同的标准,而平等则是指机会的平等。对于女性来说,目前最严重的问题就是机会不均等。有人反对说,现在男女已经同工同酬了,怎么能说不平等?社会现实的问题是男女达不到"同工",这是我们要消除的。第三,社会性别是观察社会关系的一个非常独特的视角,可以发现很多不同的东西。不同的社会发展政策也会对社会性别发生影响,那么反过来,我们通过社会性别视角的分析,就可以仔细地审视公共政策,通过政策制定过程实现社会性别平等。比如说法律层面,我们国家有世界上第一部妇女权益保障法,但是它不能作为诉讼依据,不具有可操作性。还有一些社会政策的出台对于女性权益保护有好处,但是同时产生了很多负面效应。比如现在企业中所说的"性别亏损",一个单位中聘用的女性越多,"亏损"就越多,因为公司要负担更多的社会福利。这不是个人、单位能解决的问题,而是一个社会问题。国家出台的关于女性休产假的政策,本意是要保护女性的,可是女性休假期间单位就需要雇用临时工,就产生一个成本核算的问题。像北欧一些国家,它们是家庭产假,家庭中的男性和女性都可以休,产假期间休假一方由政府补贴工资。这样一来,用男用女就没有太大的差别了。所以说,有的社会政策的出台好像是对女性有利的,但实际上可能会带来负面影响,我们不仅要做到法律上的平等,更重要的是事实上的平等。

在社会性别的运作过程中我们可以发现,作为女性来说,你工作做得很好就会被称为"女强人"、"女铁人",这是很让女性反感的称呼。我信奉"温柔可以改变世界",温柔不一定不坚强,温柔不一定不自信,温柔不一定没有个性。拿中华女子学院来说,我们提倡三个服务:服务于社会,服务于妇女发展,服务于国际交流;以具有公益意识、有"自尊、自信、自立、自强"的精神、有动手能力这三种素质为目标培养学生。我相信这样的教育培养出来的学生会是温柔的、坚强的女性。最后,用一首我自己很喜欢的诗来结尾:

只要有一个女人觉得自己坚强
因而讨厌柔弱的伪装,
定有一个男人意识到自己也有脆弱的地方,
因而不愿意再伪装坚强。
只要有一个女人讨厌再扮演
幼稚无知的小姑娘,
定有一个男人想摆脱
"无所不晓"的高期望。
只要有一个女人讨厌"情绪化女人"的定型,
定有一个男人可以自由地哭泣和表现柔情。
只要有一个女人觉得自己为儿女所累,
定有一个男人没有享受为人之父的全部滋味。
只要有一个女人得不到有意义的工作和平等的薪金,
定有一个男人不得不担起对另一个人的全部责任。
只要有一个女人想弄懂汽车的构造而得不到帮助,
定有一个男人想享受烹饪的乐趣却得不到满足。
只要有一个女人向自身的解放迈进一步,
定有一个男人发现自己也更接近自由之路。

我喜欢这首诗,因为它所说的不仅是女人的解放,而是两性的解放。我经常说,男性一定要记住:女性不解放,男性永远也不会得到真正的自由。性别平等,在某种意义上说是对两性的共同释放。

谢谢大家。

(2007 年 5 月 21 日)

(原载《北大讲座》第十六辑)

美丽的意味

俞　虹

［演讲者小传］

俞虹，博士，北京大学艺术学院副院长、教授、博士生导师，北京大学电视研究中心常务副主任，中国广播电视协会主持人专业委员会副会长、中国高教影视学会理事、中国广播电视协会电视学研委会理事。曾任浙江大学广播影视研究所所长，浙江大学新闻与传播学系教授。主要致力于视听传播艺术与媒介影响研究。在节目主持艺术、电视文化、电视传播与社会变迁互动影响方面做了比较多的研究工作。发表学术论文40余篇。1996年出版专著《节目主持人通论》，2004年出修订版。该书1998年获中国广播电视学会第三届优秀专著奖二等奖，2000年获中广学会节目主持人委员会首届专著奖一等奖；修订版2004年获中国高教影视学会教材一等奖。作为课题负责人主持多项省部级课题，参与国家重点课题，承担子项目的负责工作。连续多次担任中国播音主持作品政府奖、全国主持人最高奖"金话筒奖"和"金鹰奖"评委。

主持人：

亲爱的老师、同学们，大家晚上好，欢迎大家参加由北京大学团委和关注女性发展实践会共同举办的系列讲座活动。今天我们讲座的主题是“魅力女性，美丽人生”之“美丽的意味”。我们非常荣幸地请到了我校艺术学院的副院长俞虹教授给我们作精彩的演讲。俞教授长期致力于传媒领域的研究，对电视文化、节目主持艺术等都有很深的造诣。我们现在就有请俞教授，大家欢迎。（鼓掌）

俞虹：

谢谢大家！很高兴能和大家进行这样一个以“美丽”和“魅力”为主题的交流。我原以为来的都是女性，没想到还来了不少男性啊。我觉得这不是一场学术性的讲座，大家在周末的时间，因为对于美丽的共同期望而相聚在这里探讨、交流关于美的话题，这是一件很有意思的事。所以先前团委的同志和我商量举办讲座的事情，我很乐意地答应了，和大家一起分享美丽是一件很快乐的事情。其实，我们这一生都是在追求美丽，为了美丽的生活、美丽的世界、美丽的自己而不断完善自我，今晚我把自己的一些感悟和大家一起聊聊，也是一种交流与分享吧。

记得以前也做过类似的讲座，那是我在浙江大学任教时的一个三八节，应学生会邀请而做的，可能因为场地比较大，所以人很多。那次是以“我所认识的美丽女性”为题谈论自己对于女性美的认识，现在，许多年过去了，对美丽的认识也有了一些新的感受。究竟什么是“美”？以前上美学课的时候会经常和大家聊，引发大家讨论关于美的认识。人们对美的想法是非常不同的，由此而切入美的纷繁、美的绚烂、美的多元。直到现在人们还在思索探讨着“美”的定义、“美”的本质。如果我现在问你们：“你们眼中的美丽女性是什么样的？”相信你们脑中即刻也会跳出非常多不同的人、不同的观念。比如说，有韵味的女人是美丽的；比如说，可爱的女人是美丽的；又比如说，有才华的女人是美丽的等等。我们可以想出非常多的词汇，这些词汇对于美丽的女性来讲，可能都只是她的一部分特点，而不是全部，于是我们可以推想，美丽女性也是一个多元概念，而不是单一的，这是由于美的丰富性和人们审美的差异性所决定的。所以，今天我所讲的只是我对于女人的美丽意味的解读。

组织讲座的同学跟我沟通时建议，希望我多谈谈自己的人生经历和感悟，我马上想到了自己的两张照片。这是两张什么样的照片呢？一张是我在好莱坞游访时拍的，我独自行走在好莱坞热闹的人群中，被一个同去的朋友抓拍的。照片中的我呈现着一种动感：背着包，特别意气风发地行走在好莱坞川流的西方人群中,充满了东方职业女性的自信与坚定。我自己觉得这是一个特别骄傲的形象,那种在异国人流中凸显出的积极状态,很阳光,很健康。每每看到它总会让人心情爽朗。所以,我很喜欢它,几年来虽多次搬迁,但这张照片一直伴随着我,至今仍摆放在我的书架上。另一张喜欢的照片是在周庄拍的。那张照片中的我,神态安宁、姿态优雅地坐在一湾流水的石板桥旁,背景是古老的、黑白相间的典型的江南水乡民居,我的白衣与蓝色蜡染裙浑然入画,和谐至极。

为什么会特别喜欢这两张照片呢?慢慢地我发现由于它们集中体现了关于女性美的观念,蕴涵着丰富的美丽意味,这也就是我今天主要想讲的,那就是:行走中和静坐着的女人是美丽的。动静相宜是为美也。

“行走”意味着什么?就是动。一个在行走中的人,就可能意味着处于一种积极、进取、变化的状态。你在变化,你周围的风景在变化,你的人生因为有了行走而与丰富、自立、自强、进步等词汇相关联。所以我觉得这种行走的状态特别美好,这是一种过程的美、状态的美,而并非只是结果的美。许多人太多地关注结果,以结果来评判前面的经历,其实不然。行走、进取这个过程本身就很美丽,只是我们没有注意到,容易忽略它。谁能仅仅从一个人的学历、职业就能做出判断,她的生命是精彩抑或黯淡?美丽抑或丑陋?生命的质量,不取决于一个人的迟钝或聪慧,而受制于勤奋或懒惰。有人说女人干得好不如嫁得好,这是偷懒女人为自己寻找不“行走”状态的托词。被动的生活与主动的生活、积极的行走与消极的享受,所体现出的生命价值与生命体验是截然不同的。当一个人的生命历程在积极的行走当中,在执著的追求当中,在不断的变化当中,在给别人创造快乐中,在奉献之中度过时,总会在充实和丰富的过程中,收获快乐,绽放美丽。我觉得这样的女性一定是美丽的。

回顾我的生活,发觉自己确实一直是在行走着的。刚开始,我并不知道自己为什么喜欢这张照片,后来才意识到是因为骨子里喜欢行走的状态。很高兴自己始终有这样一种积极的前进着的生命的状态。而这种生命的状态对于女人来讲特别重要。刚才讲了,行走可以意味着你的进步、自立、自强,而一个进步、自立、自强、自信的女性是一定会被他人所尊重的。同时,因为行走意味着变化,我们的一切学习、工作、生活譬如爱情、婚姻都在变化,如果不变化,就会呆滞、退化乃至死亡。爱情、婚姻中的变化意味着两个人要同步地往前走,不断更新、发展。如果只有一个人往前走,另一个人在原地没动,那么这两个人的关系就会出现问题,产生不和谐。比如我自己,大学毕业后不久就结婚了,接着生孩子,除了完成教学就是围着儿子转,但是先生就不停地在读硕、读博,一步一步地往前走,出国讲学等等。孩子进幼儿园后,我发现如果没有自己的追求，在不断地照顾孩子、成就先生的时候，自己却没有进步，若干年以后，他们都取得自己的成就，而我却什么都不是，甚至不能对话了。因此，我意识到必须要有自己独立的生活，独立的追求。即便不成就什么，也要让自己始终前行着。于是，这就成了我的一个目标。它伴随着我行走着。在我的人生经历中，每一次变动几乎都让人不解。从放弃许多女孩所向往的省级科技情报所资料员的工作去读大学；从放弃已经驾轻就熟的文学专业转向新闻与传播学；从放弃已入佳境的工作状态全脱产到北京读博士；从放弃美丽舒适的西子湖畔的工作生活到北京再次创业。每一次工作学习的变动都是一次对已有的安逸舒适环境的放弃，这很难让人理解，好在我一向不在乎别人怎么说。环境、年纪、专业、金钱，这些人们在变动时通常要考虑的因素，都不是我主要考虑的东西。我考虑最多的就是，生命有限，我愿意让自己有限的生命多经历一些、多感受一些。因此，多体验一种生活方式对我来说充满了诱惑，这是导致我不断变化的原动力。所以，有时候，人们就会问："俞虹这人是不是特别要强？"其实了解我的人都知道我实际上是一个特别随和的人，只是想换一种生活方式。然而，这种追求的直接结果，却是让我得以不停地前行、不停地领略各种风光、不停地攀登新高峰。总之，就是因为我是行动着的，所以在一步一步地变化和进步。

再比如说，敬一丹，她也是一直积极在行动着、变化着的人。她从知青到工农兵学员，尽管很多工农兵学员以后都没有再往上走了，但是她在完全没有英语基础的情况下，扎扎实实地学，然后去考研，继而留校了。后来当有条件去中央电视台时，她又选择了变化。当时是没有 30 多岁的女性到中央台起步做主持人的，但是她选择了去。在《一丹话题》做得非常好的时候——这是中国第一个以主持人名字命名的纯访谈类的新闻节目，她放弃了，去了新闻评论部，加入了《东方时空》和《焦点访谈》这个充满了挑战的年轻人的群体中，至今做得非常好。我和一丹是好朋友，有许多共同语言，有次聊起来发现我们都没有什么大志向，只是做好当下而已，但是却都敢于放弃已有并承担可能的变化。我觉得自己在很多时候是无为而为。若非说目标不可，我把目标更多定在自己应该做什么，并努力去做好它。一旦确定目标，就不会左顾右盼，唯有扎扎实实地去做好。

我想，这种行动的美，可能就是让女人有韵味的原因吧。所以说，行走，它就意味着不断挑战自我，不断否定自我，同时不断创造自我、超越自我、完善自我。

第二点，我想说"静"。静坐的状态意味着的是宁静、汲取、思考，意味着淡泊、优雅、温柔、恬静。而作为美丽的女人一定得有这一面，光是行走的状态不足以构成女人的美。静坐的状态,会让我们远离急躁、浅薄、轻浮,有了一种除了行为之美以外的心态之美和境界之美,这更是一种美的意味了。前几天,学校民乐团在办公礼堂演出的时候,我注意到表演者中有一个女孩,坦率地说并不怎么漂亮,但她演奏时所呈现出的那种恬淡和投入,与当下许多青年人喜欢夸张的无所顾忌地秀自己的习惯很不同,使其在同台演出者中也显得气质独特。她给我的印象特别深,她的神态让我感觉到她是美丽的、有意味的。

再比如,张越是我非常欣赏的一位女主持人,她的机智、敏锐特别有感染力,虽然她不具备人们惯常所说的女主持人的条件,但她独树一帜,被人们广泛地认可。她谈到主持经历的感受时说,她以前也是非常躁动的,后来慢慢平静下来,经常关注弱势群体的利益,而女性节目在央视也是被边缘化的,光从她的节目的播出时间就知道了。而张越只是非常认真地在做节目,认真地充实着自己,心态宁静,需求很少。所以我们说,静态,它意味着当我们真正进入宁静的心理状态,便能够超越凡尘,拒绝喧嚣,从而净化心灵,升华我们的人生境界。所以动和静是女性非常重要的两个方面。

我想再讲一个词,那就是"宽容"。宽容特别重要,它既意味着包容他人,同时预示着释放自己。一个宽容的人通常也是一个大气、坦诚、自信的人。宽容意味着你更会欣赏人,欣赏别人的时候也欣赏了自己。宽容会使人变得很坦荡、舒展、洒脱,会让你有好人缘。我享受着宽容心态给我带来的快乐、轻松和美好。宽容可以让人随遇而安,比如说苏轼《定风波》"莫听穿林打叶声,何妨吟啸且徐行。竹杖芒鞋轻胜马,谁怕?一蓑烟雨任平生"表达的境界。先生长于书法,选了这首词抄录,悬挂在我家客厅。不知是随意还是刻意,我从未询问过,只是默默品读。对个人来讲,一种宽容的心态会让你和周围的人都生活得很快乐。从某一层面来讲,宽容就是一种自信。比如说美国。在美国的经历让我觉得这是一个特别包容的国家,这是它自信的表现。

还有两个词也很值得注意。一是"简单",我喜欢的一个词。简单意味着坦率、真诚、纯粹、不刻意、不矫揉。纯粹是一种可爱,可爱的一定是美丽的。有心计的女人大多是不可爱的,比如说王熙凤。而且,算计得太多的人最终得到的往往却不多。做学问可以复杂,但做人简单点就好。

还有一个是"得体"的概念。所谓得体就是合适,度与分寸的得当。在言谈举止当中把握好分寸,在妆容服饰中体现出得体,是美丽女性的永恒法则。要做到这点,可不是学一点服饰语言技巧就可以解决的。得体的本质是寻求事物或各元素之间的和谐,而我们知道这是美的最高境界。

美女完全不等于才女,而才女几乎等于美女。美丽女人的秀外慧中,没有捷径,没有锦囊,腹有诗书气自华。各位在北大读书,在这个特别的气场中,如果你懂得选择，有意识地去努力，一定会有一些特别的气质形成。

选择、平衡、得失在人的一生中是很重要的。选择由我们的观念和价值观决定；平衡点的选取是在矛盾体中寻求最适合自己的一个最佳契合点；懂得得失，明白有时放弃比得到更重要，放弃的多，得到的会更多。人生的时间很短，我们只有在得失之间选择最适合自己的。

讲了这么多，选择了这些词汇，都是自己对于女性美丽意味的认知与追求。最后，如果说要做一个自我评价的话，我想自己是一个努力在行走中的女人，一个可以坐得下来的女人，一个简单而包容的女人，一个所求不多却已经获得很多的女人，一个非常幸福的母亲，一个负责任的教师，一个努力想称职却总有些距离的妻子，一个生活中因为有了在座的你们——年轻的朋友们而精彩的女人。（鼓掌）

［现场答问］

主持人：

非常感谢俞教授，相信听完刚才教授的精彩演讲，大家都有很多话想和俞教授交流，那么现在把时间交给观众朋友们。

同学：请问，您成功地一步一步走过来，也作了很多的选择，您怎么在事业和家庭之间找到平衡点的呢？

俞老师：如果从自己的小家庭来讲，我觉得我先生特别支持我，鼓励我。其实女人天生是有依赖感的，但他不给你太多依赖，而是鼓励我。比如他鼓励我考硕，考博。复习博士或写书很苦时，他就鼓励我坚持自己的信念。

同学：俞老师，我知道您本科是学中文的，那我有两个问题：第一个是您是怎么走上主持之路的呢？您是怎么成为一位好主持人的呢？

俞老师：首先，我不是一位好主持，我主持的节目很有限，时间也很短。我走上主持之路却是很巧合，在上世纪 80 年代末，浙江面向全社会招收主持人，因为我在大学里教美学和文学，又是北京人，说着一口流利的普通话，我的同学推荐我到了电视台，电台编辑没让我有什么考试就让我负责了一个栏目，是一个时装栏目，采编播一体。再后来开始研究主持，出了书。因为我的美学和文学的知识背景让我对主持这个跨学科的领域的研究有了一些新的认识。

同学:俞老师,您刚才谈到,您是一个没有目标的人,是不是您特别享受过程?但是有的人会说您之所以这么说,其实是因为您已经取得这些成就。这样会不会让人觉得虚伪?您是怎么看的呢?还有一个问题是,您是怎么保持青春的呢?怎么让自己越来越年轻的呢?

俞老师:其实,我觉得目标和过程这种东西还是在于别人怎么看。比如说我考博士吧,不能说我不要学位只享受这个过程。做事人人都会有一个基本的目标,起码要对得起自己付出的努力,符合自己对自己的要求。我所说的享受过程重点在表述我没想到要别人如何认可,我只是努力做自己该做的。你说一点没有目的吧,你得看别人对目的的想法和你对目的的想法有什么区别。人与人之间的差异性是永恒的存在,所以不要期望一定要别人和自己的想法一样。

对于第二个问题,我的睡眠和饮食习惯都不符合美容保养的基本要求。我喜欢美食,只要有时间我愿意享受自己做饭的快乐。但是,我喜欢游泳、运动,会尽可能抽时间放松自己。如果说看着还好,我觉得主要可能还是因为发自内心的对生活的向往和良好积极的状态吧。说到底还应该特别感谢我的父母,他们对生活的积极态度影响了我。还有一个原因是因为和你们在一起,和同学们在一起,每天面对的都是阳光灿烂的脸庞,自己也就借光了。

谢谢大家。

主持人:讲座的时间很短暂,提问的时间也是。今天的讲座即将结束,让我们再一次感谢俞教授的精彩演讲。(鼓掌)谢谢大家的参与!

(2007 年 5 月 27 日)

(原载《北大讲座》第十六辑)

挑战自我　创造成功

唐守业

［演讲者小传］

唐守业，内蒙古赤峰人，现任《威海晚报》副总编辑，哈尔滨工业大学兼职教授，丝绸之路探险队副总队长。曾先后两次探险“死亡之海”罗布泊，成为罗布泊东西南北大穿越的第一位中国记者。曾走过原子弹爆炸区，走过科学家彭加木失踪地，走过探险家余纯顺遇难地，以自己的传奇经历撰写了 17 万字的长篇报告文学《惊吻罗布泊》。

北大的同学们、朋友们,大家好!今天,我以一个新闻记者的身份,来到我国的最高学府北京大学讲述我两次死里逃生走出罗布泊的故事,感到特别高兴,特别激动!高兴的是在座的朋友们把这样宝贵的时间给了我,这是对我的信任和鼓励,我向大家表示深深的谢意。让我最激动的是你们那一张张年轻生动的面孔,洋溢着青春的活力、蓬勃的朝气,使我这个老记者一下子年轻了20岁!

今天,是我在全国巡回演讲的第81场。昨天,我的第80场是在北京市公安局强制戒毒所为五百多名吸毒人员作报告,我的演讲题目是"战胜自我,远离毒品"。今天我来到北大的演讲题目是"挑战自我,创造成功"。朋友们,在我演讲之前,我愿意把我死里逃生万里迢迢从罗布泊从楼兰带回来的实物给在座的朋友展示一下。这一个它有十斤重,但是朋友们千万不要误解,它不是石头,放在水里30分钟就无影无踪了。它叫什么?盐壳板!就是它刮烂了我的手,刮破了我的衣服,刮坏了我的鞋,露了脚趾头,它是我的敌人,但是今天它是我的好朋友。这一个是我从罗布泊西去1600年前消亡的楼兰古国,在一户楼兰人家捡到的有两千多年历史的楼兰人家使用的一种工具,什么做的呢?胡杨木!胡杨木是什么呢?生着不死一千年,死了不倒一千年,倒下不烂一千年,就是这种木头。前排的朋友们能看到我这面旗,这上面有各民族的朋友们在探险"死亡之海"临走之前的壮行会上为我签名留下的祝福!

朋友们,在演讲今天这个主题之前,我愿意把下面这些话赠送给在座的朋友们:人最难以战胜的不是困难,不是挫折,不是逆境,也不是坎坷,而是我们自己,谁战胜了自我就战胜了一切!我们每个人都应该学会相信自己,肯定自己,鼓励自己,欣赏自己,特别要学会发现你自己!没有奇想就没有奇迹,没有奋斗就没有成功!我的宝贵财富是磨难,你们的宝贵财富是年轻!朋友们,我的性格,我的经历,我所做的一切都是我名字的背叛!我这个人喜欢挑战,喜欢刺激,我五十多岁为什么到"死亡之海"罗布泊探险,就是基于我一个老记者的新闻职责和我的性格所决定。

朋友们,今天因为时间的关系,我把整个演讲的过程大概浓缩在一个小时左右,剩下的时间我愿意面对面零距离回答在座的朋友们在人生、学习、社会、家庭、婚姻、恋爱等多方面提出的问题。

现在讲第一个题目:挑战自我需要决心和信心!

朋友们,国内有一位知名人士曾经果断而且有点武断地下了这样一个结论:要到罗布泊探险、考察、旅游的,都是一群"拼死吃河豚"的人。探险家称罗布泊是中国的百慕大,神秘神奇、恐怖险恶、扑朔迷离。罗布泊是横卧在新疆东南部一口令人心悸的"黑棺材",多少勇士进不去,多少英雄出不来。那里不但不孕育生命，不欢迎生命，而且还要无情地扼杀一切生命。“死亡之海”“魔鬼之湖”“生命禁区”“毁灭之地”都是它的代名词。

我们国内有成百上千条旅游路线，但是开价最高的当属新疆乌鲁木齐到罗布泊这条探险旅游路线，中国人要 5 万人民币，老外要 8 万人民币。但是，当这些老外们乘着越野车从乌鲁木齐一直向东南进发，刚刚走到千山望到龟背山的时候，这里离罗布泊还远着呢，但是那种撩人的空旷、荒凉、恐怖，就使得这些老外们头皮发炸，心跳加剧，六神无主，顿凋朱颜，连忙呼喊：NO！NO！赶快停车！为什么？生命的极限告诉他们，宁可 8 万元人民币打水漂，活命要紧。

历代高僧西去印度取经都路过罗布泊，晋代大和尚法显路过罗布泊的时候，他就曾经这样说过，沙河中多有恶鬼热风，遇者皆死，无一生还者；唐代大和尚玄奘也曾经这样说过，“人大流沙，沙则流浸，四野茫茫，不知路在何处？以聚集死者的枯骨为标志”；意大利著名探险家马可·波罗死里逃生走出罗布泊，在他的日记中这样写道：“罗布泊净是沙山沙谷……，夜中骑行多闻鬼语。”

我从一个资料当中查明，1949 年人民解放军一架飞机从重庆起飞，直奔西北乌鲁木齐。但是当这架飞机飞到罗布泊上空的时候，忽然莫名其妙地朝南飞去，八年后人们才在罗布泊的东南部找到飞机的残骸和机组人员的遗体；1950 年，我人民解放军剿匪部队的一名战士，好不容易突破重重包围，结果误入罗布泊，13 年后才找到这位战士的遗体；1976 年，新疆地矿局的朋友们，为野外作业的战友去送给养，结果九个人加上一辆车一去不归，14 年后才发现了这个烂车，还有这些死去了的朋友们；1990 年，哈密七个人由一个身强力壮的小伙子带队，要到罗布泊去找水晶矿，结果，三年后探险家们发现了三具坐着的尸体，那四个人至今也无影无踪；1995 年，米兰农场有三个人开着一辆北京越野车，前去楼兰挖宝，结果悲剧就在七天以后发生了，三个人全部死在了楼兰的路上；还是米兰农场这个地方，一家老子、儿子、女婿三个人，听说前面三个人到楼兰没有找到宝，他们也要去试一试，结果怎么样？三天就死在里面，最奇怪的是，他们死的距离都在 100 米左右，更奇怪的是，最后一个倒下的是那位长者……

就在人类跨入 21 世纪大门的时候，我作为《威海晚报》的一个老记者，和新疆《库尔勒晚报》的摄影记者李立、长春市《城市晚报》的女记者张彬彬，历经了千难万险，终于走出了“死亡之海”罗布泊，实现了我国新闻界有史以来的第一次罗布泊南北大穿越！

有一些好心的人曾经这样问过我：唐总编，你一不是探险家，二不是科学家，也不是旅行家，到罗布泊探的哪门子险？用我们威海的话说是不是“彪子”,用库尔勒的话说是不是“勺子”,用长春的话说是不是“山炮”,总之一句话,有病。

朋友们,近年来罗布泊不断“升温”,它不仅为中国人所瞩目,也为全世界所关注。大家都知道,毛主席接见过的著名科学家彭加木就是在1980年6月17日上午十点半留下一张这样的纸条:“我由此向东去找水井!”就离开了另外六位战友,从此再没有回来。24个年头过去了,此人还没有音信,我这次探险路过他失踪的地方,在那里住了一个晚上。朋友们,那一个晚上我是流着眼泪度过的。还有著名探险家余纯顺,上海人,他在祖国大地走了八年,闯过了道道生死险关,但是闯进了罗布泊才两天,就被72度的高温所击倒,活活热死在罗布泊。一位科学家失踪,一个探险家遇难,这就给神秘的罗布泊蒙上了更加神秘的色彩。就在这个时候,一些真真假假的传闻吹到我的耳畔:说什么罗布泊肯定有飞碟,有外星人,彭加木就是被他们接走的;还有说罗布泊里磁场特别强,什么指南针、罗盘都失灵,人一进去就头脑发晕,不知道东南西北;还有的说在罗布泊经常听到人哭鬼叫声;还有的说罗布泊的岩浆一百多米深,“扑通”一声,掉进去就玩儿完;还有的说罗布泊的风沙特别猛,只要你坐在那里,不需要五分钟,就可以把你掩埋……

罗布泊到底神秘在什么地方,神奇在什么地方?探索和发现不仅仅是探险家和科学家的天职,也是新闻记者神圣的天职。所以我下定决心,要到罗布泊看个究竟。在西部大开发的今天,罗布泊这个鬼地方,一定有很多的奥秘,一定有很多的新闻价值,所以,探险回来,我在中央电视台讲三个实话实说:一,实话实说罗布泊的环境保护、野生动物保护和文物保护带给人的深深的思考;二,西部大开发的今天,探险罗布泊有没有新闻价值;三,21世纪罗布泊还会不会出现奇迹?我觉得带着这些问题闯进罗布泊,有人说我是疯子,是傻瓜,也值了。

就在我走的时候,一开始说好了四个人,可后来只剩下两个“顽固分子”,一个是我,一个就是《库尔勒晚报》的李立。这时,和我们的向导、新疆的吴仕广先生一联系,他说,“唐总编,最少也要三个人,低于三个人不能到罗布泊探险。”这可把我急坏了,我马上又向全国一些晚报发出了邀请,但十天之内无人回答。就在这个时候杀出了一匹“黑马”,她是谁呢?长春市《城市晚报》的女记者张彬彬。她给我打了长途说,唐总编,听说你要探险罗布泊,我想加盟。我在威海见过张彬彬,她身高只有1.5米,体重不足50公斤,这样弱小的女子要跟我探险罗布泊?当时我在电话中说,彬彬,你要探险没关系,和我一样,要写下你的遗嘱,另外向你的家人请示,还要向你的单位请示,生死还无人保险,请你慎重考虑。当时她说,我这个人说话算数,开弓没有回头箭,我跟你去探险罗布泊走定了！我说，彬彬你听着，我送你四句话："巾帼勇士张彬彬，探险罗布铁下心，生死无惧堪夸赞，须眉也得敬三分！"谁说女人是弱者？朋友们，我建议在座的小伙子们，为女同学们热烈地鼓一次掌！

就这样我们三个人组织一个探险队，我任队长，于11月8日到库尔勒集合。当时也巧，我走的时候是从威海出发，到济南乘飞机。我拿过机票一看，不是济南民航机场，而是张庄军用机场，乘坐的是军用飞机。我打电话给张彬彬，她说也是乘坐军用飞机，而且我们俩是同一架飞机。她说，我从长春到北京，从北京起飞后绕道济南拉上你再去库尔勒。我到张庄机场，问军人领导我们乘坐的是什么飞机？他怎么说？苏联图－154。我一听头皮发胀，大家都知道，就是苏联的图－154，在我国的西安上空坠落过一架，在全世界坠落过九架，我们本来探险"死亡之海"罗布泊就要以生命为代价，上天还要乘坐图－154吗？你猜，我们的军人怎么说？唐先生请你放心，咱们国家的图－154从来没有超期服役过，你放心坐吧，五小时后保准把你安全送到库尔勒。就这样，我和张彬彬怀着惴惴不安的心情登上了这架图－154。当我在万米高空朝下看的时候，看到祖国的大好河山是那么美丽，曾经吟诗八句，最后两句是"祖国处处织锦绣，何生罗布一怪圈？"

当我们下了飞机在库尔勒机场见到大本营总指挥《库尔勒晚报》总编辑刘思祥的时候，他第一句话就问我，唐总编，你在威海拉没拉到保险？我说没人保险；他又问，张彬彬你在长春走的时候拉没拉到保险，张彬彬摇摇头。我们俩反问刘总，李立跟我们一块儿走，他拉没拉到保险？刘总说也没有拉到。这时候，他对我们说，没有保险坚决不能走，晚走一天也要在库尔勒市拉到保险。就这样，我和张彬彬在大西北这座陌生的城市从早到晚四处拉保险。但是在夕阳西下的时候，还没有传来什么令人鼓舞的消息。太阳落山了，情况发生了剧变，一家保险公司给我打来了电话，说：我们愿意为三位晚报记者探险罗布泊保险。这时候，我们几个人拉着刘总，赶紧找个维吾尔族小饭店，吃着羊肉串举杯相庆。但是，事情发展没有变化快。当我们酒杯刚刚举起来，乌鲁木齐保险公司总部打来长途，这样质问库尔勒分部：谁让你们给晚报三位记者保险？当年咱们给著名探险家余纯顺保险一下子损失了14万，可那是一个人，今天晚报记者三个人要多少万？我早算好了：42万！

在这无人保险的情况下，怎么办？罗布泊啊罗布泊，正因为你神秘才踏上了那么多征服者的足迹，正因为你神奇才有那么大的诱惑力，正因为你险恶，向你挑战才更有刺激！没保险，没负担，探险罗布泊，我们走定了！时间定在11月11号。我想，每做一件什么事情，给我的感觉就是我们要有决心，有信心，否则什么也干不成。

我演讲的第二个题目是：挑战自我，需要勇气和毅力。

当我离开威海的时候，有的同事这样问过我："唐总编，你这次探险一定是阶梯式的吧？"我说怎么个阶梯式？他说："你想，你离开库尔勒一开始走向荒凉，接着走向恐怖，然后走向绝境，最后走向死亡。"记得出发那天早晨，天气特别好，风只有一级，探险罗布泊一定非常顺利。但是，我的想法错了，当我们乘车离开了库尔勒刚刚到达尉犁，只走了40公里的柏油路，接下来完全是土路。我们乘坐一辆北京越野车，还有一辆武汉二汽产的大卡车拉着给养。又走了两公里，结果突然烟尘大作，莫名其妙地刮起了11级狂风。伴随我们的悠悠的塔里木河翻滚着浊浪，两旁的树丛里、草丛里飞出的鸟雀叫声都是那么凄凉，大白天我们的车被迫打着车灯前进，生怕与对面的车辆碰撞在一起。就在那天晚上我们顶着11级的狂风住在了农垦25团。准备吃饭的时候，向导吴仕广宣布从今天起洗脸、刷牙、漱口全免，喝水要向我请示，我五十多岁第一次接受过这样的命令。好，大家遵守规定。

第二天早上，张彬彬向我报告了一个新闻，我至今想起来都揪心。她说，昨天晚上和一个19岁的女学生住在一个宿舍，这个高中生爸爸妈妈都是四川人，是支边来到新疆，爸爸是医生，妈妈是教师，这位女学生对张彬彬说：张大姐我实在想离开这个地方，我们班62个学生走得就剩7个了。我今年19岁，我不想把我大好的年华扔在这狂风大作的农垦25团，但是爸爸妈妈坚决不让，他们说什么，让我们献了青春献终身，献了终身还得献子孙。她讲了这样一个故事：就是前几天，我要到库尔勒去买东西。那一天上身穿黑衣服，头上扎黑头巾，到了库尔勒市根本找不到东南西北，我问一个小伙子："同志，去商店怎么走？"小伙子怎么回答？他仔细看一看说："老奶奶，你要去哪里？"19妙龄本青春，恰似花香正袭人，狂风吹成老奶奶，谁人听罢不寒心！

第二天早晨，我们顶着满天星斗向东进发。吴向导说，前面不远就是无人区，再前面15公里就是原子弹爆炸区，1964年10月16日下午3点，我国第一朵蘑菇云就在那里升空。进入无人区，我们心情有紧张，脸色蜡黄。吴向导说，你们三个怎么都不说话了？喘气的声音都那么大！我是有生以来第一次到无人区。我在一所大学演讲，大学生给我递纸条问："唐伯伯，你在无人区什么感觉？"我说："我的感觉一句话：见到坏人都高兴！"

吴向导说，我给你们讲三个故事听，排遣一下你们内心的恐怖。

第一个故事是：原子弹爆炸的时候，离爆炸中心100米的那条狗什么模样？第二个故事是：原子弹爆炸的时候，离它500米的50吨大米什么样？第三个故事是：原子弹爆炸的时候，直升机发现的22个野人是什么样？这一下把我们三个记者的情绪调动起来了。他就开始讲，原子弹爆炸的时候，离爆炸点最近的那条狗是锁在了一个粗粗的钢筋铁笼子里面,外面还要加上锁头,但是当蘑菇云升天的时候,这条狗无影无踪,铁笼子也没有了,整个铁笼子全部都化成了铁疙瘩,这就是这条狗的命运。500 米外的 50 吨大米怎么样?没怎么样,没有任何的变化,就是这发生了悲剧。一些个别对原子弹辐射缺乏了解的人,昼夜兼程拉回来,食用后出了问题。原子弹就要爆炸的时候,中央军委发布一条命令,请我们的直升机最后一次起飞,到空中俯视地面,看看还有没有人,还有没有珍稀野生动物,特别像我这次看到的野骆驼等。果然发现奇迹,就在罗布泊的东南岸,发现 22 个野人在那里晃动。直升机朝他们而去,降落后一看,双方眼睛都瞪得大大的。原来,这是解放前被我人民军打得狼狈逃窜躲进无人区的马步芳残匪。确实个个衣衫褴褛,头发眉毛胡子都那么长。当时,一看人民解放军来了,这些残匪说,我们躲了这么多年,还是没有逃过解放军。要枪毙请求就地正法。解放军说,我们来不是要枪毙你们的,是要用直升机把你们接走,你们看,北面的原子弹就要爆炸。国民党的头气急败坏地说:“什么是原子弹?”因为他们不懂。咱们解放军也着急了:“什么是原子弹?原子弹就是蘑菇云!”国民党又是跺着脚问:“蘑菇云是什么?”一概都不懂。咱们解放军果断地说:“马上上飞机,如果现在不上飞机,真的要就地正法你们!”当然,这是吓唬他们一下,结果把他们全部接走了。一个小时后,第一颗原子弹准时爆炸。

吴向导刚刚讲完这三个故事,他又向我们三个人发布了一条爆炸性的新闻:“晚报三位记者,对不起你们,GPS 卫星定位仪不知道怎么丢了!”我说,吴向导,我们的脑袋掖在你的腰带上,你的脑袋掖在卫星定位仪的腰带上,你把那个丢了咱们还能走吗?吴向导说,这是重大失误,请晚报的朋友们谅解。刚才他还说,到原子弹爆炸区我们每个人发两副手套,这个东西不许摸,那个东西不许捡,现在好,夕阳西下了,就在罗布泊北面的原子弹爆炸区,竟然爆炸了这么一个新闻。怎么办?吴向导说,就地宿营,我连夜回去找卫星定位仪,当时马上想到四个字“大海捞针”!怎么能找得到,刚来的路就被狂风刮没的,到哪去找?

这时候我们开始搭帐篷,帐篷搭得非常费劲。本来在库尔勒市临走的时候,打算每个人一顶小帐篷,但是张彬彬坚决反对,我们七个人里面,唯有她是女性。她说,如果一个人一个帐篷,明天早上睡完觉,你们都在地上面,我掉到地底下怎么办?明天早上你们都活着,我被外星人接走了怎么办?你们都健在,我被野生动物吃掉怎么办?这一系列的怎么办把我们说服了,最后借一个大帐篷。就这个大帐篷给我们带来了很大的压力,每一片都是一二百斤重,所有柱子都是四方的钢管做的。吴向导和司机小李拿着三个手电筒,在茫茫夜色中去找那个 GPS。这时候我们几个搭好了帐篷,把日本发电机发着,在后面沙坡 30 米处,因为一个发电机就供一个灯泡,外面的漆黑和里面的雪亮形成了强烈的对比。我们也没心思吃饭,肚子饿得咕咕叫在等吴仕广他们的消息。七个小时之后,我们看见那边有车灯射过来了,不用说,在这无人区没别人,就是吴向导他们,但是,来到我们跟前一看,两个人七个小时变了模样了,浑身上下一片白,四个黑眼珠轱辘轱辘乱转,真像金庸笔下的白魔大侠一样,怪可怕的。为什么?因为那个地方的沙子像白面那么白,那么细。你想想十级狂风能不能把两个人变成白魔大侠吗?吴向导进了帐篷,在雪亮的灯泡下宣布:朋友们,卫星定位仪找到了!说着两行热泪就顺着白色的面颊像两条溪一样流下来了。我是男儿有泪不轻弹的人,我从小生活在农村,什么苦我都吃过,什么罪我都受过,但是我从来没有轻易流过眼泪,这一次吴向导我们几个抱头大哭。为什么?可把它找到了,命根子的命根子找到了。吴向导说,现在开始做饭,喝酒,跳新疆舞,唱歌,大家歇斯底里,谁愿意干什么就干什么,意思就是宣泄一下。我的新疆舞就是在那里学会的。(大笑)

宣泄了一阵子以后怎么办?还得睡觉,明天还得往罗布泊赶路。这时候吴向导说,已经快凌晨四点钟了,睡觉吧!对呀,他突然想起来了,谁去关发电机呢?我们七个人谁也不吱声,谁敢去呀?没人敢去。这时候,吴向导说,年纪最小的去关发电机!我一听高兴了,我年龄最大。我一看最小的是谁?是新疆大学地理系毕业的杨峻,小伙子 22 岁,他一听叫他关发电机,那脸上立刻严肃下来。沉默了半天,他说了两句莫名其妙的话。第一句说,我去可以,但是我提一个要求,我把帐篷的门帘撩得高高的。这要干什么?我们都不懂,只得听他的,把帐篷的门帘撩起来。他说的第二句话我明白了:"把帐篷里面碍事的东西搬走!"噢,他是想把发电机关掉之后,百米冲刺钻到帐篷里来。小杨跑到后石沙山上,把发电机关掉,一片黑暗,就听呼呼跑过来一个人,我们两旁站着就怕撞倒我们。结果,"嘭!"一声正巧撞在门口的钢柱子上面,就听杨峻大叫一声,就在外面躺倒了。(大笑)吴向导打手电一看,小杨的头上撞起了一个鸡蛋那么大的包,还出了血。杨峻说,30 米我都没有跑进来,真废物!接着吴向导说,大家赶紧睡觉。这时,他又宣布了一条,年龄大的睡里面,年龄小的睡门口!小杨一听:"什么?我的头还没包好,马上要睡门口,十分钟不到,两件倒霉的事都摊在我身上,凭什么?我坚决反对!"吴向导严肃地说,小杨,不要说了,你是后勤人员,睡门口是你的责任。这时,小杨说:"大家都别睡!"他指挥起我们来了:"都给我起来,把外面车上 300 斤的油桶抬下来堵在门口,我要挡一挡外星人!"但是我告诉朋友们,罗布泊确实有飞碟,我们的司机蒲新平就见过,他拍了录像给我看过,新疆有成百上千的人见过这个飞碟。就这样,我们在原子弹爆炸区度过了一个难忘的夜晚。

穿过原子弹爆炸区和探险罗布泊需要勇气和毅力,人生要挑战自我,要创造成功需要的同样是勇气和毅力。当我进入罗布泊第一天的时候,我一看眼前这黑乎乎的湖盆,5350多平方公里,我拍了一张照片,太吓人了,太阳出来了这么高,可罗布泊的土地上还是这么黑得可怕。我本来是生活在最适合人类居住的非常漂亮的城市威海,一下子到了完全干旱的罗布泊,从一个极端跳到另一个极端,首先表现的就是我的脸上发生了可笑的变化。进入罗布泊的第二天,张彬彬就看着我笑。我说:“张彬彬,你笑什么?”她说:“唐总编,你说我笑什么,我笑你很可笑。你的嘴现在是上嘴唇朝上翻着,下嘴唇朝下翻着,你已经够难看了!”我细看张彬彬,我说:“你也是这样,你比我还难看,咱们谁也别说谎,都难看!”(大笑)

这还不算,鼻子也开始流血了,只好向吴向导请示喝水。吴向导说:“喝水不行,你们可以把你们的手绢拿出来沾一点水吸一吸。”这个向导真够吝啬的,当时我们把矿泉水打开,用沾水的手绢吸一吸,那种舒服劲,真比聂卫平那个广告吸氧立得好多了。朋友们,在罗布泊探险当中,心理是一大考验,身体的素质也是一大考验。在穿越罗布泊的途中,我体重整整减轻了14斤,这是我人生当中最快的一次减肥。当我们走在那块土地的时候,我也不知道为什么,几天的工夫眉毛、胡子,还有指甲一起长,用我的话是两个字:飞长!走到罗布泊当中的时候,吴向导说,朋友们,对楼兰感不感兴趣?当然感兴趣!他说,还有18公里就是楼兰,大家去不去?这时候,我们全都举手一致要求去。吴向导说,那个路可相当难走,咱们小车根本进不去,只能乘坐大车。在进楼兰的途中,把我颠到什么程度?我坐车从来没晕过,这回吐得一塌糊涂。李立和张彬彬也一样。实在受不了了,我向吴向导请求停车,想下来走路,我实在坐不起这个车了。我从车子上来,“扑通”一下,二尺多深的浮尘把两条腿都埋住了。我说,这是什么鬼地方,又向吴向导请示还得上车。说话之间,又前进了半公里,就听见“嘭”的一声,我们汽油桶那带螺旋的桶盖,活活颠掉了,汽油窜出来有三尺高,落下来落在哪不好,偏偏落在80个烤囊上了,本来烤囊就干燥,这回把整个汽油都吸进来了。六个小时到了楼兰以后,肚子饿得咕咕叫,拿出烤囊一看,全被汽油污染了。这汽油加烤囊真难吃,在嘴里嚼了半天,就是咽不下去。我们见到了楼兰,拍到了楼兰许多珍贵照片非常高兴,但是这一顿烤囊终生难忘。当时我说:“难得烤囊加汽油,减肥健美不用愁,谁想苗条甭吃药,此囊只需吃一口!”

探险的艰难就在这里,罗布泊确实发生过好多叫你终生难忘的事情。瑞典探险家斯文·赫定和他的战友贝格曼多次来罗布泊探险,1900年就是斯文·赫定发现的楼兰,在世界上消失了15个世纪的楼兰又被重新发现了,所以楼兰也叫东方庞贝城,庞贝城大家都知道,在意大利那不勒斯城东南维苏威火山脚下,火山爆发被淹没了15个世纪。楼兰也莫名其妙在人类的历史长河中消失了15个世纪,最后被探险家发现了。这两个瑞典探险家曾经几次死里逃生,有一天,他们两个渴得几乎要不行了,骑的骆驼都大逃亡找水喝去了,剩下两个人徒步走,他们穿的都是靴子,当时贝格曼对赫定说:你先走吧,你回到咱们祖国的时候,就说我贝格曼是在中国罗布泊探险时渴死的。斯文·赫定说:现在无人区只有咱俩,活也要活在一起,死也死在一起。两人正在说着,突然看见天上有一片厚厚的乌云,马上就要下雨。两个人赶紧把油布帐篷扯起来,一人拽两个角。这时候悲剧出现了,瞪眼看了半天,只见天空下雨,不见油布上一滴水,全在空中蒸发掉了。后来斯文·赫定终于在半公里以外发现了一个水坑,当喝好以后,脱下自己两支靴子,灌得满满的给他的战友,两个人都得救了。

当我第二次穿过罗布泊的时候,见到一位探险家倒在一个叫魔鬼城的地方,他四十多岁的年纪,叫什么名字无人知道,死于什么原因不知道,上身穿蓝色运动衣,脚穿白色的旅游鞋,头发乱蓬蓬,舌头伸得老长,完全变成木乃伊了。这就是探险付出的代价。在罗布泊探险当中,除了见到人的尸体外,还有野骆驼的尸体、野狼的尸体、狐狸的尸体、麻雀的尸体、乌鸦的尸体……总之,尸体加上尸体,那时候心情特别沉重。在罗布泊探险,每一步都是生与死的选择。我有四次遇到过迷路的危险。都到了夜间两三点钟了,还在茫茫的荒原上寻找宿营地。罗布泊探险一念之差就可酿成大错,著名探险家余纯顺不就是这样吗?他确实是一位了不起的探险家,他还有一步之遥就可以超过阿根廷人托马斯的行走吉尼斯纪录,但他无论如何不应该选在6月闯进罗布泊。当时气温那么高,零上70度,自己又没带GPS和卫星电话,遇到危险叫天不应,叫地不灵。他的遇难真是个悲剧呀!我要忠告在座的朋友们,做任何一件事情不要忘记四个字:科学、理智。

在这里我要郑重其事地发布一条新闻,我将于2004年3至4月,在罗布泊气候最适宜的时候,第五次去寻找彭加木,以解开这个世界之谜、世纪之谜!

我在罗布泊八天七夜还有这样一件事情记忆犹新。有一天晚上,我们还照样喝酒、唱歌、跳舞、歇斯底里,突然吴向导说:"唐总编,我现在命令你跪下!"我说:"什么?在罗布泊这种险恶的情况下你还侮辱我的人格!""你赶紧跪下,如果不两条腿跪下,也得一条腿跪下!""吴向导,吴向导,你四十几岁命令我五十多岁的人跪下,我接受不了!"当我走出罗布泊以后，在库尔勒的庆功会上，吴向导拿了一个酒杯斟满伊力特曲，首先向我90度鞠躬："我在罗布泊有一些对不起你的话，我曾经命令你两条腿跪下，我向你表示歉意。但是，我今天向你说明，我为什么要这样做？这一次探险当中你的年龄最大，你的体质相对来说不如我们，但是我看你的脸色一天天变黄，你的身体一天天消瘦，我真担心你走不出罗布泊，我就想把你对罗布泊的恐惧转变到对我吴仕广的愤恨上来，减轻你的压力！"

当我们走出罗布泊，到了洛瓦寨，好不容易又来到了米兰农场，可有了电话了。马上想到，要给大本营报个平安。我拿起电话打给刘思祥。他说："唐总编，唐总编，你们还活着？"一句话把我问得声音真是哽咽了。我说："刘总，我们还活着，我们已经胜利地走出了罗布泊，来到了罗布泊的南岸米兰农场了！"当时我一听电话那头哭泣起来，刘总说："这七八天里面，你们一个信不给我，库尔勒市的市长、市委书记天天在批评我，问我把七个人放到罗布泊干什么去了，出现三长两短怎么办？老唐，老唐，最可气还有你的夫人。一开始给我打电话说得还文明，到了后来你老伴在电话里面破口大骂起来了。"我说："刘总，我在这里向你鞠一躬，代表我老伴向你道歉！"当一个人冒着生命危险要去干一件事情的时候，牵挂你的不仅仅是朋友、同事，最最牵挂你的是你的家人。

当我走到米兰农场打完了电话，我们几个突然觉得头上这么重，赶紧要洗头洗脸。在米兰农场那个非常偏僻的地方怎么也找不到一个理发店。我们到处找啊找，我好不容易在西北角有所发现：三间土屋摇摇欲坠，上面还长着三尺高的茅草，门楣上竟然写着"飘逸美容店"五个字。不是白色的油漆写的，而是白石灰写的。我们想进去飘逸一把，这样我们来到理发店。因为罗布泊八天七夜的穿越，反应都迟钝了，进理发店也未敲敲门，"咣"一声就进去了，把两个理发小姐吓了一跳："哪来的几个野人？"（大笑）我说："我们不是野人，是晚报的记者，要来这里洗头。"两位小姐说："我的理发店每个人10块钱，但是你们这几个人的模样每人30块。"我当时心里特别难受，我以为她们要这样说："我的理发店每人理发10块钱，你们三个记者死里逃生走出罗布泊不容易，免了！"我一看盆里的泥这么厚，我说，不对吧，我头发就这么长，怎么这么多土？小姐说，你忘了吧，你进来我拍你的后脑勺冒烟儿两尺多高。就这样，我们几个洗了头，美美睡了一觉。

探险罗布泊的整个过程充满着恐怖，充满着挫折，到处是坎坷，到处都有绝望，但是凭着我们的勇气，凭着我们的毅力，和我的同伴们终于实现了我国新闻界有史以来第一次罗布泊南北大穿越。第二年，我又东西走过一次，所以我在中国新闻界是罗布泊东西南北大穿越的第一人。

同学们、朋友们,当我死里逃生走出罗布泊后,我对人生有这样几个感悟。第一个我觉得生命可贵了,生活可爱了,人与人之间真诚的友谊值得珍重了。

我探险回来,一个偶然的机会,一件偶然的事情,使我走上了大学的演讲台。一天,山东某大学领导给我打来电话说,唐总编你稍微休息一下,来我们大学演讲一场,把你在“死亡之海”罗布泊如何战胜困难,如何战胜挫折,胜利走出来的经历给我们讲一讲。一打听才知道,这所大学发生了一件大学生坠楼的事情。这名学生是宁波人,高中时候,他在班里是班长,学习成绩前十名,小伙子是白马王子,周围总围着漂亮的女孩子。可到了山东这所高校之后,他再也不是佼佼者,他的成绩再也不是前十名,竞选班长又落选,而且也没有女孩子围着他了。就这么一点儿事,他心里失去了平衡,坠下六楼死亡。朋友们,大家都知道,今年春天我国的 SARS 传染特别厉害,我没有想到自杀还有传染病,这名学生坠楼后在学校引起了轩然大波,很多人在想他有烦恼,我更有烦恼,他跳楼,我也不活了。朋友们,自杀还有比赛的吗?(大笑)我果断回答校长,我说明天就奔赴你们学校。那是我第一次走上演讲台,也是我最不成功的一次演讲。但是,就是那一次演讲,一下子持续了五个多小时。当我讲完我的故事之后,很多同学呼啦一下把我围上来,让我签字。我说,我签什么字啊?我不是巩俐,我不是赵薇,你看,小燕子赵薇很多人找她签名都热晕过去了。我不是名人,不要找我签字了。有一个大学生说,唐老师就找你签字,“小燕子”来了我还不找她呢。有的大学生说,洪昭光是身体健康方面的教授,你唐老师是大学生心理健康的教授。我说,心理健康的教授我不敢当,我只是年轻的朋友们值得信赖的一位大朋友而已!

我第二个感悟是:每一个人都有无穷无尽的潜能,千万不要小看自己,就连精神病患者和白痴都不能小看自己。大家知道,舟舟是小小的音乐指挥家,指挥过那么庞大的乐队,可他的智商只有常人的 30%,你看那么潇洒,大家都看他的指挥棒。所以,在座的朋友们,谁瞧不起自己,谁小看自己,谁只相信别人不相信自己,谁就是世界上最没出息的人,反之你就是世界上最聪明的人。我希望在座的朋友们都成为我所说的聪明的年轻人!

朋友们,我还有一点感悟,就是磨难。你怎么对待磨难?你怎么对待困难?你怎么对待挫折?这是每个人的选择。我觉得,以良好的心态对待是最好的选择。朋友们,今天是我的第 81 场演讲,我已经挽救了五个自杀的孩子,四个高中生,一个大学生。现在,这五个学生都已经走出了自杀的阴影,经受住了磨难,开始了新的生活。我的演讲挽救的这五个孩子,同样是我的宝贵财富。

我最后再给大家推荐一条船。可能在座的大学生都知道，英国国家船舶博物馆收藏过一条船，这条船自从下水以来，在惊涛骇浪中138次遭遇冰山，116次不幸触礁，27次被风暴刮断桅杆，16次燃起大火，但是这条船从来没有沉没过。尽管它遍体鳞伤、千疮百孔，还是一次又一次艰难而成功地到达了胜利的彼岸！朋友们，这里面你会悟出一个什么道理呢？我想，大学生会自己去考虑。回过头来我说一句话，我的财富是磨难，你们的财富是年轻！我祝愿北大的朋友们、同学们，在未来的岁月里不断挑战自我，战胜自我，不断挑战困难，战胜困难，不断挑战坎坷，战胜坎坷，走出你们精彩的人生！

最后，我愿意把我的长篇报告文学《惊吻罗布泊》一书中的一首诗的一部分奉献给朋友们：

有人被烦恼缠身久久不能解脱，
我这里有一剂良药，
那就是赶快去闯罗布泊！
有人为了复杂的人际关系弄得无可奈何、焦头烂额，
我这里送您两个字：冷漠；
有人为名利得失昼夜难眠、辗转反侧，
我这里还是送您两个字：淡薄。
一切如过眼烟云，
最最快乐的还是潇洒的生活。
困难、挫折、逆境、坎坷，
人生的道路上谁没有经历过？
最最重要的是你的心态如何，
是当强者，还是当弱者，
万万不可以糊里糊涂地选择！
朋友，
如果谁还想不通的话，
无须再做过细的工作，
好，明天我就带您再闯一次罗布泊！

（2003年10月30日）

（原载《北大讲座》第五辑）

传奇人生·职业规划

陈慰中

[演讲者小传]

陈慰中,男,1930 出生,原籍福建省漳平市永福乡。15 岁随家出国,曾经居住南洋、美国、英国,现留居加拿大维多利亚。在美国获得生物化学博士后,他继往英国读神学,并被按立为英国国家教会圣公会、伦敦 Sussex Gardens 圣雅各堂牧师。在英国期间,曾被选为英国牛津皇家显微学终身院士、牛津大学协会会员等。1973 年被聘到加拿大创办皮尔逊国际学院,任教生物化学多年。1984 年开始创办加拿大中华学院,并于 1985 年开设了加拿大第一所全日制中医专业。1990 年创办李约瑟中国古代科技博物馆。陈慰中博士曾被选为加拿大维多利亚圣公会圣约翰荣誉牧师、加拿大华裔作家协会荣誉会员、中国武汉中南神学院名誉校长、北京大学中国文化书院终身导师等。

主持人：

非常感谢大家今天晚上来到这里听这场讲座，我知道许多同学都是百忙之中抽出时间来听这场演讲的，大家的时间非常宝贵，所以我还是尽早请出我们今天的主角——陈慰中先生！（*掌声*）

陈老学识非常渊博，不仅在科学研究比如农学、显微学等方面有很高的造诣，连神学、音乐这些领域也有涉及。可以说，他的兴趣爱好以及人生的涉猎领域都是特别广泛的。可是，最让我感兴趣的是什么呢？就是陈老的人生经历非常的精彩。当时跟我们一起接待陈老的研究生会主席对我说：我觉得陈老的人生经历特别像《阿甘正传》里阿甘的人生经历，特别的精彩，特别的令人振奋和刺激，觉得他是人生阅历比较广泛的一位学者。我本科不是在北大读的，当时跟陈老交流的感受就有点类似于对北大的最初印象。他就是这么一位慈祥、各方面造诣都比较高的学者。所以，我非常希望今天大家在陈老的讲座当中能够愉快、轻松地学到他人生经验中的精华部分。闲话少说，欢迎陈老！（*掌声*）

陈慰中先生：

圣雄甘地（Mahatma Gandhi）说过一句话："My life is my message"。我的一生就是我的哲学。今天你们来到这间教室听我的讲座，希望我讲的题目是"传奇人生·职业规划"，我也谢谢大家！

我从小就很向往北大。北大第一任校长严复是我们福建人。严复曾翻译Adam Smith写的*The Wealth of the Nations*，即《国富论》。我读过这本书，不知道你们有没有读过这本书，如果没有的话，请同学可以详读一下。

我生长在福建厦门鼓浪屿，1945年随全家出国。我的父亲很早就离开鼓浪屿到南洋去谋生。我们闽南这一带的人因为大都住在山区，很穷，谋生很困难，所以家长多数到南洋去挣钱，到菲律宾、马来西亚、新加坡、印尼、缅甸、越南这一带去，我爸爸也是其中之一。我记得我爸爸出国的时候我才五六岁的样子，送他和他的朋友上英国船，从厦门港开到南洋去。我跟朋友们坐在码头上，我在码头哭："爸爸什么时候回来？"有大人在后面看到我哭就说："孩子，别哭，你爸爸很快就回来了。"但是爸爸一去，第二次世界大战就爆发了。抗战加上太平洋战争，八年没有爸爸的音信。那个时候没有Email，没有长途电话，什么联络方式都没有，所以我们家人不知道他是生是死。

1945年之前，厦门是被日本占领的。1945年我们突然间在厦门鼓浪屿看到报纸，说日本天皇把太平赐给天下。当时我想：哇，这个日本天皇太好了，把太平赐给天下。原来已经投降了，日本人不说日本投降，却说天皇赐太平于天下。(笑声)后来,我们才知道他们投降了。

有一天我上课,看到厦门港有一条英国船,这是八年以后我第一次看到洋船,回家告诉妈妈说:“妈妈,港内有一条英国油轮。”妈妈说:“也许你爸爸还活着,可能他就坐着这条船回来了,咱们去找一找。”妈妈就和邻居借钱,之后就到鼓浪屿的小码头雇了一条船,它就载着我和妈妈靠近那条英国轮船。那时候国民党的宪兵在船上把守,说“不许上来!”我妈妈就和他说:“我的先生回来了,就在这个船上。”宪兵才说:“上来!”我就和妈妈上船了。

一到甲板上,看到甲板上站满了南洋回来的归侨。那时候南洋一带都是英国殖民地,归侨都戴着英国人打猎用的帽子,穿的白西装、白皮鞋,都是那么一副绅士气派,很隆重,我看到的归侨都是洋客。妈妈说:“孩子,你站在这里,别动啊。我去打听这些洋客,看他们认不认识你爸爸。”我站在那里,妈妈就一个一个地去打听,突然间妈妈说:“孩子,过来,叫爸爸!”然后我就过去了。长大以后我没有见过爸爸,我们不见已经八年了。爸爸摸一摸我的头问:“你是慰中吗?”我说是。他摸完我的头以后就不见了!我跟我妈妈在甲板上等,等了好久,后来我才知道,爸爸到甲板下他的睡房里面哭了,哭完洗脸。这个时候中国人的眼泪是不能给人家看见的,大人哭在那时候被认为是很丢脸的。然后他又上来,很严肃地问:“成绩好不好?”我就嗯嗯点头。(笑声)

爸爸很聪明,他看国内那个情形,说:“有一天国共会打起来。”果然后来毛泽东和蒋介石在重庆谈判无果,真的打起来了。爸爸说:“走!”这个“走”字很重啊!我们就离开了,一直到南洋去。爸爸这八年来在南洋发了财,已经是百万富翁了,买了几百英亩的橡胶树林。他送我到马来西亚去读书,读英国学校。期间我留级两次,因为在国内,抗战的时候吃不饱,我们没得吃肉,都是蔬菜,稀饭土豆,这样八年啊!所以我的身体缺少蛋白质,上数学课常常打瞌睡,所以我那个时候是“先天不足,后天失调”(笑声)。直到现在我上课都还常常打瞌睡,还是脑力不足啊,勉强能读点书。

有一天,我立志要好好读书,成绩果然是上升了。突然间爸爸来了个电报说:“生意破产,马上回家。”爸爸把树林卖掉,转办肉罐头工厂,在香港雇了个工程师,罐头封得不好,都爆炸了,他一个星期之内就破产了。我只能停学,他送我到马来西亚和泰国的边境上一个小学校教书。我高中都没有毕业,并且留级两次,就会教小学了!这个学校是社区办的,董事十二个中有六个是国民党,六个是共产党。我爸爸是资本家,虽然破产了,还是国民党这一派的,所以我是国民党六个董事雇来的。共产党也雇了老师来,我看到共产党的老师有精神,每天晚上开座谈会研究,我也去参加他们的座谈会,国民党就说我是叛徒,说:“你爸爸是资本家,你却跑到共产党那边去了。”结果我要求加入共产党,我支持解放战争,我要入党。共产党不要我,说我信仰上帝,而党员是要求无神论的,所以我被拒绝了。我很难过,每天晚上跪在地板上,告诉上帝说:"上帝啊,你是我的真理,我不会放弃你。但是解放战争也是一个真理啊,是让中国的农民翻身,让中国团结强大的真理。怎么这个真理和您的真理有矛盾呢?"我说:"不行不行,这个可以解决的。求上帝给我以智慧,让我创造一种理论,能够解决唯物与唯心的矛盾。"我告诉爸爸,告诉妈妈,他们反对我入党,让我别去"招惹"共产党。那个时代有的资本家思想就是这样的。

从1945、1946年开始我研究哲学直到1980年,几十年读《圣经》,读马克思,读黑格尔等等。我下了工夫的,《圣经》我也通,中国古代的经典比如四书五经、诸子百家我也都读了,也写了一本这么厚的手稿,称之为《中庸辩证法》。(笑声)他们不让我入党,我就因祸得福,让我创造了一个"中庸辩证法"。

到了1980年,我到波兰去度假。刚好9月份发生了团结工会罢工,苏联红军就进入那里。我当时就住在一个教授的家里,刚好那天晚上教授的家里就有秘密的会议,与会的有共产党、天主教,还有团结工会。他们吵架的时候我坐在旁边,就站起来叫他们别吵架了。他们用波兰语吵架,我用德语教训他们,用这个"中庸辩证法"教训他们,说社会主义和自由的市场经济可以相结合,教会和政府也可以相辅相成,因此不必吵架。结果他们也认为我说得有道理,把我送到波兰的一所大学去讲课一个礼拜,讲"中庸辩证法"。(笑声)他们对"中庸辩证法"佩服得五体投地,我的手稿被他们放在图书馆里面。他们说:"你这个理论,我们从来没有听说过,讲得很好啊。"

结果我又跑到东德,去马克思大学讲课,讲了六次。东德是马克思拿到博士学位的地方,黑格尔也在柏林讲过唯心论,东德也是马丁·路德宗教改革的发源地。后来回到加拿大,那个时候中国刚刚改革开放,中国社会科学院要求把我的书翻译成中文,翻得很慢,后来我用我蹩脚的中文自己翻译,1985年5月就在北京的出版社出版了。我不知道具体情况,据说他们出版社印了五万本,一个礼拜之内就销售一空,北大图书馆也有人看到过我的书。所以这就是因祸得福:被拒绝了,碰了钉子了,不要失望,埋头苦干,坚持下去,老天会给你收获的。我小时候两次留级,高中没有毕业,入党又没成,却让我创造了"中庸辩证法"。

爸爸破产以后,我回家帮助爸爸。那个时候法律规定破产的人七年内是不能做生意的,现在听说法律改变了,在加拿大和美国,今天破产了,明天还可以继续做生意。爸爸那时不能做生意,我就出来替爸爸做生意,维持一家人的生计。这样一直到我二十五岁,爸爸的朋友就说:"陈先生啊,你的孩子不能老是做生意,趁着他现在还年轻。你要让他去读大学啊!"另外一些朋友却说:

"你的儿子已经二十五岁了,而且还常常打瞌睡,脑力不足,根本不是读大学的料。"爸爸就说:"孩子,你就去申请吧!"结果我就去申请了大学。

我胆子很大,去申请剑桥、牛津大学,还有国内的大学,什么南开大学、暨南大学等等,可是都被拒绝了,各个大学都说你还没有高中毕业申请什么大学?爸爸的朋友又劝我爸爸,说:"陈先生啊,别失望,你的孩子可以去美国洛杉矶买一张假的高中文凭,只要五百块。"(笑声)爸爸就告诉我:"儿子啊,这个不是我的主意,是我的朋友说的,说你可以买一张假文凭,花五百块你就可以申请大学了。"我听了很生气,我说:"爸爸,你信上帝我也信上帝,你怎么劝我去买假文凭呢?假如上帝要我入大学,没有假文凭我也可以入大学;假如上帝不让我入大学,一千张假文凭也没用!"爸爸说:"孩子,你很顽固啊!"(笑声)有人听到这个故事也说我很顽固。

1953年中国驱逐西方传教士离开中国,有一个美国的传教士回美国,他对他的家乡那里一所大学说:"在东方,据说有一个年轻人,想上大学,没有高中文凭,又不愿意买假文凭,很诚实。这个年轻人,我们应该培养。"那个大学的外国学生主任就说:"我们帮忙,即使他没有高中文凭,我们也让他试读。"他允许我试读一年。这一年试读,能及格就可以继续,不能及格就回老家。我就说我来,结果1955年,我25岁了,才读大学的预科,和十七八岁的小孩子一起上课。

当时朝鲜战争结束,班上也有一些退伍军人,黑人白人都有,都和我一起上课。这些退伍军人,用政府优待给他们的奖学金去上课,我虽然二十五岁了,而且"先天不足,后天失调",但是很奇怪,全班里面我的数学是最好的,我自己也莫名其妙起来。原来是营养充足,我有奶喝了,有肉吃了,有黄油有面包了,脑力就跟上了,因此我数学不但及格了还是全班最好的。所以这些大兵经常请我到他们家里去吃饭,其实是叫我给他们去补习数学,我就给他们补习了。

补习的时候我发现有个老美走路方式很奇怪,就问他为什么他走路会是那样的。他说这条腿是假的,是钢做的。我就问怎么回事,他说在朝鲜战争的时候腿被中国人民志愿军打断了。我就问他:"你恨不恨我们?"他就说:"战争已经结束了,还有什么好恨的?往事就不计较了。"所以,我发现美国人虽然有坏处,也有好处,他们打完战争以后就不计较了。

有一次我在美国某个城市走路,有个黑人一直跟着我,我转弯他也跟着我转弯,我走快他也跟着我走快。我就想:黑人,穷,要钱。这个人要抢我了,怎么办呢?后来我想,要壮胆。我就不走了,他也不走,我转过身去,黑人望着我。我说:"你跟着我,到底要什么?"他说:"我想问你一句话。""你问吧!""你是不是中国人?”我说:“是,那你要怎么样啊?”他说在朝鲜战争的时候他被志愿军俘虏过。我就说:“哎呀,被志愿军俘虏过,现在要报复是不是啊?”(笑声)他说:“不!我在美国一生没有被白人以‘人’来看待,我一生被当作一个人是在被志愿军俘虏的时候,你们中国人把我当人看,和我一起喝茶、下棋、聊天。所以我很感激中国人。”我想原来如此,没事了。(笑声)

我在美国的时候,本科生第一年,苏联发射了第一颗卫星。美国就紧张了,报纸上都说美国落后了,要赶上苏联,要在数学、物理、化学等科学领域赶上苏联,我就因此去读科学了。

我读的第一个学位是物理学,三年就读完了。二十五岁我还没有高中文凭,三年之内就把本科物理读完了。我每个夏天都不休息,留校读书,到第三年的夏天还少一门课程。我就想不能再选物理或数学,应该选别的学科专业的课,结果发现只有一门课我可以选,假如这个课能够选能够读完,我就毕业了。这个课是什么呢?是研究生院开设的莎士比亚研究,是给研究生读的。我去登记的时候对方说你还不是研究生,要让教授批准才能上这个课。我就说:“好,我去找那个教授。”我去找那个教授以后,他说:“你是哪一个系的?”我说物理系的。“那你听说过莎士比亚没有?”我说:“怎么没有?没有听过怎么会来选你的课?”他又问:“莎士比亚的著作你读过没有?”我说读过。他问喜剧,我说读过;他问悲剧,我说读过。他说:“不错。可你想选这个课,我们这个课是研究生读的,你还不是研究生。”我说:“我是本科生,请你通融一下,让我选这门课。”他又说:“我们这是一个讨论班,需要一个能够讲德语的同学,可以读德国莎士比亚的哲学。”我说我学过两年的德语,他就签名同意我选了。我读完了研究生院里的莎士比亚课程,就毕业了。在美国读书,除了可以选本专业以外的课程,还可以选其他的。

我也选修生物中的微生物学。在显微镜下我看到细菌这些小东西会动。肉眼看到的宇宙是大的,地上有人类,不知道还有这么一个微小的世界。看到这些小小的东西,我就去问教授:“教授啊,它们为什么在显微镜下会动呢?”教授说:“如果它们不动的话就不叫生命了。”教授还说它们也会吃饭呢。“那它们在哪里吃饭呢?”“在人体里,你生病了就是它们在捣乱,感染你了。”我又问:“它们怎么吃饭呢?”他说:“这个你就要去读生物化学才能了解。”结果我就去读生物化学了。我的硕士学位是微生物学,博士是生物化学,这样不停地读下来。

那个时候我的年纪大了,读到博士的时候已经三十六岁了,拿到一张博士文凭后我告诉了爸爸。后来爸爸告诉我说:“他失眠一个月,睡不着。”我问:“爸爸,我读到博士,拿到博士学位,你应该高兴啊,怎么会失眠呢?”他说:“我每一次要睡的时候,想到我的孩子是一个博士,就高兴得笑了,睡不着了。”后来威州大学聘请我当副教授,研究显微学。

那个时候美国在打越战,战争不利,美国就紧张了,要抽壮丁,会开枪就要,三十岁的也要,三十五岁的也要,会一拨一拨地送到越南去打仗。结果我收到一个通知,叫我去芝加哥检查身体。去了,站在那里和十七八岁的壮丁一起检查。检查员吹哨子,叫我们跳到游泳池里面游到另一边,这些洋孩子很快就游过去了,我是用毛主席的蛙式(笑声)。他们已经在那边等我了,看我游过来。检查员说:“你这个身体,还行,能够游得过去,身体还算强壮,抽!”我说:“我有博士学位你抽我干吗?你把博士送到前线去开枪不是很浪费吗?”他说:“原来你是博士啊,什么博士?”“生物化学。”“那我们送你到维吉尼亚州去读军官学校,读完让你做科研,但是你要先选,选海陆空哪一个?”“我不懂的,你替我选。”他说:“看你这个样子,选海军好不好?”我问为什么,他说海军是穿白色的制服,还可以拿一把宝剑。有一把宝剑,我很高兴。(笑声)老美是很天真的,说他笨、傻,是,说他天真,也是。他说:“那你要等了,等我们管理一下。”

我等了三个月,那三个月睡不下,老做噩梦,想着万一被抽了,送到越南去打仗,怎么办呢?担心一去就回不来了。每天晚上电视都会报道,这边美国军人头戴钢盔,手提机关枪上飞机;那边一个一个黑的袋子被运下来。黑的袋子什么意思?尸体啊!这些新兵上飞机就看着那些黑的袋子,很凄惨哪!所以我三个月睡不着。三个月以后突然间来了个通知,说我年纪太大,老了五天,不必去越南打仗。谢天谢地,是上帝饶我一命啊。我要献身给上帝,不要献身给美国。

我在威州大学当副教授的时候,就开始想关于宗教、上帝和生命的问题。刚好那时有一个神学讲座邀请了一批神学家来讨论人生。这个讲座是在威州大学旁边的大学举行的,我们要坐长途汽车去那里,当时有一万多人参加讲座。那个时候的美国人,教授也好,大学生也好,心里面已经开始有宗教的追求,想知道人生的目标和意义何在,我也是其中之一。讲座的时候,台上坐了一排神学家,其中有一位是英国女王的名誉牧师。每天下午这一万多的大学生向教授提问题,用纸条先写好了,让他们把问题归纳成几类。我记得有一个问题,台上的神学家们答不出来,这个问题是说:《圣经》说人的救赎是依靠上帝的恩典,因此我们要相信上帝的恩典;《圣经》里面又说,人的救赎是很早就已经确定的。那为什么这边是要有相信上帝的意志,那边却说天命的预定呢?这两个不是有冲突吗?主席一个一个地问神学家,都说不懂。最后问到英国女王的名誉牧师的时候,他说:“我来答吧。人得救上天堂靠的是自己的信仰,《圣经》这么讲;人得救是上帝的预定,《圣经》又这么讲。两边都对。真理常常是一种紧张的辩证，那我们应该如何呢？我们应该两边都接纳。”主席就问他：“你这样解答不是就一句话吗？”他说就这么一句话。然后，一万多知识分子就突然间鼓掌：“太好了！”

说来也奇怪，不知是偶然还是命运呢？这个讲座完了以后我坐在威州大学汽车上，坐在我旁边的是一个英国女孩子。我就和这个英国女孩子说：“这次讲座这个英国女王的神学家答得很妙啊！”这个女孩子说：“当然了，我们英国有着全世界最好的神学院。”“那你可不可以给我介绍一所呢？”她就写了一个学校的名字给我。只是出于好奇，我就写了一张明信片去，请他们把他们的目录表寄一份给我。很快地，他们一个星期之内就回寄给我了，我感谢了他们。他们又来一封信说：“不必谢，你对我们学校有没有兴趣？”中国人是很客气的嘛，我当然就说很有兴趣。（笑声）他们以为我真的要读神学了，就又给我寄资料，而我只好再应付。中国人一般都很客气，这个客气也不好，会把假的事情弄成真的。（笑声）这个学校就把我的资料给英国议会看，因为这个神学院是英国国家教会的，是归议会管的，女王是保护者。学校要伦敦大主教批准，他们就帮我办了这一套手续，这样来往一年之后，他们说我被批准了，现在在学校给我留了一个位置，等我九月份来上课。

那怎么办呢？我当时有一个很要好的女朋友，最后我只好放弃一切，把房子、车子卖掉，副教授的职位，一年多少薪水啊，也辞掉了。我告诉父母，父母说：“我们等你读博士、当教授、结婚，就快要抱孙子了，你现在却要去英国当和尚了！怎么一回事？你神经病了吗？”然后我说：“爸妈，你们不是信上帝的吗？”“信上帝是一回事，我们要抱孙子是另外一回事，你现在却要去英国读神学了！”结果怎么办啊？这边已经答应了，东西卖了，女朋友也告别了，工作也辞了。院长也告诉我我做错事情了，很多人都说我做错了。为了达到这个顶峰，我也发表了很多文章，可还是去英国了。

还没有去的那个星期，英国的神学院又来一封电报，说：“先不要来，忘记问你了，要读我们的神学院，要先学三年的古典希腊文。你学过古典的希腊文没有？假如没有学过的话，你暂留在美国，读完这三年的古典希腊文再来。”我这里一切已经都放弃了，你怎么还叫我暂时不要来？结果我回电说：“我学过三年的古典希腊文。”

我撒谎了吗？我在写博士论文的时候，我的导师突然去意大利度一年学假，那个时候就有一个希腊女人要求我去她家当保姆。我说：“我是博士生啊，怎么去你家当保姆啊？你还是找别人吧。”她说：“我找过很多人，别人都不肯。”“那你为什么找我呢？”她说：“我知道你是个好人。”（笑声）那既然如此，你都说我是个好人了，那我来当吧，我就去她家里当保姆。照顾谁呢？照顾她的爸爸,她的爸爸是希腊一所大学的古典教授,我去照顾他。他讲希腊语的,英语只会一点点。他说:“你不能坐在那边看我,我不能光坐在这边看你,我们要做点事情,你就干脆学点希腊文。”《圣经》的旧约是希伯来文写的,新约是希腊文写的。我当保姆照顾他,每天下午学希腊文,读了古典希腊语。我到希腊的时候还会用希腊语订菜,中国人不喜欢吃奶酪,希腊人做通心粉却很喜欢放很多的奶酪,我还会用希腊语说不要放奶酪。那个希腊的服务生快要晕倒了,原来这个中国人还会讲希腊语啊!(笑声)我就是跟这个老先生学的。

所以我说我读过三年的希腊文,神学院马上回电:“来吧!欢迎!”我就去了。也奇怪,样样都好。当时我离开纽约,站在荷兰邮轮的甲板上,看纽约港的自由女神像。自由女神的火炬越来越小,越来越小,一直到海平线下看不见了。我站在甲板上就想:到底我有没有做错事情?可能父母是对的。我没有到过英国,这么一去,可能真的错了。

到了英国以后,我告诉神学院的院长,说我心里面怀疑,到底是不是老天叫我来读神学的?会不会是我自作聪明,一时冲动就来了?院长这个老先生也很好,他说:“既然如此,还来得及,还没有开学,你可以先到英国的西部一个修道院,去那里先安静地休息一段时间,看看是不是上帝要你来读神学。假如你感觉到不安心,不读神学还可以回去。还来得及,不要勉强。”他就把我送到英国的西部转火车去一个修道院。

我一上火车的时候,院长就接到一封电报,电报说我爸爸肠胃流血,快要死了,叫我赶快回家。校长说:“他已经在火车上,来不及通知他。怎么办呢?万一他的爸爸死了,他会怪我的。”学生也来了,学生比校长有办法,他说:“校长啊,别慌,现在敲钟,叫全校师生和职工到教堂去做祷告,为他的爸爸祈祷。”校长就敲钟了,让全校去教堂,替我爸爸祷告。祷告完了,第二天又来了一张电报,说爸爸肠胃流血停止,不必回家。

我不知道这个事情,回来以后他把两份电报给我看,我看了以后感觉是老天要让我读神学,我就留下来了。

我一生最快乐的一段时间就是在英国读神学,这个神学院的学生都是从剑桥、牛津毕业再来这里读三年的,因此这个神学院等于一所研究院。神学院训练强调什么呢?三件事情。第一,拜上帝,每天拜两次,早上一个礼拜,晚上一个礼拜。敬拜上帝是一生的事,要养成一个习惯,所以早上很早就要起来到教堂去。英国的教堂没有暖气的,很冷。这是敬拜。第二,团体生活。英国人脾气是很古怪的,你要融入这个团体生活,要学习怎么和别人合得来。要合得来不容易,所以我也学习如何跟他们相处。英国人跟美国人不一样,老英是老英,老美是老美,虽然都讲英语,可是不一样的。第三,就是功课,神学。

我在那个神学院里面认识了几个好朋友。和英国人开始很难相处,可是一旦相处得好,就是终生的朋友。到现在为止,终生的朋友不是在加拿大,也不是在美国认识的,而是在英国认识的。有一位皇家外科医生,他来神学院的时候年纪已经相当大了,比我还大几岁,还有一位是原来在印度服役的退伍军人。英军在印度用几万人管理几亿人。那时我在神学院,每天到三点这个军官就到我这里来敲我的门,叫我一起去散步。英国人喜欢散步,三点散步,到四点散步完了去喝茶。他每次散步的时候就拄一根木棍,很威风地走路(做演示)(笑声)。我以为这是英国军官的习惯,后来我问他说:"你这么威风地走路,是从哪里学来的?"他说:"在我们军队里面,少数人要统治多数人,就要有一种镇定的气势。"我就问:"这镇定的气势是什么?"他就说:"不要让土人(印度本地人)知道你内心在紧张。"(笑声)所以每一次我在英国感到紧张的时候,就想起这句话,不要让这些英国人知道我紧张。(笑声)

读完神学,却没有毕业证书。读完神学,下一步怎么认定资格呢?英国伦敦大主教在圣保罗大教堂让你成为英国国家教会的牧师,又要让你得到一个圣品阶级。我就想:我毕业了,成绩都不错,英国伦敦大主教在圣保罗大教堂,那个皇家举行很多仪式的地方,为我按立,给我一个英国国家教会的圣品阶级。这是一种终生的荣誉,有钱是买不到的。

结果,有一天,英国伦敦大主教发一个通知说要见我。我想,这一定是通知我要在圣保罗大教堂给我圣品阶级了。英国的教会还是旧制度,主教住在小皇宫里面。我去了,主教坐在那里,旁边站着他的助理、一个牧师。我站在他的前面,他就这么看着我,对我说:"你的档案是神学院里面最厚的。"我说是。他说:"我有坏消息要告诉你。""有什么坏消息啊?""我们才发现,原来你不是英国人。圣品阶级是给英籍牧师的,可是你不是啊。虽然你毕业了,但你要空手回家。"我听了感觉是晴天霹雳,我说:"主教,不可能吧?"他说:"对不起,你就要空手回家。"我说:"大主教,求求你啊!我辛辛苦苦这几年就等这个圣品阶级,你现在叫我空手回家?英国教会的规定有没有什么漏洞让我钻啊?"他说:"你瞧不起我们大英帝国的教会!怎么还会有什么漏洞?"(笑声)他就问他那个助理牧师:"我们会有漏洞吗?"助理牧师就告诉他说:"主教大人,有漏洞。"(笑声)"什么漏洞呢?""英王亨利八世的时候,凡是剑桥和牛津大学的院士,都接受了圣品阶级。"他就告诉我:"我给你一个漏洞,你能在一个月之内得到任何一所皇家学会的一个院士头衔的话,我就给你一个圣品阶级。"我说:"主教啊,我一个中国的无名小卒,一个月之内要得到英国皇家协会的院士头衔,这个比上天还难啊!""这个就是漏洞了,你办得到就办得到,办不到就 goodbye!"

那个时候,我真的是觉得大脑都是真空的,就在伦敦大街上乱走。我听说一个上海人去美国大使馆申请签证,被拒签以后精神错乱,在北京到处跑,跟我在英国那个时候一样,我能够体会这种心情。跑来跑去,突然间眼睛好像看到远处有一点红色,我就去看。这个红色的建筑物七层楼高,相当雄伟、古典和漂亮。我过去看看,有一个黑色铁门,门上有英国女王的王徽,一看才发现是英国皇家癌症研究所。

我想:既然已经来到这里了,不妨到里面打听打听。守门的穿着黑色制服的英国人替我开的门,说:“你找谁啊?”我就说:“找你们这里的院长。”院长是谁呢?是牛津大学的教授,带金框眼镜金色头发很斯文的一个爵士。他出来接见我的时候很客气,他问我:“My dear fellow ,what can I do for you?(朋友,我能为你做什么?)”我说:“我要当院士。”(笑声)他又说:“院士不是申请而来的,而是选出来的。”我就说:“那么选我吧!”(笑声)他就问:“你是谁啊?我们要选你?”我就把我的名字用一张纸写下来,并且把地址、电话都给他,那个时候我还住在神学院。我知道这个是没有希望的希望,想不到,想不到,我真的被选为院士了。(笑声)后来我才知道怎么一回事,我走了以后,这个爵士,把我的名字拿到图书馆去,查生物化学领域每年发表论文的大辞典。在美国我研究细胞膜,研究的是里面的膜结构,看蛋白质的分子有多大,由什么构成的,我那个时候发表了将近二十篇的文章。他们这个皇家癌症研究所这几年来正专门找一个人才来做这方面的研究,找不到,而我刚好跑上门去了。不到一个礼拜,他发了一封信给我,他说:“很高兴要给你颁一个院士头衔,你愿不愿意接受?每年有三千英镑。”我就这样拿到了院士头衔。(笑声)

当时我就知道有上帝的意志帮助我。当我把院士证明拿给英国伦敦大主教看(做出甩证书的动作)(笑声,掌声)时,大主教说:“你别甩,让我好好看一看。”他看到三千英镑的年俸的时候说:“你是英国教会里面最富有的一个人了。”牛津、剑桥的这些人一年都只有七百英镑,而我有三千。我就在英国当院士,当圣品阶级牧师,还拥有其他很多头衔。我走路也是拿根木杖那样走。(演示)(笑声)

英国这个社会,阶级观念很重,你有学位、头衔,人家就会尊重你。每天早上开铁门的人给你开铁门以后还会说“good morning,sir!”,假如你不是有身份的人他不会跟你说这些的。你一坐下来把雨伞挂起来,就有穿制服的人送一杯茶给你喝。你就把伦敦《泰晤士报》打开,之后再去做科研。做科研有三个助手给你做,中午和楼上楼下的科学家吃饭,下午喝茶,不必亲自动手,自有人会帮你做。那么和这些科学家吃饭干吗呢?就是思想的交流、创新的交流。跟不同的科学家吃午饭得到一些新的思想,就让助手实践,所以我在英国也发表了很多文章。

但是这种生活久了以后，有一天我感觉到内心的空虚。你有职位，人家尊敬你。久了你就会怀疑，难道人生的意义就是这些吗？心里面有种空虚的感觉了，就想家了，想父母了。所以几年以后我就想：还是要回美国看父母，不能在英国过这种日子了。本来我可以马上回家，但是我身为中国人，懂人情，要去跟英国伦敦大主教告别。中国人有礼节，饮水思源，没有英国大主教给我透露那么个漏洞，我就不会有今天。不告别的人也会有，我去和他告别，和他打电话约了个时间告别。伦敦大主教问我："你要走了？"我说："是的。"他又问我："你来干吗？""我来告别。""那你来找我干吗？""我来告别，请你给我降福。"我就跪在他面前让他给我降福。降福完了我起来亲他的手，就要离开他的办公室，打开门出去就要关门。

假如我门关得太快的话，我今天就不会在这里和你们见面。我慢慢关门的时候就听到一个声音："回来吧，我的孩子。"我就回去了，说："你有话对我说吗？"他说："有，我有话要问你，你愿不愿意到加拿大的维多利亚去？"我说："我去，就是扫地板我也去！"他说："不用去扫地板的。"这是怎么一回事呢？全世界今天有十二所国际学院，第一所在英国，第二所就在加拿大。英国决定在加拿大开加拿大第一所国际学院，学生来自一百多个国家。加拿大人有一个毛病，他们要搞有意义的项目自己没有自信心，人才要去英国聘：他们崇拜老英的。所以他们就派人去英国寻找一个人才，这个人才，要懂得这个懂得那个，会做这个会做那个。加拿大的派遣人去找英国伦敦大主教，英国大主教说正好有一个人，叫陈慰中。我那天去的时候他忘记了，我在关门的时候他才想起来，就叫我去找那个人。这样，加拿大维多利亚国际学院在1973年开办了。

我就去维多利亚国际学院了。加拿大人是崇英的，他们看到我就想：我们要英国派一个人才来，怎么派来一个中国人呢？加拿大人不愿意。第二年，那个校长就亲自到英国去找，不想要我，这个我后来才知道。这次找是去找谁呢？英国女王的牧师，也是一个爵士。他说："我们加拿大要开一个国际学院，我们要从英国找人才，这个人才要懂得很多。"女王的牧师就大喊："啊，我知道！我有这种人给你！""谁啊？""陈慰中！"（笑声）两次老英都推荐我，加拿大人不好拒绝。假如加拿大人不要我的话，就得罪大英帝国了。所以1973年我就因此到加拿大，帮助英国女王的叔叔蒙巴顿上将创办国际学院。

创办的时候有三千人从世界各地申请，我不必申请，我是被邀请来的。那个校长看到我，勉强同意，跟我说："你不是申请来的，你是我们聘来的。但是我要告诉你啊，我们的学生来自一百多个国家，都是从各个国家的奖学金获得者里选出来的。我们聘来的这二十几位老师，除了会教数学、物理、化学以外呢,还会一种课外的技能,比如砍树、登山、海上救生、潜水……你会什么呢?”我说我什么都不会,因为我那个时候“先天不足,后天失调”。“不行啊,”他说,“你应该会懂得一点什么东西。”我说:“校长啊,这些体力的东西我都不会,但是我懂一点东西。”他问是什么东西。我就说:“这些从一百多个国家来的学生,总会有一批是从第三世界来的,他们对这些航海、登山也不会有兴趣的。我就可以每天带他们到维多利亚城市里面为人民服务,去敬老院慰问老人,去帮助那些残疾人,替那些盲人写信……去各个不幸的人那里去服务。”校长说:“你什么都不会只会这个,比没有还好,那你就去做这个吧。”我就去做这个了。

跟我来做志愿者的学生,有的是从非洲来的,有的是从菲律宾来的……偶然会有一个白人学生,是从发达国家来的。多数就是从这些第三世界来的。很奇怪,维多利亚这个地方冬天下雨,开学以后十月、十一月就开始下雨,一下雨就不能登山了,也不能砍树了,更不能海上救生了,只有我们这些“傻瓜”,晴天也好,下雨也好,天天开车到城里面为人民服务。于是这些从先进国家来的“英雄”们就看着我们说:“你们是真的为人民服务,我们这些都是假的,一下雨我们就动不了了。”

有一天晚上我在吃饭,看见电视上有一则报道。那个时候美国越战结束,越南驱赶有中国血统的越南人,有三十几万跑到广西,有五十万坐着小船在海上漂流,到菲律宾、香港、印尼、马来西亚……有一半人在海上沉下去。美国新闻记者就坐直升机在上空拍照,底下船怎么沉,小孩子怎么样喊,那边怎么样救……海面上一双双手就这样没了,看了以后我吃不下饭。加拿大政府宣布:加拿大政府愿意拯救五万中国血统的越南难民,中国在广西那边拯救了三十万,美国二十万……西方的一些国家纷纷担保这些难民。第二天我到当地的移民局,我说我要申请担保一家越南来的难民,移民局说:“我们才刚刚开始这个项目,还不知道怎么样规划,怎么样做。”我说:“我要先登记!”他说:“你可以先登记,但是要有四个户口才能担保一家难民。”我说我就去给你找四个。

我马上打电话,找当地知名人士在移民局跟我见面。那个星期就在本地召开了一个担保越南难民的大会,有红十字会、移民局、工会、劳工部、教会等,在这个台上,我是唯一的中国人,因为移民局知道我要担保一家就让我坐在台上。下面有五百个加拿大人,这五百个群众里面有一个团体,是加拿大的白人团体,是反对有色民族的。在开会的时候每十五分钟就有一个白人站起来捣乱,他就喊:“亚洲难民要回到亚洲去,加拿大是白人的世界!”我是最后一个演讲的人,我站起来演讲的时候,这些白人中二十几个人就都站起来,要离开,不听我演讲。我看他们起来抵制我的演讲,就向他们大喊:“回来吧,回来吧!我同意你们的抗议!”这些白人觉得很奇怪,怎么这个中国人会同意我们的抗议?我说:“亚洲的难民,亚洲的问题,是应该回到亚洲去解决,我同意。”他们就回来了,又重新坐下。我说:“再重复一次,亚洲人应该回到亚洲去,同样的,白人应该回到欧洲去!”下面的五百个人都鼓掌支持我了,那个团体没有话可说了。我说:“在第二次世界大战的时候,荷兰拯救犹太人遭到了德国纳粹的屠杀,今天我不是要你们冒险去救这些越南难民,我不过要你们去担保他们而已!”全体都鼓掌了。散会以后,很多教会的神父、牧师都请我到他们的教堂去宣传,我去每个教会讲道。通过我个人的努力,有几百个越南难民进入加拿大了。举个例子,我曾在一个教堂里面讲道,题目是担保越南难民。有一年我去爱尔兰度假,半夜火车到达一个城市。我问城市的宾馆在哪里,当地人说在小山上。我拿着皮箱就到小山上去了。因为路黑走错门了,走到厨房里面。里面有女孩子就说:“我这里是厨房,不是注册登记的地方,大门在那里。”我说:“那我再出去吧。”“你别再出去了,这个宾馆已经满了。”我就想,半夜了,难道我还要下山吗?“不必不必,我们厨房的厨师和服务生在餐厅给你搭一个床铺,让你在那边睡觉。明天早上客人来吃早饭以前我们再把你叫醒,你吃了早饭,吃完了可以上火车。”我就谢谢她们。这些女孩就给我搭了一个床铺,还用屏风挡起来让我睡。我睡的时候就想:两千年前,当初圣诞的那一天晚上,耶稣的一家人,玛利亚快要生孩子了,到处找住宿的地方。《圣经》里面说旅舍都满了,结果他们就在马厩把孩子生出来了。两千年前圣母诞生圣婴在马厩,我是谁啊,宾馆开门让我睡?我想到这些就睡不着。后来我在教堂就说:“我知道她们为什么收容我,让我住了,因为她们心里面有空间可以让我住。”我讲到这里的时候,教堂里的很多妇女就喊起来:“我心里有房间让耶稣来住,我们要担保一家难民。”那天早上就有五六家难民被担保。所以我的运动担保了几百个人。这个是1978年的事情。

1979年,加拿大国际学院的主席换人了,英国女王的叔叔蒙巴顿上将被刺杀,接班人是英国女王的儿子,查尔斯王子。他决定1979年4月来访问国际学院,大家都很高兴。联邦警察局就来检查是否有炸弹,每辆车进出都要登记,安全措施做得很好。校长也很紧张,他说:“你们要懂得皇家的规矩,皇家的规矩是假如王子问你你才回答,没问你就不要说话。”他还要求我们王子接见的时候穿国服。我就想:“我的国服是什么呢?”五千年来的国服,唐朝或者汉朝的服装我都没有,那我穿什么国服呢?后来我想起来,我有国服,我的房间里面有一套国服,就是“文革”时期的中山装。(笑声)王子来的那一天我就穿了我的国服。大家站成一排,我站在中间。王子有一个侍从替他拿他的皮包,他进来的时候最吸引他注目的是谁呢?就是我了。他不从边上开始握手,马上跑到我面前来,用手指戳我的肋骨,问我:“你是共产党吗?”我给他戳得很疼,很生气,就抓住他的手说:“你想知道我是谁吗?我告诉你我是谁,我是大英帝国教会的圣品阶级牧师,还是院士……”然后他就说:“现在英国的神学家跟共产党人分不出来了。”(笑声)我就说:“王子陛下,请注意。”王子就说:“我注意。”“你看看我有几个口袋?”“四个。”我说:“这个口袋,装的是《圣经》;这个口袋,装的是马克思的《资本论》;这个口袋,装的是孔子的《论语》;最后这个口袋是莎士比亚的作品。”他说:“我们英国人称这个为‘妥协’。”我说:“德国人称这个为综合,中国人称这个为中庸。”他就说:“好极了,好极了!我很喜欢讨论哲学,我在剑桥的时候最感兴趣的就是哲学和历史。你今天下午有没有空,我们讨论哲学。”我说:“王子,你来三天,下午一定有安排。”他说不要紧,就叫他的侍从打开皮包,说:“今天下午我的安排都取消掉,我要跟这位陈博士交谈。”整个下午他都和我交谈,我就趁着这个机会介绍我那些陪我为人民服务的学生,他们辛辛苦苦为人民服务,应该给他们一个机会和王子握手拍照。王子就问每一个学生:“你是干什么的?”学生就回答:“我帮助盲人。”“我在医院喂病人吃饭。”“我去慰问老人。”一个一个说过来,王子很感动。那天晚上的大会有各国的大使、内阁,还有全校师生参加。王子就坐在上面对底下讲话:“国际学院教育的目的是什么?国际学院教育的目的是为有需要的人服务。”所以今天全世界十二个国际学院里,为有需要的人服务成为一门必修课了,这是从我开始的,查尔斯王子宣布的,所以我现在问心无愧。(掌声)

我提早退休。1985 年,刚好我五十五岁,就退休了。我看到一些老师教到六十五岁,教到生病了,教到走不动了才退休。我到五十五岁退休还能留一些时日再做一点自己的事情。我想做一点有意义的事情,所以我五十五岁退休。五十四岁退休没有一点养老金,五十五岁退休还有一点点,不多但是够吃。五十五岁那一年加拿大五大银行有一个银行家的毕业典礼,邀请我去演讲,这是在 1984 年。我说:“今后加拿大的贸易不再归欧洲了,今后加拿大的贸易金融合作是亚洲的,是中国的。”我那个时候讲,他们都被打动了,都说:“你讲得有道理,我们加拿大从现在开始要和中国打交道了。可不可以请中国的一批金融家、贸易家、经济学家到加拿大来,我们培训他们,建立中加友好关系,将来两个国家就可以密切交往?这个经费由我们五大银行支持你。”我就在当地找到首都经贸大学的老师,请他邀请首都经贸大学的一批老师到加拿大来学习,由加拿大出经费培养他们,帮助中国改革开放。

我五十五岁退休,就是想做一些有意义的事情。做些什么呢?弘扬中国的文化。怎么弘扬呢?我一窍不通,只有这个想做的心,但是却没有具体的概念。人家说先去登记一个学校吧,我就去登记了一个加拿大中华学院。登记完了，人家就告诉我：“你就去教普通话！”我就开了两个汉语班，每个班都只有二十几个外国人来学中国话。学中国话很难，开始有二十个人，第二天就只有十九个人了，第三天就十八个人了。老外以为中文很容易，一下子就能学会，实际上不是的。

有一天，有个人打了个电话给我，是个德国人，说他要学汉语，我很高兴。既然打电话那我马上收下这个学生，不能错过这个机会。我去看这个德国人时，他的墙上挂了一张文凭，是针灸的文凭。我问他这个是从哪里来的，他说他在北京学了六个月拿到的。他问我：“你们这个新的加拿大中华学院有没有教中医啊？”我马上答应他，“有！”（笑声）其实没有，我乱讲的。他马上打电话给温哥华的针灸协会，说这个新的学校要教中医了。那天晚上那个会长马上打电话邀请我去见他们的董事会。下午我去，那里有十几个人。他们再问：“你们这个新的学院真的会教中医吗？”我说：“会啊！”那个时候在加拿大西医才是合法的，中医是非法的，我不知道就答应了。吃饭的时候坐在我旁边的有一个是广东中山大学来的，姓王，他跟我说：“我在中山大学教解剖，教了二十年了，我可不可以当老师？”我就点头，你当吧。对面一个厦大来的，教本草的，问：“我可以教本草吗？”我说可以。一个印度来的，是个兽医，他也懂得针灸，他问可不可以教生理学，我也说可以。一个上海人，他要教营养学，我也说可以。现在教中医的老师我都有了，吃完饭这个洋人问我：“你的老师从哪里来？”我说：“今天晚上已经雇好了。”（笑声）一天之内我就办完一个中医学院了，后来才知道是非法的。（笑声）后来我打听，有一个姓梁的广东人，在他的诊所要教中医，结果给加拿大皇家骑警逮捕，要遣送出境，他没有被逮捕以前跑到美国去，在那边躲了五年才回来。这些我都不知道。结果加拿大司法部有一个控告官给我传令，要见我，我去了。我就学老英这一套了（演示英国人的走路方式），心里面很紧张，但不让他们知道。（笑声）这个司法部胖胖的控告官就问我：“请问你们这个新注册的加拿大中华学院都在教些什么？”我就给他看，有中医、普通话、国画，还有加中贸易交流。他就打开那张中国加拿大贸易交流的文件读，他说：“陈博士，你所做的事情对加拿大未来的发展很有益处，这个中医的事情就算通过了吧。”这样就没事了。这样，加拿大第一所中医学院已经合法了，而且学生越来越多，来自各个国家和地区，已经有一百个了。而我对中医一窍不通，就退出来了。学生里面没有当地的华人，当地的华人不相信西医，又瞧不起中医。崇洋，是从五四运动到现在国外有的华人的想法。

我本来是准备跟加拿大政府斗，在法庭上用舆论斗。加拿大是一个移民国家，是有多元文化的一个国家，为什么中国人在加拿大不能弘扬五千年的中国文化呢？这是违反人权的，我本来要和他们争的，结果他们不敢。把我抓起来送回中国,或者让我坐牢,对加拿大政府不好。所以加拿大政府说我向他们挑战,他们不得已通过法律把中医合法化。

至于跟中国的金融贸易交流,五大银行突然间说不办了,不给我经费了。我就立志自己办,我把自己的房地产都拿出来维持这一百多个学生的学习。我一生的转折点是这一百多个学生里面有一个学生,他 1997 年带一个黑龙江农业代表团到加拿大来访问。我本人对农业不懂,就去组织一个项目让他们了解加拿大农业,我替他们当翻译。

当完翻译以后我内心有一个感觉:加拿大的农业有危机了,美国农业也有危机,全世界的农业都有危机,中国也有。于是我跑到各个地方考察农业。举一个例子,农民的年龄。农民五六十岁还在种地,还在耕田。假如他不种,没有收入的话,每年要向银行付钱,因此他要种到死。他一死邻居就买他的地,所以家庭式的农业不断消失,而大规模的农业不断扩大。有一天那些八十几岁的老农都死了怎么办呢?就用机器来种田了。可是年轻人不从事农业了,都离开乡村到城市里来了。这个不仅仅是美国和加拿大的危机,这个是全世界的危机。年轻人都搞电脑,做生意,挣了钱来发展农业。现在的农业过分依赖百分之一的人口来养活百分之九十九的人,就只能采用科技的方法,大量地用化肥、大量地用农药,造成什么呢?水污染、空气污染,还有温室效应。这个是今天全世界的危机。所以我这次回国,就是想研究研究今天中国究竟污染到什么程度了。

我很高兴现在这里已经有人发动有机农业了,今天我参观北京的一个农场,已经有人开始做了。今后中国减弱温室效应,大力发展家庭式有机农业这个运动,希望能从北大开始,有机农业就靠你们了!我就说到这里吧。谢谢大家!(掌声)

(2007 年 9 月 15 日)

(原载《北大讲座》第十八辑)

音乐与人生

李　静

［演讲者小传］

李静，女，1993 年 7 月调入北京大学艺术学系工作，任讲师，2002 年至今任北京大学艺术学院副教授。一直从事教学科研和学生管理工作。中共党员文学硕士研究领域：中国音乐史。曾任艺术学院团委书记、学工班主任、党总支委员等职。讲授的课程有：中外名曲赏析（通选课）、中国音乐概论（平台课）、人生理论与实践（通选课）、影视音乐（公选课）、中国近现代音乐史（公选课）。在国内学术期刊上发表多篇论文。

由于工作较为出色，多次获得奖励。如：2010—11 年度获校级优秀党员、2010—11 年度获北京大学十佳教师、多次获校级“优秀德育奖”、1997 年获“大通”管理奖教金等。

非常高兴,今天同学们能在百忙中和我一起度过这个愉快的晚上。其实,我上课的时候感到最高兴的一件事,就是希望同学们能到我这儿放松地听听音乐,所以我的课上很少要求同学们从头至尾的去记笔记。音乐是需要你去倾听的,这样它才能够成为真正的音乐,因为音乐需要互动。所以,今天我想和大家一块去感受音乐。

我今天的选题是“音乐与人生”,不管你是做什么的,学文科的也好,还是学理科的,音乐对你的人生都有着积极的意义。最近我也是通过看资料,发现我自己的收获很大,音乐不仅仅是一个旋律美的问题,音乐在诸多方面对人的成长都有着很大的作用。

音乐是有韵律的声音,优秀的音乐作品往往都会散发出绚丽的色彩,令人回味无穷,引起人们心灵上的共鸣。它有时是明亮的、欢快的,给人带来一种愉悦的心情;有时是兴奋激昂的,给人奋发向上的激情;有时是温柔抒情的,给人亲切、浪漫的畅想;有时是悲壮凄凉的,令人伤感、哀痛。

人生是有韵律的足迹,人生的韵律常常表现为对美与丑的感受,善与恶的遭遇,爱与恨的磨砺,幸福与苦难的体验,成功与失败的经历,还表现为人生观、价值观等等。音乐的韵律,对人生的韵律有着强烈的影响。

音乐与人生相伴相随,音乐来源于生活,也来源于劳动,它是人生哲理的形象表达,是人生的审美显现,是生活的审美表现,是心灵的诗意居所,蕴含着人对真善美的诚挚追求。人生的一切活动皆不过是真善美的活动,是人追求真善美、创造真善美的活动。所谓科学、道德、艺术,所谓认识、伦理、审美,都是在不同程度、不同层次上关于人类生存的真善美主题的展开。人类创造音乐,音乐升华人生。让我们张开耳朵,由不同的音乐载着不同的情绪掀起我们心灵的共鸣,体味着人生的喜怒哀乐。无论天底下有着多少首乐曲和歌曲,它们却都是由同样的音符组合而成。但是由于不同的组合方式,却产生了千变万化的格调迥异的旋律。音乐是人类生活、尤其是精神生活的导师,它引导我们追求生存的超越,并由审美愉悦中的心灵逍遥达成心灵的完美塑造,让尘俗之心找到一个可以安居的“诗意的家园。”音乐是一个神奇的容器,盛载着人的喜怒哀乐。音乐可以教人坚强,教人坚韧,教人从容。音乐将娱乐功能、教化功能、政治功能、艺术功能结合得如此之紧密、又演绎到这般极致。罗曼·罗兰说:“个人的感受,内心的体验,除了心灵和音乐之外再不需要什么。”音乐人生就是用音乐的韵律和音乐文化的光辉,唤起有韵律的人生,有价值的人生。音乐的意义就在于塑造一个完整、和谐的人,开启人们的智慧,升华人们的心灵,移风易俗。

古希腊把音乐看作为是一门科学,和数学、天文并列;中国古代把音乐看做是修身、治人、治国之道，和诗、书并列。可想而知，我们的祖先早已意识到音乐的重要性。音乐是人文科学的一部分，人文科学探索社会现象，人与人之间的关系，它要回答应该做什么，怎么做，它是求善，求和谐，求美，所以著名作曲家优秀的作品里面都包含着求善、求和谐、求美这样的深厚内涵。音乐是精神领域的东西，往往与一个人对人生的感悟、对世界的理解、对命运的把握有着某种隐秘的联系。音乐可以影响人们的精神，音乐对人的感伤和忧郁格外照顾，每一个音符对心弦的弹拨，每一处慢或快的节奏对人的情绪的对应，都足以构成对心灵的挽救。正是由于音乐的吸引和呼唤，人们强烈地感受到了音乐对黑暗岁月和黯淡人生的照耀。音乐唤醒了自我意识，使一个孤独者能够在各种境遇面前保持平和的形象。音乐给一个喜怒无常的人以发泄的渠道，使用音乐的方式咆哮、愤怒和哭泣。一个人在音乐中形成的修养和成熟是极为珍贵的，高雅的音乐可以使人的精神高尚、和谐、美起来，聪明起来，让人富有创造力。

音乐已经走出了传统和习惯的认识王国，不再是一个一维的系统，而是一个多维的系统。从多维的视角来看音乐，不仅要从美学角度，还要从科学、道德的角度来，这样有助于培养和谐的人和构建和谐的社会。

科学家的音乐人生

今天，我介绍几位科学家，我们来看看他们的音乐人生。科学家的任务是研究我们生存于其中的这个世界，包括自然世界和人类社会。科学与艺术虽然是不同的学科，科学家和艺术家在工作中需要的素质是不同的。但是，爱因斯坦认为“这个世界可以由数学的语言组成，也可以由音乐的语言组成”，科学与音乐，有着许多联系和共同之处，有时甚至互相补充、互相启发，相辅相成。因此许多伟大的科学家，都是音乐爱好者，甚至自己就是音乐家。

美国麻省理工学院是世界一流的理工科大学，却拥有 19 名专职音乐教师，为全校本科生开设了 30 多门音乐课。有人问一个理工科大学为什么开这么多音乐课，该校音乐系教师并没有讲出深奥的哲学原理，却说出了一个普遍的现象，那就是“科学家都爱音乐，所以培养科学家的学校要开音乐课”。这些音乐家和教育家的经验，使麻省理工学院做出了重视音乐教育的选择。

下面介绍几位热爱音乐的自然科学家。音乐不但给了他们的科学研究工作很大的帮助，而且丰富了他们的人生，从而使他们终生与之相伴，给了后人以极大的启迪和无限的遐想。

(一)与小提琴为伴的理论物理学家爱因斯坦

如果要举出历史上最负盛名的热爱音乐的科学家来,恐怕十人中有八九会首选物理学家爱因斯坦。爱因斯坦热爱音乐,在他的人生和事业中,音乐扮演着十分重要的角色。除了他的物理学研究,陪伴他的主要是音乐。他音乐里面最有特长的是小提琴演奏,他的小提琴演奏基本上达到了专业的水平。他的第二个特长就是倾听音乐,大家知道他在诸多音乐家里面,他最喜欢哪个音乐家?

学生:莫扎特。

李静:对,他很喜欢。所以有人问他最喜欢的事情是什么?他说最喜欢的就是听莫扎特的音乐。

下面我们来说一下,音乐和物理之间的关系,在起源上是不同的,但它们被共同的目标联系着,这就是对表达未知东西的祈求。它们的反映是不同的,可是它们相互补充着,这说明音乐之美和科学之美在爱因斯坦心里是相通的,都是他的精神家园和终生为之追求的目标。在对这两种美的追求之中,爱因斯坦为科学做出了巨大的贡献。大家都知道,爱因斯坦在很小的时候就很喜欢音乐,他特别喜欢倾听音乐。爱因斯坦三岁时的一天,母亲在钢琴旁弹奏一首莫扎特的奏鸣曲时,突然觉得背后有人。她回头一看,发现小爱因斯坦正歪着脑袋,全神贯注地倾听她手指下流淌出的优美动人的旋律。年轻的母亲为此激动不已,问儿子有何感受。小爱因斯坦虽然说不出内心的体验,但分明表示出对音乐的热爱。于是就请了老师教他音乐,而且他自己也很刻苦。就这样,不爱说话的爱因斯坦在母亲的钢琴声中长大,6 岁开始学习小提琴,在母亲的伴奏下,很快就能演奏莫扎特和贝多芬的奏鸣曲了。从此,音乐特别是小提琴陪伴了这位物理学家的一生,提到爱因斯坦,人们总是把他和小提琴联系在一起。人们都记得一幅著名的漫画:爱因斯坦的脸被画成一把小提琴,琴弦上不但有音符,还有那个著名的物理学公式:$E = mc^2$。这幅漫画生动地表明了爱因斯坦的音乐人生。

在他成长的过程里面,音乐对他起到了无形的帮助,让他在不知不觉中发觉自己,他从小学到中学不是那么出色,甚至他的父亲都为他发愁,大学毕业之后也仅仅是当了一个小小的职员,谁也不知道他。因无所事事,组织了个乐队经常排练,到处演出,可以说是不务正业,当然谈不上申请科研经费和科研项目,更没有先进的设备,也无名师指导。然而,正是那份工作给了他机会,他有时间去听音乐,去演出,去思考。他的演出不完全是为了挣那份钱,而是为了找到一种感觉,去感受音乐,并将他的音乐也带给别人一种幸福和美的感受。就在这个过程里面，终于有一天他突破了，人们说1905年是世界科学史上的里程碑，因为爱因斯坦这位当年26岁默默无闻的小职员“业余科学家”，在承担着结婚、生子重任的同时，在物理学的三个未知领域内齐头并进，一年里就在莱比锡出版的《物理学纪事》杂志上发表了三篇论文：《论动体的电动力学》、《分子热运动论所要求的平静液体中悬浮粒子的运动》和《有关光的产生和转化的一个试探性观点》，分别揭示了狭义相对论原理、布朗运动的数学规律和光电效应的量子本质，如闪电般划破了理论物理学的夜空，创造了人类科学史上的奇迹。他究竟靠的是什么？为何能做出如此重大贡献，以至于在20世纪末被评为上一个千年最伟大的科学家？除了他深厚的物理学和数学造诣以及顽强的科学探索精神之外，就是他从真正的艺术家那里，学到了美学的原理，在科学研究中运用了形象思维，发挥了艺术家的想象力。他自己的感受就是他在写东西的时候，做研究的时候，特别希望能够稍微放松一下自己，听听音乐，或者是自己拉一下小提琴。演奏到什么水平对他来讲其实不是最重要，最重要的就是他在演奏的时候找到的一种感觉。

我不知道大家在听音乐的时候有没有这样的一种感受，音乐不像绘画，也不像文学作品一样能看得见、摸得着，音乐是让我们听的，这种听会把我们带到非常广阔的空间，让你去想象。所以，他在演奏小提琴或者在倾听音乐的时候，既是一份休息和欣赏，同时也让他展开想象的翅膀。因此，他能够在没有名的情况下，拥有这么大的成果。

在他成功之后，人们开始追溯他的成长过程，发现他非常喜欢小提琴，音乐成为爱因斯坦的第二专业或第二职业。不管旅行到哪里，他总是携小提琴前往，甚至在参加柏林举行的科学会议时，也要带上琴盒，目的是能和量子论的创始人普朗克、波尔在讨论物理学问题的间隙一起演奏音乐。他与普朗克的合奏很默契，普朗克弹钢琴，爱因斯坦拉小提琴。他们创建的相对论和量子论是建立起20世纪科学大厦的两根支柱。伴随这两位科学巨人构建物理学大厦并描绘出科学发展蓝图的，是他们演奏出的优美动听的旋律。

爱因斯坦对音乐非常热爱，但很少发表评论。成名之后即使有人提问，也很难得到他非常具体的意见。原因很简单，音乐对于他之所以重要，不在于某些作品风格、曲式、和声的新颖，也不是某种音乐流派的特征，而在于音乐是他科学智慧和灵感的源泉。

爱因斯坦喜爱18世纪音乐家的作品，他喜爱的音乐家有亨德尔、巴赫、莫扎特、舒伯特以及意大利和英国的老作曲家。其中，爱因斯坦最为赞赏巴赫与莫扎特。有人问他关于死亡的问题，他就说“死亡意味着再也听不到莫扎特的乐曲”。他出名之后，天天都有记者给他打电话采访他，问他喜欢哪个音乐家，对他们有什么样的评价。有一次把他问急了,他就说出简单的几个字:“倾听、演奏、热爱、尊重并且闭上你的嘴”。从这点可以感受到他从心中对巴哈与莫扎特音乐的崇拜和喜欢。尽管两位音乐家所处的时代以及音乐创作截然不同,但他们的音乐共性之一,即同为音乐巨匠并对于音乐形式(内在的统一)有着近乎完美的创造和完善。被誉为欧洲音乐之父的巴赫将17世纪巴洛克音乐推向辉煌,利用已有音乐形式并将其完善而形成自己的音乐风格,对后来的欧洲音乐产生不可估量的深远影响。其创作以复调音乐手法为主,音乐技巧异常完美,主题旋律富于创造性,巴赫注重作品中调性、和声的逻辑关系,也为后来古典主义音乐曲式的调性布局原则奠定了重要基础。莫扎特的音乐也在吸收典范和综合不同风格基础上形成自己的独特个性,旋律优美并最为完美地体现了18世纪维也纳古典主义音乐特点:语言精练,结构严谨、明晰、匀称。

作为科学家,爱因斯坦敏感的逻辑思维和高度的理性创造思维,也是使他偏爱音乐形式结构的内在统一,偏爱西方音乐系统化发展过程中以古典音乐为代表的这种更具“共性风格”音乐的重要因素。对音乐的美学研究表明,音乐音响结构具有其内在的审美原则与特征,虽然音乐的创造性思维是以感性为主导,但音乐创作须要遵循音乐音响结构的一般审美特征,由此,不能排除和忽视理性在音乐创造性中的作用,古典主义音乐尤为彰显了音乐形式与结构的共性审美特征。虽然爱因斯坦说自己在欣赏音乐时“并不在音乐中寻求逻辑”,而“全凭直觉”,但这种直觉并非完全感性,而是从听觉上感知了音乐的内在逻辑结构这样的理性特征,爱因斯坦说:“如果我不能凭本能抓住一部作品的内在的统一(结构),那我就不会喜欢这部作品”。在满足人类情感需要的重要前提下,音乐音响以其内在的逻辑与结构形式展现了一定的理性创造特点,并且在这一点上与以理性为主导的科学产生了共鸣,想必作为科学家的爱因斯坦对此体会至深。

爱因斯坦的科学研究达到了顶峰,对于音乐的理解更加深刻。爱因斯坦说:“我相信直觉和灵感,……当1919年日食证明了我的推算时,这一点也不奇怪。要是这件事没有发生,我倒会非常惊讶。想象比知识更重要,因为知识是有限的,想象概括着世界上的一切,推动着进步,并且是知识净化的源泉,严格地说,想象力是科学研究中的实在因素。”这是他的体会,是爱因斯坦通过他在科学上取得一些成就之后自己的一种感受。所以他认为科学需要灵感,灵感从哪里来,是需要去想象。我想告诉大家,音乐能给我们带来一种美感,同时能让我们充分地去想象。所以同一个音乐,不同人去听的时候,得到的答案一定是不一样的,为什么?因为每一个人的人生的经历是不一样的,一个人的人生经历是由几个方面组成的,一个是从小长大的经历,第二个间接的得来,从课堂上，从书本里，从媒体，从家里的人，从身边的人，从朋友，从老师等间接获得的，获得的越多，你人生的感悟就越丰富，对于音乐的理解也会更多，得到的更多。所以我们常常说音乐的作曲家是第一创作者，第二创作是演唱和演奏者，他们会反复理解作曲家的原意，然后通过理解加上他自身的人生体验去感受作曲，因此，我们相信表演家对于作品的展示一定是超过作曲家的。我们在座的就是第三创作者，第三创作者就是说在倾听音乐的时候，你所获得的一定要带着你的人身体验去感受它，我相信你一定会得到更多。所以，第三创作者是获得最多的，是最富有者。因此，我在上课的时候，特别希望课堂保持安静，不要说话，可能你的声音很小，但是你要知道听音乐的时候连一根针掉下去都能听到，都会受影响的，我希望大家在课上一定要尊重音乐，尊重你的同学，因为你的说话会影响到别人的欣赏。倾听音乐的时候一定要静下心去，全身心的去听，这样你就会获得更多的享受。爱因斯坦最喜欢做的事情除了拉小提琴就是倾听音乐，对于他的成就，有的人归功于他学音乐，开发了智力。但我认为这个话讲得不够完全，我觉得音乐真正给我们带来的是美的享受，它开启了你想象的智慧，让你去想象。音乐不像画画可以看到一个具体的，它没有色彩，没有轮廓，但却能让你感受到色彩和轮廓，因为你可以去想象。比如说，描写晨曦的时候，往往会采用几种手法呢？比如当音乐是从低音往高音进行时，这时候会带给你一种联想，这是我们常常讲的听觉与视觉的联觉反映，你常常会看到太阳慢慢地升起来的情景。还有，声音由小到大，视觉上会给你带来由朦胧到清晰的感觉。通过音的强弱可以让你产生视觉上的效果。比如说钟声，听到这个声音你往往会想到这是早晨的来临，这是什么告诉你的？这是你的人生体验、你的经验告诉你的。音乐在描写的时候有很大的空间让你去想象，所以，他认为研究理科的话，数是美的，音乐是美的，包括公式有时候我们也在往美的方向去追求。所以我想，他的成功和他的音乐是分不开的、是有关系的，但绝不是音乐能一下让你聪明起来，它是一个过程，这个过程就是看你怎样去享受音乐，从中找到一种感受。

爱因斯坦说："这个世界可以由音乐的音符组成，也可以由数学公式组成，我们试图创造合理的世界图像，使我们在那里就像感到在家里一样，并且可以获得我们在日常生活中不能达到的安定。"音乐和科学的目标以及它们最重要的功能确有相通之处，爱因斯坦在这里不仅阐释了音乐和科学作为两种不同符号体系的创造共性，并将其产生原因明确归结为人类理解世界和情感生活的需要。数学公式可以与音乐符号相似，作为不同的符号体系但都是把握和理解世界的方式，作曲家试图用音符创造自己的"世界图像"，以一种抽象的方式解释和描述世界，数学家则用数学公式创造合理的世界图像，表达他对社会和自然界的认识和求解未知量。科学与艺术的结合我想也就不难理解了。

(二)音乐史上名垂千古的有机化学家鲍罗丁

第二位,大家马上可能就想到了一位化学家:鲍罗丁。大多数人知道他是音乐家,他是俄罗斯强力集团的成员之一,但他其实也是著名的化学家。他的音乐已经达到专业音乐家的水准,是俄罗斯强力集团成员之一,但他同时也是有机化学家,他开始学的是化学,到医学院做教学,最大的贡献就是对乙醛的研究。他在化学和音乐上都取得了极其优秀的成就,因此人们就说他是骑着两匹马的人,一匹马是化学和医学,一匹马是音乐。

亚历山大·波菲里耶维奇·鲍罗丁(Alexander Porfir'yevich Borodin, 1833—1887)除了在化学领域取得了非凡的成就以外,也以同样的才智献身于音乐。我们简单地介绍一下鲍罗丁,他出生在一个贵族家庭,小的时候身体比较弱,多病,所以他的母亲就不让他到学校去学习,让他在家里学,为他请一些老师。他九岁开始音乐启蒙,十四岁便已开始音乐创作,发表了一首长笛协奏曲和一首弦乐三重奏。他小的时候在家,因为家庭条件比较好,自己的兴趣爱好也非常广泛,所以他接受过美术、舞蹈、音乐、地理的一些教育,在他几岁的时候就能掌握三个国家的语言。

最初他对音乐还只是一般爱好,直至1862年,鲍罗丁结识了作曲家巴拉基列夫,加入了致力于发展俄罗斯民族音乐的"强力集团"。正是这一举措使鲍罗丁整个创作活动出现了新的转折。在其他成员的帮助和鼓舞下,这位自称是"星期日作曲家"的他利用业余时间积极从事音乐创作。

虽然科学研究、教育和社会活动占去了鲍罗丁大部分时间,使其创作速度极为缓慢,音乐作品数目相对较少。柴可夫斯基曾说:"鲍罗丁才能很高,但已50岁,盲目的命运使他在医学院担任化学讲座,而不是一个活跃的职业音乐家。"鲍罗丁本人为此深感遗憾。他说:"对化学和音乐有同样的爱好——现在贡献于音乐的时间是更少了。"鲍罗丁是俄罗斯女子医学院的创立者和教授,然而更令人难以想象的是——鲍罗丁还是各种慈善事业委员会的成员和会计;他的寓所竟成了来访的求助者们的宿舍,鲍罗丁还得给这些人种种关照,这使得他的生活失去了规律,有时就连正常的饮食都得不到保证。鲍罗丁称自己是"星期天音乐家"。鲍罗丁说:"我只有在病得不能上课的时候才有时间作曲。所以我的朋友们总是违反了惯例,从不对我说:'希望你身体健康!'而只是说:'我真希望你能病倒!?'"

鲍罗丁的音乐作品虽然较少,但他的作品仍然涉及了音乐体裁的众多领域,包括歌剧、戏剧配乐、交响曲、交响音画、室内乐重奏、钢琴小品和浪漫曲。

按照俄罗斯评论家斯塔索夫的说法："鲍罗丁的天分，不论是表现在交响曲中，还是歌剧、重奏、浪漫曲中，都一样有力而不同凡响。"其代表作有：体现古代俄罗斯宏伟历史画卷、抒发爱国主义精神的歌剧《伊戈尔王子》，奠定俄国史诗性交响乐体裁的第二交响曲《勇士》，富于俄罗斯风格和东方色彩的交响音画《在中亚细亚草原上》以及两部弦乐四重奏，声乐浪漫曲《为了遥远祖国的海岸》、《睡公主》、《幽暗森林之歌》、《海王的公主》等。鲍罗丁大部分作品的内容都同俄罗斯民间史诗的伟大形象、人民的英雄功勋、民间生活的生动画面密切相关。他的音乐语言非常富于民族色彩，有的作品还带有迷人的东方异国情调。"英雄性"和"史诗性"可以很好地概括出鲍罗丁作品中的主要内容。但这也并非鲍罗丁音乐的全部，他一生中仅有的两部弦乐四重奏就似乎远离了他原有的创作轨道。这两部弦乐四重奏一如既往地充满了俄罗斯民族风格，但令人们铭记于心的不再是"英雄和史诗"，而是那亲切柔美的旋律。两部作品比较起来，我个人认为《第二号弦乐四重奏》更为出色。向来以慢工出细活为特点的鲍罗丁在1881年夏天，只用了两个月的时间就写完这部作品，作为向他夫人、钢琴家普罗托波波娃求婚与订婚二十周年纪念的献礼，乐曲的精神内涵则是对他俩在海德堡初识时期幸福时光的追忆。对这段浪漫的往事，鲍罗丁以最优美的音乐表现出来。此曲强调了第一小提琴和大提琴旋律的配合演奏，似乎是用这两件善于歌唱的乐器代替自己与爱人互诉。

他1858年完成了医学的博士学位，1861年的时候在德国认识了一位俄罗斯的女钢琴家，和她结婚。这位女钢琴家对他事业取得的成就很有帮助，他们经常在一起讨论音乐、倾听音乐，弹钢琴，并且他从她那里更多地了解了肖邦、舒曼的一些作品。他在化学方面也取得了很多的成功，在比较年轻的时候，他就发表了一些高水平的、刊登在顶级杂志上的学术论文，成为世界著名化学家。他音乐的才能和他自己的喜好与天赋是分不开的。但是他的经历我觉得是很惊人的，他晚上可以看书看到很晚的时候，到半夜他还会演奏一曲，然后也会常在半夜创作。他后来到欧洲去留学的时候，就有了很多机会，除掉他在实验室做工作，就还到外面去选一些好的、高水平音乐会去听，这个对他音乐也是一种积累，或者说对他后来在音乐上的成长奠定了一定的基础。

在欧洲从事深入的化学研究，并没有影响他的音乐家生涯。他一面在意大利的化学实验室刻苦工作，一面在比萨的剧院交响乐队拉大提琴，并创作了五重奏、钢琴谐谑曲、D小调弦乐六重奏。

1862年11月鲍罗丁返回俄国，被任命为彼得堡医学院化学副教授。深造回国的鲍罗丁，此时在有机化学领域内的学术造诣已经达到炉火纯青的境界。他通宵达旦地在实验室工作，给学生们留下了深刻印象。

鲍罗丁先后在俄国的《物理化学协会会刊》、巴黎科学院的《报告》、德国的《化学年鉴》、《化学杂志》等世界级学术刊物上,发表过许多一流的研究成果论文。他的成就和敬业精神,为学生们所称道。

在他逝世之后,他的学生和在彼得堡医学院的继承人吉阿宁教授这样回忆自己的老师:“1862 年之前,鲍罗丁所发表的 8 篇论文,最为著名的就是关于氟化苯的研究。回到俄国之后,鲍罗丁在科学上的一个重要贡献,就是关于醛类化合物用途的研究,这一贡献使他在世界学术界获得了天才化学家的声誉。最后,在工作的末期,他致力于对生理学和医学极为重要的氮化变形过程的研究。这个研究的结果,一方面产生了适合实验用的测定氮素的仪器,另一方面产生了从有新陈代谢作用的有机化合物里确定氮素最简单的方法。科学院其他教授实验室的研究,大都采用了鲍罗丁的方法。这些方法的说明,已经编在教科书里”。

鲍罗丁在学术上的成就,使他在俄国和世界的科学界获得了巨大的声望。在他葬礼的那一天,俄罗斯物理化学协会的悼词认为他是“第一流的化学家”。因创建元素周期表而永垂不朽的化学教授门捷列夫,也多次说过鲍罗丁这位他的同学、同事、老朋友,是“在化学上有很大功劳的第一流化学家”。

亚历山大·鲍罗丁是化学博士,后来成为医学教授,他对乙酶的研究有重要贡献,受到门捷列夫的称赞,但这些只能使他在化学界特别是有机化学界扬名。在全世界各个国家里,各个领域更多的人记住他的名字,还是因为他那些流传至今的音乐作品。这些脍炙人口的作品有交响音画《在中亚细亚草原上》、歌剧《伊戈尔王》和《B 小调第二交响曲》(勇士)。一百多年过去了,它们仍然是世界音乐舞台上常演不衰的保留曲目。

如上所述,鲍罗丁是从小就表现出多方面的才能:他轻而易举地掌握了三门外语,很早就醉心于化学,1858 年获得医学博士学位后曾前往德国、意大利等国深造,1862 年回国后担任医学院的教授。他还以同样的天分献身于音乐,不但学会了演奏长笛、钢琴和大提琴,而且从少年起就开始了音乐创作,回国后更是加入了以巴拉基列夫为首的作曲家友谊团体“强力集团”,在紧张繁忙的科学、教育和社会活动的同时,努力拼搏,终于奠定了自己在世界音乐史上无法替代的地位。

鲍罗丁大部分作品的内容,都与俄罗斯民间史诗的英雄形象、俄罗斯人民的伟大功勋以及俄罗斯民间生活的生动画面有关。他的音乐语言同俄罗斯的民间音乐有着密切的联系,富于民族色彩。他的音乐从结构严谨、条理分明上看,与自然科学的论文具有相同的特点,但创作的笔法粗矿、色彩鲜艳、配器新颖,又具有浪漫主义的风格。

鲍罗丁是有史以来,在科学与音乐两个不同领域中,对人类文明有着杰出贡献的天才。

(三)与音乐结下不解之缘的“中国航天之父”钱学森

第三位我想给大家介绍的科学家是咱们中国的,就是与音乐结下了不解之源的中国航天之父——钱学森。

1. 杰出的科学家,伟大的爱国者

世界著名火箭导弹专家、中国工程控制论专家、系统工程专家、系统科学思想家、中国航天之父钱学森教授是浙江省杭州市人,1911 年 12 月 11 日生于上海,幼年迁居北京,曾在北京师范大学附属中学读书,1934 年毕业于上海交通大学。1935 年,24 岁的钱学森赴美留学。到美国后,先在麻省理工学院航空 16 系学习,一年后决定追随当时在加利福尼亚理工学院的“超音速时代之父”力学大师 T. 冯 · 卡门教授。在卡门教授的指导下,他的勤奋和创造力得到极大的发挥,著述甚丰,成果显赫。1938 年获得博士学位后留校,先后担任副教授和教授。成为美国空军顾问组专家。他的贡献和价值,多次得到美国军方和官方的赞扬和确认。尽管取得了举世瞩目的成就,但是在美国的 20 年里,钱学森一个美元的保险都没有买过,原因就是他始终立志学成后回国报效。1955 年返回祖国。

2. “中国航天之父”与音乐的不解之缘

人造地球卫星的研制,直接领导“两弹结合”试验等,对中国火箭导弹和航天事业的迅速发展做出了开拓性的巨大贡献。作为一代科技巨星,钱学森的爱国情操和献身科学的坚定信念,已经成为中华民族科技强国道路上时代精神的象征。

钱学森的一生,不但是杰出科学家的一生,是伟大爱国者的一生,而且是与音乐结下不解之缘的一生。

我想告诉大家,这位科学家的成功离不开他的妻子支持,他在很多的场合都是非常感谢他的妻子。钱学森小的时候受到良好的教育,他的父亲是一个知识分子,很重视对他的教育,钱学森从小就在父亲的督促下,学习音乐和绘画。吹着口琴一路长大的钱学森,不仅学业成绩优异,而且对艺术也很热爱,在书法、绘画、写作上尽显才艺。音乐课上贝多芬憧憬世界大同的声响,时时激荡着钱学森的血脉。

1929 年,钱学森考上了上海交通大学机械工程系,音乐更是他生活中一个不可缺少的部分。他很快就积极地参加学校的乐队,其实中学的时候就参加乐队,而且是当圆号手。他在上大学的时候学业虽然很紧张,但还是会经常去听音乐会,还想选好的,怎么办呢?有时候就去打点工,挣点钱去买好一点的票。但是买到票之后还有搭车的路费呢?有时候没办法就只好是徒步了,可见他对音乐是多么热爱。

1935 年 8 月,钱学森远离祖国和亲人,只身来到美国求学。他先进入麻省理工学院航空系学习,仅 1 年时间就获得硕士学位。次年,转入加州理工学院航空系学习,师从著名科学大师冯·卡门教授。1939 年,钱学森获得加州理工学院航空、数学博士学位并留校从事教学工作。1945 年开始,先后任加州理工学院副教授、麻省理工学院副教授、教授,到他离开美国前一直从事教学工作。

1947 年对于 36 岁的钱学森来说,是双喜临门的一年:他晋升为麻省理工学院正教授、终身教授。这年暑假回国探亲,他结婚了。婚后一个多月,钱学森在波士顿迎接新婚妻子蒋英的到来。他们在学院附近租了一套公寓,客厅里摆放着一架崭新的德国生产的三角钢琴,这是钱学森送给新娘的结婚礼物,从此,这架钢琴就一直陪伴着他们,从波士顿到洛杉矶,再到 1955 年回到祖国,这架钢琴一直跟随着他们,至今在他家不到 20 平方米的客厅里依然还放着那架黑色的三角钢琴,这架钢琴比那房子的历史还长,它见证了钱学森 62 年的爱情。

他的妻子蒋英是在德国柏林音乐大学声乐系学习,学的是美声唱法,是一个著名的女高音歌唱家,后来是中央音乐学院教授。和钱学森结婚之后,她基本上就放弃了自己的事业,在美国陪同他从事他的科研工作。钱学森的生活是非常充实、家庭非常幸福的,他家里面时常飘出美妙的歌声,钱学森成了她最忠实的听众。当然他也不完全是为了她,他俩本来就是知音,所以钱学森在很多地方说,他的成功是非常感谢她的。

在美国的日子里,钱学森在事业上已处高峰,蒋英陪伴他左右,他们共同品味婚后的幸福,用艺术营造家庭的温馨。他们都非常喜欢哲理性强的音乐作品,钱学森还很喜爱美术,他的水彩画也相当出色。他们常常一起去听音乐,去看美展。

1949 年 10 月 1 日,新中国的成立牵动了海外学子的心,身在海外的钱学森兴奋异常,夫妇俩即刻决定回来报效祖国。然而,钱学森的回国之举却遭到百般阻挠,他被指控为美国共产党员,受到残酷迫害,被软禁长达 5 年之久。是什么力量支撑着他们度过这段艰难?是一心回国的不灭的信念,是坚强自信的人格,还有那贝多芬交响乐中与命运顽强抗争、奋斗不息的强音,还有他那体贴入微、朝夕相处的妻子蒋英的陪伴……

那时为了支持钱学森继续搞科学研究,蒋英在四周无窗的浴室里,放上一张小桌和沙发,这样钱学森就可以躲开窗外特务的监视,坐在那里专心阅读和研究。5年间，蒋英大部分时间是与特务进行斗争和周旋，她牺牲了自己最好的艺术年华，为了以后回到祖国还能继续歌唱，她每天都坚持练声。入夜，当孩子们进入梦乡后，夫妇两人悄悄打开唱机，在贝多芬、海顿、莫扎特的音乐声中去感受生命的不朽，寻找精神的慰藉，获得斗争的勇气，乐观地面对未来。1955年8月，在周总理的关怀下，美国政府终于准许钱学森夫妇回国。但当他们在机场最后登机时，美国政府又无理扣留、没收了钱学森在美国二十多年间积累下的研究笔记、资料、书刊。而那架随他们一起赴美的结婚"信物"——黑色三角钢琴和中国字画等艺术品，在蒋英的据理力争下，最终与他们一起回到祖国。这架三角钢琴也因此成为钱学森和蒋英幸福、坎坷、胜利的见证，成为这个家庭不能割舍的"伴侣"。

回国后，钱学森立刻投入到了研制中国"两弹一星"的工作之中。那时，我国的航天事业刚刚起步，一切都是从零开始，钱学森要到中国科学技术大学讲课，又要经常去沙漠导弹实验基地，工作异常繁忙。然而，即使工作千头万绪，钱学森也要从百忙中抽出时间，继续做蒋英的忠实听众。那时，每当蒋英登台演出或指导学生毕业演出时，总喜欢请钱学森去听，有时钱学森工作实在脱不开身，蒋英就把音乐会录下来。如果有好的音乐会，蒋英会拉钱学森一起去，让这位科学家、"火箭迷"暂时从工作中超脱出来，在美好的音乐中松弛一下情绪。而每当蒋英在家中钢琴前弹琴歌唱，正陷于思考中的钱学森也常常驻足聆听……

1991年10月16日，在国务院、中央军委授予钱学森"国家杰出贡献科学家"的授奖仪式上，有一位女士静静地站在钱学森的身旁。她虽然年近古稀，但仪态端庄、气质高雅。她就是钱学森的妻子蒋英。在授奖仪式临近结束时，钱学森在讲话中说"下面我还要利用这个机会表示对我爱人蒋英同志的感激。我们结婚已经44年了，这44年我们家庭生活是很幸福的。但在1950年到1955年美国政府对我进行迫害的5年间她管家，蒋英同志是做出了巨大牺牲的。这一点，我决不能忘。""我还要向今天在座的领导和同志们介绍的，就是蒋英和我的专业相差甚远。我是干什么的大家知道了，蒋英是干什么的？她是女高音歌唱家，而且是专门唱最深刻的德国古典艺术歌曲。正是她给我介绍了这些音乐艺术，这些艺术里所包含的诗情画意和对于人生的深刻的理解，使得我丰富了对世界的认识，学会了艺术的广阔思维方法。或者说，正因为我受到这些艺术方面的熏陶，所以我才能避免死心眼，避免机械唯物论，想问题能够更宽一点、活一点，所以在这一点上我要感谢我的爱人蒋英同志。"钱学森的话，感动了在场的所有人。

不仅如此，连钱学森横跨科学与艺术的研究工作中，蒋英也起到了重要作用,1994 年钱学森出版论文集《科学的艺术和艺术的科学》的英文译名"The Fine Arts with Science and The Science of Fine Arts",就是由蒋英确定的。

1999 年 7 月,中央音乐学院在北京隆重举办"艺术与科学——纪念蒋英教授执教 40 周年学术研讨会",以及由蒋英的学生参加演出的独唱音乐会。88 岁的钱学森因身体原因不能出席,但特意送来花篮,写来书面发言,让女儿代为宣读,以表达他对蒋英的深深的爱意"我和蒋英结婚已 52 年了,这真是不平静的 52 年!……我在这里特别要向同志们说明:蒋英对我的工作有很大的帮助和启示,这实际上是文艺对科学思维的启示和开拓!在我对一件工作遇到困难而百思不得其解的时候,往往是蒋英的歌声使我豁然开朗。这就是艺术对科技的促进作用。至于科技对艺术的促进作用,那是明显的,如电影、电视等。"

40 多年了,无论钱学森置身于何地,蒋英的歌声常常陪伴着他。在他看来,蒋英那美妙的歌声,是对他们彼此真挚爱情的祝福;那美妙的歌声,饱含着对她钟爱之人的崇仰之情;那美妙的歌声,是对智慧、勇敢和成功的赞颂。总之,那美妙的歌声将世间真善美尽都包含其中了。

莫扎特、贝多芬创造的美妙音乐,使钱学森和蒋英这两位老年知识分子相随相伴,与蒋英比较,钱学森更喜爱贝多芬的作品,尤其喜爱贝多芬的第三交响曲《英雄》。每次听完这部作品后,钱学森总要感慨万千。他曾对蒋英说过,贝多芬好像专门是为了创造音乐艺术才到人间走一趟似的。一个人为了一项使命,有意识地来到这个茫茫的尘寰,搏击一生也是一种幸福。

钱学森通过他一生的实践,对于科学与艺术有着深刻的理解,他认为科学与艺术是结合的,技术和艺术是伴生的。钱老认为:"科学技术工作者要有一点文学艺术素养,而文学艺术家要懂一点科学知识。为什么要这样?从人的思维方法来看,科学研究总是用严密的逻辑思维,但科学工作往往是从一个猜想开始的,然后才是科学论证。也就是说科学创新的思想火花是从不同事物的大跨度联想激活的。而这正是艺术家的思维方法,即形象思维。接下来的工作是进行严密的数学推导计算和严谨的科学实验验证,这就是科学家的逻辑思维了。换言之,科学工作是源于形象思维,而终于逻辑思维。也可以简单地说,科学工作是先艺术而后科学的。"他并举例说明,大科学家都是有文学艺术修养的,如爱因斯坦喜欢艺术,小提琴拉得很好;对我国原子弹氢弹作出重大贡献的汪德熙教授,不仅是一位钢琴家,有很高的音乐水平,他还会调钢琴等等。科学与艺术的结合都不是简单地结合,而是文理相通的,辩证统一的。他认为技术艺术理论同科学技术的关系最深,戏剧、电影等艺术理论次之,到诗词艺术理论、文学艺术理论同科学技术的关系就更少一些,而在科学方面,与艺术关系最密切的是建筑。他认为建筑是科学与艺术的结合。一幢好的建筑不仅符合力学原理,还是一个艺术杰作,是永恒的。

在他人生最后的时候,他也是把他一生里感悟最深的话说出来。当时是国家领导人去看他,他前面讲了一些科研方面的事,后面他就说:“我还想补充说一下就是培养具有创新能力的人才问题,一个有科学创新能力的人,不但要有科学知识,还要有文化艺术修养。没有这些是不行的……小时候,我的父亲就是这样对我进行教育和培养的,他让我学理科,同时又送我去画画,学音乐。就是把科学与文化艺术结合起来。我觉得艺术修养对我后来的科学工作很重要,它开拓科学创新思维,现在我要宣传这个观点。”这是他最后留给我们的话,这也是他一生里悟出来的一个道理和感受。

谁说科学家都是理性的?科学家也有丰富的感情和激情。没有这种感情能激励出对艺术的热爱和向往吗?没有这种艺术的激情,会在科学上有重大的创新吗?没有创新的亲身体验能提出科学与艺术结合这样的深刻道理吗?

钱老本人就是一个成功的典范,他是一位科学家,但在文学艺术方面有很高的素养,对书画、文学作品、音乐等方面都有深刻的见解。

音乐家的音乐人生

以上是给大家介绍的几位科学家他们的音乐人生,还有像政治家、文学家、哲学家和理学家等等,他们在音乐上都是有着不同的成就。下面我就再说两位音乐家的音乐人生。

(一) 忧郁音乐也迷人的柴可夫斯基

音乐家创作的作品往往也反映出柴可夫斯基自己对当局或某些事物的一些观点和想法。下面我给大家介绍的是俄罗斯著名的作曲家——柴可夫斯基。他的音乐大多是对那个世道的不平表现出的一种忧郁,但是我们从他的音乐里听到的是音乐的美和音乐的力。

我们先来介绍一下柴可夫斯基的生平。彼得·伊里奇·柴可夫斯基(生于1840,逝于1893年),享年53岁。俄罗斯历史上最伟大的作曲家,俄罗斯民族音乐与西欧古典音乐的集大成者。他十岁开始学习钢琴和作曲。1862年入彼得堡音乐学院学习作曲,毕业后赴莫斯科音乐学院任教。他的音乐基调建立在民歌和民间舞蹈的基础上,所以乐曲中呈现出浓烈的生活气息和民间特色。强烈的民族意识和民主精神贯穿着他全部的创作活动,因此他的作品一向以旋律优美、通俗易懂而著称。透过他的艺术珍品,不难发现他不仅是现实主义和浪漫主义结合的典范,而且是一位擅长以音乐描绘心理活动的大师,探索着人生的奥秘。

他的一生也是很不平凡的,他的一生基本是在贫困中度过的。他毕业当老师之后,发现他的时间不容许,他要创作。他特别喜欢俄罗斯的民族音乐,喜欢到乡村去采风,去搜集资料,这样的话,他很难保证上课。当然他在音乐学院教书也是一位非常出色的老师,就是因为他很出色,所以有一位富商遗孀叫梅克夫人很崇拜他,她也特别喜欢音乐,她经常会写一些小曲子,让她家的家庭教师去请教柴可夫斯基。柴可夫斯基给她批改完了之后拿回去,当时她家的家教却给了他一份可观的钱,他没想到,一个这么轻松的劳动,却得来这么多钱。当然,梅克夫人,作为一个富商遗孀,她有的是钱,但是她的精神生活也很重要,她非常喜欢音乐,又特别崇拜柴可夫斯基,所以时间长了以后,一开始是请教他,后来就支持他,再后来就无偿地支持他,给他钱提供创作。正是这样,柴可夫斯基每一年能从梅克夫人那里得到一笔钱,然后他就可以到欧洲各个国家去采风,到那里去倾听音乐,然后激发他创作的灵感。因此,他给我们留下了非常多的优秀的作品。

他们之间有一个约定,就是我们只能通信,不能见面。其实他们彼此之间都带着一种好奇感,曾经在一个院落里面错过,没敢去说,可能彼此知道是彼此,但是他们没有去会面,因为他们要承诺他们的诺言。不过,在他的后期,就没有人再给他支持了。

他的音乐,表现的是对俄罗斯当局的一种不满,因为他本身也是一个社会底层的人,所以他的作品里也是充满着对俄罗斯当局的不满,或者是对阴暗面的揭示;同时他也是新民族音乐的一个代表,他热爱自己的民族音乐。因此,他的作品的语言非常地亲切,旋律非常优美,同时也赋予人的一种力量。

他的一生也是非常不幸的,他和她的妹妹关系最好,他特别欣赏他的妹妹有一个非常温馨的家,有孩子。他曾经也想组合一个家庭,但是事情不是他想象的那样。他爱过一个女高音,后来那个女高音却离他而去。曾经有一个他的学生给他写了无数封信,终于有一天见个面了。一见面之后,这个女生就说,我太崇拜你了,如果你不能接受我,我就怎么怎么的,最后他没办法,就和她结合了。这个女生比他小很多。但是,婚后却不是他想象的那样,不是她开始说那些什么我是那么的懂你的音乐,是你的知音,我会支持你的事业等那样。其实这个女生,她的整体素养较弱,根本不懂柴可夫斯基的音乐,时间长了,他们之间基本上没什么共同语言,彼此之间就越来越远了,这是他很苦恼的事。最后柴可夫斯基提出要和她离婚,但是这个女子不愿意,所以很长一段时间才分开。柴可夫斯基的一生里比较贫困,这个贫困,一个是经济上的贫困，第二个精神上的孤独。同时，大家也知道，那时候总有人传他有同性恋倾向，所以他的精神一直很紧张，压力很大，甚至到了崩溃，甚至想过要死，但是他走过来了。

我想，他自己的人生经历为他音乐的创作积累了一定的素材，在他的音乐里面我们可以感受到他的一种力量。首先，是他对一个民族的爱，我们可以看到他的音乐里面那种亲切的语言。他很喜欢去搜集一些民族资料、民歌、民间乐曲，然后用到他的音乐里面，所以他的音乐和古典乐派的不一样，他采用了一些古典乐派的手法，同时采用民族音乐的一些因素。他给我们留下了很多的作品，他的作品中，很多都是极其优秀的世界名曲，如歌剧《叶甫根尼·奥涅金》、《黑桃皇后》等，芭蕾舞剧《天鹅湖》、《胡桃夹子》、《睡美人》，交响曲《第四交响曲》、《第五交响曲》、《悲怆（第六）交响曲》、《降 b 小调第一钢琴协奏曲》、《D 大调小提琴协奏曲》，交响诗《罗密欧与朱丽叶》，《1812 序曲》等。这些都是舞台上经久不衰的作品。

今天，我们一起要欣赏的是《1812 序曲》。下面简单地介绍一下《1812 序曲》。管弦乐曲《1812 序曲》作于 1882 年。这首乐曲在出版时标有"用于莫斯科救主基督大教堂的落成典礼，为大乐队而作的 1812 年庄严序曲"的说明。该教堂于 1812 年毁于拿破仑的侵俄战争中，所以此曲是以当年俄罗斯人民反抗侵略，保卫祖国最后获得胜利的史实为题材的。

1.《1812 序曲》的历史背景

法国拿破仑于 1812 年调动了上万大军侵入俄国境内，付出了很大的代价，才逼近莫斯科。俄罗斯当时采取了一个什么战略战术？空城计。俄军司令库图佐夫采取坚壁清野的战略，下令放弃莫斯科，三十万居民百分之九十撤出莫斯科。农民们纷纷加入游击队，烧掉了粮食，就是把城里的吃的喝的用的统统弄走，使拿破仑的侵略军在冰天雪地里饿着肚子作战。拿破仑的军队由于经不起俄军的反攻和游击队的袭击，结果惨遭失败，拿破仑绕道逃回法国。

柴可夫斯基在《1812 序曲》中，以它英雄的爱国主义题材和音画般的通俗易懂的标题性以及形象化的主题发展和灿烂的管弦乐的音响色彩，取得了他自己远远没有想到的被听众所欢迎的效果。

这部作品于 1882 年 8 月 20 日在博览会广场上首次演出时，曾组织了庞大的乐队，曲终时，直接由大教堂钟楼的群钟和广场庆典的礼炮轰鸣表现胜利场面。

2. 作品题材：为序曲

序曲原指歌剧、清唱剧等作品的开场音乐，十七、十八世纪的歌剧序曲分为"法国序曲"及"意大利序曲"两类。前者为复调风格，由慢板、快板、慢板三个段落组成，中段为赋格形式，末段较短；后者为主调风格，由快板、慢板、快板三个段落组成，后世交响曲即由此演变而成。十九世纪以来，从贝多芬开始，作曲家常采用这种体裁写成独立的器乐曲，其结构大多为奏鸣曲式并有标题。如贝多芬的《科里奥兰序曲》、柴可夫斯基《1812 年序曲》等。

3. 乐曲结构：为奏鸣式

奏鸣曲式：引子—呈示部—展开部—再现部—尾声

4. 作品分析

(1) 引子

首先由弦乐组奏出了按严谨和声结构写成的 bE 大调、3/4 拍子、慢速、庄严的《众赞歌》，它表达了当时的俄罗斯人民面临着这种大难来临时候的心情。他们在祈祷，他们心理向往着什么？和平。是在表达这个意思。前面选了一个《众赞歌》，然后是用木管吹奏的一个非常悲哀的旋律，这个旋律之后又以紧张的三连音相互交替发展，成为狼烟四起和人民的激怒呐喊、呼号。沉重的低音乐器发出了庄严的号召。从这里我们可以感受到他们在这儿即是祈祷，同时也表达他们那种强烈的愤怒的心情，这个时候沉重的低声部的乐器奏起，这个声音仿佛是那种比较庄重的号角声，号召人民拿起武器，走向战场。这时候出现的是什么音乐呢？士兵进行曲。终于改为 4/4 拍子矫健的骑兵进行曲，冲破了不祥的气氛，带来了希望：它英姿勃勃，象征着响应号召的战士踏上征途。

我们一听到了进行曲，马上就想到了军人列队，走向战场的这样一个场景，看到了英姿勃勃的战士踏上征途。这是前面的一个序奏。下面我们听该曲的第一部分。该乐曲整个是由三个部分组成的。

(2) 呈示部

呈示部为 e 小调、4/4 拍子、三部曲式结构，主部音乐以快如旋风的旋律和痉挛似的节奏，描写着激烈、残酷的战争场面。在主部的展开过程中，出现了 bB 大调、4/4 拍的《马赛曲》，这里出现的是马赛曲，那我要问大家，为什么要出现《马赛曲》？它是表达什么的？

学生：法国国歌。

李静：对。因为我们知道法国国歌是表现追求自由的，但是在这个特定的语境里，它是表达什么的？它是表现侵略的，它用了大家最熟悉的法国的国歌来表现侵略者的形象。在这里就是描写拿破仑军队进来了的那种猖狂，人民向他们反抗，这里出现了一个比较激烈的战争场面。经过变化引申以及与主部音乐因素的交织与发展，描写了拿破仑军队的猖狂残暴和抗敌战争的艰苦、激烈。

在这个激烈交锋之后，出现了一段非常抒情的旋律，副部描写了战争间隙中俄罗斯战士对家乡的思恋和生活情景，它包括两个主题：一个是 F 大调、4/4 拍子、抒情的旋律，刻画了战士的内心世界，另一个主题是 bE 小调、4/4 拍子的俄罗斯民歌《踟蹰门侧》为素材的旋律，反映了人们在战争中的乐观精神。这段抒情而优美的旋律和亲切悦耳的民歌的出现，实际上是唤起了战士们对家乡亲人的思念，并从中找到一种力量，所以，在这样一个激烈交锋的时候，出现了这样一个旋律，从音乐上来讲，产生情绪上的强烈对比。但是从它的故事情节来讲，是在表达此时此刻的战士想到了家乡，想到了人民，所以我们必须拿起武器，保护我们的家乡。这时两个主题出现，一个是《马赛曲》，一个是小调，就是民歌，接着又出现了《马赛曲》，他反复在表现战争的场面。

(3)展开部

展开部中主部主题与《马赛曲》的音调此起彼伏，交错出现，一直在激战的旋涡中周旋，开始像那辽阔战场的远方弥漫着尘烟，继之又像眼前刀光剑影、人仰马翻和风声鹤唳的场面，这是一幕幕惊心动魄的恶战。

(4)再现部

再现部略有变化，主部的战争气氛更加激烈。副部的两个主题再现后，《马赛曲》更猖獗，为什么还表现得那么强烈，大家能告诉我为什么吗？是在歌颂它吗？它很厉害吗？不是，人到快死的时候会出现什么？回光返照。所以这时候是他做最后的垂死挣扎，一连串的旋律以下行音阶为主，大家都知道下行永远是没有力度的，所以也是注定要失败的。最终人们以排山倒海之势压倒了声嘶力竭的《马赛曲》，俄国军队取得了胜利。

(5)尾声

尾声中众赞歌在喧闹的钟声和礼炮的伴随下，变成了辉煌、胜利的凯歌，这是 bE 大调、2/2 拍子的俄国国歌，它与骑兵进行曲用复调的手法相结合，像是凯旋的战士行进在凯旋门下、检阅台前。我们可以听到或者看到这样一个场面，广场上有好几万人，教堂上所有的钟全部响起来，再加上乐队的声音，整个场面非常壮观。乐曲在欢庆胜利、万民沸腾的节日气氛中结束。

(二) 讴歌民族母亲河的斯美塔那

1. 作曲家介绍

要给大家介绍的是一位著名的民族音乐家，捷克的斯美塔那。下面我们就对这位音乐家做一个介绍。他是著名的音乐家、钢琴家，也是一位指挥家。他出生在捷克，被誉为是“新捷克音乐之父”，是捷克民族音乐派的奠基人。他的创作风格是采用西洋的一些创作手法，但又运用很多民族的、民间的音乐元素。他于 1824 年 3 月 2 日出生在捷克的一个小镇家庭，自幼喜欢音乐，特别喜欢民间音乐,也喜欢去钻研一些大师们的作品,8 岁的时候他就创作了自己的第一首音乐作品,然后到音乐学院去学习。在他的一生里面,陪伴他的也是一位钢琴家,就是他的夫人。并且他还在布拉格创建了音乐学校。他和李斯特的关系一直是非常好的,他们经常会在一起交流。

1856 年之前,他一直是在学校进行教学和创作活动,他的早期作品可以说受到了比较大的古典音乐影响。他认识李斯特之后,自己作品的风格也有所变化,他也对自己从前作品的风格产生了一些疑问,为了摆脱传统的古典音乐的束缚,他就去大胆地尝试,然后走向了民族的道路。之所以称他为"新民族音乐派",是因为他创作的手法很多,创作的技巧手法主要还是运用了西方的一些古典的做法,但是他的主要元素还是来自于民间。

他一生写了很多的作品,题材也比较广泛,有钢琴的、歌曲的、歌剧的,也有交响乐等等。在 1874 年的时候他写了三部民族题材的歌剧。之后,他因患梅毒病导致了耳鸣,就差不多算是失聪了,所以他最后的生活状态和贝多芬是比较相近的。那我们可以想象一个音乐家,他应该是根据音乐来创作他的作品,但是他却完全感受不到,贝多芬是这样,斯美塔那也是这样,他们依然可以创作出优秀的作品。其实,创作到一定的时候,就完全是用心去创作,用感觉去创作的,所以他们不必追求那种形式,内容更为重要。斯美塔那的作品较多地运用民族语言创作,在体现音乐的民族性方面,斯美塔那将捷克民间音乐素养融入自己的作品中,极少直接采用民歌主题,主要作品有:《被出卖的新娘》、《达里波》等近 10 部。器乐作品中,标题交响诗套曲《我的祖国》最著名,它像一幅富于诗意的画卷,抒发了对祖国深沉挚爱的感情。

下面要给大家介绍他的一部作品,交响诗套曲《我的祖国》里的最著名的一首——《伏尔塔瓦河》。

2. 作品介绍

作品选自他的交响诗套曲《我的祖国》。交响诗《伏尔塔瓦》,是斯美塔那交响诗套曲《我的祖国》中的第二首。这部交响诗套曲创作于 1874 年 9 月。当时,可怕的耳聋病正残酷地折磨着作曲家。但是,斯美塔那坚持写完了这一巨著,首演这部作品时,他已经全聋,什么也听不见了。

3. 作品体裁:交响诗

交响诗又叫做音诗,是一种单乐章的标题性管弦乐曲,是由浪漫派作曲家李斯特首创的,它常以文学作品、历史故事等为题材,用奏鸣曲式的原则自由发展而成。

4. 背景资料

这部作品的主要构思还是对自己祖国的一种歌颂,伏尔塔瓦河横跨了整个国家,她养育了不知多少代人,人们视这条河为“母亲河”,所以人们对她有很深的感情。作为儿子,看到这条河记录了祖国母亲所历经的风风雨雨。这部作品表达了作曲家对祖国的热爱,歌颂了捷克和斯洛伐克悠久的历史和勤劳的人民,描写纵贯捷克南北的最大的河流——沃尔塔瓦河如画般的自然风光,以及如诗般的美丽传说。

全曲由六首交响诗组成。每个乐章都可以作为独立的标题交响诗演奏,也可整体连接起来演奏,《伏尔塔瓦》是其中最著名的一首。这个作品以捷克人民反抗异族压迫的斗争历史和传说、波希米亚美丽的自然风光以及人民的生活习俗为题材,经过精心的构思,以宏伟的气势和充满诗意的笔触,描绘了捷克民族的光辉历史和风土人情。它简直就是一部用声音描绘的壮丽画卷。

5. 作品结构:奏鸣曲式结构。

乐曲为较自由的奏鸣曲式结构图:

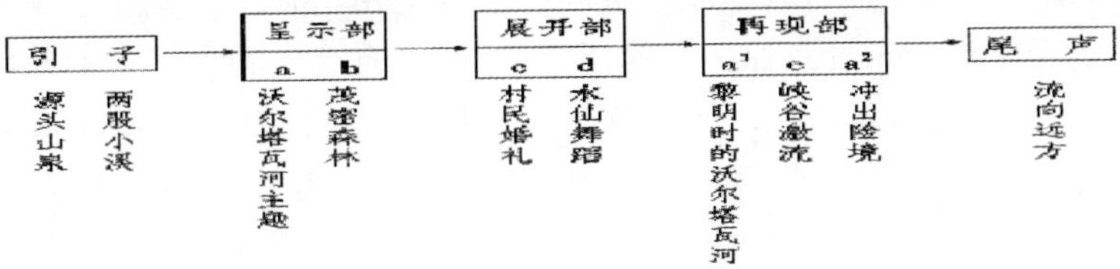

6. 作品分析

(1)引子

沃尔塔瓦河是捷克民族的摇篮,沃尔塔瓦河的源头是两条小溪。在乐曲的引子里,音乐一开始,两只长笛用波动的音型交错地演奏,形象地再现了黎明时分沃尔塔瓦河源头的潺潺淙淙的山泉。它们是代表伏尔塔瓦河源头的两股山泉,一股是寒流,一股是暖流。小提琴清脆的拨弦和竖琴晶莹剔透的泛音不时出现,犹如清泉涌出的浪花飞溅,闪烁着点点银辉,最后它们汇合在一起。

交响诗特别注重于意境的描写,富于想象,随着它的音乐,展现在我们眼前的是一幅美丽的风景画,所以一会儿我们在听音乐的时候,我更希望大家去想象,想象斯美塔那是怎样给我们描述这样的一幅画。我相信他每到一个地方都是一幅风景画,每到一个地方都给我们留下了一些回忆,或者一些思考,同时他也记录着他们的国家和他们的民族是怎样一步一步地走过艰难走向胜利的。其实他在写这个作品的时候,也是本着对于自己祖国的一种爱,想表达他对民族和祖国的这样一种爱,所以就写下了这样一首如同一幅画卷一般的作品。

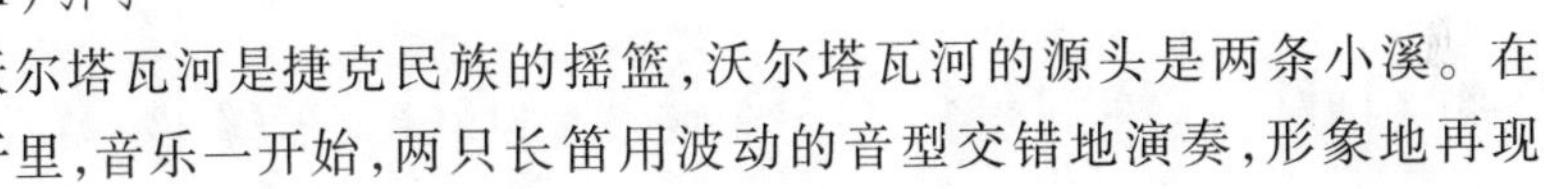

(2)呈示部

呈示部有两个主题,一个是伏尔塔瓦河的主题,一个是森林的主题。我们仿佛看到源自山上的二股山泉渐渐地汇集到一起成了这条穿过整个国家的伏尔塔瓦河,在音乐进行中,小提琴用清脆的拨弦和竖琴晶莹的泛音相配合,有如溅起的浪花银光闪耀。大家知道竖琴的音色是晶莹透亮的,带有一种流动的感觉,仿佛让我们听到了清泉流淌的声音,感到了那一眼见底的清泉这样流淌下来。

接着,慢慢地弦乐器相继加入,不再是那样一个很单调的声音了,这时候它就在描写什么呢?从山上流下的那两条细细的小山泉,逐步壮大起来了,它们汇集成一条河。所以说乐器加进来加强了力度,以深沉的律动描绘小溪汇合成宽广的河流。这时候出现了一个主题音乐,这个主题音乐大家如果曾经听过,有印象吗?它是小提琴演奏的,奏出了宽广、抒情的基本主题,是非常美的一段,他对他的母亲的歌颂能不美吗?所以他用了最美的旋律歌颂自己的母亲。这个主题充满着一种迷人的诗意,时而又有着一种史诗般的咏唱的特征,抒发了作者对沃尔塔瓦河的无限热爱。因为她代表的是一个国家,是一个民族,抒发了作者对伏尔塔瓦河的一种热爱和歌颂。这个主题不断地在歌唱,并进行一些变化,从不同的角度对他的母亲进行歌唱,这个主题逐步形成了由整个乐队来演奏,形成了一整首交响诗的这样一个灵魂,所以听的时候一定要细细地去品味它。

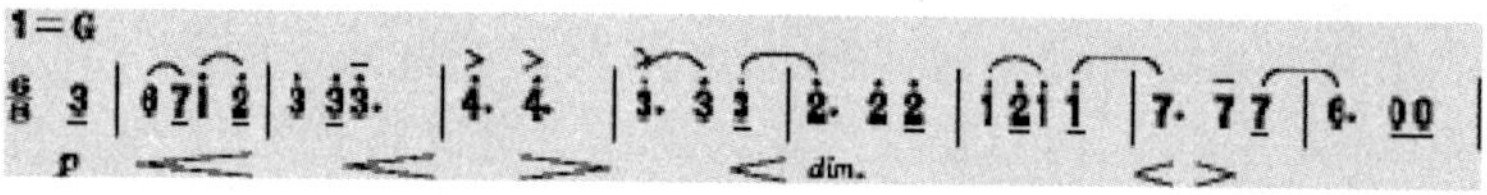

经过以大小调交替出现的方式在全乐队中反复呈示之后,乐曲响起了模仿号角的圆号声,表现了河岸旁"林中狩猎"的情景。沃尔塔瓦河流过了茂密的森林,猎人的号角以明朗的大调色彩在森林中回响着。这段音乐表现了正午时分的大河在山门沟壑中翻腾、奔跑,一往无前。

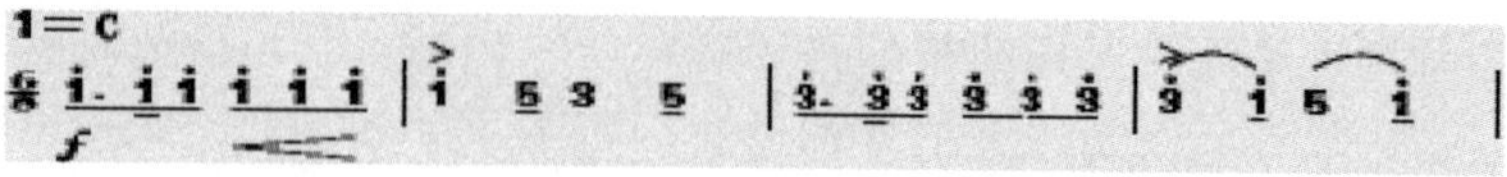

(3)展开部

接着是一个展开部,一个村庄出现在河岸上,走进村庄见到了什么?从那里传来捷克民间舞蹈波尔卡的音调:

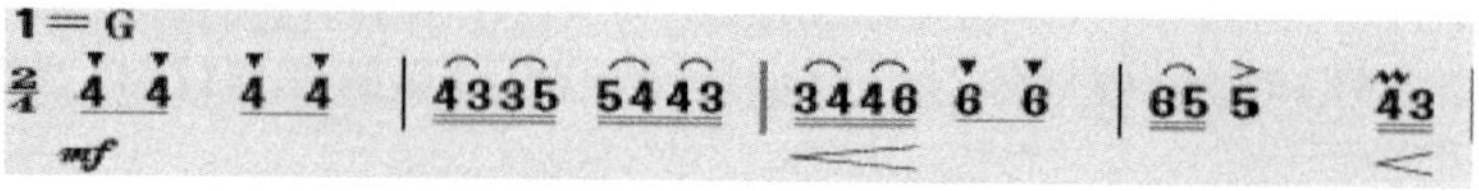

沃尔塔瓦河流过了村庄，岸边传来了轻盈欢快的波尔卡舞曲。这是黄昏时分，村民们正在载歌载舞地举厅婚礼。波尔卡舞曲由弱而强，然后又逐渐减弱，欢快的节奏向远处隐去，舞曲的回声逐渐消散，音乐也逐渐转弱。在木管乐器宁静柔和的鸣响中，夜幕徐徐地降临了。

月光下，音乐充满着神秘幻想的色彩。优美动人虚无缥缈的主题由加了弱音器的小提琴在高音区缓缓地奏出，这是一群美丽的水仙女在银白的鳞鳞月光下翩翩起舞。长笛和单簧管不停地吹奏着流动音型，朦胧的月光倾泻，沃尔塔瓦河静静地流淌着。把荡漾的水波和仙女们的舞姿糅合在一起。

(4)再现部

接着，黑夜将逝，沃尔塔瓦河的主题再现，仿佛黎明又来到河上，河水匆匆流向远方。音乐渐强，乐队全奏，乐曲进入高潮，描绘河水冲过“圣约翰峡谷”的富于戏剧性的声响，铜管乐器和定音鼓大大加强了声势；木管乐尖锐的啸叫，描写了河流在圣约翰湍滩，峡谷中所形成的汹涌激流，惊涛骇浪猛烈地撞击着陡崖峭壁，发出雷鸣般的轰响，构成了一幅惊心动魄的画面，掀起戏剧性的高潮。终于，滔滔的河水映着初升的太阳冲出了险境，沃尔塔瓦河顺利地通过布拉格；景色豁然开朗。

沃尔塔瓦河变得波澜壮阔，意气风发。大调的基本主题由乐队全奏，显得更加宽广妩媚而感人至深，这时两次响起了第一首交响诗中史诗般的“维谢格拉德”主题，这个主题象征着捷克人民的伟大和光荣，音乐庄严宏伟，表现了一种坚定的信念：它充满了欢乐和力量，抒发了捷克人民对祖国大好河山的无比热爱，歌颂了他们冲破艰难险阻，争取美好未来的奋斗精神。最后，沃尔塔瓦河流过了布拉格古老的维谢格拉德城堡，乐曲以交响诗中史诗般的“维谢格拉德”主题的两个强而有力的和弦作结束。这个主题象征着捷克人民的伟大和光荣，“维谢格拉德”主题的河水又从容地流着，消逝在无劲头的远方，这个主题象征着捷克人民的伟大和光荣。最后，小提琴奏出了波动的旋律，宛如河水从容地流向天际，流向远方……

（原载《北大讲座》第二十四辑）